SOCIOLOGY OF EDUCATION

교육사회학 3판

| 김병욱 저 |

학지사

◉ 3판 머리말 ◉

이 책은 한국 교육의 구체적인 현실을 들여다보는 데 필요한 개념과 관점들을 밝히고, 한국 교육의 당면 문제를 선진국의 학제 및 교육정책들과 비교해 볼 수 있도록 한 책이다. 특히 논술형 교육학 시험문제를 준비하는 이들의 사고력을 돕기 위해 '미리 생각해 보기'와 '주요 용어 및 개념'을 제시하면서 한국 교육의 근본적인 문제들을 진단하고 토의·토론할 시각을 지니는 데 도움을 주고자 하였다.

이번 3판에서 개정된 내용은 다음과 같다.

제1부와 제2부는 한국 교육의 현실과 외국의 교육정책 및 한국의 평생교육을 들여다볼 수 있는 관점들을 담고 있다. 제1장 '학력 경쟁, 교육열, 학력주의'에서는 우리가 흔히 말하는 '학벌'이나 '교육열' 등과 같은 말이 과연 적절한 표현인지를 따져 보기 위해 이들의 개념을 정의하고 구별한 뒤, 형식적인 학력을 중시하는 한국과 외국의 학력주의의 구체적인 모습과 그 폐해 및 대안을 탐색할 관점들을 덧붙였다.

제2장 '교육 내용과 체험학습'에서는 학교에서 가르쳐야 할 과목이나 지식 및 기능이 무엇이어야 하는지, 특히 2016년 '알파고 대 이세돌의 대결'과 2019년 '코로나19(COVID-19)' 이후 미래를 위한 교육 내용이 무엇이어야 할지를 생각

해 보도록 하였다. 이어, 미래에 대비할 창의적이고 유연한 사고능력을 습득하고 교실 안 수업의 한계점을 극복할 수 있는 대안으로 체험학습을 제시하였는데, 체험학습이야말로 창의적이고 유연한 사고능력을 키울 맥락화된 유의미 학습방법이라고 보기 때문이다.

제3장 '학교, 학생, 교사'는 교육 현장에 관한 것인데, 특히 각자 다른 개성과 잠재력을 지닌 학생들을 있는 그대로 받아들이는 데 유용한 융(Jung)의 '그림자 이론'과 '자기실현'이라는 관점을 제시하였다.

제4장 '교육정책과 평등'은 2판의 제4장 '교육과 평등'에서 평등에 관한 이론들을 빼고, 제5장 '한국의 교육정책'에서 바뀐 정책들을 삭제한 뒤, 이 둘을 합친 것이다. 교육정책 수립에 영향을 주는 정치 이념, 과학기술, 현대문명의 특성, 평등 사상은 남겨 교육에서 왜 평등을 논의하며, 평등주의 교육과 엘리트주의 교육 중 어느 것을 취해야 할지를 생각해 보도록 하였다.

제5장 '외국의 교육정책'에는 한국 교육의 당면 문제의 돌파구를 찾을 방편으로 주요 선진국들의 학제와 교육정책이 담겨 있는데, 3판에서는 2010~2020년의 외국 교육정책들 중 특기할 만한 것들이 크게 보충되었고, 세계의 칭찬을 받고 있는 핀란드의 교육정책이 추가되었다.

제6장에서 제9장까지는 2판의 내용과 거의 같고, 제10장 '해석적 관점'에서 2절의 '4) 현상학' 부분에서 '(2) 현상학의 주요 개념' 부분만 좀 더 쉽게 설명하기 위해 많이 수정하였다.

2021년
김병욱

◉ 1판 머리말 ◉

　이 책은 우선 한국의 교육 현실을 주시하고 실천 방안을 모색하는 데 관심을 두었다. 교육학이 이론적이고 교육 현실에서 벗어나 있다는 지적을 특히 염두에 둔 것이다. 따라서 어떤 이론을 뒷받침할 전문적이고 실증적인 연구 결과가 없을 경우에는 신문기사 등 '유연한' 자료도 과감히 인용하였다. 그렇지만 관련 이론의 설명이나 전문적인 자료의 인용을 소홀히 하지는 않았다. 학부 강의에서 지나치게 밀도 높은 전문 지식을 가르치는 일이 힘들면서도 정작 한국 교육 문제를 다루는 일에 소홀할 수도 있으나, 가장 좋은 이론만큼 실용적인 것은 없다는 말을 잊지 않았다. 또 현실적으로 교원임용고사 등 교육학 관련 시험을 무시할 수도 없기 때문에 교육사회학 이론을 충실히 다루고자 하였다.

　이 책은 크게 제1부와 제2부로 구성되어 있다. 제1부는 제1장에서 제4장까지로 되어 있는데, 제1장은 교육의 사회적 목적과 기능, 한국 교육 문제, 교육사회학 이론의 전개 과정 등을 다루었다. 제2장에서 제4장까지는 교육사회학의 이론을 각각 사회전승이론, 사회변혁이론, 해석적 관점으로 나누어 설명하였다. 제2장과 제3장을 사회전승이론과 사회변혁이론으로 나누어 살핀 것은 다른 교육사회학 책들과는 다른 분류 방식으로 드매리스(deMarrais)와 르콩트(LeCompte)의 분류 방식을 따른 것이다. 이렇게 나눈 이유는 이러한 분류 방식이 기존 이론들의 특성을 더 잘 유형화한다고 보았기 때문이다.

　제2부는 제5장에서 제13장까지로 한국 교육 현실에 관한 내용을 다루었다. 제5장은 학교에서 가르치는 지식을 어떻게 봐야 할 것인지에 관한 것이고, 제6장은 한국 교육의 가장 현실적인 문제인 학력 경쟁과 교육열에 관한 것이다. 제7장에서 제9장까지는 학교 현장에 관한 것으로 학생과 교사의 구체적 삶과 문화, 교사가 학생들을 이해하고 지도할 때 필요한 전략, 학생의 전인적 성장을 돕기 위한 체험학습 등에 관한 것이다. 제10장에서 제13장까지는 한국 교육정책의 당면 문제와 그 해결의 돌파구를 찾기 위한 것들이다. 제10장은 한국 교육정책에서 중요하게 다루어야 할 교육과 평등의 문제, 제11장은 한국 교육정책의 당면 문제, 제12장은 한국 교육의 당면 문제 해결의 돌파구 마련을 위한 비교 교육적 안목에서 외국 교육정책의 흐름과 특징을 살폈다. 마지막으로 제13장은 전 세계가 심혈을 기울이고 있는 평생교육에 관한 것이다.

　이 책에서는 제3장 중 포스트모더니즘, 제4장 해석적 관점을 좀 길게 다루었으며, 제9장 체험학습을 별개의 장으로 구성하였다는 것이 특징이라 할 수 있다. 제3장과 제4장은 지금까지의 교육사회학 책들이 피상적으로 다루었던 것이다. 이들 장은 자칫 딱딱하고 어려울 수 있겠으나 저자로서는 어려운 개념들을 쉽게 설명하고자 많은 시간을 할애한 부분이다. 제9장은 교육사회학에서 아예 언급되지도 않은 영역이다. 이 장은 한국의 주입식 교육을 보완할 돌파구가 체험학습이라 생각하고 오랜 기간 탐구한 결과다. 제7차 교육과정에서 제도화한 체험학습 시간이 현재 격주의 주 5일제 수업 때문에 줄어든 판국에 체험학습 영역을 고집스럽게 다룬 일이 비현실적이라고 볼 수 있다. 그럼에도 체험학습이야말로 한국의 주입식 교육 문제를 보완할 전인교육의 지름길이라 확신하기 때문이다.

　이 책은 학지사 도서목록에 오래전부터 '근간'이라고 소개되었다. 그럼에도 이렇게 늦은 것은 내 무능함과 게으름 때문이다. 조용히 인내하며 기다려 준 학지사 여러분께 고맙다는 말씀을 전한다. 또 이 책을 위해 도움을 준 송현저 박사, 조발그니 박사, 이형남 선생, 유정수 박사, 하라다 미노루(原田實) 선생에게 고마움을 전한다. 엉성한 초고의 논리를 바로잡고 보완해 준 송현저 박사에게 각별히 고마움을 전한다. 고등학교 논술지도의 귀재로 알려진 송 박사는 귀중한 연휴와 방학을 이 책을 위해 송두리째 희생하였다. 그저 미안하고 고마울 뿐이다. 상담기법의 전문가 유정수 박사는 소시오드라마를 가르쳐 주었고 관련 자료를 꾸며 주었다. 하라다 선생은 일본 관련 정보를 주고, 내용을 수정해 주었다. 그럼에도 이 책의 모든 실수와 착오는 모두 내 무능함 때문이다. 두려움만 앞서지만 앞으로 이 책의 오류 지적과 비판에 귀 기울이며 철저히 보완하기로 한다.

2007년 8월

김병욱

차례

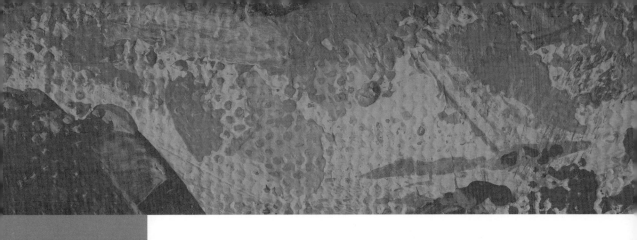

제1부
한국 교육의 현실과 정책

제1장
학력 경쟁, 교육열, 학력주의

왜 사람들은 자녀 교육에 열을 올리고 있을까? 이러한 현상은 한국에만 있는 것일까 아니면 다른 나라에서도 마찬가지일까?

이 장은 '학력' '학연' '학벌' '교육열' '학력주의'의 개념을 정의한 뒤, 우리가 마구 사용하는 '학벌'이란 말이 잘못된 이유와, '한국 교육열'을 어떻게 정의하느냐에 따라 한국 교육 문제에 접근하는 방식이 달라질 수 있음을 추론하도록 할 것이다. 이어, 학력 경쟁과 형식적 학력주의, 한국과 외국의 학력주의, 학력주의의 폐해와 그 문제 해결을 위한 대안들을 알아볼 것이다.

❓ 미리 생각해 보기 ➔

- '한국의 교육' 하면 가장 먼저 머리에 떠오르는 말은 어떤 것들인가? 이것들은 긍정적인 뜻을 지닌 것들인가, 아니면 부정적인 뜻을 지닌 것들인가? 왜 그런가?
- "'좋은 학군'은 좋은 학생과 교사가 있는 곳이 아니라, '좋은 학원'이 있는 곳이다."라는 말과 서울의 '강남'과 '목동' 성남의 '분당'의 비싼 집값은 한국만의 현상인가, 다른 나라에도 있는 현상인가? 다른 나라에도 있다면, 그 구체적인 모습은 어떠한가?

✏ 주요 용어 및 개념 ➔

- 학력, 학연, 학벌, 학교력, 종적 학력, 횡적 학력, 형식적 학력, 실질적 학력, 학력의 가치
- 학력 경쟁, 교육열, 학력주의
- 학력주의의 문제: '큰 나무 그늘', 직업 격차, 일 궁합, 학력의 귀속적 지위화, 토너먼트와 재기전(再起戰), 과잉 교육, 학력 인플레이션, 이중노동시장, '클럽재(財)', 단극상(單極相)
- '전인적 학력' '골프 토너먼트'

1. 학력, 학연, 학벌

1) 학력과 그 유사 개념: 학력, 학연, 학벌

우리는 흔히 '한국은 학벌사회다' '○○○는 학벌이 좋다'고 말한다. 그렇지만 여기서 '학벌'이란 말을 '학력'이란 말로 바꿔야 더 적합하다. 이를 위해 '학력' '학연' '학벌'의 개념과 그 차이를 살펴보자.

학력(學歷)[1]은 학교교육을 받은 경력이나 이력이다. 이것을 달리 표현하면 학교교육을 마친 최종 수준, 학업에 대한 개인적 경력, 학교교육력 등으로 말할 수 있다(김용숙, 1990; 이규민, 1992; 이정규, 2003).

학연(學緣)은 학력에 따른 인연이나 연줄(connections, ties)을 뜻하는 비교적 중립적인 개념이다. 그렇지만 학연이 '빽'이라는 시쳇말처럼, 학력에 의한 '빽'이나 연고주의 그리고 서로 이익을 주고받는 이해관계로 전개된다면, 학연은 중립적인 개념이 되지 못하고 부정적인 개념이 된다.

> "(출세하려면) 좋은 성적, 좋은 대학, 좋은 연줄(빽)이 중요해!(Good grades, right colleges, right connections, these are the key to the kingdom.)"
>
> – 영화 〈스쿨 타이(School Ties)〉 중에서

학벌(學閥)[2]은 학력에 의한 또는 학력을 위한 파벌이란 뜻으로, 부정적인 의미를 담고 있는 개념이다. 학력이 학교교육을 받은 경력이라는 중립적인 개념인 데 비해, 학벌은 배척(排斥)을 특징으로 하는 파벌을 뜻하는 부정적인 말이다.

---

1) 학력을 educational attainment, educational record(Wang, 1999), educational credentials(Collins, 1979), diploma(Dore, 1992) 등으로 표현할 수 있다.

2) 학벌을 academic cliques 또는 academic cartel로 번역할 수 있으나, 어떤 이는 학벌이 한국적인 현상이므로 그냥 그대로 Hakbul로 쓰는 것이 좋다고 주장하기도 한다. 일본에서는 학벌을 '가쿠바츠(がくばつ)'라고 하는데(Shimbori, 1981: 77), 미다 무네스케 등(見田宗介外, 1988)은 능력, 업적, 자질보다는 출신 학교를 중시하는 배척의 특성을 지닌다고 보아 규벌(閨閥)이라고 한다.

2) 학력의 종류와 가치

(1) 학력의 종류

학력은 종적·수직적 학력과 횡적·수평적 학력으로 나누기도 하고, 실질적 학력과 형식적 학력으로 나누기도 한다. **종적·수직적 학력**이란 교육받은 연한이나 수준의 많고 적음 또는 높고 낮음을 말한다. 중졸, 고졸, 대졸과 같은 말은 교육받은 연수의 차이에 따라 높은 학력과 낮은 학력으로, 곧 종적으로 나눈 학력을 말한다. 횡적·수평적 학력이란 동일 수업 연한을 지니더라도 어떤 학교에 다녔느냐 하는 **학교력**(學校歷)을 뜻한다. **횡적·수평적 학력**은 다닌 학교의 종류, 이름, 과정(課程) 등을 일컫는 것으로 사회적 위신이나 격에 따라 차등적 가치를 지닌 학력으로 분류한 것이다. 흔히 '일류, 이류, 삼류' 학교라는 표현은 횡적으로 분화한 학력을 뜻한다.

한편, 학력을 실질적 학력과 형식적 학력으로 나누기도 하는데, 이것은 학력이 지니는 실질적 가치나 능력의 소유 여부를 분류의 준거로 삼은 것이다. **실질적 학력**이란 실제적인 전문 능력이나 기능과 일치하는 학력을 말한다. 이에 비해 **형식적 학력**이란 실제 무엇을 학습했느냐 또는 개인의 실질적 실력, 능력, 노력이 어떠하냐를 중시하기보다는 성적, 자격증, 학위 등 단순한 상징적 가치나 명목적 가치를 지닌 학력 또는 단순한 학교력을 말한다.

(2) 학력의 가치

신분사회가 해체된 뒤, 학력은 사회적 존중, 특권, 좋은 직업을 얻기 위한 주요 척도가 되어 왔다. 학력이 과거의 신분을 대체하는 사회적 지위 결정의 징표가 됨으로써, 학력은 곧 신분을 나타내게 되었다고도 일컬어진다. 오늘날의 **졸업장**은 과거의 **족보**를 대신한다는 베버(M. Weber, 1864~1920)의 말처럼, 학력증명서는 상류사회에 진입하게도 하고, 특권과 지위를 독점하게도 하며, 저명인사 집안과 혼인을 가능하게도 한다. 여기에서 우리는 학력의 가치를 도구적 가치, 상징적 가치, 사회이동 가치 그리고 상품적 가치로 나눌 수 있다.

① 도구적 가치

학교교육을 거치면서 얻은 지식과 기능은 우리의 직업이나 일상생활에 유용한 가치를 지닌다. 학력은 직업적 역할 수행에 필요한 기능을 습득시키는 과정이자 그 결과이므로 도구적 가치를 지닌다. 학력의 도구적 가치에 관해서는 헤비거스트(R. J. Havighurst)가 교육과 사회이동의 관계를 설명하면서 처음 언급하였다(柴野昌山 外, 1996: 254). 콜린스(Collins, 1979: 1-21)는 버그(Berg, 1970)의 연구 결과를 인용하여, 학력이 실제 도구적 가치를 지닌다고 보기는 힘들다고 보았다. 그러면서도 그는 고도의 기능을 요구하는 직업이 늘어나면서 고학력자가 생산성이 높으리라는 생각 때문에 점점 학교교육 기간이 늘어나는 현상은 학력의 도구적 가치를 노린 것이라고 주장했다.

② 상징적 가치

학력은 지식, 가치, 문화자본을 습득한 상징적 결과물로서의 가치를 지닌다. 또 학력은 일정 자격을 평생 보장해 줌으로써 특정 신분이나 귀속적 지위를 표시해 주는 보증서 역할을 한다는 점에서도 상징적 가치를 지닌다. 학력의 상징적 가치라는 말 역시 헤비거스트가 교육과 사회이동의 관계를 설명하면서 언급한 개념이었지만(柴野昌山 外, 1996: 254) 다소 피상적으로 쓰였다. 그렇지만 오늘날의 학력은 다닌 학교의 수준과 거기에서 받은 교육 내용 그리고 개인의 능력을 평가하는 척도로 작용한다는 점에서 더 구체적인 개념이 되었다. 학력은 개인의 능력을 나타내는 것이고, 그 능력은 곧 사회적 신분 획득과 직결된다는 뜻에서 학력은 **신분 상징**(status symbol)의 기능을 지닌다고 말하기도 한다. 학력이 전반적으로 상승하는 이유는 좋은 학력일수록 지위 획득에 더 나은 상징적 가치를 지닌다고 보기 때문이다.

③ 사회이동 가치

학력은 **사회적 지위**(social status)를 상향 이동시키는 사회이동 가치를 지닌다 (강희돈, 1990; 장상수, 2001; 차종천, 2001). 누구나 똑같은 권력, 특권, 명예, 수입, 부 등의 **사회적 희소자원**을 소유할 수는 없다. 사회적 지위는 권력, 특권, 명예, 수입, 부, 성, 인종, 출신 지역, 나이 등에 따라 다르게 점유되는 사회적 위치 (social position)다. **사회이동**(social mobility)이란 사회적 지위상의 변화를 뜻한다. 곧, 권력, 특권, 명예, 수입, 부 등의 위계체계에서 그 위치가 올라가거나 내려가는 일이다. 학력은 이러한 지위를 얻는 데 필요한 도구다. 과거에는 신분이나 족보가 사회적 지위 획득의 전제 조건이었다면, 현재는 학력 또는 교육적 성취가 사회적 지위 획득의 가장 합리적인 보증서 역할을 한다. 모든 사회의 교육열은 사회적 지위 획득과 사회적 이동을 위한 경쟁에서 좀 더 유리한 고지를 확보하고자 하는 데서 생긴다. 이에 따라 학력은 사회계층이나 사회계급을 형성하거나 **재생산**(대물림)하는 데 가장 현실적인 자본이 된다(이두휴, 1989).

2. 학력 경쟁, 교육열, 학력주의

1) 학력 경쟁과 교육열

(1) 학력 경쟁

학력 경쟁은 희소자원이나 좋은 사회적 지위를 얻는 데 유리한 더 좋고 더 높은 학력을 갖기 위한 경쟁이다. 누구나 희소지원이나 좋은 사회적 지위를 똑같이 가질 수는 없다. 이러한 것들의 분배는 경쟁에 의해 얻어지고, 경쟁은 능력에 따라 이뤄진다고들 말한다. 이러한 관점을 **능력주의**(meritocracy)라 하는데, 이는 희소자원의 분배에서 관습이나 인연 등 임의적 기득권에 의해 자원 분배가 이루어지는 '**연고주의**'를 배제하려는 이념이다. 족벌, 문벌, 학벌, 재벌 등 사회적 배

경 등의 영향을 줄이고 능력, 실력, 업적, 실적 등을 중시하는 개념이 능력주의
다(이돈희, 2004: 357-361).

현대에 들어와 대부분의 나라는 연고주의보다는 능력주의를 지향한다는 것
을 표방해 왔다. 능력주의는 연고나 신분보다는 학력을 중시하게 만들었는데,
능력을 인정받는 가장 합리적인 기준이 학력이라고 생각되면서 학력을 놓고 경
쟁이 시작되었다.

학력 경쟁의 뿌리는 경쟁에 의한 관료 임용시험제도의 도입에서 찾을 수 있
다. 동양에서는 **과거제도**(이성무, 1994, 1997)가, 유럽에서는 19세기에 **관료 임용시
험제도**가 도입되었는데, 엄격히 말해 이들은 학력 경쟁이라기보다는 시험 경쟁
이었지만, 따지고 보면 요즘의 학력 경쟁이라 할 수 있다. 중국의 수나라 때부터
원초적인 형태의 과거 시험이 있었는데, 이때의 학문 연마란 관료로 뽑히기 위
한 입신양명을 목표로 한 것이었다. 유럽에서는 19세기 후반에 귀족 세습제나
관직의 매매에 의한 관료 등용 대신 경쟁적인 관료 임용시험제도가 도입되었는
데, 이때의 유럽은 동양보다 공교육이 먼저 발달했기 때문에 자연히 학력 경쟁
의 성격을 띠게 되었다. 유럽과 일본에서 경쟁적인 선발 수단으로 도입된 19세
기의 시험제도는 관청, 학교, 전문적 직업세계로 확산되었고, 이에 따라 교육에
서 경쟁이 나타나기 시작했다(天野郁夫, 1992: 49-64).

한국에서도 관료 등용이 공식적 학교교육의 결과나 시험에 따라 이루어지
면서 교육을 통한 경쟁이 나타나기 시작했다. 예컨대, 시험에 의한 관료 등용
이 이루어지기 시작하던 일제강점기부터 한국인도 교육에 열중하기 시작했는
데, 형편이 어려운 소작농도 그 신세를 면하기 위한 최선의 방편이 자녀의 교육
외에 다른 대안이 없다는 것을 감지하고 자녀 교육에 몰두하기 시작한 것이다.
1920년대에 이미 보통학교 취학 희망자가 정원의 2배를 넘어섰고, 이 때문에
조선총독부는 보통학교 입학 희망자에게 입학시험을 치르게 할 정도였다. 특
히, 중학교 입시는 더욱 치열해서 1937년 중학교 합격자 4,489명에 대한 전국
평균 경쟁률은 6:1이었는데, 제일고보는 10:1, 양정은 11:1, 배재는 13:1이었다

(전봉관, 2005).[3]

이처럼 교육에 대한 열망이 고조되고 학교가 보편화되면서 교육받은 인력이 늘어나고 본격적으로 학력 경쟁이 치열해지기 시작했다. 같은 학력으로 만족하지 않고 남보다 높은, 그리고 더 좋은 학력을 쟁취하고자 경쟁하기 시작했다. 특히, 고학력 사회가 태동하면 더 좋은 학력을 획득하기 위한 입시 경쟁이 심해진다. 한국 교육의 특징인 '입시지옥' '과잉 교육열' '치맛바람' '헬리콥터 맘' '기러기 아빠' 등의 배경에는 이러한 경쟁을 불러일으키는 교육열이 자리하고 있는 것이다.[4]

(2) 교육열의 개념과 한국 교육열

우리는 '한국만큼 높은 교육열을 보이는 나라는 없다' '한국의 과잉 교육열이 문제다'는 말을 곧잘 듣는다. 그런데 교육열이 문제라면 왜 그것이 문제인지를 '교육열'이란 말과 '한국 교육열'이란 말의 정의를 먼저 살펴봐야 이 문제의 본질을 제대로 파악할 수 있다.

교육열은 교육에 대한, 교육을 위한, 교육에서의 학생과 학부모 그리고 국가의 열망 또는 열기다.[5] 그렇지만 **한국의 교육열**은 더 좋고 더 높은 학력(學歷)을 향한 열망으로, 학습열 또는 학구열(學究熱)이 아니라 지위 경쟁을 위한 사적 열망이라 할 수 있다. 이종각(1990, 1996, 2003, 2004, 2011)은 한국의 교육열을 학생의 교육열이 아닌 부모의 자녀애와 성취 욕구의 결합체인 열망으로 보았다. 특히,

---

3) 보통학교에 입학하기 위한 경쟁률은 2:1 정도였고, 교사 앞에서 구두시험을 치렀다. 1922년 3월 광주공립보통학교 입학식에서는 입학시험에 떨어진 400여 명의 아이들이 운동장에 모여 하염없이 우는 일도 있었다(전봉관, 2005).

4) KBS 1TV의 2003년 특별기획 〈한국사회를 말한다〉 중 '사교육 열풍, 학교가 무너진다'(2003. 11. 22.)와 '희망의 몰락, 가난이 대물림되고 있다'(2003. 10. 4.)는 우리나라의 사교육과 조기유학 문제 등을 한국 교육의 핵심적 당면 문제로 들었다. 2003년을 기준으로 사교육비 규모는 7조 1천억 원, 당시 해외 유학생은 14만 명이라고 보도했다. KBS는 또 '학벌이 신분이다: 서울대의 나라'(2004. 6. 19.)라는 프로그램을 방영하기도 했다.

5) 교육열은 영어로 educational enthusiasm이나 zeal for education이라 할 수 있으며, '치맛바람'은 'overly zealous parents' 'enthusiastic parents' 'concerted cultivation' 등으로 번역할 수 있다. 미국의 'soccer mom'과 비슷하다.

이종각은 한국의 교육열을 사회나 국가 차원의 교육열이라기보다는 사적 욕망으로 보았다. 이 사적 욕망은 부모의 자녀 교육열이고, 이 교육열은 학교력에 관한 **학력열**이자 성적, 순위, 우수 대학 진학 등 교육 결과에 관한 열망으로서 교육 출세론의 핵을 이루는 것이다. 이러한 열망과 욕망은 주로 사설 교육시설(Bray, 2010) 이용으로 이어지는데, 한국의 '학원', 중국의 '보습반(補習班)' 또는 '보과(補課)', 일본의 '주쿠(塾)' 또는 '예비교(豫備校)', 그리고 영어권의 'cram school' 또는 'college-prep school' 등을 그 보기로 들 수 있다. 한국의 교육열 연구는 김영화(1992), 김희복(1992), 이영호(1998), 오욱환(2000) 그리고 김영화 등(1993)의 실증적 연구로 더욱 풍성해졌다.

2) 학력주의

학력주의(學歷主義, credentialism)란 사회적 지위나 직업을 얻는 데 실질적 학력보다는 형식적 학력이 크게 작용하는 부정적인 현상을 뜻한다.[6] 형식적 학력주의는 실제적이고 실질적인 실력, 능력, 노력을 중시하기보다는 성적, 자격증, 학위 등 그저 높은 학력(종적 학력)과 좋은 학교력(횡적 학력)만을 중시하는 경향이다.[7] 따라서 학력주의는 자격증주의나 신임장주의라는 말처럼 수학(修學) 경력만을 중시하는 경향(이정규, 2003: 18)이나, '**졸업장병**'(Dore, 1992; Johnson, 2000: 66)과 같은 현상으로 대변되기도 한다.[8]

---

6) 학력주의에 해당하는 영어 단어로는 credentialism 외에도 degreecracy(Collins, 1979, 서문), diplomaism, degreeism 등이 있다. 이정우와 박덕제(1998: 71)는 학위주의로 번역하였다.

7) 도어(Dore, 1992)는 사회적 지위나 직업을 얻는 데 학력이 중요한 수단이 되는 현상을 학력주의라 하고, 아마노 이구오(天野郁夫, 1992: 205-224)는 학력을 개인의 업적과 직업 자격의 상징으로 보게 되면서 나타난 현상이라고 했지만, 학력주의는 형식적 학력을 중시하는 경향을 말한다.

8) 키츠(Keats, 1963)의 『The Sheepskin Psychosis』라는 저작은 '졸업장병'으로 번역될 수 있다. 'sheepskin'은 양피지(羊皮紙)를 뜻하는데, 졸업장을 양피지로 만들었기 때문이다(김용숙, 1986).

형식적 학력주의는 고학력 사회를 불러오고, 고학력 사회는 다시 학교력을 중시하는 사회로 되면서, '**학력신분사회화**'(이종각, 2004)하는 사회가 되기도 한다. 과거에는 족보나 신분이 지위 획득의 주된 통로였으나, 이제는 학력증명서가 이를 대신하게 되었다는 베버의 말이 이를 잘 대변한다(天野郁夫, 1992; Collins, 1979). 학력을 획득하기 위한 열망 때문에 과열 학력 경쟁이 생기고, 이는 잠재되어 있는 학연이나 학벌 등과 연계되어 사회에 부정적 영향을 줄 우려가 있다.

🐙 토의 · 토론 주제

• 한국의 교육열은 구체적으로 어떤 모습들로 나타나며, 이들은 각각 어떤 문제점을 지니는가?

3. 한국과 외국의 학력주의

교육의 중요성과 경쟁 및 선발의 생생한 모습들은 2013년 KBS가 방영한 〈**공부하는 인간**〉 1편 '오래된 욕망', 2편 '공자의 후예', 3편 '질문과 암기', 4편 '최고의 공부'에 잘 나타나 있다. 특히 1편에는 미국 하버드 대학교, 중국 농촌의 교육열, 일본과 인도의 교육열, 고대 메소포타미아 수메르의 교육, 그리고 유대인의 교육열 등이 잘 담겨 있다. 중국에서는 한나라 때부터 관료 임용을 위한 일정한 규칙이 있었고, 수나라 때부터 과거(科擧)가 인재 등용의 한 제도로서 자리 잡았기 때문이다(남경태, 2013). 선발 대상을 제한했다는 한계점은 있으나, 중국의 과거제는 세계 최초의 능력 본위의 경쟁적 선발제도였다(天野郁夫, 1992: 39-66). 이러한 선발제도는 **동아시아형 교육**(Stevenson & Stigler, 1992)의 특징적인 현상인 가혹한 입시 경쟁을 불러왔다. 동아시아 국가들이 하나같이 학력주의, 입시 경쟁, 획일적 교육의 부작용 등으로 고통을 받고 있는데, 그 배경에는 학력에 의한 사회이동의 후유증이 자리하고 있다. 중국 베이징에서는 부모의 과도한 교육열 때문에 입시 경쟁이 점점 심해져 간다(佐藤學, 2001). 입시 경쟁은 곧 학력 경쟁인 셈이다.

한편, 동양보다 늦게 자리 잡은 유럽의 교육적 선발은 동양만큼 경쟁적이지는 않았다. 유럽에서 교육 선발이 먼저 이루어지기 시작한 나라는 프랑스와 독일이었다. 예컨대, 프랑스의 중학교였던 콜레주에서 선발 경쟁이 이루어지면서 학력(學力)에 의한 평가가 선발과 불가분의 관계가 되었다. 이러한 교육적 선발과 경쟁이 도입되던 상황에서 산업사회가 도래하면서 선발과 경쟁의 속도는 빨라지기 시작했다. 선발과 경쟁이 산업사회를 지탱하고 그 발전을 위한 방식으로 제도화되기 시작했다. 경쟁을 업적에 기초한 합리적이고 보편적인 장치로 받아들였고, 그에 따라 학력을 향한 경쟁제도가 자리 잡게 되었다(天野郁夫, 1992: 33-48).

1) 한국의 학력주의

한국의 교육열이나 학력주의에 관한 역사적 탐색(최봉영, 2000)을 여러 가지 방향에서 시도할 수 있다. 그렇지만 여기서는 한국 학력주의의 뿌리가 임진왜란과 병자호란 이후 상인계층이 등장하면서, 곧 향촌(鄕村)의 호족(豪族) 세력이 약화되고 평민이 신분을 살 수 있게 되는 계급 해체 현상이 나타나면시부터라는 견해를 소개하고자 한다. 이 무렵 국가와 기득권층은 해이해지는 계급의식을 강화하고자 강상윤리(綱常倫理), 곧 삼강오륜의 윤리를 널리 보급하기 위한 서당(書堂)을 설립·운영하거나 지원하며 이에 대처하고자 했다. 이것이 17세기 이래 대중적인 서당이 활성화되는 계기가 되었다. 그러나 18세기에 이르러 가족이나 문벌(門閥) 중심의 보족적(保族的) 경향이 두드러지면서, 나라를 위하는 충(忠)의 교육보다 가족이나 문중의 출세를 위한 교육이 만연되었다(정순우,

1985).[9] **한국의 교육열**은 조선시대 후기의 이와 같은 계급구조 해체 과정에서 신분 상승을 위한 민중의 입신출세 지향적 욕구와 맞물려 싹텄다 할 수 있다.

현대의 한국은 형식적인 학교력이 사회적 지위, 직업, 권력 획득의 핵심적 지표로 작용하는 학력주의 사회다. '공부한 이력'보다 '학교를 다닌 이력'이 더 중시되고 있다. 대학 간 서열체제 등 학교력 간 구별짓기 현상이 두드러진다. 그래서 '학벌이 신분'인 나라, '학력세탁'(홍훈, 2002), 교육제도 내부의 '선별적 짝짓기'(홍영란, 2003), '학벌은 현대판 카스트 제도',[10] '무덤까지 간다, 당신의 학벌'[11] 등의 말이 나왔다.

2) 외국의 학력주의

(1) 중국

중국의 신조어 '**學歷査三代**'는 삼대의 학력까지 살펴본다는 뜻으로, 임용이나 신입사원을 뽑을 때 지원자의 삼대까지 학력을 심사한다는 것이다. 중국에서 '**원핑(文憑)**', 곧 졸업장이 중요하다는 말은 중국에서도 학연이나 학벌이 중요하다는 뜻이다. "**콴시(關係)가 중요하다.**"(왕샤오링, 2006)는 말은 이를 더 잘 설명해 준다. 이 때문에 중국도 높은 교육열을 보이고 있다. 현대 중국에서 학교는 등용문이고, 이 문을 통과하려는 수많은 학생이 대기하고 있다. 한 신문기사는 "베이징 대학교나 칭화 대학교에 들어가기 위한 재수생이 증가하고 있다."(인민일보, 2006. 4. 19.)고 하였다.

베이징 대학교나 칭화 대학교 등 이른바 일류 대학 입학자는 전체 학생 가운데 10%도 안 된다. 이러한 대학교를 졸업해야 좋은 직장에 취업할 수 있기 때문에 경쟁은 더욱 높아지고 있다. 이들 대학에 들어가려면 우선 좋은 중·고등학

---

9) 한편, 동네나 부락마다 조합을 구성하여 서당을 설립하고 훈장을 초치(招致)하여 자신들의 자제를 교육하는 데 전례 없는 열의도 보였다(정순우, 1985).

10) 『전교학신문』, 2001년 3월 6일자 5면.

11) 『사회비평』, 2001년 봄호; 『참여사회』, 2001년 3월호; 『한겨레 21』, 2000년 11월 9일자.

교인 '중점' 중등학교에 진학해야 하는데, 이를 위한 과외가 성행하고 있다. 이렇게 경쟁이 심해지면서 좋은 시설과 교사진으로 이루어진 이른바 '귀족학교'가 늘고 있다. 베이징, 상하이, 광저우와 같은 대도시의 부모들은 자녀를 위해 일반 근로자의 2, 3년간의 임금과 맞먹는 사교육비를 투입하고 있으며, 유아 기숙학원 등도 생겨나고 있는 현상을 보면 중국도 교육열이 높음을 알 수 있다. 'Top 10 most expensive private schools in Beijing'을 검색해 보면 중국의 사교육과 교육열의 구체적인 모습을 짐작할 수 있다.

중국의 고등학생은 매년 6월에 대학입학 학력시험인 '까오카오(高考)'를 이틀간 치른다. 2006년에는 입학 정원 560만여 명에 총 950만여 명이 응시했다. 이중 4년제 대학은 260만여 명을 뽑기 때문에 경쟁률이 4:1쯤 된다. 수험생 중 880만여 명은 이틀간 동일한 시험을 치르고, 나머지 70만여 명은 각 지방에서 출제한 시험을 치른다. 중국의 언론도 까오카오를 치를 때마다 시험과 수험생 관련 기사를 깊이 있게 다루고, 전국 수석 합격자나 그들의 성공담을 싣는다.[12]

중국에도 한국의 대학입학시험 때와 비슷한 풍속도가 있다. 부모가 시험 준비생을 최대한 조심하고 배려한다. 시험 당일에는 초콜릿을 건네주며 격려하고, 교사들이 수험생들의 마지막 질문에 답을 해 주며, 수험생들이 서로 껴안으며 격려한다. 이틀간 치르는 시험 성적이 평생을 좌우하기 때문에, 시험 전날 잠을 못 자는 등 극심한 시험 불안을 겪는 수험생도 많다. 시험 전날에는 사찰이나 공자(孔子) 사당(祠堂)에서 옛날 과거에 장원급제한 사람이 받던 옥패(玉牌)를 본뜬 물건을 비싸게 사서 벽에 걸고 자녀의 성공을 빈다. 시험 당일에는 자녀를 시험장에 데려다주고 다시 절이나 사당으로 달려가 열심히 기도하는 부모도 많다 (*China Daily*, 2005. 6. 8.).

1979년 이후 한족(漢族)에게는 한 가정에 한 자녀만 허용함에 따라, 귀하게 크

---

12) 2006년 5월 18일부터 19일까지 中華TV의 〈東方時空〉에서는 대학입시를 치르는 자녀를 둔 가정, 학부모가 수험생 자녀를 조심히 대하는 방법과 대화법 등의 유의사항 등을 방영했다. YTN은 2006년 5월 29일 밤 11시 〈뉴스나이트〉에서 입시철에 베이징의 점쟁이들을 찾는 중국인들 소식을 전했다. 중국 엄마들의 치맛바람을 뜻하는 '辣媽(매운 엄마)'란 말도 있다.

면서 버릇없고 이기적인 이른바 '**소황제**(小皇帝)'가 늘어나게 되었다. 이들 한 자녀의 교육에 부모가 집착하면서, 중국의 교육열은 더욱 치열해지고 있다. 입시 경쟁이 치열해지면서 입시 심리전문가의 소득이 높아지고, 시험 부정이나 고액 과외와 같은 부작용도 생기고 있다. 또 지역별로 합격자 할당량이나 합격자 비율이 다르기 때문에 비율이 높은 지역으로 위장 전입하는 사회 문제도 있다. 이러한 입시 위주의 교육을 중국에서는 '**응시교육**(應試敎育)'이라 하며,[13] 왕(Wang, 1999)은 시험 성적 위주로 선발 경쟁이 극심한 중국을 '준학력주의 사회'로 보았다.

(2) 일본

일본은 유명 대학교를 목표로 삼아 치열한 시험 경쟁이 일어나는 전형적인 **학력주의 사회**(academic credentialism)다. 일본인들 스스로도 일본을 '학력 사회(school-record society)'라 부른다. 일본의 학력주의는 전문직과 관료직 선발 시험 때문에 나타난 현상이다. 일본이 학력주의 사회가 된 것은 관료, 전문 직업인, 경영자, 대기업 직원 등의 새로운 계급이 학교교육을 통해서 배출되었고, 이 때문에 학교교육과 그 안의 시험제도가 일찍 정착했고, 학력 차이에 따라 사회적 차이가 생겼기 때문이다(天野郁夫, 1992: 205-224).

도어(1992: 67-88)는 근대 일본의 교육체제가 같은 시기 영국의 그것보다 더 복선형(複線型)적 성격이 짙었다고 본다.[14] 당시의 일본 학제는 무사계급과 서민층을 확연히 구분한 불평등한 것이었다. 1893년(메이지 26년) 이후 고급관료가 되기 위해서는 학력(學力)에 의한 경쟁시험을 치러야 하는 체제로 바뀌고, 대학 졸업자가 기술계, 사무계, 무역·금융계의 중요한 자리에 주로 임용되면서 학력주의 경향이 두드러졌다. 20세기에 들어 대학 학위가 직업 획득에 중요해

---

13) 또 베이징 대학교를 줄인 말인 '베이다(北大)'에 '증후군'이 붙은 '베이다 신드롬(Beida Syndrome)'이라는 말도 중국의 교육열을 나타낸다. 베이다 신드롬은 명문 베이징 대학교 진학을 최우선의 목표로 삼는 점부터 일류 대학교 입학 후에는 공부를 소홀히 하는 현상까지를 일컫는 말이었다.

14) 복선형이란 한번 진로가 정해지면 계열 간 이동이 허용되지 않는 학제다.

지면서 대학 학위를 얻기 위한 욕구가 강해졌고, 그에 따라 일본은 빠르게 학력 사회로 변했다(Dore, 1992: 67-88).

제1차 세계대전 이후, 학교교육이 팽창하고 학교를 통한 사회적 선발구조도 강화되면서 학력주의가 보편화되었다. 학교교육은 소학교에서 대학에 이르기까지 피라미드 구조를 띠며, 입학 시 선발을 위주로 하였다. 졸업증서로 상징되는 학력이 곧 직업 자격이 되면서 전문직에서는 완전한 학력주의가 고착되었다. 유럽에서는 직업자격제도가 먼저 확립된 데 비해, 일본에서는 학력증명서가 먼저 자리를 잡았다(天野郁夫, 1992: 183-224). 제2차 세계대전 이후에는 학교제도가 피라미드식으로 일원화·단순화되면서 일본의 학력주의는 더 심화되었다.

학교력은 회사의 채용 단계에서는 제1차적 선별 기준이 되고, 취업 후에는 배치와 승진에서 눈에 보이지 않는 중요 잣대가 되었다. 대학 수가 늘어난 상황에서, 기업은 학력을 직업 자격화했다. 이와 같은 기업의 학력주의화는 학력주의 지배의 완성판이라 할 수 있다. '학교력'이 갖는 사회적 가치 때문에 정점에 있는 유명 대학교를 향한 극심한 경쟁이 생겼다. 특히 도쿄 대학교가 정점에 위치하는 **일점(一點) 집중형 선발체제**가 나타남으로써, 경쟁의 피라미드 구조를 만들었다(天野郁夫, 1992: 205-224).

일본에서는 **대학교의 서열화**와 학벌의 영향이 크게 나타난다. 국립대학교는 도쿄 대학교, 교토 대학교, 히토츠바시 대학교 등으로, 사립대학교는 게이오 대학교, 와세다 대학교 등으로 서열화되어 있다. 취업과 승진에서 학력이나 학벌이 크게 작용한다. 대기업 취업률이 50%를 넘는 대학들과 그렇지 못한 대학들로 나누어져 대학 간 차이가 엄존하며(紫野昌山, 1992: 235), 대학교 서열이 소득과 지위에 영향을 크게 준다. 대기업 경영자의 50% 이상이 상위 5개 대학 출신이며(Ishida, 1993; 이정규, 2003: 28-29, 재인용), 대학을 졸업한 남자들의 취업과 수입이 대학 서열에 따라 다르다(Miyahara, 1988: 25-44).

일본의 **학력 피라미드**의 정점에 진입하기 위해서는 사설학원인 **주쿠(塾)**와 이미 서열화된 중등학교를 적절히 활용해야 한다. 과외 학원인 주쿠의 월 과외비

입시철에 합격을 기원하기 위한 사람들이 붐비는
일본 규슈의 텐만구 신사(神社)

일본 규수의 한 고등학교가 텐만구 신사 입구에
내건 현수막. '4년 연속 현역 합격'이라는 문구가
적혀 있다.

는 6~7만 엔 정도이고, 기숙사비와 과외비를 포함한 고등학교 교육비는 1년에
200~300만 엔 정도다.[15] 명문 사립대학은 부속 유치원과 초ㆍ중등학교가 있
어 유치원에 한번 들어가면 대개는 대학까지 연결된다. **소자화**(少子化) **현상**으로
자녀 교육은 더 중요해졌고, '승리조'와 '패배조'로 가르는 '2 대 8의 편 가르기'
와 '부익부 빈익빈'의 교육 혜택의 양분화가 심해졌다. 일본에서는 학교 간 전
학 기회가 거의 없어 입학시험은 '학교력'을 획득하는 데 결정적이다. 그래서 공
부만이 최고의 전략이고(山中恒, 2004), 그에 따라 '대학입시 센터시험'에 대비
하는 **'수험지옥(examination hell)' 현상**이 생겼다. 'Japanese prep schools' 또는

---

15) 연평균 소득이 400만 엔 정도이므로 시간제 맞벌이 또는 결혼 후 부모의 재정 지원을 통해 자녀 과외비
를 충당한다. 명문대생의 과외비는 시간당 2,000~3,000엔이다(한국교육개발원 교육정책정보센터, 2004.
10. 12.). 그렇다면 일본의 유명 사립학원인 와세다 아카데미 과외비는 얼마일까?

'college-prep schools in Japan'을 검색해 보면 일본의 사교육이나 교육열의 구체적인 모습을 알 수 있다.

(3) 미국

19세기에 지배 세력이었던 개신교도에게는 문화 지배욕구가 팽배해 있었는데, 교육은 주로 중류계급의 사회적 지위를 유지하기 위한 기본 수단이 되었다(Collins, 1979). 19세기 후반부터 생긴 **미국의 명문 사립학교**(elite preparatory school)들은 상류층의 유리한 지위 확보를 위해 생긴 학교다. 미국의 상류층은 이웃, 교회, 사교 및 스포츠 클럽, 학력증명서 등을 일종의 혈통 증서로 제도화하고자 했는데, 1980년대까지만 해도 미국 고등학생 전체의 2~3% 정도만이 이들 학교에 다녔다. 상류층은 자녀들을 엘리트 기숙학교에서 호되게 훈련시킴으로써 상류계급으로서의 결속과 공유의식, 그리고 좋은 인맥과 강한 연대를 형성하고자 했는데, 이는 일종의 울타리 치기, 곧 **'인클로저' 운동**과 비슷하다(Cookson & Persell, 1985: 23).[16)]

독립전쟁 당시에 9개에 지나지 않았던 대학교가 1860년에는 250개가 되었다. 대학이 많이 설립되고 대학교육과정이 다양화 · 전문화되면서 **엘리트 대학교**들이 나타나기 시작했다. '대학 정신'이라는 전통이 강조되면서 젊은이들은 대학 생활 중의 파티나 놀이에 참가하여 우정을 형성 · 강화했는데, 이러한 대학문화는 중류계급 상층의 자제들을 결합시켰다. 대학문화를 통해 형성된 비슷한 출신끼리의 동료집단은 결국 계급 내 결혼으로 이끄는 기능을 했다.

미국에서 대학이 엘리트적 지위집단의 형성에 중요한 역할을 수행하게 되면서 좋은 대학교에 들어가기 위한 경쟁이 심해졌다. 미국의 상류층과 **엘리트**들은 자녀를 인문학 중심의 대학에 보내어 자신들의 유리한 사회적 지위를 자녀에게

---

16) 1983년 프린스턴 대학교 졸업생의 17%는 프린스턴 출신 부모의 자녀였다. 성적이 상위 2/3에 해당되는 지원자들의 21%만이 입학 허락을 받은 데 비해, 프린스턴 출신 부모를 둔 자녀들은 100% 입학 허가를 받았다(Cookson & Persell, 1985: 174).

물려주고자 했다. 종합대학교를 졸업하면 높은 전문직 지위를 보장하는 대학
원으로 연결될 수 있었기 때문에 종합대학교의 권위와 위신은 더욱 공고해졌다
(Collins, 1979).[17]

　미국의 학력주의 경향은 영화나 TV 드라마에서도 찾아볼 수 있다. 영화 〈러브
스토리(Love Story)〉 〈죽은 시인의 사회(Dead Poets Society)〉 〈스쿨 타이〉 등의 영
화나 〈길모어 걸스(Gilmore Girls)〉 시즌3 제3편과 같은 드라마의 배경이 된 하버
드 대학교나 **명문 사립고등학교**(preparatory boarding school)를 통해(石角完爾, 2002)
미국 상류층 가정의 학력주의를 엿볼 수 있다(Sittenfeld, 2017). Choate Rosemary
Hall, Groton School, Phillips Exeter Academy 등의 명문
사립고등학교의 목록과 그 구체적인 모습은 'American
Best Schools' 'The 50 Best Boarding Schools in the U.S.'
'The Association of Boarding Schools' 'prep schools' 등
을 검색해 보면 잘 알 수 있다.

> 하버드, 예일, 프린스턴, 그리고 옥스퍼드 등과
> 같은 대학교의 고등학교별 입학생 순위와 SAT
> 점수에 따른 고교별 순위를 게시하고 있는 사이
> 트(http://www.prepreview.com/)

　이러한 명문 사립학교의 특성과 그 안에서의 교육 및 학생들의 생활과 인성
특성에 관한 것은 쿡슨과 퍼셀(Cookson & Persell, 1985)의 연구에 잘 나타나 있
다. 이들 **엘리트 학교 학생들**(preppie)의 삶은 겉으로 보기와는 다르다. 엘리트 학
교의 아름답고 고요한 캠퍼스는 단지 겉모습일 뿐, 공부에 대한 엄청난 강요 때
문에 고통스러운 삶이 전개된다. 명문 사립고등학교 학부모는 자녀가 넓은 시야
를 가지기를 원하면서도, 정작 학교에 자녀들을 가두어 놓고 학교 공부만을 열
심히 하기를 바란다. 어려서부터 '중요한 사람이 되라'는 말만 들으며 자라왔지,
'너 자신이 되어라'라는 말을 들으며 자란 애들은 거의 없다. 그렇지만 이들 학교
에서 생기기 시작한 끈끈한 결속(affiliation)은 졸업으로 끝나지 않고 성장하면서
계속 이어져 점점 더 서로 얽히게 되고, 결국에는 유사한 느낌을 갖는 사람들의

---

17) 법학과 의학에 이어 공학, 경영학, 교육학에 대학원 과정이 생겼고, 많은 직업에서 과거에는 요구되지 않았
　　던 대학 졸업이 필수 요건으로 제시되었다. 결국 학교는 문화화폐 획득 과정의 일부가 된 것이다(Collins,
　　1979).

집단인 **지위집단**과 **계급 결속**(class solidarity)의 기초가 된다. 이들 학교는 한마디로 권력을 향한 사회화 과정을 거치는 지위 양성소다. 이들 학교에 입학하는 것은 사교클럽이나 지위집단에 입문하는 셈이다(Cookson & Persell, 1985: 19-22).

(4) 영국

영국도 학력주의가 만만치 않은 나라다. 산업혁명으로 기술 인력이 필요해지면서 기술 전문직 이외의 전문직에 이론 필기시험제도가 일찍 출현했다. 1835년에는 사무직과 변호사직에, 1880년에는 회계사직에 이론시험이 도입됨으로써(Dore, 1992: 39-66), 학교는 이 시험 준비를 위한 중요한 기관이 되었다. 중간 계급 기술자가 되는 지름길은 대학교육을 받는 것이었다. 대학교육으로 공식적 자격 인정을 받는 것은 아니었으나, 20세기에 들어와 전문가 집단이 중등학교와 대학에 신규 사원의 훈련과 선발을 맡기면서 대학교육의 '직업화'가 본격적으로 진행되었다(Dore, 1992: 39-66). 영국의 관료 양성시험 합격자의 다수는 옥스퍼드 대학교와 케임브리지 대학교 졸업생이었다.

한편, 초등학교와 중등학교 및 대학이 유기적으로 연결되면서 하급 학교는 상급 학교 진학을 위한 통로가 되었다. 그에 따라 대학 입학 준비가 중등학교의 목표로 인식되기 시작하면서 '**중등학교 졸업자격시험**(General Certificate of Secondary Education: GCSE)'과 '**대학입학시험**(A-level)' 성적이 대학 진학에 중요하게 되었다. 특히 '**문법학교**(grammar school)'나 수업료가 비싼 유명 사립중등학교인 이튼(Eton College), 해로우(Harrow School), 윈체스터(Winchester College) 등이 유명 대학교, 곧 상류층으로 가는 강력한 통로가 되었고, 이를 놓고 벌이는 노력의 현실이 영국 학력주의의 한 모습을 보여 준다. 이들에 관한 더 자세한 설명은 제5장 영국 부분에 있으므로, 여기에서는 이들 학교들을 더 자세히 알 수 있는 검색어들만 소개하기로 한다. 'England's Best Schools' 'England's Top Boarding Schools 2019-2020' 'England's Top High Schools 2019-2020' 등을 검색해 보면, 유명한 이들 중등학교들을 잘 알 수 있다.

(5) 프랑스

2011년 12월 23일자 『르몽드(Le Monde)』는 프랑스 학부모들이 사교육에 관심이 높아지고 있으며, 연간 사교육비로 독일의 2배 그리고 스페인의 3배에 이르는 22억 유로를 지출하고 있다고 보도했다(한국교육개발원, 2012, 재인용). 프랑스의 학력주의는 **바칼로레아**(baccalauréat)와 **그랑제콜**(Grandes écoles)에서 그 모습을 찾을 수 있다. 나폴레옹(Napoléon)은 1802년에 국립 고등학교인 리세(Lycée)를 창설하여 고전어 중심의 구조화된 교육과정을 부활시키고, 1809년부터 대학입학시험인 바칼로레아를 도입했다. 아마노 이구오(天野郁夫, 1992: 49-64)는 바칼로레아가 엘리트 교육과 대중교육을 확실히 구별하려는 나폴레옹의 구상에서 나왔다고 보았다.

프랑스의 대학에는 평준화된 일반 대학교와 엘리트 고등교육기관인 그랑제콜이 있다. **일반 대학교**(universite)는 1968년 학생운동 이후 평등이 강조되면서 1971년에 90여 개의 대학을 국립화·평준화한 것이다.[18] 바칼로레아에 합격한 학생이라면 누구나 거주지 부근의 대학에 지망할 수 있게 되면서, 90여 개의 대학교가 평준화되었다. 이들 일반 대학교에서 대학 입학 2년 뒤 50%가 탈락하기는 하지만, 프랑스의 일반 대학교는 그다지 좋은 평판을 얻지는 못한다.

한편, **그랑제콜**은 평준화된 일반 대학교와는 별도로 존재하는, 프랑스 최고의 소수 엘리트를 양성하는 고등교육기관들이다.[19] 그랑제콜에 진학하려면 그 준비 과정인 '**프레파**(Prépas, CPGE)'[20]에서 2년 이상 준비하여 학교별 선발시험(콩쿠르)에 합격해야 한다(전효선, 1998).

---

18) 13개 대학 총장들이 제비뽑기하여 이들 대학교에 일련번호를 붙여 이름을 바꿨는데, 소르본 대학교는 파리 4대학이 되었다.

19) 그랑제콜은 '큰 학교'란 뜻의 그랑데콜(Grande école)의 복수형인데, 나폴레옹이 부국강병을 위해 설립한 1794년의 에콜 폴리테크니크(군대 관련 고등기술대학)를 비롯한 국립 토목학교, 학자와 교육자 양성을 위한 4년제 고등사범대학(École normale supérieure: ENS), 제2차 세계대전 이후에 창설된 3년제 국립행정학교(ENA), 그리고 파리 광산학교나 3년제 고등상업학교(HEC) 등이 유명하다.

20) CPGE(classes préparatoire aux grandes écoles) 과정은 명문 고등학교에 설치되어 고등학교 2학년 말에 성적 상위 5~10% 안의 영재가 미리 내정되는 경우가 많다.

프랑스의 학력주의는 **그랑제콜**에서 엿볼 수 있다. 그랑제콜에 입학하기 위한 준비 과정인 프레파에 입학하기 위한 기준은 고등학교 성적, 교사 추천서, 바칼로레아 점수가 주된 것이지만 집안 배경도 고려된다(배수옥, 2006). 고등학교 최종 2년간의 성적과 바칼로레아 성적이 좋아야 하고, 그랑제콜에 입학하기 위한 경쟁이 치열하여 재수나 삼수가 흔하다. 프레파에 들어가서도 수학(數學) 성적이 좋아야 한다. 그랑제콜 졸업생은 대개는 그 성적에 따라 고급 공무원이나 정치가 그리고 학자가 되는데,[21] 이 때문에 프랑스에도 '학벌 카스트'가 있다고도 본다(최연구, 1995).

프랑스의 사교육과 인기 학군도 프랑스의 학력주의를 보여 준다. 프랑스에서도 대학 진학자격시험인 바칼로레아를 앞두고 철학, 물리, 화학, 수학 등의 과외지도를 받는 경우가 많고, 좋은 고등학교와 그에 진학하기 용이한 학군도 있다. 루이 르 그랑, 샤를 마뉴, 라부아지에와 같은 사립과 앙리 카트르 같은 국립 명문이 있는데, 파리 시내 5, 6, 16구(區)는 이들 학교에 진학하기에 좋은 곳이어서 위장 전입을 하기도 한다(배수옥, 2006).[22]

(6) 독일

독일은 다른 나라들에 비해 학력주의 경향이 상대적으로 약한 나라다. **명장**(名匠, Meister) **제도**는 형식적 학력보다 실질적 학력을 중시하는 예다. 김상봉(2004)은 독일에는 학력주의나 학벌주의가 아예 없다고 본다. 대학입학자격시험인 **아비투어**(Abitur) 합격자는 어떤 대학에나 응시할 수 있을 만큼 대학이 평준화되어 있으며, 독일의 명문대학교는 주로 교수가 유명한 대학이다. 독일 대학제도의 가장 큰 특징은 대학들 사이에 서열도 없고 장벽도 없다는 것이다. 독일의 대학이 그렇게 평준화될 수 있었던 것은 무엇보다도 대학들 사이의 상호 교

---

21) 이들 엘리트의 도덕성과 책무를 말할 때 자주 이용되는 '노블레스 오블리주(noblesse obligé)'란 말은 높은 신분에 따르는 도의상의 의무를 뜻한다.

22) 문화방송(MBC)도 2005년 7월 4일 7시 뉴스에서 프랑스의 사교육 열풍을 보도했다.

류가 용이하기 때문이다.

그렇지만 역사적으로 볼 때, 학력주의적 특성이 아주 없는 것은 아니다. 중세 시대까지는 교회와 대학 동업조합이 직업 자격을 부여했으나, 국가가 이 자격 부여권을 가져갔다. 18세기 중엽부터 국가가 시험으로 고급관료를 선발하게 되었고, 19세기부터는 의사, 사법관료, 세무와 우편 등의 행정관료 선발에도 국가 고시가 도입되었다. 그런데 이 선발시험을 대학이 맡게 되면서 대학은 관료시험 준비 교육기관이 되었고, 이에 따라 대학에 들어오는 진학자 수가 늘게 되었다. 이에 1788년 프로이센은 **아비투어**라는 대학입학자격시험을 도입했다. 그러나 겉으로는 이 시험을 통해 대학입학자격을 높인다는 것이었으나, 실제로는 대학 진학자 수가 늘자 하류계층 자녀의 대학 진학을 억제하려는 것이었다(天野郁夫, 1992: 49-64).[23]

아비투어 합격을 알리기 위해
차 뒷창에 붙인 'ABI' 스티커

---

23) 고전어를 가르치는 학교에서만 아비투어를 시행할 특권을 주었는데, 이 자격을 취득하려면 보통 20대 후반까지 공부하게 되었으므로, 하류계층의 자녀는 이에 응시할 수 없었다.

독일에도 학력주의는 존재한다. 예컨대, 의과대학 등 대학교 인기학과 지망생은 고등학교 때 성적이나 아비투어 점수가 최상위권이어야 한다(박성숙, 2012). 이는 독일에서도 좋은 대학교나 인기학과에 가려면 좋은 학력을 가질 수밖에 없다는 뜻이다.

또 독일, 오스트리아, 스위스 등의 명장 제도는 대학 진학을 하지 못하는 중·하류계층 자녀가 마지못해 선택하는 경우도 많다. 명장 제도 과정보다는 대학이나 보다 전문적인 과정에 진학하여 보다 더 높은 사회적 지위를 얻으려는 사람들도 많다. 따라서 아비투어나 명장 제도 등만으로 독일에 학력주의가 없다고 주장하는 것은 그 설득력이 약하다.

4. 학력주의의 폐해와 대안

앞에서 학력주의는 실질적 학력보다는 형식적 학력 또는 학교력이 단순히 강조되는 부정적인 개념이라고 했다. 그렇다면 학력주의는 어떤 문제점을 지니고 있을까? 학력주의의 폐해는 '**큰 나무 그늘**'로 비유될 수 있다. '큰 나무 그늘'은 시원한 쉼터를 제공하기도 하지만 그 나무 밑의 다른 식물들이 제대로 자라지 못하게 하는(茂木之下無豊草) 흠이 있으므로, 다른 식물을 자라지 못하게 하는 '큰 나무'는 생태계를 파괴할 우려가 있다. 실질적 학력이 아닌 형식적 학력에 의해서만 우대받는 학력주의 사회라면, '큰 나무 그늘'이 안고 있는 문제점을 지니게 된다. 이 절에서는 학력주의 사회의 폐해와 이에 대한 대안을 살펴보자.

1) 학력주의의 폐해

(1) 학력과 기능의 불일치
학교는 특정한 기능을 습득시키기 위한 훈련을 제공하는 기관이라고 여겨진다. 그러나 현재 대학 졸업생의 대부분이 전공 이외의 분야에 취직하고 있으며, 관리직이나 전문직에 필요한 지식이나 기술은 대학에서가 아니라 직장에서 습득한다는 점이 문제다. **학력주의**가 팽배하면 선발 과정은 장기화되는 반면, 학교에서 배운 지식이나 기술이 실무에 활용되는 일은 줄어든다. 대학의 다채로운 교육과정은 대개는 전문직의 지위 상승이나 전문가와 비전문가 간의 장벽 쌓기 또는 구별짓기를 위해 존재하는 것이며(Collins, 1979: 1-21), 대학교가 형식적 학력 취득의 장이 될 뿐이다.

이처럼 학력이 타당하고 합리적인 선발 수단이 되지 못함에도 채용 때는 학력, 곧 학교력이 제1차적 선발 수단으로 활용되고 있다(天野郁夫, 1992: 205-224). 또한 대학에서의 학습이 형식적으로 이루어지고, 학업이 유연하지 못하다. 학교에서 실제 무엇을 배우고 습득했는가보다는 어떤 학교의 졸업증서를 취득할 것인가가 목적이 된다. 이 때문에 학교교육은 자격 획득만을 추구하는 **자격증병**(qualification disease)을 낳는다(Dore, 1992: 3-4). 학교가 보편적 선발 기구로 되면서 학생은 시험성적으로 평가된다. 학교는 사회적 선발 비용을 경감시킬 수 있는 곳이자 직업적 선발을 대신하는 곳이 된다. 이에 따라 취업시장에서 더 나은 효력을 발휘하는 졸업장을 따려는 경쟁이 생기고, 특히 대학교는 더 높고 좋은 '학교력'을 취득하기 위한 무한경쟁의 장으로 전락한다(天野郁夫, 1992: 205-224).

그 결과, 받은 교육과 직업에서 요구되는 기능 간의 불일치 또는 틈이 생기고, 기대에 미치지 못하는 직장에 취업해 교육받은 바를 제대로 써먹지 못하는 현상이 생기는데, 리트윈(Littwin, 1987)은 이를 '**직업 격차**(job gap)'라고 했다. 2013년 청년층 첫 일자리의 전공 불일치 비율은 전문계 고등학교 졸업자의 경우 68.1%, 전문대학 졸업자의 경우 78.1%, 대학교 졸업자의 경우 80.7%였다(강순희, 2013). 한편, 근로자와 일의 만남, 학력에 맞는 취업 상태 여부, 직장 일치 여부를 **일 궁합**(job match)이라 하기도 한다. 한국 노동시장의 일 궁합 실태를 보면 1993년에 이미 전체 취업자의 35.4%가 하향 취업 상태다. 이에 따라 대졸자 평균 임금이

상대적으로 낮아졌다(어수봉, 1994).²⁴⁾

(2) 학력의 귀속적 지위화 및 재기 불능

학력이나 학벌은 일반적으로 성취적 지위라고 받아들여진다. 그러나 그것들이 일단 획득된 뒤에는 **귀속적 지위**로 고정된다(강창동, 1994: 4). '국적은 바꿀 수 있어도, 학적은 바꿀 수 없다'는 말이 이를 잘 대변해 준다. 학력주의는 초기에 실패한 사람에게 재기(再起)의 기회를 주지 않는다. 20대 초에 결정된 차이는 그 이후에 극복하기 어렵고, 진로 변경 가능성 또한 희박하여 토너먼트제의 특성처럼 패자부활전이나 재기전이 불가능하다.

토너먼트(tournament)제는 운동경기에서 승자만이 다음 경기에 출전할 수 있는 게임방식으로, 패자에게 경쟁의 기회가 다시 주어지지 않는, 그래서 패자부활전이 없는 경기 방식이다. 이는 승자에게는 많은 보상을, 패자에게는 적은 보상을 주는 일을 뜻한다(조우현, 2004: 331-335). 사회적 지위 경쟁에서도 승자와 패자만이 존재하고, 승자에게는 높은 지위가 주어지나 패자에게는 재기를 위한 경쟁의 기회가 주어지지 않는다. 이러한 사회이동 양식을 토너먼트에 의한 사회이동이라 한다(柴野昌山 外, 1996: 254).

재기전(再起戰, return match)은 다케우치 요(竹內洋, 1992)가 일본의 선발제도와 관련해 사용한 개념으로, 어떤 선발에서 한 번 실패했어도 두 번째 기회가 주어지는 제도를 말한다. 패자부활전도 같은 의미다. 한 번 실패한 사람에게 재기할 기회를 줌으로써 결손이 재생산(대물림)되지 않도록 하는 교육을 말하기도 한다(McFadden, 1996). 학력주의 사회는 패자부활전이나 재기전이 거의 없는 사회다.

---

24) 최근 고학력화 추세로 전공과 무관한 일자리에 취업하는 사례도 늘고 있다. 대학 졸업자들의 전공 불일치 실태를 보면 여성과 젊은 층 및 전문대학 졸업자일수록 전공과 다른 일자리에 취업하며(김기헌, 2006), 2005년 8월과 2006년 2월 대학 졸업자 56만여 명의 전공 일치도는 전문대학 72.6%, 대학 68.9%였다(한국교육개발원, 교육인적자원부, 2004).

(3) 과잉교육과 학력 인플레이션의 초래

학력주의는 사회적 병리라 할 수 있는 과잉교육을 초래한다(정태화, 1995). **과잉교육**(over-education)은 공급 측면의 학력이 수요 측면의 학력보다 높은 것처럼, 교육 수준이 직업에서 요구되는 자격 요건보다 높은 상태를 말한다(柴野昌山 外, 1996: 252).[25] 그리하여 과잉교육은 학력 인플레이션을 초래하는데, **학력 인플레이션**(academic inflation)이란 교육비용이 많이 든 고학력이면서도 정작 취업 시장에서는 더 높은 학력에 밀려 평가절하되는 현상을 말한다. 과잉교육은 학력과 자격 상승 현상으로 고학력 실업이나 저고용 현상을 빚어내고, 학력 인플레이션을 가져온다. 학사학위 소지자의 직업적 명예가 떨어지면서 졸업장이 평가절하되고 임금 수준도 낮아진다.[26] 그런데도 과잉교육 현상이 나타날수록 학력 경쟁은 더 치열해진다. 취업이 안 되면 학력은 더 올라가고(Dore, 1992: 4), 학력은 상징적 가치와 상품적 가치만을 지니게 된다(Ishida, 1993: 248).

(4) 이중노동시장의 조장

이중노동시장(dual labor market)은 노동시장이 1차 노동시장과 2차 노동시장으로 나뉘는 현상(Doeringer & Piore, 1971)으로, 분단노동시장 또는 분절노동시장이라고도 한다. 1차 노동시장은 숙련도가 높고 임금, 근무 안정성, 근무 환경, 취직 후의 승진 기회 등이 좋은 직장이고, 2차 노동시장은 특별한 기술이 필요하지 않기 때문에 고용, 임금, 승진 기회 등에서 불리한 직장이다. 학력주의를 학문적 논의로 끌어들인 콜린스(1979)는 학력주의의 문제점을 노동시장과 관련지었다. 그는 학력이 취업 시에는 물론 취업 후 승진 및 배치와 경력 차등화하는

---

25) 럼버거(Rumberger, 1981)에 따르면, 과잉교육은 ① 학력에 맞는 금전적 보상이 과거의 그것에 비해 감소할 경우, ② 교육에 투자한 것과 노동시장에서 얻을 보상에 대한 기대가 일치하지 않아 심리적 불만이 생기는 경우, ③ 더 낮은 학력자도 해낼 수 있는 수준의 낮은 직종에 취업함으로써 자신의 학력을 최대한 활용하지 못하는 경우를 말한다(정태화, 1994: 268-270, 재인용). 이 가운데 과잉교육의 문제를 말할 때는 세 번째 정의가 가장 일반적으로 사용된다.

26) 과잉학력 근로자는 직업 불만족도가 높고(Berg, 1970), 생산성이 낮으며(Tsang & Levin, 1985; Tsang, 1987), 사회에 대해 부정적인 태도나 인식을 지닌다(Rumberger, 1981).

노동 분할과 이에 따른 노동시장 분단화에 영향을 주었다고 주장했다. 승진에서 육체노동자와 정신노동자 사이에는 장벽이 있는데, 이는 직업상 합당한 기술의 습득 여부로 생긴 것이 아니라 학력에 따른 차별화 때문에 생긴 현상이다. 이렇게 되면 현직에서 필요한 기술을 더 습득하려 하기보다는 학력을 쌓으려는 데 몰두할 것이다. 이는 이중노동시장을 만들어 내는 원인이 인종 차이나 성차의 문제가 아니라 교육, 곧 학력 자체에 있기 때문이다(Collins, 1979: 195-204).

(5) 소득 및 사회적 불평등의 심화
학력주의는 소득이나 사회적 불평등을 가져옴으로써, 고학력 실업, 학력 간 임금 격차, 사회적 불평등이 심해진다. 특히, 학력 간 불평등이 심해지면서 사회적 불평등 현상이 대물림된다. 일본에서도 교육적 선발이 '평등'과 '업적'의 원리를 바탕으로 공정하고 합리적으로 이루어지지 않아 학력 취득 기회가 계급·집단에 따라 현저히 다르다. 이러한 기회 불평등의 원인 중 하나는 가정의 교육비 부담 능력이다. 계층별 사교육비 부담에 차이가 있다거나 사교육비 차이가 명문대 입학과 관련된다는 통계치는 많이 제시되었다(天野郁夫, 1992: 205-224).

학력주의는 단순히 사회적 불평등만 조장하는 수준을 넘어서 그 정도를 심화시키고 **재생산**(대물림)시킨다. 소득 평준화의 가장 큰 장애는 곧 교육적 장벽이라는 토머스(Thomas, 1956)의 지적이 이를 잘 설명해 준다(Collins, 1979: 200, 재인용). 최근 학력에 따른 **승자독식**(winner-takes-all system) 또는 학력에 따른 소득 양극화 현상에 대한 지적도 이와 관련된 것이다. 또 재수(再修)나 삼수로 인해 대학에 들어가는 나이가 늦어지면서 고용주들이 재수나 삼수를 하여 대학을 졸업한 사람들을 정상적인 나이에 졸업한 사람들보다 더 차별하고 있다(Kitamura, 1986: 78; 天野郁夫, 1992: 205-224, 재인용).

(6) 학벌 조장
한국에서도 학력은 곧 학벌로 작용하기 일쑤여서 학벌은 '클럽재'(이영탁 외,

1999)로 작용하게 된다. **클럽재(財)**란 회원 끼리끼리만 모이고 다른 사람을 배제하는 클럽에서 회원 여부가 하나의 재산처럼 작용하는 현상을 가리키는 말이다. 특정 학교력 소지자들이 '학벌'을 만들어 취업, 승진, 전보, 기타 보상 등에서 특권적인 지위를 독점하려 한다면(강창동, 1994: 4; 天野郁夫, 1992: 205-224), 그때의 학력은 클럽재인 셈이다. 학력주의 사회는 학벌에 기초한 연고주의적 고용 관행, 집단이기주의, 학력의 서열화, 배제 등의 부작용을 낳는다. 특히 선발에서 자충 또는 동종교배와 같은 현상은 학벌의 부정적인 작용을 잘 드러내는 말이다. **자충(自充)** 또는 **동종교배(同種交配, inbreeding)**란 선발에서 특정 학력이 학벌화되는 현상을 뜻한다. 학벌 사회에서는 학력, 특히 대학 간 차별(academic apartheid)이나 끼리끼리 뭉치는 현상이 심하며, 심지어 학력의 서열화 현상이 굳어져 학벌은 '클럽재'가 된다.

(7) 단극상 사회의 고착

다극상(多極相) 사회는 어느 한 가지만 잘해도 보상을 받는, 그래서 보상 체계가 다양한 사회다. 이와는 달리, '**단극상(單極相)' 사회**란 하나의 기준 또는 한 번의 평가 결과로만 일률적으로 보상이 주어지는 사회다. 학력주의 사회에서는 한 번의 시험에서 총점을 잘 받은 학력의 우생자(優生者)만이 생존경쟁에서 유리하다. 우생자만이 우대를 받는 차등화가 만연된 사회여서(이규태, 1994), 서로 필요한 역할을 분담하며 공생·공존하는 사회적 존재를 길러 내지 못한다.

(8) 입시산업의 성행

사교육이 강해지면서 학교교육은 비정상적이 된다. 학력주의는 대학 진학을 위한 입시산업을 성행시킨다. 일본에서는 일찍이 이를 '수험산업(受驗産業)'이라 불러 왔다. 학교는 더 높은 '학교력'을 취득하기 위한 무한경쟁의 '시험지옥'으로 전락하고(天野郁夫, 1992: 205-224), 더 나은 대학에 가기 위해 재수나 삼수를 하는 학생들이 많아 이들을 대상으로 입시산업이 성행하고 있다.

2) 학력주의 타파를 위한 대안

(1) 노무현 정부의 정책

2004년 4월 노무현 정부는 학력주의의 폐해를 없애기 위한 종합대책을 발표했다.

- 학벌 차별 금지를 법제화한다. 입사지원서에서 학력란을 삭제하고 서류전형에서 명문대 졸업자에게 가산점을 주지 않도록 권고한다.
- '지방인재 채용 목표제'나 '지역인재 추천제'를 통해 일정 비율의 지방대학 출신자를 고급 공무원으로 선발한다.
- 2008년까지 1조 4,200억 원을 투입하여 각 지역의 대학, 기업, 관공서 등이 협력해 특성화된 인력을 키우도록 지방대학교를 특성화한다.
- 국립대학 간 연합 또는 네트워크를 구축하고 학점 교류나 공동 학위를 부여한다.
- 2004년 3월 99개 국립대학을 법인화한 일본처럼, 국립대학을 법인화한다.
- **국가직무능력표준**(National Competency Standards: NCS)을 마련해 능력을 객관적으로 평가한다.[27]

🐸 토의 · 토론 주제

- 2020년 10월 사교육의 홍행과 대학 서열화 문제에 대한 대안을 찾는 '사교육걱정 없는세상'(https://noworry.kr/)의 포럼에서 제시된 '대학통합네트워크' '공유성장형 대학연합체제' '대학입학보장제' '권역별대학통합네트워크' 등의 실현 가능성은 어떠하며, 그 장애물은 무엇이고, 왜 그런가?

---

27) 직무능력평가제도에 관한 것은 이한(2000), 콜린스(1979), 도어(1992: 203-254)를 참조하면 된다.

(2) 왕의 대안

왕(Wang, 1999)은 학력주의 사회로 치닫는 중국이 모든 것을 점수나 성적으로 따짐으로써 창의성과 전인교육을 할 수 없게 되었다고 보고, '여유'와 '창의성'을 목표로 삼은 1990년대 후반의 일본의 교육개혁정책을 본받으라고 권고했다. 그가 학력에 인격을 부여하며 다음의 것들을 제안한 점이 인상적이다.

- 형식적 학력 대신 전인적 학력을 중시하여, 시험 위주의 교육을 인격교육으로 바꾸도록 한다. **'전인적 학력**(well-rounded academic records)'이란 교육의 종합적인 결과, 곧 도덕적 · 지적 · 신체적 발달이 전반적으로 잘 갖춰진, 그래서 종합적이고 전인적인(comprehensive and well-rounded) 학력이다.
- 이를 위해 학력만을 쌓는 학교교육에서 벗어나 실질적 능력을 기르는 평생학습사회를 이룩하도록 한다. 평생학습사회는, 학력주의처럼 언제 어느 학교를 졸업했느냐를 중시하지 않고, 무엇을 어떻게 학습했느냐를 중시한다.
- 재능을 다원적으로 정의해야 한다. 학력, 성적, 자격증만 중시하지 말고, 신체 발달, 업무 처리 능력, 창의성, 사회 변화에의 적응력, 인품(character) 등을 중시해야 한다.
- **명문교**(brand-name schools/designated schools) 출신자를 고용하는 관행을 버리고, 고용 기회와 고용 기준을 다양하게 하고, 신입사원을 다각도로 평가 · 선발해야 한다.
- 선발 시점과 선발 뒤의 자리 배치나 승진에서 학력을 중시하기보다는 자기계발형(self-developed) 인재 또는 실질적인 능력 소유자를 우대해야 한다.

(3) '골프 토너먼트'제

앞에서 이미 설명했듯이, 토너먼트는 모든 상대와 경기를 치르는 것이 아니라 특정 상대와 경쟁하여 승부가 결정되고, 그 결과에 따라 다음 경기 출전 여부가 정해지는 경쟁 방식이다. 따라서 여기에서는 상대의 실력이 어떠냐가 중요하므로 상대평가가 적용되는 셈이다. 이 문제를 해결하기 위해서는 단 한 번의 경기로 승패를 가르지 않고, 여러 번 경기하거나 여러 상대와 경기를 하게 해야 한다.

'**골프 토너먼트**'는 골프 경기에서 각 홀에서의 득점 순위가 다음 홀에서의 타순(打順)을 결정하듯이, 이러한 게임방식을 원용하자는 경기 방식이다. 단 한 번의 성적으로 선발을 매듭짓지 않고, 선발 과정을 여러 번 또는 다양하게 하자는 것이다. 이는 다케우치 요(竹內洋)가 1992년 『일본교육사회학회지』 제50권에서 사용한 '**고하산 이도**(御破算 移動)'라는 개념을 원용한 것이다. '고하산'은 주판(珠板)에서 셈을 시작할 때 그전에 셈을 했던 주판알을 다 털고 새롭게 시작하는 일이다. 즉, '고하산 이도'란 다음 단계의 경쟁이 그전 단계의 경쟁 결과와 무관하게 새로 이루어지는 사회이동을 뜻한다. [28]

🐾 토의 · 토론 주제

• '골프 토너먼트'라는 아이디어를 한국에 적용하려면 구체적으로 어떤 조치를 마련해야 하는가?

(4) 콜린스의 업무윤번제와 직무 재편성

콜린스는 미국의 학력주의 대두 배경과 그 문제점을 지적하고 탈학력 혁명(decredentialing revolution) 또는 **학력 철폐론**(credential abolitionism)을 제시했다(Collins, 1979: 195-204). 그는 미국의 특정 전문직 준비교육이 장기간 이루어졌음에도 사실상 형식적이라는 점에 초점을 맞추어, 돈이 많이 드는 장기간의 직

---

28) 야마다 히로유키(山田浩之)는 일본에서는 취업 후 승진에서 연령, 근무 연한, 입사 동기 등이 중요하다는 점을 지적하면서 '고하산 이도'를 원용한다(Yamada, 1997).

전 교육 대신 비교적 짧은 기간에 이루어지는 실질적인 직업교육을 통해 선발을
위한 장기간의 경쟁과 고비용을 줄이자고 한다.

그는 학력주의의 대안으로 **업무윤번제**(job rotation)와 **직무 재편성**(job reshaping)
을 제안했다. 업무윤번제는 특정 직무를 희망하는 사람들을 보조원직으로 순환
근무시키면서 도제훈련을 통해 업무 능력을 공유시키는 양성제도다. 특정 학력
소유자만이 관리직이나 전문직을 차지해 온 지금의 방식과는 다르다. 직무 재편
성은 특정 전문 직업의 직무와 양성에 관한 고정된 규정을 없애고 직무를 유연
하게 정의한 다음, 그 충원은 도제훈련을 통해 한다는 방안이다. 일반 대학교에
서도 대학생을 비서로 고용하고 이들에게 학문적 훈련을 받을 기회를 주면 전문
능력을 습득할 수 있다는 것이다(Collins, 1979: 195-204).[29]

(5) 직업적 소명의식 교육

유대인은 직업의 귀천을 따져 자녀가 좋은 직업만 갖도록 종용하기보다는 소
명(召命)과 개성을 중시한다. 어떤 직업(vocation)이든 신의 소명에 따른 것이기
에 신성하므로, 그 직업에서 최선을 다해야 한다는 직업정신을 가르친다. 또 유
대인은 체험학습을 중시하면서 현장학습, 실습, 자원봉사, 기부 행위 등을 더 가
치 있게 여긴다.

토케이어(Tokayer, 1980)는 『교육을 잃은 사회』에서 일본인의 교육과 유대인
의 교육을 비교했다. 일본인과는 달리, 유대인은 자녀에게 고기를 잡아 주기보
다는 고기 낚는 법을 가르치며, 억지로 공부시키기보다는 스스로 학습하거나 공
부하도록 한다는 것이다. 일본인이 자녀의 숙제를 적극 도와주는 데 비해, 유대
인은 자녀의 숙제를 도와주지 않으며, 자녀를 사설학원에 보내거나 주입식으로
교육하기보다는 잠자리에서 책 읽어 주기(bed-time storytelling)처럼 자녀와 함

---

29) 콜린스는 미국의 의료직이 의사의 공급량을 조종하면서 자기네들의 이익을 유지하면서도, 그 교육 비용과
기간이 길고 비효율적이며 직무 차별이 심한 영역이라고 본다. 간호사나 의사 등으로 구별하지 말고 경력
체계를 동일하게 하여 바로 의료훈련 1단계로 들어가고, 그 단계를 거치면서 다음 단계의 유능력자를 선발
할 것을 권한다.

께하는 독서, 토론, 창의력 육성을 중시한다는 것이다. 『탈무드』가 선조와 랍비 그리고 학습자 간의 현명한 토의 내용이듯이, 모범 답안과 정답을 요구하는 것이 아니라, 자유롭고 창의적인 현문현답을 위한 토의 및 토론 훈련을 통해 자기만의 사유, 개성, 창의력을 중시한다는 것이다.

(6) 학벌 타파를 위한 구체적인 대안

학벌 문제가 한국 사회에서 지니는 여러 가지 측면과 이를 타파하기 위한 논의들이 2000년대 초반에는 특히 많았다(김동춘, 2001a, 2001b; 김동훈, 2001a, 2001b, 2002). 이를 구체화한 대표적인 운동이 '학벌 없는 사회'를 실현시키려는 것이었는데, 김상봉(2004)의 저작은 이를 잘 보여 주고 있다.

김상봉은 학벌을 타파하기 위해 다음과 같은 대안을 제시하고 있다. 첫째, 서울대학교 학부를 한시적으로 폐지하고 10년 동안 한시적으로 학부 학생을 모집하지 않는 대신, 지방 국립대학교에서 학부 과정을 운영하자는 것이다. 둘째, 고위 공직자 선발 국가고시에서 처음부터 지역에 일정 인원을 할당하여 특정 지역이나 특정 대학교 출신이 국가 권력을 독점하지 못하도록 하자는 것이다. 셋째, 입사원서의 학력란을 폐지하여 소수의 지배 학벌이 절대 다수의 다른 학벌을 제한하지 못하도록 하자는 것이다. 넷째, '우리 대학교'라는 폐쇄적이고 고정된 관념이 생겨나지 못하도록 국공립대학교들을 서로 개방하고 공동 전형하며 평준화하자는 것이다.

제2장
교육 내용과 체험학습

학교에서 가르치는 교과목, 교과서, 지식, 가치관 등은 절대 불변의 진리로 취급되어 오다, 1970년대 초 영국의 '신'교육사회학이 나오면서 그 구체적인 내용이 어떤 특성을 지니며, 이것들을 누가 만들어 낸 것인가에 관심을 두기 시작했다. 그때까지 당연시되던 학교지식의 내용에 관한 전제들에 대해 근본적인 의문을 제기한 것인데, 나중에 '교육과정의 사회학'으로 확장되었다.

이 장에서는 먼저, '신'교육사회학과 교육과정의 사회학, 교과목과 교육 내용의 선정 과정에 나타난 이해 집단 간 대립 현상, 미래의 학교지식이 어떤 것이어야 하는지에 대한 영(Young)의 새로운 제안을 살펴보고, 2016년 '알파고 대 이세돌의 대결'과 2019년 '코로나19' 이후 학교가 무엇을 어떻게 가르칠 것인가에 관한 질문에 어떻게 답을 할 것인지를 탐색하도록 할 것이다.

이어, '놀이는 학습이다'라는 전제 아래 체험학습을 중요하게 다룬다. 놀이는 단순한 시간 낭비 행위가 아니라 학습의 중요한 과정이다. 수재를 많이 길러 낸다는 유대인 교육의 핵심에 체험학습이 자리하고 있듯이, 진정한 의미의 영재를 기르려면 체험학습이 중요하다는 것을 말하고자 하는 것이다. 주입식 공부에만 시달리는 한국 학생들이 삶의 현장에서 직접적인 체험학습을 통해 창의성을 더욱 증진시킬 수 있다고 보는 것이다.

❓ 미리 생각해 보기 ➡

- 영국 옥스퍼드 대학교의 마이클 오스본(Michael Osborne) 교수나 미국의 『워싱턴 포스트』지가 말한 '미래에 살아남을 직업'은 무엇 무엇이며, 이들을 위해 학교에서는 무엇을 어떻게 가르쳐야 하는가?
- 2016년 '알파고 대 이세돌의 대결'과 2019년 '코로나19' 이후 학교는 무엇을 어떻게 가르쳐야 할 것인가?
- 초·중등학교에서 몇 과목 그리고 어떤 과목들을 필수 과목 또는 선택 과목으로 정할 것인가?
- 여러분이 담당할 교과목을 정규 과목으로 가르쳐야 할 이유를 어떻게 정당화하겠는가?
- 이들 과목에는 어떤 내용을 얼만큼 담아야 하는가?
- 초·중등학교에서 배우고 싶었는데, 또는 배웠어야 했는데 배우지 못한 것이 있다면 그것들은 무엇인가? 그 이유는 무엇인가?
- 소풍, 운동회, 학예회, 수련회, 견학, 협동학습 등은 필요한가? 그 이유는 무엇인가?

✏ 주요 용어 및 개념 ➡

- '신'교육사회학, 『지식과 통제』, 교육 내용, 학교지식, 교육과정, 학교지식의 사회계층화, 교육과정의 사회학, 반성적 근대화
- 체험, 체험학습, 체험학습의 필요성, 체험학습의 원리, 체험학습과 놀이
- 발도르프 학교

1. 교육 내용의 사회적 성격

1) 기존 교육사회학에 대한 비판

학교에서 가르치는 모든 교과목과 교장의 훈화(訓話), 그리고 학교 행사나 의식(儀式)은 기능론적 관점에서 볼 때는 사회화나 질서 유지를 위한 것이지만, 갈등론적 관점에서 볼 때는 특정 이데올로기의 주입이나 불평등의 재생산(대물림)을 위한 것들이다. 1970년대 이전의 교육사회학은 진보주의적 개혁, 사회적 효율성을 극대화하기 위한 과학적 학교경영과 관료주의, 업적주의에 기반을 둔 평등의 실현, 과학적 연구방법 등에 관심을 두었다. 웩슬러(Wexler, 1976)는 이를 두고 그동안의 교육사회학이 진보주의적 굴레를 벗어나지 못한 것이라고 말했다.

이처럼 1970년대 이전의 교육사회학은 학교에서 가르치는 교육 내용, 곧 학교지식의 본질을 제대로 파악하지 못했다. 이러한 기존의 교육사회학에 대한 비판의 움직임은 영(M. F. D. Young)을 대표로 하는 '신'교육사회학이라는 이름으로 전개되었다. 영은 과거의 교육사회학이 교육에 관한 기존의 생각이나 전제(前提)들에 대해 의문을 제기하기는커녕 그것들을 당연한 것으로 받아들이기만 했다고 비판했다. 특히 기존의 교육사회학이 교육 내용, 곧 학교지식의 본성에 무관심했다는 것이다. 여기에서 말하는 교육 내용은 학교에서 가르치는 지식과 기술, 가치관, 세계관, 이념 등의 총체인 **학교지식**(school knowledge)을 가리킨다.

2) '신'교육사회학과 교육 내용

'신'교육사회학의 핵심은 크게 두 가지로 요약할 수 있다. 하나는 학교 안에서 가르치는 교육 내용, 곧 학교지식의 본질이 무엇인가 하는 것이었고, 다른 하나는 학급 안의 교사와 학생의 상호작용과 그들 간의 의미 규정이 어떻게 이루어지는가 하는 것이었다. 전자는 지식사회학의 영향을 받은 것이었고, 후자는 현상학적 통찰에 의한 것이었다.

　여기서는 지식사회학에 관한 것만 설명하고, 현상학은 제10장에서 살피기로 한다. 지식사회학은 특정의 지식(가치관, 이념, 이데올로기 등 포함)이나 기술과 이들을 탄생시킨 사회적 맥락이나 사회구조 간의 관계를 연구하는 학문 영역이다. 특정 지식이나 기술이 사회적으로 구축된다고 보기 때문에, 이들이 객관성, 보편성 및 절대성을 띤 진리체라기보다는 상대적인 것이라고 본다. 한마디로, '신'교육사회학자들은 교육 내용으로 선정된 것들에 대해 의문을 던지면서 그 이면의 숨겨진 의도를 찾아내고자 했다.[1] 이들이 볼 때 학교는 지식을 분류·처리하는(knowledge processing) 기관이다.

　이처럼 '신'교육사회학은 학교에서 다루는 교육 내용인 학교지식이나 교육과정(敎育課程)을 사회적·역사적 맥락과 관련지어 비판적으로 들여다보았다. 한마디로, 기존의 교육사회학이 소홀히 한 교육 내용과 그것이 사회적으로 조직되는 과정과 그 결과, 곧 **학교지식의 사회적 계층화**(socially stratified) 측면을 밝힌 것이다. 즉, 어떤 지식이 왜 학교에서 가르칠 교육 내용으로 선정되는가, 그리고 그것들을 선정한 사람들은 누구인가에 초점을 맞춘 것이다. 영(Young, 1971)은 이를 학교지식의 사회적 위계화 또는 계층화라 불렀는데, 여기에서는 누가 학교지식을 만들어 냈는가가 중요하다. 교육 내용이 특정 집단과 관련되는 경우 또는 특정 학교지식이 다른 유형의 지식보다 더 중요하다거나 덜 중요하다는 식으로 순서 매겨진 상태를 교육 내용의 계층화라 하는데, 이는 교육 내용이 사회계층처럼 위계화 또는 계층화되어 있다는 말이다. 이러한 교육 내용의 선정에는 그것을 결정할 수 있는 사람 또는 특정 집단의 의도나 이익이 반영되므로 교육

---

1) 이와 같은 새로운 흐름에 '신'교육사회학이라는 이름 붙인 사람은 고버트(Gorbutt, 1972)였다.

내용은 그에 따라 사회적으로 구축된 것이다(이종각, 2004: 409-415).

영은 그들의 유명한 저서『지식과 통제(Knowledge and Control)』(1971)에서 그동안 학교가 중요하게 가르쳐 온 교육 내용은 보편타당하거나 만고불변의 진리는 아니며, 가치중립적인 것도 아니라고 보았다. 누가 교육 내용, 곧 학교지식을 선정하고 만들어 내며, 그 과정이 어떠한가를 들여다보면 그것들이 결코 가치중립적인 것은 아니라는 것이다.

특히 '신'교육사회학의 대표자인 영은 기존의 교육이 특정 교과목과 그 교육 내용을 무의식적으로 가르쳐 왔을 뿐이라고 보았다.[2] 특정 학교지식을 선정하고 조직하는 일을 주의 깊게 들여다보면서, 이러한 지식들은 누군가가 조직적으로 선정한 것이라고 본 것이다. 따라서 영은 교육 내용과 교육과정이 선정·조직되는 배경 원리를 파악하고, 학교와 학급 안에서 이루어지는 제도적 조치와 구성원 간 상호작용의 본질을 구명하는 일이 교육사회학의 중심 과제라고 보았다.

지금까지 서술한 '신'교육사회학의 주장을 요약해 보면 다음과 같다(이종각, 2004: 409-415). 우선, '신'교육사회학은 교육 내용이 역사적·사회적 산물로서 특정 역사, 사회 및 집단과 관련이 있다고 본다. 다음으로, '신'교육사회학은 교육 내용이 중립적인 것도, 고정적인 것도, 그리고 절대불변의 보편타당한 것도 아니라고 본다. 학교지식은 사회역사적인 특성을 지닌 상대적인 것이다. 이 말은 학교지식이 특정인이나 특정 집단의 이익을 위해 특정 시기에 만들어지는 것이므로 상내적인 것이고, 그 자체가 변할 수 있다는 뜻이다. 힉교지식은 사회적으로 구축되기 때문에 정적인 것이 아니라 동적인 것이다. 그에 따라 교육 내용을 만들어 낸 사람들이 누구인가를 먼저 파악한 다음, 그들이 구축한 교육 내용을 당연한 것으로 받아들이지 말고 그에 대해 의문을 제기해야 한다고 주장한다.

---

2) 영은 버거(P. Berger)와 루크만(T. Luckman)의 현상학적 영향도 받았다.

3) 교육과정의 사회학

교육과정(教育課程, curriculum)이란 학교에서 가르치는 각 교과목의 개설 목적, 학년별 목표, 이수 단위의 편제 등의 총체다. '교육과정의 사회학'에서 쓰는 '교육과정' 개념은 '학교 교육과정'보다는 더 넓은 뜻을 지닌다. 즉, 학교에서 가르치는 공식적 교과목의 편제나 잠재적 · 비공식적 교육과정 그리고 학생 개개인의 경험뿐만 아니라 학교에서 전달되는 가치, 이념, 이데올로기, 세계관, 기술 등을 포함하는 말이다. 따라서 '교육과정의 사회학'에서 뜻하는 '교육과정'은 학교 안에서 이루어지는 모든 의도적 혹은 무의도적 교육 내용을 말한다. 이 교육과정을 때로는 교육 내용 또는 학교지식이라 바꿔 부르기도 한다.

(1) 교육과정의 사회학

교육 내용에 관한 고전적 연구로는 뒤르켐(Durkheim)의 『프랑스 중등교육의 발전(The Evolution of Educational Thought)』(1977)을 들 수 있다. 뒤르켐은 프랑스의 교육 내용이 변화해 가던 사회의 요구에 따라 달라졌다고 본다. 그에 따르면, 프랑스의 교육 내용은 시대가 변하면서 점차 세속화 · 실용화 · 과학화되어 왔는데, 그 이유는 교육에 대해 각 시대가 요구하는 바를 교육 내용에 반영해 왔기 때문이다. 과거 스콜라 철학에 기초를 두었던 교육 내용은 르네상스 시대에 들어와서는 문학과 예술 등 낭만적 교육 내용으로 대체되었고, 그 이후에는 과학이나 수학 등 실용적 학문으로 바뀌었다. 이처럼 학교에서 가르친 교육 내용이 사회적 변화와 그 맥락에 따라 변해 오면서 상대적 성격을 띤 것이라고 지적한 점에서 그의 분석을 '지식사회학적'이라 할 수 있다.

그러나 뒤르켐의 분석은 누가 지식을 창출해 냈으며, 어떤 사회 이익집단이 관여했는가는 밝히지 않았다는 점에서 한계가 있다. 교육과정의 사회학은 교육 내용, 곧 학교에서 가르치는 지식, 이념, 가치관, 기술 등과 그것의 총체인 교과서와 그 내용이 누구에 의해서 만들어지고 선정되며, 이들을 낳은 사회적 맥락,

예컨대 집단 간 이해관계가 어떻게 대립하고 있는지를 탐구한다. 앞에서 말했듯이, 교육과정의 사회학을 탄생시킨 배경에는 영(1971)의 '신'교육사회학이 자리하고 있으며, 학교교육의 내용이 사회적으로 위계화되어 있다는 것이 그들의 주장이었다.

지금까지 학교에서 가르친 **학교지식**은 공식적 교육과정이라는 이름 아래 보편적인 것이라고 전제된 것들이다. 이러한 학교지식은 때로는 전인적 인간을, 사회 개선을, 효율성을, 그리고 국가 발전을 위한 것이라고 여겨져 왔다. 이러한 생각은 다음과 같은 전통적 지식관을 바탕에 깔고 있다(이종각, 2004). 즉, 국가가 부여하는 교육 내용은 이미 주어진 것이자 당연한 것이며, 합리적이고 객관적이며 가치중립적인 것이며, 모든 학생에게 적합한 것이라는 관점이다.

그러나 **교육과정의 사회학**은 교육 내용인 학교지식의 절대성에 대해 의문을 제기한다. 교육과정의 사회학은 학교에서 가르치는 지식, 가치관, 세계관 등이 절대적인 것이 아닌 상대적인 것이라 본다. 또 교육과정의 사회학은 학교에서 가르치는 지식이나 가치관 등이 힘의 논리에 따라 선정되기도 하고 상충되는 가치를 반영하기도 한다고 본다(한준상 외, 1996: 179, 191-207). 또 학교지식은 사회적·역사적 상황과 무관한 절대불변의 가치를 지닌 보편타당한 것도 아니다. 곧, 누가 만든 학교지식이며, 누구의 지식을 반영한 것인가도 중요하다. 따라서 학교에서 가르치는 지식이나 가치관 등은 이데올로기와 무관할 수 없는 것이다.

교육과정의 사회학은 구체적으로 다음과 같은 물음에 주의를 기울인다.

- 교육과정, 곧 학교지식의 본질은 무엇이며, 어떻게 정당화되는가?
- 학교지식은 어떻게 만들어지며, 누구에게 이익이 되는가?
- 여러 부류의 사람이 교과서에 어떻게 묘사되어 있는가?
- 학생을 어떻게 편성하며 그들에게 어떤 지식을 가르치는가, 즉 서로 다른 형태의 학교지식이 학생이나 계열에 따라 어떻게 다르게 제공되는가?
- 학교에서 이러한 지식을 어떻게 가르치고 있으며, 기존의 가치나 규범을

재생산하기 위해 학생과 교사는 어떻게 상호작용하고 어떤 사회적 관계를 형성하는가?

- 이러한 지식의 선정, 조직, 전수 등의 과정에서 생기는 지배집단과 종속집단 간의 모순과 갈등은 어떻게 조정되는가?
- 선정된 학교지식을 정당화하기 위해 어떤 평가방법을 채택하는가?

(2) 교육과정과 이데올로기

이와 같은 관점들에 비추어 볼 때, 교육 내용이 보편타당하거나 절대적인 것은 아니며, 누군가의 이익이나 의도에 좌우되고 있다는 예를 다음과 같이 들 수 있다. 첫째, 교육 내용이나 교과서의 내용이 특정 지역이나 특정 계층 학생의 삶이나 관심과는 무관한 경우다. 만약 '살기 좋은 우리 고장'이라는 단원에서 대도시의 삶과 문화만을 다루고 있다면 그 내용은 시골 학생에게는 소외의 원인이 되거나 낮은 학업성취도를 초래할 것이다.

둘째, 교육 내용이 특정 정권을 합리화하는 경우다. 한국의 군사정권이 충효 등의 '국민윤리'를 강조했던 일이나, 정부가 교사용 지도서에 깊게 개입한 일을 그 보기로 들 수 있다. 시대와 정권의 흐름에 맞게 '교련'[3] '윤리' '사회' 교과서가 바뀌었으며, 국어 교과서마저도 국가 발전, 애국, 민족주의, 반공 등의 이데올로기를 다르게 반영했다(강진호 외, 2007; 김병욱, 1995).[4]

셋째, 교육 내용이 특정 사회계급의 이익을 담고 있는 경우다. 교육 내용이 특정 사회계급의 이익을 위한 것이라는 애플(Apple, 1979)의 지적에 따르면, 미국

---

3) 1969년부터 도입되었던 '교련' 교과는 1997년 제7차 교육과정 이후 재량 교과목으로 되었고, 2012년부터는 '안전생활' 또는 '생활안전' 등으로 바뀌었다.

4) 노무현 정부 때 문화, 정의, 세계화, 인권, 삶의 질 등 5개 단원으로 구성하려 했던 고등학교 1학년의 일반사회 교육과정이 이명박 정부에 와서는 기업 중심의 성장지상주의, 정부 간섭의 최소화, 노동조합의 권리 제한 등 전경련 등 재계의 목소리를 담았다는 점[통일뉴스 누리집, http://www.tongilnews.com/news/articleView.html?idxno=83007#(2010. 12. 2. 인출)], 2009년 2월 전국 시·도 교육감 협의회가 역사, 도덕, 사회, 국어 등의 교사용 지도서를 교육과학기술부가 종전처럼 직접 검정하도록 요청한 점, 역사 교과서 집필자들과 교육과학기술부 간의 '저작인격권 침해금지 가처분 신청' 등이 그 예다.

의 학문 중심 교육과정이 수학과 과학을 강조함으로써 학생 평가를 용이하게 하고 경제적 유용성을 추구해, 결국은 경제적 이익을 노리는 특정 사회계급에게 기여했다(이종각, 2004: 408, 재인용).

마지막으로, '**교과 이기주의**'가 나타나는 경우다. 특정 교과목의 시간 수와 영역 및 그 분량, 필수 또는 선택 과목 지정 여부 등을 놓고 과목 간 이해 당사자들이 대립한다. 또 대학교 입시과목으로 지정되느냐 그렇지 않느냐, 교사자격증 부여 대상을 유사 전공학과로 확대하느냐 그렇지 않느냐 하는 것도 이해관계를 예민하게 반영한다. 이러한 대립은 교과 내용의 정당성에 관한 합리적 판단보다는 해당 과목 교사 수급 문제와 관련되기 때문이다. 그래서 교육과정을 개정할 즈음에는 모든 교과의 이해 당사자들이 촉각을 세우고 그 추이를 주시한다. 그러다 그 개정이 해당 교과목에 불리하게 전개되면 관계되는 이해 당사자들은 곧바로 집단행동에 돌입하곤 했다. 2006년 말 교육인적자원부가 마련한 새 교육과정 개편안에 대한 이익집단 간 대립현상을 예로 들 수 있으며,[5] 다음 글에서 교과목 간의 이해 대립현상을 극명히 알 수 있다.

……과거에 이해집단 사이의 유불리에 따라 첨예하게 대립했고, 각 영역 간 합의가 이뤄지지 않아…… 교육과정은 힘센 자들에 의해 결정되지 교과교육 전문가 집단의 전문성을 바탕으로 이해 당사자들의 의견을 충분히 수렴해 민주적인 절차에 따라 결정되는 게 아니라는 것을 다시 한 번 절감하게 했다. ……이번의 시수(時數) 조정을 보면 힘의 논리가 분명하게 드러난다. ……역사교육 강화를 위해 과목을 분리하고…… 10학년 과학을 주당 세 시간에서 네 시간으로 늘리고……(송호열, 2007).

---

5) 고등학교 필수과목을 5개에서 7개로 늘리고 과학과 예능 교육을 강화하자는 이 안에 대해, 학부모와 학생은 학습 부담이 늘어난다고 반대했으나 과학계는 오히려 더 늘리자고 반응한 점, 역사를 독립 교과로 바꾸려 하자 지리 등 기존 사회교과 관련자들이 반대한 것 등이 좋은 예다. 당시 김신일 교육부총리도 교육과정 개편이 교사들의 이해관계가 얽힌 권력투쟁이라고 보고 추진하려 했지만(동아일보, 2007. 1. 18. 사설), 이해 대립으로 이 교육과정 개정안은 결국 철회되었다.

〇〇〇〇〇〇〇〇〇〇〇〇〇〇〇〇〇〇〇〇〇〇〇〇〇〇〇〇〇〇〇〇〇

🗨 토의 · 토론 주제

- 중 · 고등학교에서 필수과목과 선택과목으로 가르쳐야 할 것들은 무엇이며, 몇 과목이나 가르치는 것이 좋은가? 그 이유는 무엇인가?
- 학교에서 배우지 못한 것 중 꼭 배웠어야만 했을 규범이나 교육 내용은 무엇인가? 그 이유는 무엇인가?
- 국어 교과서에 넣을 문학작품으로 황순원의 『소나기』가 나은가, 조앤 롤링(Joanne Rowling)의 『해리 포터(Harry Potter)』가 나은가? 그 이유는 무엇인가?

(3) 영의 새로운 관점

'신'교육사회학의 길을 연 영(Young)은 학교지식이나 교육과정의 본질과 문제점을 들춰낸 공로자다. 그렇지만 학교교육 내용이나 교육과정의 문제점을 직시하도록 하는 데만 주력하고, 그 개선을 위한 현실적 대안을 제시하지 못한 것이 한계점으로 지적되어 왔다.

그러나 이제 그는 과거의 이론적 관심에서 벗어나 보다 현실적인 문제에 관심을 두고 있다(Young, 1998). 그의 이러한 변화는 영국의 교육사회학이 현실성이 부족한 비판 일변도로 흘렀기 때문에 여러 사람에게서 배척받는 처지에 이르렀다는 지적을 염두에 둔 것이다. 그는 영국의 교육사회학이 교육의 선발과 사회 통제 그리고 교육적 불평등 등에만 관심을 둔 나머지 교육개혁을 위한 현실성 있는 대안 제시가 미흡했고 그 때문에 퇴보할 수밖에 없었다고 본다. 그는 최근 '신'교육사회학의 발달과 그 실패를 논의하면서 자신의 과거 연구도 주로 학교 현실을 이론적으로 이해하는 일이었다고 반성하였다. 그에 따라 영은 최근의 경제적 상황과 관련해 미래를 위한 학교와 거기에서 가르칠 지식이 무엇이어야 하는지, 그리고 그러한 변혁을 위해 어떤 실천이 병행되어야 하는지에 관심을 두었다.

영은 교육이 미래 사회와 그 변화를 위해 구체적인 노력을 경주해야 한다고 주장한다. 이를 위해 실천성을 지닌 학교지식과 교육과정을 제시하려고 노력한다. 그의 주장을 한마디로 요약하면, 미래를 위한 교육 내용은 융통성 있는 (transdisciplinary) 지식이어야 하며, 미래를 위한 교육은 직업교육과 평생교육을 위한 학습조직(learning organization)을 중시해야 한다는 것이다. 이러한 그의 주장은 사회를 변혁시키는 데 교육이 기여했다고 전제하는 근대화 이론과 비슷한 논리를 갖는다.

영의 이러한 관점은 '위기'에 대한 벡(U. Beck)의 사회학적 관점을 교육사회학에 적용한 것이다. 벡이 말하는 위기란 근대화가 가져온 발전의 어두운 면 또는 위험한 면을 뜻한다. 환경오염과 지구 온난화, 그리고 유전자 조작 식품의 폐해 등이 그 예다. 영의 새로운 접근은 '위기'에 처한 영국 사회의 교육적 실천력을 높이려는 의도에서 나온 것인데, 특히 그는 학교가 펼쳐야 할 적극적인 변혁(transformation)을 강조한다. 이를 위해 그는 의무교육을 마친 후의 직업교육과 평생교육을 위한 학습조직 그리고 교육의 전문화 정책이 중요하다고 본다. 예컨대, '학습조직'이라는 개념이 말하듯 앞으로는 비공식적 학습환경이 더 중요하다는 것이다.

이에 따라 그는 전문화된 연계(connective specialization)와 반성적 근대화(reflexive modernisation)를 주장한다. **전문화된 연계**란 확산적 학습을 위해 학문-기업-지역사회 간 전환이 용이한 융통성 있는 지식을 창출해 내는 일이고, **반성적 근대화**란 지식기반 사회에서의 평생학습을 통한 변혁적 노력을 뜻한다. 반성적 근대화란 개념은 벡 등(Beck et al., 1994)의 책에서 차용한 것으로, 기술적 근대화만을 추구한 지금까지의 근대화는 문제를 해결하기보다는 문제를 만들어 낸 것이기에 이를 반성적으로 살펴야 한다는 뜻을 담고 있다. 따라서 산업화, 과학과 기술, 민주화를 추구했던 지금까지의 발전론적 근대화나 기술적 근대화에서 벗어나, 지식기반 사회에서의 평생학습과 그를 통한 현실 대처 능력을 계발하는 일을 중시하려는 노력이 반성적 근대화다.

결론적으로, 영은 미래 사회의 요구에 부응하기 위해서는 새로운 지식을 끊임없이 생산해 내야 한다고 본다. 이를 위해서는 '교육 지향적'인 사회보다는 '학습 지향적'인 사회가 되어야 하며, 직업교육과 평생교육에 기초를 둔 사회변혁 노력이 필요하다는 것이다. 그렇다고 그가 사회 정의와 해방을 위한 교육의 역할을 소홀히 여기는 것은 아니다. 그의 주장은 사회변혁을 추구하되 사회 정의와 해방을 더 추가하여 교육이 담당해야 할 실제적이고 실천적인 대책을 탐색해야 한다는 것이다. 그는 한편으로는 학문 중심 교육과정보다는 문제 해결 중심 교육과정을 추구하고, 다른 한편으로는 교사의 능력을 제고하고자 했던 1980년대 이후의 영국 교육의 노력도 의미 있다고 본다. 그는 중등학교 이후의 교육, 학습사회(learning society) 및 교사교육이라는 세 영역에서의 구체적인 개선 전략을 제시하면서도, '비판적 학습이론'을 추구하라는 권고를 잊지 않는다. 학교나 교과목 그리고 커리큘럼과 같은 공식적 제도에만 관심을 두면 안 된다는 것이다. **비판적 학습이론**이란 미래를 신중히 고려하여 지식 창출과 그에 맞는 학습을 추구하되 모든 국민의 해방적 학습을 지향하며, 공교육과 직장 내 교육 그리고 지역사회 안의 교육을 연계시키려는 노력을 뜻한다.

(4) 미래 사회에 유용한 지식과 학습

현대를 지식기반 사회라고 불러 왔다. **지식기반 사회**란 지식과 정보가 생활을 결정하는 사회, 그래서 그러한 지식과 정보를 지녀야만 변화에 적응하기 쉬운 사회다. 지식기반 사회에서 근로자는 자율적으로 자기의 과업을 결정해야 하는 지식근로자여야 하고, 유용한 생산수단인 지식을 평생 동안 재충전하며, 자기혁신을 추구하여야 한다(Drucker, 1998).

그렇지만 지식기반 사회란 말은 이제 일반적이고 포괄적인 구호가 되어 버렸다. 이젠 불투명한 미래와 빠른 변화에 교육이 어떻게 대응해야 하는가라는 질문이 더 중요해졌다. 미국에서 미래 직업세계를 위해 학교가 무엇을 준비시켜야 할 것인지, 구체적으로 '고등학교 수업 하나를 설계할 때 어떻게 만들 것인가?'를 우수 기업들에게 물었다. 이에 대한 답으로 든 것은 사이버 보안, 기술,

재정 관리, 어떤 직업에서나 필요로 하는 유연한 기술과 그 기초가 되는 친절, 창의성, 의사소통 능력 등이었다(*Education Week*, 2020. 2. 4., 재인용).

보다 더 구체적으로는 '4차 산업' 'AI' '로봇' '자율주행 자동차' '5G(5세대 이동통신)' '비대면 진료' '비대면 학습을 위한 콘텐츠' 등이 미래를 위해 교육이 준비시켜야 할 역량이 되었다. 미래에 살아남을 직업들은 무엇 무엇이며, 학교가 이들을 위해 무엇을 어떻게 가르쳐야 할지에 관한 근본적인 물음이 던져지고 있다. 특히 2016년의 '**알파고 대 이세돌의 대결**'(또는 Google Deepmind Challenge Match)과 2019년 '**코로나19**' 이후 학교가 무엇을 어떻게 가르칠 것인가에 관한 구체적인 질문이 대두되었다.

흔히 학교가 해야 할 가장 중요한 일은 새로운 직업세계가 요청하는 새로운 지식을 제공하는 유연한 학습체제로 학교를 바꾸는 일이라고 말한다. 토플러(A. Toffler)는 미래에 가장 먼저 없어질 제도가 학교라고 말한 바 있다. 학교에서 배운 지식, 기술, 태도가 직업세계와 유기적으로 연계되도록 교과목과 학습방법을 바꿔야 한다. 그렇다면 미래 사회와 새로운 직업세계가 요청하는 새로운 지식과 기능(技能)은 무엇이며, 이를 위한 유연한 학습체제는 어떻게 마련되어야 할까?

새로운 지식과 기능에 대한 답은 폴라니(M. Polayni)가 창안한 개념인 경험지(經驗知, tacit knowledge)의 학습에서 찾을 수 있다. **경험지**는 형식적 지식(explicit knowledge)과 대조되는 것으로, 각자의 경험과 실천을 통해 얻은, 그래서 각자만이 내면 깊이 의미 있게 지닌 지식이다(Polanyi, 2001). **형식적 지식**이 지식(knowing) 자체라면, 경험지는 방법적 지식(knowing-how)에 관한 지식이다. 예컨대, 오랜 직장생활을 한 사람이나 명장(名匠) 그리고 교사가 지닌 지혜가 경험지라 할 수 있다. 형식적 지식이 머리로, 공식으로, 짜인 틀대로 얻는 것이라면, 경험지는 '뭐라고 말로는 표현하기 힘들지만' 각자가 처한 상황 속에서 각자의 경험과 실천을 통해 체득한 맥락화된 지식이나 지혜다.

한편, 유연한 학습방법은 새로운 직업세계가 요청하는 새로운 학교지식, 곧 경험지를 전수하기 위해 기존의 경직된 학습방법에서 벗어나는 일이다. 예컨대, 교사의 일방적 주입이나 오프라인(off-line)적 사고방식에서 벗어나 온라인 (on-line)상에서 이루어지는 학습은 유연한 것이라 할 수 있다. 이런 유연한 학습방법을 통해 정보를 공유하고 문제 해결을 위한 현실감 있는 공동학습체제를 이룰 수 있다. N세대를 넘어 3차 집단에 속하는 학생들을 위한 새로운 학습방법이 마련되어야 하는 것이다. 이 새로운 시대의 교육은 소규모 학교, 맞춤형 교육과정, 교수-학습에서 디지털 기술의 활용, 조력자로서의 교사, 모둠 단위의 지식 검색과 자기주도적 학습, 학교의 업무분장 재편 등을 추진할 필요가 있다.[6]

이를 위해 심도 있는 인지적 학습을 촉진시키되 변화와 모험심을 키우도록 하는 일이 중요하다. 보편적이고 다중적이면서도 서로 공유되면서 창출되는 '집단지성(collective intelligence)'을 기르되, 자신은 물론 다른 사람과의 공감 능력인 정서적 지능(emotional intelligence)의 계발에도 역점을 두어야 할 것이다.

2. 체험학습

1) 체험과 체험학습의 개념

체험은 자연이나 사회에 참여하거나 그 속에서 활동하면서 얻게 되는 실제적 · 실천적 경험이다. 체험학습은 자연이나 공동체에의 참여를 통해 지식, 기능, 태도 등을 얻게 되는 교내 · 교외의 맥락화된 상황학습 과정이다.[7] 체험학습은 실생활과 동떨어진 '화석화'한 지식을

> 듣기만 하면 잊어버리기 쉬우나, 보면 기억하게 된다. 그렇지만 실제로 행하는 것만큼 이해를 쉽게 해 주는 것은 없다(중국 속담; What one hears, one forgets. What one ses, one remembers. What one does, one understands).
>
> 知之者不如好之者(뭔가를 아는 사람은 그것을 좋아하는 사람만 못하고), 好之者不如樂之者(뭔가를 좋아하는 사람은 그것을 즐기는 사람만 못하다.)
>
> - 『논어(論語)』「옹야(雍也)」

---

6) 3차 집단이란 가상공동체 또는 전자공동체를 뜻하는 말로 대면(對面) 집단인 1, 2차 집단과 구별된다. 3차 집단은 가입과 탈퇴가 자유로운 자원(自願)적 상호작용을 즐기는 집단이다(「서울대학교 BK21 사업 중 아시아태평양 교육발전연구단의 사회과교육 분야 누리집」에서 인용).

7) 체험은 practical experience 또는 lived experience라 하고, 체험학습은 learning through practical experience 또는 learning through lived experience 또는 experiential learning이라 한다.

주입시키는 교육이 아니라, 학습자 자신의 직접 경험을 맥락화시켜 주체적 · 능동적 · 자기주도적으로 학습하는 과정이다.

체험학습과 유사한 개념으로는 현장학습, 현장견학, 현장조사 등이 있다.[8] 이들 용어는 서로 바꿔 쓰이거나 의미가 중복되는 경우가 많아 명확히 구분하기는 힘드나, 다음처럼 구별하기로 한다.

- **현장학습**: 이론과 실제(실천), 그리고 학교와 지역사회의 연계를 위해 학교 밖의 관련 기관이나 장소에서 비교적 장기간 이루어지는 학습으로, 교내 학습을 심화시키는 활동이다. 교사가 아닌 교외의 전문가가 주로 진행한다.[9]
- **현장견학**: 학습의 내용과 관련된 교실 밖의 실제 현장을 방문, 관찰 그리고 문답하는 활동으로, 1~2회의 비교적 단기간에 이루어지는 학습 활동을 말한다. 교사 등 교내 인사가 인솔하며 짧은 설명이나 안내를 하기도 하고, 교외 해당 기관의 관계자가 이를 맡기도 한다.
- **현장조사**: 학교에서 배운 내용 또는 임의의 학습 주제를 관련 현장에서 조사, 자료수집, 검토, 비교하는 학습 활동이다. 주로 잘 갖추어진 보고서를 제출하기 위한 활동이다.

2) 체험학습의 필요성

(1) 실제적 · 실천적 이성 육성

체험학습은 실제적 · 실천적 이성을 육성하는 데 필요하다. '실제적 · 실천적 이성(practical reason)'은 허스트(P. H. Hirst)가 말한 개념으로, '사회적 실제'에 유용

---

8) 현장학습은 field 또는 action learning, 현장견학은 field trip, 현장조사는 fieldwork 또는 field study라 한다.

9) 그렇지만 최근 가상공간에서의 학습(virtual field trip)이 세련되면서, 이러한 방식의 교실 안 학습을 현장 학습에 넣기도 한다(김용신, 2000: 22-25; Bellan & Scheuman, 1998: 35).

한 놀이, 기술, 지식 등의 총체를 뜻한다. 그는 처음에는 '지식의 형식' 등을 강조한 보수적 지식관을 내놓았으나, 이제 그는 '좋은 삶(good life)'을 위해 합리적인 삶, 감성과 감정, 욕구 충족과 같은 공리주의적 가치를 지닌 교육이 중요하며, 이를 위해 실제적·실천적 이성이 더 중요하다고 본다. 그런데 이 실제적·실천적 이성은 현실 세계와 유리되지 않은 사회적 실제(social practice), 곧 인간의 개인적·사회적 삶에서 그의 욕구와 관심을 만족시키기 위해 고안된 활동들 속에서 길러진다(Hirst, 1999: 127).

(2) 실용 지능 및 다원적 지능 육성

체험학습은 실용 지능 계발에도 도움을 준다. **실용 지능**(practical intelligence)이란 스턴버그(R. Sternberg)가 제시한 개념으로, 전통적 의미의 지능과는 달리 실제 삶에서의 문제 해결과 생활 속의 지혜를 위한 창조력을 뜻한다. 일상생활이나 직업생활에서 자기와 남, 그리고 그와 관련되어 처리해야 할 일이나 상황을 잘 이해하고 판단해 제대로 대처하는 자기관리 능력, 대인관계 능력, 문제 해결 능력, 사회규범 능력, 창의력, 언어 능력, 공부 전략, 사교 능력, 자기 및 타인 이해력 등이 이에 해당된다.

또 체험학습은 다중지능, 곧 다원적 지능 성장을 꾀할 수 있다. **다중지능**이란 문화적으로 가치 있는 지식의 창출이나 문제 해결에 동원되는 여러 가지 잠재력을 말한다. 가드너(H. Gardner)는 지능을 자연, 실존, 신체운동, 언어, 음악, 공간, 대인관계, 논리수학 및 자기이해의 9개 지능으로 다원화했다. 이런 다중지능은 분과적 교과학습이나 주입식 교실학습에 의해서가 아니라, 상호작용 속에서 통합교과적으로 획득된다. 각 학생들의 장점과 잠재력을 중시하는 다중지능은 체험학습을 통해 획득될 수밖에 없다.

(3) 상황에 관한 의미 발견 기회 제공

직접 눈으로 보고 체험하며 스스로 문제를 발견하고 해결해 나가는 자기주도적 학습의 못자리가 상황이다. 이러한 상황을 잘 이해하고 재구조화하며 그 속에서 학습자들이 서로 대응하면서 경험하게 하는 것이 체험학습이다. 이를 좀더 확대하면, 체험학습은 인간의 실존적 현실의 의미와 그 다양성을 중시하며 그에 따른 융통성 있는 교육 기회를 제공한다고 볼 수 있다(Lave, 1988; Lave & Wenger, 2010; Lerner et al., 1980; Rogoff & Lave, 1984). 인간의 정체성은 특정 시기에 확립되는 것이 아니라 상황에 따라 변화·수정된다는 최근 주장(Schachter, 2005)처럼, 체험학습은 개인의 정체성이 지속적으로 변화·형성되는 데 도움을 준다. 체험학습을 통해 낭만적·사변적·주입식 교육에서 벗어나 삶과 현실에 의미 있게 맥락화되고 현실 적합성을 지닌 교육이 되는 것이다.

『죽음의 수용소에서(trotzdem Ja zum Leben sagen)』를 쓴 빅터 프랭클(V. Frankl)은 실존적 진공(眞空)에서 벗어나 삶에 가치 있는 의미를 가져다줄 수 있는 방법으로 세상살이에서의 경험 쌓기와 고통에 대해 바람직한 태도 갖기 등을 들었는데, 이들은 체험학습에서도 중요하다. 인간은 각자의 삶의 의미와 상황에 따라 자신에게 의미 있는 가치를 끊임없이 선택해야 한다. 인생이란 고상한 창조적 가치나 풍부한 경험적 가치만으로 이루어지는 것이 아니다. 질병, 죽음, 우울처럼 침울하고 절망적인 상황에서도 깊은 의미를 발견할 수 있는 기회(Schultz, 1995: 191-199)를 주는 것이 체험학습이다.

(4) 절정 경험의 제공

체험학습은 교사가 가르치는 수업이 아니라 학생이 스스로 배우는 과정이다. **절정 경험**(peak experience)이란 과거의 경험이나 추억 속에서 가장 의미 있게 기억에 남아 있는 일이나 사건을 뜻한다. 절정 경험은 매슬로(A. Maslow)가 『Religion, Values and Peak Experiences』(1964)이란 책에서 사용한 개념으로, 본래는 종교, 사랑, 음악, 명상, 신비스러운 자연의 모습 등과 관련된 일시적 황홀감을 뜻했다. 그렇지만 절정 경험은 삶과 지적 호기심 등에서의 행복감과 그에 따른 자기실현과 충만한 에너지를 지니게 되는 순간이라 할 수 있다.[10] 체험학습은 교육의 과정 속에서 절정 경험을 제공한다. 초 · 중 · 고등학교 시절의 학예회, 운동회, 소풍, 현장견학, 방과 후 활동,[11] 교외활동, 특별활동[12] 등과 관련된 체험학습으로 지니게 되는 절정 경험을 그 예로 들 수 있다.

(5) 공식적 교육과정으로서의 체험학습 및 그 보완

'가르치는 교육'에서 '스스로 찾아 배우는 학습'으로의 전향을 강조한 제7차 교육과정에서 비로소 체험학습이 공식적 교육과정의 영역으로 들어왔다. 그전까지 체험학습은 학교 안팎에서 공식적 · 비공식적으로 이루어져 왔으나, 제7차 교육과정에 와서 공식적 교육활동 영역이 되었다. 그러다 2011학년도부터 적용된 「2009 개정 교육과정」에 와서는 기존의 주입식 교육을 체험 중심으로 바꾸기 위해, 기존의 '재량활동'과 '특별활동'을 '창의적 체험활동'으로 이름을 바꾸며[13] 체험학습을 강조하고 있다.

체험학습은 공식적 교육과정의 약점을 보완해 주는 기능을 한다. 공식적 교육과정이 '이미 포장된(prepacked)' 지식과 그것의 주입을 위한 것이라면, 체험학습은 각 학생의 삶의 조건과 맥락에 맞는 의미 있는 지식과 기능을 얻게 해 줌으로써 공식적 교육과정을 보완해 준다. 체험학습은 학습자 스스로가 자기의 필요와 현실을 고려해 자기에게 유용한 지식과 기능을 습득할 수 있는 기회를

---

10) 매슬로는 1971년의 『The Farther Reaches of Human Nature』에서 "절정 경험은 일시적으로 자기실현(self-actualization)을 경험하는 순간"(p. 48)이라고 했다.

11) 방과 후 활동이나 과외활동이 성적, 자존감, 참여정신, 자유로운 의사표현, 포부 등을 얼마나 향상시키고 육성해 주느냐에 관한 일관된 결론은 없으나, 포부를 긍정적으로 육성해 주는 효과는 있다(Trent & Braddock, 1992: 478-479).

12) '특별활동'은 이제 공식적 용어가 아니다. 「2009 개정 교육과정」은 교육과정을 '교과'와 '창의적 체험활동'으로 나누고, 후자를 자율활동, 동아리활동, 봉사활동 및 진로활동으로 나눴다.

13) '창의적 체험활동'은 교과와의 상호 보완적 관계 속에서 앎을 적극적으로 실천하고, 나눔과 배려를 할 줄 아는 창의성과 인성을 겸비한 미래지향적 인재를 양성하며, 자율성에 바탕을 둔 집단 활동을 강조하면서도 집단에 소속된 개인의 개성과 창의성을 아울러 기르기 위한 교과 외 활동이다.

부여한다. 체험학습은 학생을 스포츠, 클럽활동, 오락, 자연보호와 같은 교과 외 활동에 참여시킴으로써 정규 교육과정의 목적을 원활히 달성하도록 도와준다. 따라서 방과 후 시간이나 주말 시간을 활용해 학교가 계획한 과외활동과 또래집 단 활동을 활성화해야 한다.

(6) 가상학습 체제의 보완

세련된 전자 매체의 발달로 교육 패러다임이 기존의 학교체제, 교과서, 교사 에 의존하던 경향에서 학습자 중심, 체험과 활동 중심, 다양한 매체활용교육으 로 변화되었다. 쌍방향 매체, 가상공간이나 유러닝(u-learning) 체제, 인터넷상 의 풍부한 지식과 정보 등은 기존에 교사가 가졌던 역할과 학교 기능을 바꾸거 나 축소했다. 그러나 가상공간이나 유러닝 체제는 시공간을 초월해서 학습할 수 있다는 장점이 있음에도 개인주의, 현실감 결핍, 협동과 참여 소홀 등의 우려 가 있다. 이런 한계를 넘어서기 위해서는 면대면의 직접 접촉이 가능한 체험학 습이 보완되어야 한다.

(7) 전인적 성장 촉진

체험학습은 전인적 성장과 전인교육에 중요하다. 지식과 이성 중심 교육에서 벗어나 자기 표현과 공동 체험의 기회를 부여하면서 지성과 감성을 동시에 풍성 하게 하는 통합적(integrated) 교육 기회를 마련해 준다. 현장 참여 및 활동을 통 해 공동체 중심의 협동학습이 이루어짐으로써 균형 있고 조화로운 전인적 성장 과 원만한 인격 형성 및 도덕적 실천(이재송 외, 2001)이 가능해진다.

(8) 경험지 극대화의 원천

앞에서 **경험지**(經驗知, tacit knowledge)란 경험과 실천 그리고 현장 체험과 참 여를 통해 체득된 지식이라고 했다. 우리의 일생을 살아가는 데 유용한 학습은 단순한 지식과 이론을 흡수하기보다는 이미 체득한 지식을 활용하여 새로운 문제 상황을 해결할 수 있는 지혜를 기르는 것이어야 한다. 경험지는 각자가 처한 상황 속에서 각자의 경험과 실천을 통해 그리고 의미 있는 사람과의 접촉을 통해 체득한 맥락화된 지식이나 지혜다. 아동은 아는 만큼 체험하기도 하지만 체험한 만큼 알기도 하며, 체험한 만큼 새로운 아이디어를 만들어 낼 수 있는 경험지를 습득한다.

현실에서의 도전과 위기 극복을 위한 지식이나 자기주도적 학습과 자발적 성취 동기를 촉진시킬 수 있는 지혜가 더 유용한 현대에는 체험학습이 더욱 필요하다. 특히 학습이 삶의 경험과 연결될 때 문제 해결을 위한 실제적이고 창조적인 지식이 되며, 학교에서 가르치는 형식적 지식보다 더 생생하고 오래 가슴에 남는다.

🦁 토의 · 토론 주제

• 현재 중 · 고등학교에서 가장 필요한 체험학습은 어떤 것인가? 그 이유는 무엇인가?

---

3) 체험학습의 배경 이론

(1) 듀이의 경험이론

듀이(J. Dewey, 1859~1952)는 경험을 유기체와 환경의 계속적인 상호작용으로 보았다. '행함으로써 배우는 일'을 중시한 그는 '메마른 경험'이나 '고립된 경험'을 비판하고, '반성적 경험'을 강조했다. **반성적 경험**은 다듬어진 사고를 통해 사태를 정확하게 예견하고 포괄적으로 하게 되는 경험이다(양미경, 2001). 체험학습은 학습자의 필요와 흥미를 교육의 목적, 내용, 방법상의 기본 원리로 삼는다는 점에서 진보주의 교육관과 비슷하다.

(2) 상황학습이론

상황학습(situated learning)은 사회적 · 물리적 맥락 속에서 개인이 주체적으로 하는 학습이다(양미경, 2001). 상황학습에서는 어떤 가치와 행동을 체득할 수 있는 실천공동체(community of practice)에 참여하고 상호작용한다는 점이 중요하다(Lave, 1988; Lave & Wenger, 2010). 지도자는 잘 짜인 계획에 의해 시범을 보이고, 학습자는 능동적 참여와 관찰을 통해 모방하는 도제교육이 그 예다(홍정기, 2006).

(3) 구성주의

체험학습은 구성주의(constructivism)적이다(Kraft & Sakofs, 1988). 비고츠키(L. S. Vygotsky, 1896~1934)의 이론을 바탕으로 하는 구성주의는 지식 습득에서 언어를 통한 사회적 상호작용을 중시하는 관점으로, 남과 대화를 나누고 질문하며 설명하고 의미를 협의하는 동안 학습이 촉진된다고 보는 견해다(Gergen, 1997, 1999, 2001; Steffe & Gale, 1998). 구성주의가 인간의 사회적 인지와 의미 구축 과정이 주관, 경험, 맥락 및 상호작용에 기초하여 주체적으로 이루어진다는 것을 강조하기 때문에, 이에 기초를 둔 교육이론은 외계와의 상호작용, 체험, 주체적이고 자기주도적인 학습을 중시한다. 구성주의 안에는 사고를 개인 안의 개념 분석 및 구축 과정으로 보는 인지적 구성주의가 있는가 하면, 사고를 문화적으로 조직된 행위와 사회적 상호작용에 참여함으로써 발달하는 것으로 보는 사회적 구성주의도 있다.

(4) 놀이이론

놀이는 행위자의 내부에서 자생적으로 동기가 생겨 이루어지는 본능적 행위다.[14] 억지로 하는 놀이는 진정한 의미의 놀이가 아니다. 놀이는 실생활에서 인

---

14) 호이징아(J. Huizinga)는 인간이 놀이하는 존재(Homo Ludens)이고, 놀이는 문화에 앞서며, 놀이에는 가치 있는 열망에 대한 경쟁이 공존하는 활동이라고 보았다.

상 깊게 느낀 사건을 놀이에서 표현함으로써 평소 이루기 힘든 희망을 성취하는 경험을 주기도 하고, 모든 사고와 추론의 원동력이 되는 창조적 상상력을 갖게 되는 활동이기도 하다.[15] 놀이는 개성, 창의력 및 심오한 특성을 촉진시켜 주는 역동적 과정이다. 놀이는 사회적 사고력, 정서적 사고력, 추리력, 문제 해결력, 표현력, 상상력 등의 지적 기능을 통합시키는 활동으로서 교육적 기능을 한다.[16] 한마디로, 놀이는 학습이다. 또 놀이는 삶에 대한 준비 또는 연습, 즉 어른이 된 뒤에 필요한 기술을 연습할 기회를 갖게 해 준다(Deardon, 2003). 뿐만 아니라, 놀이는 억눌린 감정을 표출하며 자기를 표현함으로써 꼬인 감정을 정화시키는 카타르시스를 제공하기도 하므로, 청소년의 놀이는 감정의 순화와 깊은 관련이 있다(김미애, 류경화, 1999; 유효순, 조정숙, 1999).

4) 체험학습의 원리

첫째, 체험학습은 무조건 밖으로 나가는 활동이 아니라, 사전에 계획을 잘 세운 뒤 시행해야 한다. 직접적인 관찰과 참여를 통해 구체적이고 풍부한 경험과 정보 등을 얻을 수 있도록 사전에 치밀한 계획을 짜야 한다.

둘째, 체험학습을 위해서는 학습자가 어떤 목적을 가지고 관련 활동에 능동적이고 자발적으로 참여해야 한다. 학생은 수동적 참여자가 아닌 적극적 학습자가 되어야 한다. 학교가 마련해 주고 학생은 참여만 하는 활동이 아니라, 교사나 학교의 개입을 최소화하면서 기획부터 평가에 이르기까지 학생의 적극적이고 능동적인 개입이 중요하다.

---

15) 플라톤(Platon)은 놀이가 어린이의 교육을 시작하는 최선의 방법이라고 생각했고, 코메니우스(J. A. Comenius)는 감각교육은 학습을 가장 잘 성취시키기에 학습의 교육이라고 보았으며, 놀이를 처음으로 교육에 적용한 프뢰벨(F. Fröbel)은 아동의 자발적 놀이야말로 인간 내면생활의 발로라고 보았다(Deardon, 2003).

16) 따라서 '노느니 염불한다.'는 말은 놀이의 본질을 그르치는 말이다. 놀이가 학습에서 중요함에도, 자본주의의 발달로 놀이는 시간을 허비하는 행위로 인식되었다. 욕망을 억누르고 부지런히 일하는 것이 베버(Weber)가 말한 프로테스탄트 윤리, 곧 자본주의적 정신이 된 것이다(中山元, 2009: 15-19).

셋째, 체험학습은 현실과 자연을 직접 접촉해 얻은 경험에 기초한 학습이어야 한다. 전해 듣는 간접 학습이나 주입되는 학습이 아니라, 직접 해 보거나 참여하면서 배우는 과정이어야 한다. 체험학습은 추상적이고 멀리 떨어져 있는 학습보다 구체적이고 명백하며 가까이 있는 것을 위한 학습이어야 한다. 자연물을 공동으로 조작하는 인지적 활동도 중요하다.[17]

넷째, 체험학습은 놀이의 원리를 따라야 한다. 놀이가 강제성이 최소화된 자발적 참여활동이어야 하듯이(김미애, 류경화, 1999; 유효순, 조정숙, 1999), 체험학습도 자유롭고 해방감을 느끼며 즐겁고 기쁨을 주는 것이어야 한다. 체험학습은 탐구, 실험 및 관찰 과정 속에서 학습에 대한 의미와 즐거움을 깨달을 수 있도록 구성되어야 한다(강명희, 임병노, 2002: 50, 85, 88).

다섯째, 체험학습은 이미 배운 지식과 기능을 검토, 적용 그리고 실험하는 과정이다. 따라서 체험학습을 한 뒤에는 그 경험에 기초하여 반추하면서 새로운 지식, 기능, 태도 등을 개발하는 과정이 뒤따라야 한다(김용신, 2000: 21). 학생이 스스로 정보를 평가하고 선택·조직·활용하여 의미 있게 만들어 내는 능력을 기르도록 해야 한다. 그렇지만 체험학습은 단순히 복습하는 것이 아니라 직접 행동하는 과정이어야 하며, 정답을 맞추기 위한 활동이 아니라 답이 될 수 있는 것을 찾는 재미있는 과정이어야 한다(윤철경, 1999).

여섯째, 체험학습은 지역사회의 일터나 다양한 삶의 세계를 학습장으로 삼아 학교 안팎에서의 구체적이고 직접적인 경험을 통해 산지식을 배워 남을 잘 이해하게 한다(강영혜, 1999). 학교는 인지적 개념을 숙달시키는 일에만 몰두할 것이 아니라, 참여하고 행동하며 학생 스스로 의미를 찾는 학습공동체가 되어야 한다. 따라서 지역, 학교급, 교과 영역의 특성을 고려하되, 개별학습보다는 협동학습이나 공동체 중심의 학습 과정이어야 한다.

---

17) 과거의 장난감은 자연물이었고, 더불어 노는 공동놀이였다. 그러나 정교한 장난감과 컴퓨터 게임 등이 나오면서 놀이는 개인화, 개별화, 수동화, 소비향락화되었다. 토머스(Thomas, 2007)는 부모와 아이들의 마음을 조종하여 소비 중독에 이르게 하는 장난감 회사와 미디어의 음모를 밝히고 있다.

일곱째, 체험학습은 정규 교과과정과 상보적으로 이루어져야 한다. 다양한 체험학습을 통해 개성 신장, 창의성 개발, 협동학습 그리고 공동체 의식 함양에 초점을 둠으로써 정규 교과과정에서 달성하고자 하는 교육목적과 그 궤를 같이 해야 한다.

5) 체험학습 활동

체험학습으로 볼 수 있는 운동회, 축전, 소풍, 수학여행, 수련회, 야외교육 등을 구체적으로 살펴보면 다음과 같다.

- **운동회**(sport's day): 공동의 목적을 공동으로 구축하고, 지역사회 정신을 고양하며, 체력 향상을 통한 인재 육성을 위해 운동장에서 이루어지는 집단 경기를 뜻한다(Spring, 1986: 206; Trent & Braddock, 1992: 476-477).
- **축전**(festival): 합창, 예술제, 학예회, 전시, 무용, 학교극[18] 등 본능적 놀이를 교육적으로 체계화한 집단놀이다. 축전은 조직원 모두가 함께 즐기는 잔치여야 하므로, 소수만 특기 자랑을 하고 다수는 구경하는 기회여서는 안 된다. 교내 축전 참여 경험은 학창 시절의 절정 경험이 되며, 학부모도 축전의 중요한 참여자가 된다.[19]
- **소풍**(school excursion): 교실과 학교를 떠나 가까운 곳의 자연을 접하면서 또래 간의 인간적 접촉을 통해 새로운 경험과 공동체 정신을 기르려는 활동이다. 최근에는 소풍의 본래의 취지가 퇴색되어 그 존속 여부를 놓고 이견이 있기도 하다.[20]

---

18) 학교극(school drama)은 기회와 공간의 제한을 받는 학생들에게 '극적인 산 체험'을 간접적으로 부여하거나 허구의 상상적 체험을 부여함으로써, 학생들의 동기유발과 협동작업 정신을 배양하거나 전인교육을 이룰 수 있다(김장호, 1974: 7-11, 104-110; 백형찬, 2006; 주주평 외, 1971: 48-54).
19) 학교와 가정의 소통을 위해 '학부모의 날(Parents Day)'을 운영할 수 있다.
20) 일본의 '원족(遠足)'이 광복 후 한국에 그대로 남아 소풍이 된 것이다. 박정희 정권 시기에는 군사적 의미의 '행군'이란 말로 대체된 적도 있었다.

- **수학여행**(school trip): 학교 안의 일상에서 벗어나 먼 곳의 외계를 경험하고 식견을 넓히기 위한 여행이다. 요즘에는 '주제가 있는 소풍' '학생들이 만들고 꾸미는 수학여행' 등 자율적이고 다채로운 수학여행이 이루어지고는 있으나, 주5일제 수업과 국내외 가족 여행의 기회가 늘면서, 수학여행의 존폐 여부에 대한 논란도 있다.
- **수련회**: 야외 훈련과 신체 단련을 통해 단체정신, 극기 훈련, 자아 발견, 자신감 획득, 우정 나누기, 공동체놀이, 전통놀이 등의 기회를 갖기 위한 활동이다.
- **야외교육**(outdoor education): 교육과정을 풍성하게 하기 위해 학교 밖의 자원을 활용하는 모험활동, 산악훈련, 캠핑, 담력 훈련 등이다.[21]

6) 체험학습 지도 어떻게 할 것인가[22]

(1) 목표

체험학습은 개인의 경험뿐만 아니라 환경과 연계된 경험을 통해 획득되는 지식을 중시한다. 이를 위해 경험하려는 학습자의 능동적 자세가 중요하고, 경험한 것을 개념화할 수 있는 분석적 기술을 지녀야 하며, 경험한 것을 반성적으로 (reflectively) 사고하거나 스스로 평가(self-evaluation)할 수 있어야 하고, 경험을 통해 얻은 새로운 생각을 문제 해결에 활용하는 능력을 지니게 해야 하므로, 계획에서 평가까지 전체적 계획을 스스로 짜도록 한다.

---

21) 야외교육의 뿌리는 자기 발견, 협동, 자연 세계를 강조했던 한(K. Hahn, 1886~1974)을 참조하길 바란다. 포드(Ford, 1992: 963-964)는 야외교육의 특성으로 실용적 지식(practical knowledge)을 체득하게 하는 실용성, 인간과 자연과 우주의 관계를 깨닫게 하는 총체성, 다양한 영역을 체험할 수 있는 다학문성, 그리고 각자의 문화적 뿌리를 깨닫게 하는 자부심 육성과 같은 네 가지를 들고 있다.

22) 창의적 체험활동 누리집(www.edupot.go.kr)을 참조하였다.

(2) 구체적 목표 설정

체험학습은 계획 단계에서부터 시작된다. 새로운 것을 발견하고 동기유발을 촉진하는 체험학습에서는 체험의 목표와 주제도 학생들 스스로 정하도록 자율성을 먼저 부여하는 일이 바람직하기에, 교사는 조력자(facilitator) 역할만 담당한다.

(3) 관련 활동 계획

단순 참여, 관찰, 견학, 탐구, 조사, 자료수집, 확인, 실험, 협동, 발견 및 개선을 위한 적극적 활동 전개 여부 등 구체적으로 어떤 체험활동을 선택해야 할지를 미리 결정한다.

(4) 활동 일지 정리

체험활동의 좋은 성과를 위해서는 단순 참여, 관찰, 견학, 탐구, 조사, 자료수집, 확인, 실험, 협동, 발견, 개선 활동 참여 여부 등과 관련하여 누가, 무엇을, 왜, 언제, 어디서, 어떻게 체험활동을 전개할지를 구체적으로 명기한다.

(5) 체험 내용의 검토, 분석, 개념화

단순 참여, 관찰, 견학, 탐구, 조사, 자료수집, 확인, 실험, 협동, 발견 및 개선 활동에 참여한 내용을 검토하고, 이를 분석하고 개념화하여, 다음 단계의 반성적 사고에 이를 준비를 한다.

(6) 경험에 따른 반성적 사고, 자기 평가, 미래의 전략 수립

앞에서 분석하고 개념화한 틀 속에서, 해당 주제의 체험학습 결과 어떤 성과를 얻었는지, 다른 사람이나 그전의 사례와 비교할 때 이번의 체험 결과는 어떤 특성을 지니는지에 관한 학습자 나름의 결론을 도출한다. 또 이번의 체험학습을 통해 학습자 자신이 어떤 성과를 얻었는지를 평가하고, 보다 알찬 체험학습을 위해서는 앞으로 어떤 내용이 보강되어야 하는지를 생각한다.

7) 외국의 체험학습: 독일 발도르프 학교의 보기

발도르프 학교(Waldorfschule)는 어린이의 내적 체험을 통한 자기교육을 목표로 하면서 전인교육, 홀리스틱 교육,[23] 놀이와 예술, 공작 및 체험학습 등이 주를 이루는 학교다. 발도르프 학교는, 슈타이너(R. Steiner, 1861~1925)의 『The Education of the Child』(1907)라는 책과 그의 인지학에 기초하여, 독일 슈투트가르트 지역의 발도르프 담배 공장의 자녀들을 위해 1919년에 문을 연 학교였다. 인지학(人智學)이란 인간의 지혜를 연구하는 학문으로서 신을 연구하는 신지학(神智學)과 대립되는 말이다. 인간의 내재적 인식 능력 또는 스스로 파악하는 객관 정신을 중시하는데, 객관적 현상 세계의 색과 형태 등을 눈과 마음의 언어로 접하면서, 주체와 객체의 일체화를 꾀하는 접근법이라 할 수 있다.[24]

이 인지학에서 특징적인 것이 **에포크**(epoch) **수업**이다. 에포크 수업은 집중수업방식으로 한 교과나 주제를 일정 기간에 집중해서 하는 수업이다. 1~8학년은 언어나 예술, 수공업, 종교, 운동 같은 것을 빼고 거의 모든 주요 과목을 한 교사가 가르치고, 9~12학년은 전공 교사가 맡는다.[25] 8학년이나 12학년이 끝날 때는 대규모 연극, 외국어 작품 공연, 졸업논문이나 졸업 예술작품 발표라는 독특한 형식으로 졸업이 이루어진다(한주미, 2001).

낮과 밤의 리듬도 경험하고 주간이나 연간 또는 삶의 단편 같은 리듬도 경험하도록 학사 일정을 짠다. 수업은 8학년까지 담임교사와 학부모 조직체의 보호

---

23) 홀리스틱 교육은 인간의 인지적인 측면 외에도 신체적·감정적·정신적·영적(靈的) 측면의 교육, 곧 전체적인 존재로서의 인간 교육에 관심을 가지려는 노력이다(한명희, 2000).

24) 한국에도 한국루돌프슈타이너인지학연구센터(www.steinercenter.org)가 있다.

25) 주요 과목은 3~4주 동안 매일 아침 두 시간 정도 집중해서 가르친다. 9학년부터는 학년별로 농업 실습, 측량과 임업 실습, 공장 실습, 예술사 여행 같은 것을 배우고, 상급반에서는 목공예나 금속공예, 재단, 원예, 그림, 조소, 방적, 직조, 기술, 제본, 화법, 기하학 같은 과목을 학습한다. 1학년부터 영어, 러시아어, 프랑스어 같은 외국어를 가르치고, 8학년이 끝나면 제2외국어 선택과목으로 라틴어도 가르친다.

와 독려를 받아 진행되며, 교과서가 없기 때문에 강제적으로 부과되는 숙제도 없다. 교사는 '그날의 아이들의 맥박 소리를 잘 듣고' 수업을 융통성 있게 진행해야 한다. "이것은 숙제지만 만약 내일 날씨가 좋으면 하지 않아도 좋아요. 그보다 풀장에 수영이라도 하러 가세요. 비가 와서 집에 있게 되면 숙제를 해 오세요."(Kiersch, 1999: 236)라는 식이다. 성적증명서를 발급하지 않고, 학생들 스스로 정한 졸업논문을 기초로 자기의 능력을 시험해 보며, 그 능력을 동료 학생, 학부모, 교사에게 증명해 보일 수 있는 기회를 준다. 해마다 새로운 관점에서 가르치며 배우는 일을 다양하게 전개한다. 10월부터 11월까지 하는 가정방문의 목적은 학생이 생활하는 곳의 분위기, 학생이 자는 방 또는 공부하는 책상 등을 보면서 학생 가족과 교사가 대화하는 데 있다.

발도르프 학교에서는 학예회 같은 것을 매월 개최하는데, 이를 '월례제(月例祭, Monatsfeier)'라 한다. 무대에 반 전체 학생이 나가서 현재 하고 있는 수업 내용이나 독일어 시, 프랑스어 노래를 합창하거나 오이리트미를 한다. 오이리트미(Eurhythmie)란 아름다운 리듬이라는 뜻을 지닌 말인데, 언어를 움직임으로 표현하는 동작예술이라 할 수 있다.[26] 수업을 예술적으로 이끌어 가는 방법은 조소적·조형적 방법과 음악적·시각적 방법의 두 가지가 있는데, 이 두 방법은 보다 높은 차원에서 재결합되어 고차적인 통합을 이룸으로써 어린이들의 영혼 또는 마음에 전달되는 교육이 되는 것이다(Steiner, 2003). 또 큰 규모의 민속제, 사육제(謝肉祭, carnival),[27] 바자회, 방학 전 여름 잔치를 통해 어른들의 사회관계를 흉내 내고 친밀감을 기른다. 이 학교에서는 개별 교육위원회, 자치적 직원회, 기획위원회, 필요에 따라 열리는 임시위원회에서 교육의 과제를 만들어 낸다. 특히 자치적 직원회는 정기적으로 학교의 각종 행사를 계획하고 배치한다.

---

26) 교육예술(Erziehungskunst)을 창시한 슈타이너는 어린이를 위한 수업을 예술적으로 이끌기 위해 오이리트미를 활용했다.

27) 사육제는 예수 고난과 부활의 40일 과정(四旬節)을 금육, 참회, 희생의 생활로 지내기에 앞서 고기를 먹고 즐기면서 서로에게 용서를 비는 축제다. 이런 사육제로는 프랑스어권의 '참회 화요일(mardi gras)', 독일어권의 'Fassenacht' 또는 'Fasnacht'가 있다.

제3장
학교, 학생, 교사

지금까지 우리는 학교를 주로 학습공간으로만 여겨 왔다. 그렇지만 학교는 교사와 학생이 학습을 위해 만나는 곳이면서도 각자의 생활공간이기도 하다.

이 장은 학교와 학급의 특성, 학생 그리고 교사에 관한 것이다. 먼저, 학교와 학급을 단순한 학습공간으로서만 보지 않고 생활공간으로도 보고자 한다. 그에 따라 학교와 학급을 삶의 터전으로 보는 관점과 통제기관 또는 통제공간으로 보는 관점을 살핀 뒤, 학급을 잘 운영하는 데 활용될 수 있는 소시오드라마를 소개한다.

이어, 학생문화와 교직의 특성을 살핀다. 특히 교직을 보는 새로운 관점을 소개한 뒤, 교사가 선입견 없이 학생을 올바로 이해하기 위해 융(Jung)의 그림자 이론을 응용한 교사의 자기실현 방안을 소개한다.

❓ 미리 생각해 보기
- 학교나 학급 안에서 학생의 삶과 경험은 어떠하며 그들은 어떤 정체성을 형성하는가?
- 가장 인상 깊은 교훈과 급훈은 무엇이었는가?
- 한국 학생문화와 외국 학생문화의 공통점과 차이점은 무엇인가?
- 최근 교직은 어떤 특성을 지니는가?
- 학생을 선입견 없이 이해하려면 교사는 어떻게 해야 하는가?

✏️ 주요 용어 및 개념
- 학교와 학급의 의미, 순종적 신체, 전제기관, 소시오드라마
- 대중매체의 영향, 의제설정 기능, 복제되는 욕망, 미디어 타자
- 디지털 매체의 영향, 리브스와 나스의 '가상 세계의 현실화'
- 나르시시즘, 소비문화, 외모 중시
- 학생문화
- 교사문화, 교직의 특성, 탈기술화, 정서적 노동, 교사의 기대, 그림자, 자기실현

1. 학교와 학급

1) 학교와 학급을 어떻게 볼 것인가

학교는 학급으로 이루어진 학습공간이자 그 구성원들이 역동적으로 상호작용하면서 체험을 창출해 내는 의미 있는 공간이다. **학교**와 **학급**은 일차적으로 계획적인 학습을 위한 공간이지만, 학생과 교사의 생생한 삶이 공존하는 생활공간이기도 하다. 곧, 교과 지식만을 배우는 장이 아니라 주위 사람들과 사회적 관계를 맺어 가는 역동적인 현장이다(강명희, 임병노, 2002: 13). 학교와 학급을 다양한 의미 창출이 이루어지는 공간으로 보려는 경향이 두드러지면서(김병욱, 1982), 학교와 학급을 학습공간이자 생활공간, 그리고 학습집단이자 생활집단으로 파악하려고 한다(이종각, 2004). 학교와 학급은 특히 교사와 학생이 서로 만나 생활하는 하나의 작은 사회(조영달, 1999: 21), 곧 교사와 학생 간에 정서적 상호작용이 이루어지는 곳이다.

학교는 인간 간의 원활한 교호작용 기술을 습득하는 기초적 공간이자 사회적 인간으로서 성인의 역할학습인 **예기적**(豫期的) **사회화**를 경험하는 공간이다. 학교는 나이, 학년, 학교급, 성, 계층, 지역, 학교 계통, 임무 등에 따라 그 구성원이 다르며, 학교 구성원이 다르면 학교문화도 달라진다.[1] 학교는 학생과 교사의 생활공간이기에 그들의 공통의 삶과 문화가 공존하면서도 그들 각자의 다양한 삶과 문화가 나타나는 곳이기도 하다. 학급은 비교적 동일한 특성을 소유한 구성원들로 이루어져 있지만, 그 안에서 의미 있는 중요한 활동이 이루어지는 곳이다.

이제 학교와 학급을 삶의 터전으로 보는 관점과 통제가 가해지는 곳으로 보

---

1) 학교문화란 학생과 교사가 공유하고 전달하는 문화로 그들 나름의 문화를 지닌다. 곧, 학교에는 복수의 하위문화가 존재한다(苅谷剛彦 外, 2000: 267).

는 두 가지 측면을 살피기로 한다.

(1) 삶의 터전으로서의 학교와 학급

학교와 학급은 학생의 **삶의 터전**이다. 이곳에서 학생은 재미있게 생활하고 유익한 것을 습득하며, 서로 어떻게 배려해야 하는지 등 삶에서 중요한 가치와 활동을 배우게 된다. 다시 말해, 공부뿐만 아니라 기초적인 생활 능력과 집단 생활 방식, 곧 사회성과 공동체 정신을 습득하게 되고, 온전한 인간 형성을 위한 풍성한 체험을 얻게 된다. 또한 학교는 자신감을 키우는 터전이다. 학생은 학교라는 공간에 그저 내팽개쳐진 존재가 아니라 어려운 과업과 복합적 감정 교환을 경험하면서 자신감을 기르기도 한다. 무엇보다 먼저 자신을 파악하고 남과 함께 생활하면서 어려운 일에서 자신감을 갖게 되는(河上亮一, 2000: 78, 273) 곳이 학교다.

삶의 터전으로서 학교가 제 모습을 갖추기 위해 곁들여야 할 노력 몇 가지를 더 들어 보면 다음과 같다. 첫째, 학습의 개별화와 자기주도형 자율학습을 촉진하는 즐거운 학교가 되어야 한다. 그러기 위해 학생 스스로 의미 있는 공부를 하도록 자극하며, 자기 증진을 위해 학생의 자기 평가가 이루어지도록 도와줄 필요가 있다(한준상, 2001: 352-370).

둘째, 단순한 지식 수업만 할 것이 아니라 대화, 사귐, 만남을 위한 공감적 기술과 따뜻한 인간관계가 형성될 수 있는 교실 분위기를 만들어야 한다(한준상, 2001: 369-370). 궁극적으로 학교는 점수에 대한 강박증보다는 즐거움과 성취감을 경험하는 즐거운 공간이어야 한다.

셋째, 학급과 학교는 자부심을 느끼게 하는 공간이어야 한다. 점수만을 기준으로 학생을 압박하기보다는 과제물을 제출했다는 사실 자체에서도 자부심을 느낄 수 있도록 해야 한다(河上亮一, 2000: 141). "너는 이것을 할 수 있어!" 등 아무리 작은 것이더라도 스스로 해냈다는 긍정적 자아개념과 자신감을 가질 수 있도록 해야 한다. '칭찬은 고래도 춤추게 한다.'는 말을 염두에 둘 필요가 있다.

넷째, 학교는 옳은 삶의 태도를 기르는 교육의 장이어야 한다. 자신의 틀 속에 갇혀 타인을 쉽게 받아들이지 않는 이기적이고 편협한 자아를 가진 학생이 양산되지 않도록 해야 한다. 무조건 방임하기보다는 때로는 학생의 자유와 인권을 제한할 수도 있다. 특히 수업 중 떠들거나 약한 학생을 괴롭히는 경우에는 그에 대한 제재가 필요하다. 이는 특정 개인의 인권을 제한하는 일이 아니라 남도 자신처럼 존중받아야 함을 가르치는 일이 되기 때문이다(河上亮一, 2000: 212-213).

다섯째, 학생을 학력만으로 평가해서는 안 된다. 학습 습관, 협동성, 이타적 행동, 행사 참여도 등 다각적인 면을 평가의 준거로 삼아 사회의 원만한 구성원으로 살아가는 데 필요한 기초를 닦아 주어야 한다. 단지 공부만을 못할 뿐인데 그것을 삶 전체의 무능으로 판정하고 인생의 낙오자로 치부해서는 안 된다(河上亮一, 2000: 234).

여섯째, 각 학생들이 생활 속에서 취하는 생각과 행동을 일괄 취급해서는 안 된다. 교육은 궁극적으로 개인의 성장과 발달 그리고 행복과 자아실현을 돕는 데 목적이 있다.

일곱째, 학교는 협동심, 공동체 정신, 인내력, 사회성 기술 등을 길러 주어야 하고, 이를 위한 체험활동이 많아야 한다. 다른 사람과의 접촉을 통한 즐거움을 만끽할 기회를 제공해야 한다. 그리고 개인 과제보다 주제(프로젝트) 중심의 공동 과제를 통해 토론, 교섭, 자기 조절, 자신감 형성 등을 길러 주어야 한다. 그래서 체육대회, 소풍, 수학여행, 현장학습 등과 같은 체험학습은 이를 위한 중요한 프로그램이 된다.

(2) 통제기관으로서 학교와 학급

① 푸코의 관점에서 본 학교

베버(Weber) 등 많은 사람들은 권력을 거시적 차원에서 들여다보았다. 그러나 푸코(Foucault)는 사람들이 만나는 곳이면 부부관계와 같은 **일상의 미시적 관계**

에서도 **권력**이 나타난다고 하였는데, 권력은 주체와 타자의 행위에 내재되어 있다는 것이 그의 생각이다(中山元, 2009: 217-219).

푸코는 권력이 있는 곳에는 그와 관련된 지식이 반드시 탄생되며, 권력이 달라지면 창출되는 지식의 모습도 달라진다고 주장한다. 인간이 어떤 지식을 창출해 내는 것이 아니라, 우리가 권력과 상호작용하는 가운데 어떤 지식이 만들어진다는 것이다. 질서를 유지하기 위해서는 **규율**(또는 훈육)이 필요하며, 이 규율을 위해서는 감시가 필요하다는 지식이 나타난다. 곧, 권력은 규율이라는 지식으로 멋지게 포장된다는 것이다(Foucault, 1994: 223).

그러면 규율은 어떻게 작동되는가? 이 과정에서는 다음과 같은 기술이 활용되면서 시간과 공간 등에서의 모든 활동을 재편성한다(Foucault, 1994: 13).

- 개인이 규율에 복종할 수 있도록 공간을 분리하고 감시하며 그 결과를 기록한다.
- 일과시간표에 따라 행동하게 한다.
- 신체에까지 시간의 의미를 부여하고 그에 따라 신체를 훈련시킨다.

이를 위해 권력은 인간 행위의 미세한 곳까지 감시한다. **감시**(examination)는 위계화된 관찰기술과 규격화된 판단이 결합된 체제로, 사람들을 분류하고 규격화하며 자격을 부여하고 처벌하는 제도다(Foucault, 1994: 203-276). 학교, 병원, 공장 등 소단위 권력기관들은 구성원을 통제하기 위해 시간, 행동, 태도, 언어, 신체, 성과 같은 미시적 영역에 대한 규율을 확립한다. 푸코는 사회가 이러한 감시를 통해 점차 규격화되었다고 본다. 감시기술을 통해 학교는 지식을 생산하고, 병원은 건강을 생산하며, 군대는 파괴력을 증대시키고, 공장은 이윤을 높인다(Foucault, 1994: 13-57).

푸코는 '**신체적 권력**(bio-power)'이라는 또 다른 중요한 개념을 내놓았는데, 이는 신체라는 객체를 장악하는 권력을 뜻한다. 신체가 규율, 훈련, 감시를 통해 형성된다는 점을 말하기 위한 것인데, **신체**(body)는 권력의 표적, 곧 감시와 처벌의 대상이다(Foucault, 1994: 23-115). 그가 말하는 '**순종적 신체**(docile bodies)'란 습관, 규칙, 명령이 자동적으로 기능하도록 복종하는 신체를 말한다.

이와 같은 그의 생각이 잘 나타난 책이 『감시와 처벌(Discipline and Punishment)』이다. 이 책은 가정, 학교, 군대, 병원, 공장, 교도소와 같은 제도들이 감시와 처벌을 특징으로 하는 근대사회 권력의 실체였음을 밝히고 있다. 감시를 통해 권력이 어떻게 행사되었는지, 그리고 그 구체적 전략이 어떤 것이었는가를 밝혀낸 이 책의 결론은 "권력은 지식을 통해 사회제도 어디에나 붙박여 있다."는 것이다(Foucault, 1988: 118). 특히 교도소는 감춰진 권력의 전략, 곧 규율이 가장 은밀하게 진행되는 곳이다.[2] 자유를 발견한 때라고 주장되는 '계몽주의 시대'가 실은 규율을 고안해 낸 시대였다(Foucault, 1994: 318-353).

푸코의 이러한 관점을 통해 과거의 학교를 들여다보면 다음과 같다. 『감시와 처벌』은 적성검사, 심리검사, 시험 등이 권력으로 작동되는 역학을 밝히고 있다. 학교에서 치르는 **시험**이나 각종 검사(test)가 학생들의 지적 발달 수준이나 정상성 수준을 판단하는 일로 받아들여지고 있지만, 실은 학생을 관찰하고 판단하는 기술이 되고, 결국에는 하나의 **감시 권력**이 되었다(Foucault, 1994: 184). 학교는 감시를 통해 학생을 분류하고 규격화했다. 시험이나 검사에 의해 학생은 관찰당하는 존재가 되었고, 시험이나 검사는 결국은 위계질서를 세우기 위한 **감시**(surveillance) **기술** 또는 규격화를 위한 **제재**(制裁)의 **체제**가 되었다(양운덕, 2004; Foucault, 1994).[3] 학교는 감시를 통해 학생들을 분류하고 규격화했다.

학교에는 질서를 위한다는 명목으로 생활 수칙이나 **교칙**이 탄생되고, 그에 따

---

2) 19세기 이전에는 범법자에 대한 처벌이 공개적이었다. 그러다 19세기 이후에는 구금으로 바뀌었는데, 그 이유는 구금이 공개 처벌보다는 더 합리적이라는 논리가 나타났기 때문이다. 그러나 감옥은 철저히 감시하고 규율로 규격화했기 때문에 공개 처벌보다 합리적인 것은 아니라는 것이다.

3) 감시 권력(disciplinary power)이 출현한 시기는 심리학 등 인간 이해를 위한 학문이 발달한 18~19세기와 때가 같다. 이들 학문은 사람들의 행위를 정확하게 판단·평가하기 위해 사람들을 관찰한다는 점을 표방했지만, 실은 이 관찰이 감시였다는 것이다(Foucault, 1994: 181-194).

라 학교의 시간과 공간은 규율로 정해지고 규격화되었다. 교사나 교수, 의사, 군대 상관 등은 하나의 재판관으로서 사회규범의 보편성을 존속시키는 역할을 한다(Foucault, 1994: 13-57, 437). 푸코의 관점에서 볼 때, 과거의 학교는 규율을 통해 학생들의 신체를 통제하고 학생들을 분류하면서 그들을 복종시키는 기관이었다.[4] 학교는 성적, 성, 능력, 나이와 학년, 과목, 학급 등에 의해 학생들을 범주화하고 분류했다. 이러한 범주화와 분류를 위한 규칙이 정당화되어 있어 학생 각자의 특성은 무시되기 일쑤였고, 학생들은 범주화되면서 결국 규칙이나 규율만 남고 학생 개인은 사라졌던 것이다.

② 전제기관으로서의 학교

고프만(E. Goffman)의 『수용소』(1961)에 나오는 '**전제기관**(全制機關, total institution)'[5]이라는 개념은 사람을 평상시의 생활이나 의미 있는 상호작용에서 격리, 수용 및 통제하여 새로운 정체성을 습득하게 하는 시설, 기관, 제도를 말한다. 사회마다 자체의 필요에 따라 사람들을 특정한 방식과 방향으로 통제한다. 특정 사교(邪敎)집단의 기도원, 정신병원, 감옥, 특수부대, 특수기숙학교와 같은 기관에서는 새로운 가치나 행위를 주입시켜 기존의 정체성을 버리고 새로운 정체성을 지니도록 하는 **재사회화 과정**을 거친다(Johnson, 2000). 전제기관 안에서는 모든 활동이 한 기관이나 장소에서 이루어지고, 꽉 짜인 시간 계획과 공식적 규칙에 따라 생활한다(Cookson & Persell, 1985: 35; Goffman, 1961: 314).

---

4) 학교에 붙박여 있는 규율(김진균 외, 1996)과 통제기관으로서의 학교의 구체적 모습은 일제 강점기 교육에서 잘 드러난다. 당시 학교는 감시와 처벌의 기관이자 권력을 위한 지식이 응용되는 곳이었다. 보통학교(초등학교)의 훈육이나 수신(修身) 같은 교과목과 각종 행사와 훈련, 훈육, 근로봉사, 교과 외 지도 등을 통해, 학교 규율은 학생과 교사들에게 내면화되었다. 특히 세밀한 검사·분류·평가를 통해, 그리고 학교 건물과 교실 및 학생들을 특정한 방식으로 배치하면서 학생을 통제하였다. 교훈, 교복, 교가나 응원가 또는 응원 구호 등의 집단화 수단, 개성 조사, 시간표, 출석 호명, 경례와 집합·정렬 등을 통해 '병사형' 인간을 만들었고(이치석, 1995; 현상석, 1995; 모두 김진균 외, 1996: 78-89, 재인용), 운동회(吉見俊哉 外, 2007)도 비슷한 기능을 했다.

5) 전체적 기관 또는 전인 구속적 기관(이종각, 2004) 등으로 번역되기도 하지만, 시바노 쇼잔 등(柴野昌山 外, 1996)의 번역어 '전제적(全制的) 시설'을 참고해 전제기관으로 번역했다.

제도가 인간에게 그럴싸한 이데올로기를 주입하여 재사회화하고 마침내는 인간을 지배하고 독재하는 사례는, 키지(K. Kesey)의 소설 『뻐꾸기 둥지 위로 날아간 새』[6]에 잘 나타난다. 이 책에서는 지배나 통제 이데올로기에 숨겨진 지배방식과 음모가 민주주의, 도덕성 그리고 합리주의라는 이름으로 자행되는 정신병원의 실상을 잘 보여 주고 있다.

③ 분리된 공간으로서의 학교와 그 안의 통제장치

학교는 '공부하는 곳'이라는 통념에 따라 학교 밖의 세계와 분리되고, 그 안에서는 각종 규율이 일괄 적용된다. 학생은 이미 학교에 자발적으로 순응하려는 마음 자세, 곧 내적 통제장치를 지니고 있지만, 학교는 주기적 시험이나 생활기록부 등의 외적 통제장치를 추가로 마련하여 학생을 규제해 왔다. 학생에게는 대개 고정된 자신의 자리가 있으며, 짜인 시간 계획에 따라 집단적 통일성이 강조된다(김정원, 2004). 학교 안에서 학생을 어떻게 훈련할 것인가에 관해 정교하게 고안된 행동수칙인 학교 규율이 있었다. 과거의 애국조회와 국민의례 등 집단훈련방식, 행사, 감시와 처벌 등을 통한 훈련 과정은 학교 규율의 대표적인 예다. 한국 학교의 규율과 통제는 일제 강점기부터 최근까지 존속되어 왔다(오성철, 2001).

🐾 토의 · 토론 주제

• 여러분의 과거의 학교생활을 돌이켜 볼 때, 학교는 삶의 터전이었는가, 통제기관이었는가? 그 이유는 무엇인가?

---

6) 원제는 『One Flew Over the Cuckoo's Nest』으로, 1975년 포먼(M. Forman) 감독이 영화화하기도 했다.

2) 학급 운영 기법: 소시오드라마

학생 개인의 심층적인 문제나 교육 상황에서 발생하는 문제들이 무엇인지를 파악하고 그 해결을 위한 실마리를 집단적으로 찾는 유익한 방법의 하나가 소시오드라마(sociodrama, 사회극)다. 소시오드라마는 교사가 보는 문제점보다 학생들이 느끼고 있는 문제들(예: '왕따')을 쉽게 알아낼 수 있다. 그 진행의 실제를 알아본다.

(1) 소시오드라마의 정의 및 특징

소시오드라마는 학생들의 공통 관심사에 관해 대본 없이 즉흥적(here and now)으로 실연(實演, drama)하게 하는 집단적 행위기법이다. 특정 역할을 수행할 학생들을 정하고 즉흥적으로 그 역할을 하게 하면 된다(최헌진, 2003: 625-650).

(2) 소시오드라마의 실제

- **뜸 들이기**: 왼손을 오른손 위로 교차시켜 양 옆 사람의 손을 잡고 돌면서 원을 만들게 하는 방법 등을 활용하여 서먹한 분위기를 완화시킨다.
- **주제 선정**: 어떤 주제라도 좋으나 현 구성원 모두에게 절실하거나 그들이 원하는 주제를 택한다. 주제를 선정할 때 '생일파티에 초대하고 싶은 사람은?'과 같은 것은 피한다. 초대되지 않을 때 상처를 받을 수 있기 때문이다. 누가 그 주제를 최초로, 그리고 왜 제안했는지를 말하게 한다. 소시오드라마에서는 주제를 정하는 데 시간이 많이 걸리기 쉬우므로 사이코드라마에서 활용하는 디렉터(director, 감독)를 미리 지정하여 주제를 몇 가지로 압축하면 시간을 절약할 수 있다.
- 주제별로 줄 서기나 소집단을 편성하고, 줄이나 소집단을 옮길 기회도 준다. 어떤 주제나 문제에 대한 참여자들의 생각이나 평가 방식을 다양하

게 나누고 이들을 부류별로 줄을 세운다. 참여자들을 각각의 관심사에 맞
는 특정 집단이나 부류에 서게 한다. 그러면 참여자들은 집단별로 나뉘
면서 퍼지게 되는데, 이를 통해 다루고자 하는 문제는 객관화되고 명료화
되며 토론할 여지도 많아진다. 이렇게 함으로써 다음 단계의 집단 편성
(grouping)에서 나타날지도 모를 어색함이 줄어든다.

- 소집단을 편성할 때는 가족 수, 평균 수면 시간, 바다나 산에 가 본 횟수, 좋
아하는 색깔, 좋아하는 계절, 여행하고 싶은 나라 등 중립적인 것을 고르는
것이 좋다.

- 상황 설정 및 역할 맡기: 우선 정해진 주제에 초점을 맞춘 다음, 상황이나 장
면을 설정한다. 예컨대, 주제를 '왕따' '친구들의 꼬임' 같은 것으로 정했다
면 친구의 집이나 방 안, 뒷골목 등을 표시하면서 해당 공간을 설정해 준
다. 그리고는 그 설정된 공간이나 장면의 구체적 특성(예: 방 안의 가구, 전신
주, 담벼락, 화장실 구조, 창고 구조 등)을 설정한다.

- 역할 정하기와 역할 수행: 주제와 장면에 맞추어 나이, 성격, 특징 등을 결정
하고, 참여자들이 자발적으로 해당 역할을 맡게 한다. 이때 역할 담당자
(character)가 어떤 역할을 수행할 것인지를 미리 생각하게 한다. 역할 담당
자가 해당 역할을 수행하면서 그의 개인적인 문제가 드러나려고 하거나 그
역할 수행의 혼란을 겪을 경우, 일정한 곳에 '안전 영역'을 따로 마련해 잠
시 쉬게 한다. 그래도 역할 수행을 어려워하면 맡은 역할을 변형하거나 역
할 담당자를 '빈 의자'에 상징적으로 앉혀 놓고 구성원이 각자의 의견을 내
놓아 역할 수행을 하게 하거나 또 다른 '분신'을 붙여 주기도 한다.

- 마무리: 역할 수행자들이 역할을 수행한 뒤의 느낌을 말하게 하거나 각자의
의견을 말하게 하여 역할 속 나누기(sharing)를 한다. 마지막으로 문제 해
결을 위한 구체적 대안이나 행동 지침을 모색하도록 한다. 예컨대, 편지 쓰
기, 불매 운동, 벌금 부과 등의 구체적 행동 지침을 마련하도록 한다. 이 단
계는 토론이나 토의를 하는 것이 아니라 구체적 행동을 취하게 하는 것이

중요하다(최헌진, 2003).

(3) 예시: '왕따' 문제 해결을 위한 소시오드라마

- **뜸 들이기**: "우리 모두 자리에서 일어나 옆 사람과 손을 교체하여 잡고 원을 그리며 돌아 봅시다."

- **주제 선정**: "오늘 우리가 할 소시오드라마의 주제를 무엇으로 할까요?" (발표 하는 주제를 칠판에 모두 받아 적는다.)

- **주제별로 줄 서기**: "자, 지금까지 ○개의 주제가 나왔습니다. 이 가운데 어떤 것을 오늘 소시오드라마의 주제로 하면 좋을지 해당되는 주제에 줄을 서 보세요." (이때 어떤 줄에는 많은 학생이 설 수도 있고, 어떤 줄에는 한두 명만 설 수도 있다.) "소집단별로 각 집단의 특성을 간략히 말해 보세요. 지금 ○개 의 줄이 만들어졌는데, 이 가운데 앞에서 한 설명이나 이야기를 듣고 마음 이 바뀌어 줄을 바꾸고 싶은 사람은 지금 줄을 바꿔 서도 됩니다." (이렇게 하여 가장 많은 수가 선 줄의 주제를 소시오드라마의 주제로 정한다.)

- **상황 설정 및 역할 맡기**

  - 초점 맞추기: "'왕따' 문제에 가장 많은 학생들이 서 있네요. 그렇다면 학 교에서 일어나는 '왕따' 문제를 다뤄 볼까요? 동의합니까? …… 음, 좋습 니다. 여학생으로 할까요, 남학생으로 할까요? 남학생에 비해 여학생의 '왕따' 문제가 더 심하다고 하죠? 그렇다면 '여학생의 왕따' 문제로 하겠 습니다." (초점은 '주제 선정' 과정에서 대부분 드러나지만, 그렇더라도 다시 한 번 확실하게 주지시키고 가는 게 좋다.)

  - 장면 설정: 여자 중학교 1학년 교실. '왕따'가 특히 심해지는 시기인 학기 말의 12월 어느 날. 동급생 ○○에게 의도적으로 말을 안 걸고 뒤에서 모여 수근거리고, 혹시나 ○○에게 말을 거는 아이가 있으면 그 애도 '왕 따'를 시킨다. 수업 중에 ○○가 무슨 말이라도 하면 무시하거나 눈을 흘 긴다. 여러 명이 모여서 ○○를 교실 밖이나 화장실로 불러내어 욕을 하

거나 협박을 한다. 실내화나 체육복을 몰래 숨기고, 책도 찢고, 심지어 교복 치마도 칼로 찢는다. 그것을 지켜보면서 한쪽에서는 낄낄거리며 웃고 있다. (가능한 한 극적인 상황과 장면을 설정한다. 흔히 자발적인 몇몇 사람들의 의견에 따라 장면이 결정되기 쉬운데, 가능한 한 집단 전체가 공감하고 합의하는 상황과 장면을 모색한다. 디렉터도 좋은 의견을 제시할 수 있다.)

- 장면의 특성 설정: 교탁, 책걸상, 교과서, 사물함 등의 자리를 배치한다. (주변 환경을 고려해서 물건, 예컨대 책걸상, 찢어진 치마, 책 등을 의인화함으로써 즉흥성을 높일 수 있다.)

- 역할의 특성 설정: 상황과 장면이 설정되면 자연스럽게 등장인물의 나이, 성격 특징 등을 결정한다.

- 역할 맡기: 자발적인 참여가 필수적이다. (역할의 특성을 다시 한 번 주지시키거나 간단한 면담이나 역할 교대를 통해 각 역할을 명료하게 할 수 있다. 드라마에 참여하고 싶은 사람 모두 나오게 하는 방법, 역할 결정 단계에서 한 명씩 나오게 하는 방법, 모든 역할의 특성이 결정되고 그에 따라 자원하게 하는 방법 등)

• 역할 수행

  - 각 역할의 등장 및 퇴장 시기는 어떻게 할 것인가?
  - 각각의 힘의 균형을 어떻게 맞추어 나갈 것인가?
  - 어떻게 집단 카타르시스를 도울 것인가?
  - 어느 순간에 초점을 맞춰 부각시킬 것인가?
  - 어떻게 마무리 장면을 이끌 것인가?

• 마무리: 충고는 삼가고, 역할을 한 뒤 느낀 소감을 중심으로 말하게 한다(예: 나는 '왕따' 경험은 없지만 피해자 역할을 했더니 마음이 아팠다).

2. 학생

1) 학생문화

문화는 구성원이 공유하고 학습한 의미 및 상징의 통합체로서 공통의 행위나 사고방식 등 구성원의 경험을 조직하는 표준이자 물질적 재화다.[7] **학생문화**란 초·중·고등학생들이 공유하는 생활방식, 가치관, 취향, 행동양식 또는 행동규칙 등을 통칭하는 말이다.[8]

학생문화는 학생의 공식적·비공식적 생활 세계의 구체적인 모습과 경험을 통해 파악될 수 있다. 학생문화는 학교와 학급이라는 공식적 공간과 학교 밖의 비공식적 공간 속에서 학생들이 보이는 생활방식과 취향 등을 통해 표출된다.

한국의 학생문화는 어떤 특성을 지니고 있으며, 이를 현대사회의 흐름에 비추어 어떻게 해석할 수 있는가? 그리고 외국 학생들의 문화는 어떤 모습인가?

2) 한국의 학생문화

(1) 한국 학생문화에 관한 과거의 연구들

* 학생의 삶은 크게 학교의 삶과 방과 후의 삶, 그리고 개별적인 삶과 공통적인 삶으로 나눌 수 있다. 한국 학생의 공통적인 삶은 주로 학교 안에서 이루어지고, 개별적인 삶은 방과 후에 이루어진다. 학생의 이 이원화된 삶에 초점을 맞추면 그들의 삶과 문화의 양상이 어느 정도 드러날 수 있다(이혜영, 1995).

---

7) 학생들의 기호품과 같은 '물질적 재화', 곧 물건이나 사물은 관념, 개인의 생각, 가치, 경험, 기억 등을 파악하는 데 중요하다(Appadurai, 1986; Csikszentmihalyi & Rochberg-Halton, 1981).
8) 일본에서는 학생문화를 '생도(生徒)문화'(苅谷剛彦 外, 2000: 267)라 한다.

- 좋은 성적만이 최고의 덕목이고 책임과 도덕성을 습득하는 데는 소홀하다. 조그마한 위반은 물론 큰 규칙의 위반도 흔하다. 이는 학년이 올라갈수록 더 심해진다(유균상, 1992). 특히 자기 자신의 이익을 위한 것이면 규칙도 위반하는 이기적 행태를 보인다. 그들에게 옳거나 그름보다는 좋거나 싫음이 더 중요하다.

- 한국 학생문화에는 공부만 있고 놀이가 없다. 입시 경쟁 때문에 대부분의 시간을 공부에 쏟느라 여가를 향유할 틈이 없다(이동원 외, 2003). 놀이가 있더라도 컴퓨터 게임처럼 주로 상품화된 놀이도구를 통해 이루어진다. 과거에는 자연물을 놀이도구로 사용했지만, 이제는 프로그램화한 제품과 상품의 조종을 받는다.

- 같이하는 놀이보다는 개별적 놀이에 익숙하다. 과거에는 자연물을 활용하며 여럿이 한곳에 모여 함께 놀이를 함으로써 공동체적 정서를 기르고 사회적 역할을 배웠다. 그러나 요즘의 놀이는 개별적으로 이루어진다. 요즘은 컴퓨터나 상품화된 장난감을 가지고 홀로 놀이를 하는 일이 더 많으며, 다른 학생과 만남이 있더라도 그 만남은 비교적 짧다. 인터넷의 영향으로 가까이 있는 사람과는 멀어지고 멀리 있는 사람과는 가까워진다.

- 과거에 비해 딸은 강해지는 반면, 아들은 과잉보호로 유약하고 의존적인 경향이 나타난다. 과잉보호에 부모의 지나친 기대가 겹치면 퇴행적 방어기제의 한 방식으로 지나친 자기 사랑이나 자기중심성을 보인다. 이러한 아이들은 '나' 위주의 사고방식인 **자기중심주의**(meism)'에 빠지거나, '자기 책임보다는 남의 탓으로 돌리는 세대(not-me generation)' '내가 관여할 바가 아니다.'라는 오불관언(吾不關焉)의 성향을 보인다.

- 유치원 때부터 본격적인 학교생활에 맞먹는 생활이 시작된다. 특기나 적성 계발이라는 이름으로 각종 사교육이 이루어지는데, 이는 학력 경쟁의 전초전(前哨戰)인 셈이다. 아이들은 자신이 진정으로 원하는 과목이나 기능 영역을 선택한다기보다는 부모가 선택해 준 과목이나 기능 영역을 배우러 다

닌다. 이렇게 부모가 자기 자녀를 어릴 때부터 학원에 보내거나 과외를 시키는 것은 자기 자녀가 '기 죽을까 봐', 그리고 '남의 자녀들은 다 다니는데 자기 자녀만 안 다니면 불안해서'다(김병욱, 1993).

- 초등학생의 하루는 어머니의 잔소리로 시작하지만 등교는 설렘이 시작되는 시간이자 반가운 시간이다. 수업은 지루하고 따분한 시간이고, 쉬는 시간은 신나고 재미있는 시간이다. 하루 중 가장 기다려지는 시간은 점심 시간이다. 방과 후 시간은 '자투리' 시간, 곧 일종의 '틈새 시간'으로 이를 활용하기 위한 다양한 방안을 강구한다(강현정, 2005).

- 중학생은 '잘하고 싶음' '힘에 부침' '짜증남' '포기하고 싶음' '혼자 해야 함' 등의 학교생활 경험을 지니는데, 그들은 '삭임형' '분출형' '노력형' 등으로 분류될 수 있다. 한국 중학생의 삶은 '혼자 해야 하는' 삶으로, 자신이 하지 않으면 끝나지 않는 것이다. 결국 한국 중학생의 삶은 들어가서 나오지 않는 한 그 안에 있어야 하는 '미로에서 출구를 찾아가는 과정'이기도 하다(전효경, 2006).

- 인문계 고등학생은 경쟁과 그에 따른 압박감에 고통을 받고 있다(김철훈, 2001). 친구가 경쟁자이고 경쟁자가 친구인 셈이며, 서로를 필요로 하는 계약 관계적인 친구관계도 나타나고(김소희, 1991: 60; 정재걸, 1991), 학년이 올라갈수록 순응적인 학생이 된다. 인격 완성, 취미 추구, 개성 계발 등은 '일류' 대학교에 들어간 뒤에나 추구해야 한다는 부모의 요구에 순응해 유예(猶豫) 문화가 주를 이룬다(정재걸, 1991). 읽고 싶은 책도, 하고 싶은 일도, 갖고 싶은 취미는 물론 친구 사귀는 일도 대학 입학 뒤로 미루면서 성적 우수자나 모범생 되기에 열중한다(이인효, 1995).

- 실업계(전문계) 고등학생은 가정의 생계 유지를 위해 취업을 서둘러야 한다. '인문고 들러리' '자격증' '돈' '열등감' 등이 그들의 내면세계를 지칭하는 말들(손유미, 1991)이기도 하고, 재미 위주의 '노는 문화'의 특성을 보이기도 하며(유재정, 1992), 학교의 교육과정에서 노동자로서의 정체감을 형성하기

도 한다(Valli, 1986).[9)]

- 대중매체와 광고가 합작으로 만들어 낸 소비나 유행에 민감하며, 명품을 선호한다. 특히, 억압된 욕구를 표출하기 위해 과시적 소비에 탐닉하며 감각 지향적이기도 하다. 그들은 명품을 선호한다.
- 한국 청소년 문화는 획일적이다. 예컨대, 그들이 즐겨 입는 옷이나 좋아하는 물품은 십인십색(十人十色)의 개성이라기보다는 **십인일색**(十人一色)의 획일성을 띤다. 언뜻 보면 신세대의 문화가 포스트모던한 성향을 지니면서 개성적인 것 같지만 개성화 속에 몰개성화 경향이 있다. 불과 몇 년 전에는 '노스페이스' 브랜드에 대한 중·고등학생의 지나친 선호로 인한 문제가 사회화되기도 했다.

🔖 토의·토론 주제

- 앞의 '학생문화에 관한 과거의 연구들'에 있는 각 관점들에 대해 여러분은 찬성하는가, 반대하는가? 왜? 반대한다면, 요즘의 학생들은 어떤 특성을 보인다고 생각하는가?

(2) 학생문화 관련 주제들

학생문화를 연구하기 위한 하위 주제로는 만화, TV, 인터넷게임, SF 소설, 대중음악과 가수, 영화와 영화배우, 스포츠 스타, 학생의 생활공간과 시간, 학생의 몸 가꾸기, 문화자본, 이미지의 창출 및 조작 등을 들 수 있다. 여기서는 대중매체와 디지털의 영향, 현대인의 자아 특성, 소비문화, 외모와 관련하여 학생문화의 한 특성들을 살펴본다.

---

9) 발리(Valli)는 여자 상업 고등학생들이 사무직 기능을 준비하고 습득해 가는 과정과 그에 관련된 문화 및 정체성을 형성해 가는 과정을 연구했다. 이에 따르면, 이러한 여자 상업 고등학생들은 사무에 맞는 기능과 인성 및 정체성을 갖추기 위한 준비를 한다. 결국 학교의 선발 과정은 노동의 분업과 깊게 관련되어 있는 셈이다.

① 대중매체 및 디지털의 영향

대중매체는 수용자에게 어떤 가치나 주장을 주입시키는 위력을 지니고 있다. 이를 설명해 주는 개념으로 '의제설정 기능' '복제되는 욕망' '미디어 타자' 등을 들 수 있다. 대중매체의 **'의제설정 기능'**은 대중매체에 제시된 어떤 의제(議題)가 수용자들에게 하나의 정설(定說)로 작용하는 현상을 뜻하고, **'복제되는 욕망'**은 대중매체가 제시하는 욕망이 수용자에게도 제2의 욕구로 동일하게 형성된다는 뜻이다. **'미디어 타자**(media others)'는, 덴진(Denzin)이 상호작용에서 '의미 있는 타자'로 제시한 여섯 가지 중 하나로, 어린이와 가장 빈번한 접촉을 하는 미디어는 물론 미디어 제작자, 스태프, 작가 등을 지칭한다. 이들이 어린이의 공상 및 오락 세계를 창출한다는 점에서 이들을 '가상 및 현실의 타자'라고도 한다(柴野昌山, 1992: 203-207). 제2의 미디어 타자인 이들이 만들어 낸 메시지나 가치들은 비판 능력이 부족한 수용자들에게 막대한 영향력을 준다.

리브스와 나스(Reeves & Nass, 1996)의 **'가상세계의 현실화'**란 개념은 대중매체의 위력에 관한 앞의 오래된 개념보다 더 흥미롭다. '가상세계의 현실화'란 사람들이 뉴미디어가 제시하는 것들을 실제처럼 인식하거나 거기에 등장하는 인물들을 실존의 인물처럼 받아들이는 현상이다. 사람은 세련된 커뮤니케이션 기술인 뉴미디어가 제시하는 가상세계와 현실세계를 구분하지 못한다. 사람은 사회적인 것이나 자연적인 것에 대해서는 판단을 해 가며 반응하지만, 인간이 개발하고 발달시킨 기술인 뉴미디어에 대해서는 분별력을 발휘하지 못하고 그대로 반응한다는 것이다. 즉, 인간의 두뇌가 인간이 개발한 신기술을 따라가지 못한다는 역설이다. 이처럼 뉴미디어는 사람의 사회적 네트워크와 일상 영역을 넘나들며 커다란 위력을 발휘하는 실체가 되었다. 뉴미디어는 현실보다 더 현실적인 것으로 인간에게 다가와 있다는 것이다.

새로운 디지털 제품 때문에 학생들은 서로 직접 대면하는 일차적 관계가 줄어들고, 문제 해결을 위한 집중력이 떨어지며, 복합적 사고능력은 줄고 단순한 인지 능력만 발달한다(deMarrais & LeCompte, 1999: 110). 인터넷 접속을 통해 개인이 분자화되면서 사회도 미시적인 단위로 조각나고 있다. 인터넷 중독집단 학생은 현실 공간보다 온라인에서 자기를 인정해 주는 사람이 더 많다고 생각한다. '나'가 디지털 소비의 대상이 되면서 '내가 소비되고 있다'(홍윤선, 2002).

② 현대인의 자아 특성과 학생문화: 나르시시즘

나르시시즘이란 독일의 정신건강의학과 의사 빌헬름 내케(Wilhelm Nacke)가 1899년에 쓴 말로, 지나친 자기 사랑, 자기애, 자기중심성을 뜻한다. 프로이트는 이를 리비도가 자기 자신에게 쏠려 있는 유아기적 특성이라고 지칭했다. 이른바 '왕자병'이나 '공주병' 등은 지나친 자기애의 한 형태라 할 수 있다.

청소년기는 '나는 누구인가'에 관한 자기 정체성 탐색과 각성의 문제에 직면하면서 주체성을 확립하고자 하는 시기다. 또 사회와 자기와의 관계를 조정해 가면서 자기 나름의 세계를 형성하려는 노력을 시작하는 시기다. 그러나 요즘 기성세대의 지나친 보호 속에 살면서 부모가 짜 놓은 틀 안에 안주하려는 청소년이 늘면서, 그들은 통정(統整)된 자아를 확립하려 하기보다는 자기가 내외의 압력에 의한 피해자라는 안이한 생각을 하기 쉽다(박아청, 1998, 2000).

래쉬(C. Lasch, 1932~1994)는 이러한 나르시시즘을 현대인의 자아 특성으로 보았다. 가족 구조가 변하고 소비자본주의와 관료제가 발달하면서 20세기 미국에는 경쟁적 개인주의가 나타났는데, 이에 따라 현대 미국인은 '험한 세상'에서 살게 되었다. 경쟁적 개인주의가 사람을 '만인의 만인에 대한 투쟁'이라는 극한 상태로 내몰았고, 개인들은 이에 대한 돌파구로 나르시시즘적 생존책, 곧 자아에 대한 자기도취적 집착을 하게 되었다는 것이다. 이러한 사회 환경에 대한 현대인의 통제력이 약화되면서 개인은 무력감에 빠지고 결과적으로 자기도취에 빠진다는 것이다(Lasch, 1979).

완전한 자족 상태를 상상하면서 다른 사람에 대한 욕구는 부정하고 어머니와 황홀한 재결합을 바라는 일이 자기도취인데, 현대인의 자기도취적이고 환상적인 경향은 이러한 '험한 현대사회'의 구조적·문화적 특성 때문에 생긴 것이다.

현대인의 정체성은 위험하고 불확실한 현실 때문에 '**최소 자아**'와 '**자기도취적 자아**'를 지니게 된다. 현대인은 통제할 수 없는 사회적·역사적 현실에는 무관심하고, 대신 자아중심적으로 바뀐다. 산발적인 감정의 파편들만을 표현하는 최소의 자아정체성을 지닌 최소 자아(minimal self)를 형성하게 되면서 명확한 자아상이나 자기주장을 지니지 않는다. 그에 따라 세계와의 소통을 포기한 자기도취적 자아의 모습을 보인다(Lasch, 1984: 33).

현대의 특성을 자기중심성, 감각주의, 소비지향성 등으로 규정할 수 있다. 새로운 개성주의와 소비주의가 대두하고 있으며, 비현실적 상황을 설정하고, 그에 탐닉하기도 한다. 공상이나 환상, 백일몽 등을 통해 적응하려는 자기애적 욕구충족 전략인 나르시시즘적 적응 방식을 취하게 된다. 청소년의 인터넷 중독도 부분적으로는 나르시시즘적 특성을 가진다. 특히 현실적인 결핍이 많은 학생은 인터넷에서만큼은 자기가 최대로 인정받는 듯한 자기도취에 빠지게 되어 거기에서 빠져나오지 못한다. 나르시시즘적·퇴행적 존재 방식을 가진 현대인들은 즉각적인 만족을 추구하지만, 욕망이 채워지지 않는 상태로 살아가며, 소비주의는 나르시시즘을 더욱 조장한다(Lasch, 1979, 1984).

학교를 비롯한 현대의 사회화 기관도 여러 면에서 자기도취적 경향을 강화한다. 이들 사회화 기관은, 아이들을 더욱더 사회적으로 분리시킴으로써, 어른의 세계나 공동체의 생활에 참여할 기회를 빼앗는다(이찬훈, 1999; Lasch, 1984). 과잉보호를 하는 가정도 마찬가지의 부작용을 낳는다. 의지력이 약하고 자아의 힘이 약한 요즘의 청소년은 자신만을 생각하고 남에게는 관심을 두지 않으려는 유아적인 자아구조를 지니게 된다. 어른처럼 되고 싶지 않다거나 더 이상 나이를 먹지 않으면 좋겠다는 '피터팬 신드롬', 실제로는 존재하지 않는 '**환상의 세계(Neverland)**'로 가 버리고 싶어 하는 현상이 늘고 있는 점도 나르시시즘적 특성의 하나다.

③ 소비문화

청소년의 소비는 중요한 연구 주제다(윤철경, 2003). 아동과 청소년은 상품 판매를 위한 광고의 주 목표이자 고객이다. 12세 이하 미국의 어린이들이 1년에 쓰는 용돈은 60억 달러 이상이고, 그들을 위한 가계 지출은 1,300억 달러 이상으로 추정된다(McNeil, 1992). 어린이와 청소년은 패션과 전자 장난감 등의 거대 소비자들이다. 특히 지구촌화하는 요즘 그들이 구입하는 품목은 다국적 기업의 전략 대상이 되었고, 이에 따라 서울이나 뉴욕 또는 아프리카 등지에서 그들이 구입하는 품목이 비슷해졌다.

청소년은 **유행**을 좇아 서로 비슷한 물건을 구입하기도 하고, 자신을 과시하거나 남과 차별화하기 위한 자기 표현의 수단으로 명품을 구입하기도 한다. 특히 옷은 청소년 문화 진단의 중요한 준거다(맹영임, 2003). 남에게 과시하기 위한 상류층의 과시소비를 중류층이 따라 하는 **모방소비**에 대해 지적한 베블런(T. Veblen)을 떠올리면, 하류층 학생들이 가짜 명품을 통해서라도 상대적 박탈감을 해소하고자 한다(김창남, 2000)는 현상을 잘 이해할 수 있다.

상품에 문화적 욕구가 가미되면 물질적 욕구(need)의 차원을 넘어 욕망(desire)의 대상으로 바뀐다(Shields, 1992; 김왕배, 2001: 82, 재인용). 보드리야르(J. Baudrillard)에 따르면, **상품**은 욕망을 만들어 내는 조작된 기호다. **기호**를 통해 상품의 가치를 극대화함으로써 결국 교환가치가 효용가치를 창출해 낸다는 것이다. 상품은 학생뿐만 아니라 학부모의 **욕망**도 조장한다(Thomas, 2007). '날씬한 여자'라는 뉘앙스를 풍기는 미국 담배 '버지니아 슬림(Virginia Slim)'은, 그 이름으로 '날씬함'을 나타내는 상징을 선택함으로써 날씬해지고 싶은 여성의 담배 구매력을 극대화시키려 했다. 이처럼 소비문화의 핵심에 상품이 자리하면서 욕구와 욕망을 자극하기 위한 다양한 기호와 상징들이 만들어지고 있다.

소비자본주의는 기호뿐만이 아니라, 상품을 배치할 **공간의 배치구조**까지도 변화시켜 상품의 가치를 극대화

> **상품 구입 욕구의 본질은?**
> 욕망은 결핍을 전제로 한다. 욕망은 마음의 식욕이다. 대다수의 물건은 마음의 결핍을 충족시켜 주기 때문에 가치를 갖는다(Marx, 2003: 43).

한다. 명품이라는 것만으로는 불충분하고, 이 명품의 가치를 극대화할 공간이 필요한 것이다. 소비자는 명품의 배치 공간과 이미지와의 관계 속에서 스스로를 대상화하는 즐거움을 얻는다(Featherstone, 1999). 젊은이들의 여가 역시 자본주의적 소비의 주 대상이 되면서, 유명 레스토랑과 같은 곳도 소비문화의 중요한 공간이 되었다.

한편, 소비가 그저 단순한 유행일 뿐이라고 보는 견해와는 다른 주장도 있다. 학생문화는 학생이 적응을 위해 내놓는 의미 창출의 결과이기도 한 것이다. 학생문화의 이러한 특성을 보여 주는 대표적인 연구로는 헵디지(Hebdige, 1979)의 청소년 연구를 들 수 있다. 그는 청소년의 문화가 그들의 정체성을 확인하고 표현하기 위한 것임을 보여 주려 했다. 흡연이나 펑크 스타일처럼 일탈행위로 일컬어지는 특정 행위가 단순한 일탈행위라기보다는 적응을 위한 행위 또는 저항적 하위문화라는 것이다. 그는 **스타일**(style)에 주목하면서, 스타일이 단지 외형적인 치장만이 아닌 내적인 욕망의 폭발이므로, 그것을 단순한 유행이나 상품의 측면에서가 아니라 정체성의 차원에서 보아야 한다고 주장했다. 특히 하위문화의 스타일은 일반인의 스타일과는 다르게 자신의 정체성을 드러내고 타인의 정체성과 차별하려는 의도적인 것으로서 적극적인 거부 행위의 결과라고 보면서 소비를 통한 문화 실천을 강조하기도 한다(이동연, 2000).

다만, 여가생활의 계층화와 불평등 현상을 눈여겨볼 만하다. 소비문화가 개인화, 상품화, 기계화 등의 특성을 보이면서 학생의 출신 배경에 따라 여가생활에서도 차이가 나타난다. 학생의 출신 배경에 따라 여가가 계층화되고 있는 것이다.

> 모든 기호는 이데올로기적이다. 기호가 나타나면 이데올로기도 나타난다. 그리고 이데올로기적인 것은 어떤 것이나 기호를 지닌다.
> - 『하위문화』(Hebdige ,1979) 중에서

④ 외모 중시 경향

요즘 학생들은 신체와 외모 가꾸기에 열풍이 일고 있다. **외모지상주의**라고도 하는 이러한 현상을 어떻게 볼 것인가? 외모 중시에 관한 부정적 견해는 래쉬를 통해서, 긍정적 견해는 기든스(A. Giddens)를 통해서 그 의미를 살펴볼 수 있다(이찬훈, 1999).

래쉬의 견해에 따르면 '신체와 외모 가꾸기'는 자기도취적 활동이다. '험한 세상'에 살고 있는 현대인은 힘든 상황을 잘 다스려야겠다는 희망은 버리고, 대신 개인적 관심에만 몰두하거나 순간적 쾌락만을 추구하며 외모에 집착하고 소비를 통해 헛된 욕망을 충족시키고자 한다. 래쉬는 이러한 자기도취 문화 또는 생존주의 문화 속의 현대인의 주체성을 '자기도취적 자아' 또는 '최소 자아'라 불렀다.

그러나 기든스는 래쉬의 이러한 견해를 비판한다. 그는 오늘날 널리 퍼져 있는 '신체와 외모 가꾸기'는 자기도취적 활동이 아니고, 능동적으로 신체를 구축하고 통제하려는 성찰적인 자아정체성 구축 노력 때문에 생기는 현상이라고 본다. 신체와 외모 가꾸기를 날씬함과 미의 추구라는 점에서만 보는 일은 옳지 않고, 자기의 신체를 적극적으로 설계하고 재구성하려는 자아의 성찰적 기획과 실천의 형태로 보아야 한다는 것이다. 그는 래쉬가 관료제와 같은 외적인 사회적 힘을 과대평가하고 인간을 본질적으로 수동적인 존재로 파악하고 있다고 비판한다. 그에 따르면, 현대인은 저항하는 힘을 갖고 있고 성찰을 통해 외적 제약을 재구성할 수 있는 존재다(이찬훈, 1999; Giddens, 1991).

(3) 한국 학생문화에 대한 논의[10]

지금까지 살펴본 한국 학생문화를 어떤 측면에서 논의할 수 있는가? 첫째, 학생의 놀이의 대상물이 바로 상품이라는 데 문제가 있다. **놀이도구**는 대부분 상품으로서 제품 사용설명서의 지침에 따라 주어진 방식대로 단순히 조립·조작하는 것이 놀이의 대부분이다. 기존 세대의 놀이가 자연물을 자유로이 재구성하

---

10) 학생문화와 관련된 논의에는 다음 몇 가지가 있다. 첫째, 학생은 실제로 그들만의 독특한 문화를 형성하는가? 둘째, 학생문화는 세계적으로 공통적인가, 나라마다 다른 모습을 보이는가? 셋째, 학생문화는 획일적인가, 다양한가? 넷째, 청소년의 발달 단계를 생리적·심리적인 결정론적 견해에서 볼 것인가, 맥락주의적 관점에서 이해할 것인가?

거나 다른 사람과 교유(交遊)하는 것이었다면, 요즘의 놀이는 상품화하거나 이미 프로그램화한 것들을 단순히 조립하거나 개별적으로 갖고 놀 수 있는 것들이다. 기존의 놀이가 창의력을 기를 수 있는 것들이었다면, 요즘의 놀이는 기껏해야 수렴적 사고능력 향상에나 도움을 준다고 할 수 있다. 상품화된 놀이는 프로그램의 틀 안에서 제한적 융통성을 발휘할 뿐이다.

둘째, 한국 학생문화는 놀이보다는 오락으로, 창조보다는 생산으로, 형성이나 구축보다는 소비로, 안으로의 성찰보다는 밖으로의 분출로 특징지어진다는 약점이 있다. 한마디로, 한국 학생문화가 자본, 상품 및 소비의 논리에 지배된다는 점이 문제다. 프랑크푸르트 학파의 문화산업론에 따르면, 문화적 산물은 산업과 결합해 모두 상품화되는 것이므로 대중문화 역시 대량소비를 위한 상품화의 소산이고 주체는 대상화된다.[11]

3) 외국의 학생문화

(1) 일본의 학생문화
일본의 학생문화는 시바노 쇼잔(柴野昌山, 1992)이 유형화한 학생들의 유형과 상응하는 것으로 볼 수 있다. 시바노 쇼잔은 일본 학생들을 다음과 같이 유형화한다.

- **면학 지향형 학생들**: 우등생형, 공부벌레형, 고립형으로 나눌 수 있으나, 미래지향적이라는 공통점이 있다. 이들은 학교에 적응하려고 노력한다.
- **반학교 지향형 학생들**: 학교가 공식적으로 규정하는 것들로부터 이탈하려는

---

11) 아도르노(T. Adorno)는 재즈가 실은 집단적 환상을 개인적 환상으로 대치한다는 점에서 사이비 개인주의 음악이라 비판한다. 특히, 흑인 음악으로서 재즈는 노예상태에 대해 반쯤은 분노하며, 반쯤은 굴종하게 하는 물화(物化) 현상을 반영하는 것이라고 본다. 한편, 윌리엄슨(Williamson, 1998)은 광고의 본질이 결손감을 조장하는 일이라고 본다. 과시적 소비, 동조적 소비, 보상적 소비 등은 광고에 의해 조작된 욕구가 만들어 내는 현상이라 할 수 있다.

학생들로, 대개 소수의 반항적이고 성적이 낮은 학생들이다.

- **놀이-교우 지향형 학생들:** 대다수 학생이 이 부류에 속한다. 여기에는 사회성 지향형 학생과 상업적 청년문화 지향형 학생들이 있다.

한편, 상업적 청년문화 지향형 학생들은 유행, 패션 및 록 음악에 열중한다. 그들은 미래에 대한 걱정은 미뤄 두고 현재를 즐기는 학생들이다. 일본 학생들의 문화 역시 '수험지옥'의 틀 속에서 형성된 것이나, 비교적 다양성을 지니는 십인십색(十人十色)의 모습을 띠다가 이제는 일인십색(一人十色)으로 변했다는 관점도 있다.[12] 현대사회에 대두된 집에 틀어박혀 있는 일본의 은둔형 인간 '히키 코모리(引き籠もり)' 문제, 등교 거부('부등교'), '이지매'는 일본의 학생문화의 또 다른 현상이 되고 있다(敎育新聞, 2019. 5. 9., 2019. 7. 11., 재인용).

(2) 영국의 학생문화

영국 학생의 특성이나 문화는 학교 계열, 사회계층에 따라 차이를 보이거나 분화된다는 견해가 지배적이다. 우즈(Woods, 1979)는 학교에 대한 학생들의 반응 유형을 여덟 가지로 보는데, 그것은 비위 맞추기, 순종하기, 시키는 대로 하기, 딴청 부리기, 빈둥거리기, 체제 순응, 타협 거부 그리고 저항이다. 여기에서 '순종하기'에는 낙관적 순종과 **도구적 순종**(instrumental compliance)이 있는데, 이는 하그리브스(D. Hargreaves)가 제시한 것과 거의 비슷하다(Blackledge & Hunt, 1985: 218, 재인용).

영국 학생은 일반적으로 '지지형' '반대형' '무관심형'으로 나뉜다. 영국 학생의 문화를 친학교적 문화와 반학교적 문화로 나누는 견해(Hargreaves, 1967; Partridge, 1966)가 있는가 하면, 영국 중등학교의 학생문화를 중산층 성인의 문

---

12) 그러나 팝아티스트 사와다 도모코(澤田知子)는 '학창시절(School Days)'이라는 사진에서 일본 학생문화의 몰개성적 획일성과 집단적 현상 등을 묘사하고 있다. 해당 사진을 자세히 보면 동일 인물(사와다 도모코)에 동일 교복인데 치장만 달리하고 있다. 이 사진은 일본 학생문화의 몰개성적 획일성을 꼬집는다(http://japan-photo.info/blog/wp-content/uploads/2006/08/ Sawada_school_daysa_650.jpg 참조).

화에 뿌리를 두고 교사에 의해 전달되는 문화와 즉각적 충족과 쾌락주의를 추
구하는 문화로 나누는 견해(Sugarman, 1967)도 있다(柴野昌山, 1992: 149, 재인용).
그렇지만 대중매체의 문화(Murdock & Phelps, 1972)는 영국 학생에게도 동일하
게 나타난다. 영국의 학생문화를 말할 때 헵디지(1979)의 『하위문화』를 빼놓을
수는 없다. 이 책은 스타일에 초점을 맞추어 1970년대 영국 젊은이들의 하위문
화를 연구한 고전이다. 그는 여기에서 **하위문화**를 저항의 형식으로 해석하는데,
스타일은 의도성을 지닌 저항의 이미지다. 저항적 청소년은 자신이 경험한 모
순과 지배 이데올로기에 대한 저항을 스타일 속에 간접적으로 표현한다는 것이
그의 결론이다.

학생이 교사와 평화적 상호관계를 유지하기 위해 교사의 비위를 맞추는 경향
이 있다고 보는 견해(Delamont, 1976)가 있는가 하면, 학생의 '떠보기' 전략, 남학
생의 음담패설, 화장실 유머, 푼수 떨기, 답을 가로채거나 손 흔들기, 어림 대답
하기, 어설픈 행동하기, 중얼거림 등의 행태를 보인다는 견해도 있다.

(3) 미국의 학생문화

클라크(Clark, 1962)는 학생문화가 놀이 중심 문화, 면학적 문화, 비행문화로
이루어진다고 보았으며, 리글(Riggle, 1965)은 미국 공립 중등학생 문화가 상류
층 자녀, 하류층 자녀, 회색분자들, 외톨이 문화로 나뉜다고 보았다. 리글은 학
생들을 다음과 같이 네 부류로 나눈다(柴野昌山, 1992: 147-148, 재인용).

- **상류층 자녀들**(white shoes): 파티나 친구 간 교제, 성적, 품위와 재치 등을 중
  시한다.
- **하류층 자녀들**(black shoes): 파티나 친구 간 교제를 중시하면서도 고상한 척
  하지 않는다. 이들은 나쁜 성적을 무능의 표시가 아닌 학교에 대한 반감의
  표시로 본다.
- **회색분자들**(gray shoes): 앞의 두 부류에는 속하지 않는 무소속 학생들이다.

- **외톨이**(outcast): 고립된 학생들, '왕따' 당하는 학생들, 스스로 홀로 가는 학생들이다.

한편, 미국 명문 사립학교의 문화에 관한 가장 대표적인 연구는 쿡슨과 퍼셀 (Cookson & Persell, 1985)에 의해 이루어졌다. 이들 학교에 재학 중인 학생들을 '**프레피**(preppie)'라 하는데, 이들은 명문대학교 입시를 최고의 목표로 하고, 그 학교 안에서 연줄과 네트워크를 구축하는 일에 열심이다.

🗨 토의 · 토론 주제

- 한국 학생문화의 긍정적인 점과 부정적인 점은 무엇인가? 그 이유는 무엇인가?
- 미국 영화 〈퀸카로 살아남는 법(Mean Girls)〉(2004)에서처럼 미국 여학생들과 청소년들의 일상에서 생기는 '퀸카', 왕따, 험담, 이성 교제 등을 한국 청소년들의 그 것과 비교할 때 어떤 차이점과 공통점이 있을까?
- 최근 중 · 고등학교 학생들이 특정 회사의 겨울 패딩을 거의 모두 입는 현상을 보드리야르나 일본의 팝아티스트 사와다 도모코(98쪽 각주 12 참조)의 관점에서 어 떻게 설명하겠는가?

3. 교사

1) 교직의 특성

(1) 전통적 관점

전통적으로 **교직**은 성직(聖職), 전문직 혹은 노동직으로 묘사되어 왔다. 교 직을 성직으로 보는 견해는 **직업**(vocation)이라는 말에 내포된 '신성한 부르심

(calling)'의 의미에 초점을 맞춘 것이다. 이에 따르면, 교직은 하나의 직업으로서 그 자체가 신성할 뿐만 아니라 존엄한 인간의 영혼을 어루만지는 소중한 일이다. 교직을 전문직으로 보는 견해는 아무나 교직을 수행하는 것이 아니라 전문 교과와 복잡한 존재인 인간을 다루는 특수 기능을 보유한 사람만이 그 직을 수행한다고 보는 것이다. 마지막으로 교직을 노동직으로 보는 관점은 교직이 성직이나 전문직으로 미화되고 있을 뿐 그 실제는 노동직적 특성을 지닌다는 것이다. 곧, 가르치는 일은 육체 노동자가 하는 일과 다를 바가 없다고 본다. 더버(Derber, 1982, 1983)의 '프롤레타리아화한 전문직'의 개념은 이에 해당한다.

교직에 대한 이러한 분류 방식은 상당히 오래된 것들이다. 교직의 실상을 좀 더 객관적으로 서술할 때는 감정 노동과 탈기술화와 같은 현대적인 개념의 도움을 받을 수 있기 때문에, 여기서는 이 두 개념들을 살펴본다.

> **교사론에 도움을 주는 영화**
> • 〈언제나 마음은 태양(To Sir with Love)〉: 1967년 작. 제임스 클라벨(James Clavell) 감독
> • 〈굿바이 미스터 칩스(Goodbye, Mr. Chips)〉: 1939년, 1969년 작. 샘 우드(Sam Wood) 감독. 〈브룩필드의 종〉으로도 상영됨.
> • 〈위대한 용기(Lean on Me)〉: 1989년 작. 존 에빌드슨(John Avildsen) 감독. 우리나라에는 〈고독한 스승〉이라는 제목으로 개봉됨.
> • 〈끝없는 사랑(Teachers)〉: 1984년 작. 아서 힐러(Arthur Hiller) 감독
> • 〈홀랜드 오퍼스(Mr. Holland's Opus)〉: 1995년 작. 스티븐 헤렉(Stephen Herek) 감독
> • 〈잃어버린 봄(Stolen Spring)〉: 1993년 작. 피터 슈레더(Peter Schrøder) 감독. 한스 쉘피그(Hans Scherfig)의 소설 『선생님 죽이기』를 각색한 작품임.
> • 〈이프(If)〉: 1969년 작. 린지 앤더슨(Lindsay Anderson) 감독
> • 〈헤더스(Heathers)〉: 1989년 작. 마이클 레만(Michael Lehmann) 감독
> • 〈폭력 교실(Blackboard Jungle)〉: 1955년 작. 리처드 브룩스(Richard Brooks) 감독
> • 〈내 마음의 풍금〉: 1999년 작. 이영재 감독
> • 〈하얀 면사포(Noce Blanche)〉: 1989년 작. 장-클로드 브리소(Jean-Claude Brisseau) 감독
> • 〈초콜릿 전쟁(The Chocolate War)〉: 로버트 코마이어(Robert Cormier)의 동명 소설(1974)을 기초로 키이스 고든(Keith Gordon) 감독이 동명의 영화를 만듦(1988).

(2) 새로운 관점

① 감정 노동

교직은 감정 노동의 하나다. **감정 노동**(emotional labour)이란 사회학자 호크쉴드(Hochschild, 1979)가 '인간 감정의 상품화'를 말하면서 사용한 개념으로, 표정이나 신체적 표현이 중시되는 일이나 노동을 뜻한다. 이는 고객이 특정 느낌을 갖도록 표현이나 표정 등에 유의해야 하는 직업 종사자가 하는 노동이다. 운항 중인 비행기가 고장 날 때에도 불안한 표정을 짓지 않고 계속 미소를 지어야 하는 승무원, 슬프지 않음에도 슬픈 척해야 하는 장례직 근로자들이나 의사와 간호사 등이 그 대표적인 예다. 이와 같은 서비스업 종사자들은 다양한 고객을 접하면서 자신의 느낌대로 행동할 수 없다. 해당 직장이나 조직의 규범과 규칙에 따라 자신의 감정을 통제하며 표현해야 한다. 그들은 자기의 본마음과는 달리 행동해야 하므로 심한 정서적 불일치(emotional dissonance)를 겪는다.

교직도 학생이나 학부모가 특정 느낌을 갖도록 교사 자신의 기분과는 무관한 인위적인 표정과 표현을 해야 하는 직업이다. 이처럼 교사는 자신의 감정을 마음대로 표현할 수 없어 정서적 불일치를 겪게 된다. 또 학생의 옳지 못한 행동을 꾸짖거나 벌을 주고 그에 대해 학부모와 학생의 과격한 대응을 경험하게 되면 그러한 행동을 묵인하거나 방기하게 된다. 또 관리자, 동료 교사, 학생으로부터 제아무리 충격적인 내용의 이야기를 들어도 그것을 느낌대로 드러낼 수 없다.

② 탈기술화

교사가 직무 수행 과정에서 그들의 전문적 소양을 얼마만큼 발휘하고 있으며, 그 직무를 어느 정도 지배·통제하고 있느냐 하는 것이 중요하다. 그런데 최근 첨단 전자매체나 수업 자료의 개발로 교사의 전문적 소양이 평가절하되고 있으며, 그에 따라 자기의 업무를 자율적으로 통제하는 힘을 잃어 가고 있다. 직무 수행 활동에서 노동이 이처럼 평가절하되는 현상을 탈기술화라 한다. **탈기술화** (de-skilling)13)란 분업과 지식 및 기술의 발달로 한때는 전문성을 지녔던 지식이나 기술이 점차 위축되고, 작업에 대한 근로자의 자율성이나 통제력이 관리자의 관할로 옮겨 가는 과정을 말한다(deMarrais & LeCompte, 1999: 335). 이렇게 되면 노동자가 수행할 특별 과업은 줄어들고, 그들의 노동은 파편화(fragmentation)된다(Braverman, 1974; Johnson, 2000; Wood, 1982). 분업화되고 기술이 향상되면 노동자가 지녔던 통합적이고 종합적인 지식과 기술은 무력해지면서 그 노동이 단순 기술 수준으로 파편화된다.

큐번(Cuban, 1984: 4)은 교사가 주로 해 온 일은 교육과정 편성이나 수업보다는 집단 편성, 공간 배치, 학생과 대화 조절, 학생의 이동 허락 등이었다고 말한다. 교육과정이나 교과서는 교육 당국에서 만들어 내려 보내기 때문에, 교사는 정작 가르침의 주체가 되지 못하고 통제력도 지니지 못한다고 본다. 한국의 경우, EBS 방송이나 전자 수업매체 그리고 사교육시장 등이 교직의 탈기술화 현상을 가속화시키고 있다. 교사의 일이 단순노동으로 파편화되어 탈기술화되면 마르크스(Marx)가 말한 소외에 이른다(오욱환, 2004). 이를 극복하기 위해서는 교직단체 가입, 동창회 참여, 전임학교와의 연계, 인터넷 동호회 등 사회적 연결망을 지니는 것이 좋다(Robertson, 2000a, 2000b).

2) 교사문화

학교는 학생의 학습을 위한 곳이지만 교사에게도 중요한 공간이다. 학교에서 교사는 우선 자신과 다른 세대인 학생과 생활한다. 학교는 학생과 교사가 일차적·공동체적 삶을 영위하는 곳이며, 교사 자신의 삶과 문화를 공유하는 곳이다. 그러면서도 교사는 교육관, 학생관, 국가관 등 여러 가치에서 학생이나 다

---

13) 탈숙련화라고 번역하기도 한다. 바람직하지 않은 탈숙련화 현상에서 벗어나기 위해 재기술화 또는 재숙련화(re-skilling)가 필요하다는 주장도 있다(오욱환, 2004).

른 교사와 차이를 보이기도 한다. 이러한 생각의 차이 때문에 때로는 학생 또는 다른 교사와 갈등을 겪기도 한다. 보수적인 교사가 있는가 하면 급진적인 교사도 있다. 그들은 동일한 교육적 조치에 대해서 전혀 다른 관점을 갖기도 한다. 어찌되었건 직업세계로서의 학교에서 교사는 나름의 기쁨과 애환을 동시에 겪는다.

교사도 그 나름대로 문화를 형성한다. **교사문화**는 교사집단이 공통적으로 가지는 인지체계 또는 상징과 의미체계라고 말할 수 있다. 하그리브스는 교사문화를 교사집단 또는 교직사회에서 공유되고 있는 태도, 가치, 신념, 습관, 가정 및 행동방식이라 했다(이혜영 외, 2001: 15-16, 재인용). 교사문화라는 개념은 교직생활에서 교사가 부딪히는 문제와 제약 조건에 대응하는 전략을 수립하는 데 영향을 준다. 다시 말해, 교사문화는 교사의 정체성을 형성하고 그가 하는 일에 의미를 부여하는 중요한 기능을 한다고 할 수 있다.

교사문화를 개인주의와 보수주의(또는 현재 지향성)로 나누기도 하고, '인간관계 지향' '경계 유지' '방어와 보수' '무력감과 체념' 등으로 나누는 견해(이혜영 외, 2001)가 있다. 개인주의는 교사가 교직 수행에 필요한 전문적 기술을 확립하고 발전시키는 데 동료와 협력하지 않으려는 경향이고, 보수주의(현재 지향성)는 새로운 교수방법 모색 대신에 전통적인 방법과 자신이 학생 시절에 경험한 방법에 집착하여 미래를 위한 활동에 노력을 기울이지 않는 경향이다. '인간관계 지향'은 교과수업보다도 학생과 정서적인 교감과 친목을 통해 더 큰 보람을 느끼는 경향이고, '경계 유지'는 자신의 교육활동에 간섭받기 싫어하며 나른 교사의 교육활동에도 관여하지 않으려는 성향을 말한다. '방어와 보수'는 학생의 지도나 평가 등에서 자신에게 부담을 주는 문제가 발생하지 않도록 처리하는 성향이고, '무력감과 체념'은 자신이 할 수 있는 일은 별로 없으며 해 봤자 소용없다고 생각하고 현실에 안주하려는 성향을 의미한다(이혜영 외, 2001).

3) 교사의 전략과 기대

교사의 구체적 행동에 해당하는 것 중 가장 중요한 것은 **교사의 전략**(teacher strategy)이라는 개념이다. 교사는 수업과 학교생활에서 자기 나름의 전략을 구사한다. 우즈(1983)와 하그리브스(1975)는 이러한 교사의 전략을 적응 전략으로 본 대표적인 이들이다. 우즈는 교사와 학생 간 상호작용에서의 대응행위를 전략이라고 했다. 그는 교사가 취하는 전략으로 사회화, 지배, 협상, 친애, 회피 또는 격리, 관례화, 직업적 조치 그리고 사기 진작 등 여덟 가지를 들었다 (Blackledge & Hunt, 1985: 275-276, 재인용).

교사의 기대(teacher expectations)란 학생의 행동과 성적에 관한 교사의 추측을 뜻한다. 교사가 학생에 대해 갖는 기대에는 지능, 지금까지의 성적, 전 담임교사의 의견, 가족 사항 등이 적힌 학생기록부가 주된 영향을 준다. 여기에 첫인상, 학교 규칙 준수 상황, 공부 습관이나 자세, 성취 동기 등도 영향을 미친다. 흔히 교사는 좋은 기대건 나쁜 기대건 간에 개학 후 며칠 사이에 학생에 대한 특정 기대를 하게 된다(Good & Brophy, 1978: 65-78).

교사의 기대는 흔히 자성예언이라는 말로 대체된다. 머튼(Merton, 1949)이 사용한 **자성예언**(自成豫言, self-fulfilling prophecy)이란 개념을 학교에 적용할 경우, 학생의 성취에 관한 교사의 기대가 달라지면 학생의 행동이나 성적도 달라지는 현상을 뜻한다. 교사는 이 자성예언에 따라 특정 학생에 대한 대응 자세가 달라진다. 좋은 기대를 하는 학생에게는 응답 시간을 충분히 주거나 긍정적 반응과 칭찬을 해 주지만, 그렇지 않은 학생에 대해서는 부정적으로 반응한다. 교사도 인간이기에 학생을 평가하는 데 실수를 할 수는 있다.

그런데 교사는 학생을 자기 방식대로 개념화하기도 한다. 교사가 특정 학생에 대해 편견을 가지면, 그 학생의 행동이나 성취는 거기에 영향을 받는다. 학생에게 영향을 주는 교사의 행위를 가장 잘 설명하고 있는 개념이 **피그말리온 효과**(Pygmalion effect)다. 피그말리온 효과란 교사가 학생에게 특정 기대를 하면 그 기대와 동일한 결과가 학생에게서 나타나는 현상이다(Rosenthal & Jacobson, 2004).[14]

피그말리온 효과는 '자성예언'이나 '교사의 기대'라는 개념과 혼용되기도 한다. 어떤 상황 속에서 특정인을 특정한 방식으로 개념화하면 그 대상의 행동은 결과적으로 그 기대나 예측과 동일하게 나타나듯이, 교사가 학생의 어떤 측면을 보고 편견을 갖거나 특정한 방식으로 기대하면 그 학생은 그렇게 행동하거나 그런 결과를 만들어 낸다는 것이다. 교사는 조각가와 같은 예술가여야 하며, 단순한 방관자가 아닌 교실 안의 피그말리온이다(Rosenthal & Jacobson, 2004: 16-17, 292).

교사가 학생의 본모습과는 관계없이 편견을 갖게 하는 요인들이 있다. 교사는 학생의 지능지수, 가정환경, 성, 거주 지역, 말투, 외모, 인종, 종교, 전 학년도 성적, 형제자매의 특성, 각종 검사 결과, 좌석의 위치, 전임 교사의 귀띔, 계열 및 편성 학급의 특성 등에 따라 특정 학생에 대해 선입견을 갖는 경향이 있다. 교사가 학생에 대해 긍정적인 기대를 갖느냐 부정적인 기대를 갖느냐에 따라 학생이 반응할 기회와 시간, 단서의 부여, 칭찬과 꾸중, 상호작용, 대화 시간, 좌석 배치, 과제 처리 시간, 미소, 언어적 지지와 배제, 눈맞춤, 답에 대한 반응, 수업의 밀도, 온정적 태도 등의 차이가 생긴다. 이 요인은 교사가 학생에 대한 편견을 갖게 하는 것들이기 때문에 교사는 이러한 요인들의 영향에서 벗어나기 위해 노력해야 한다.

4) 학생들을 있는 그대로 보기

지금까지 우리는 교사가 특정 학생에 대해 갖는 특정 시각이 그 학생의 행동

---

14) 버나드 쇼(Bernard Shaw)의 희곡 가운데 〈피그말리온〉이 있다. 거기에는 "저는 당신의 숙녀가 될 수 있다는 것을 알고 있어요. 당신이 절 숙녀로 대우해 왔고 또 앞으로도 그렇게 할 거란 걸 제가 잘 알고 있기 때문이에요."라는 말이 나온다.

을 어떤 방향으로 변하게 만드는가와 같은 물음에는 무관심했다(Rosenthal & Jacobson, 2004: 84, 110). 교사의 일거수일투족은 학생에게 커다란 영향을 미친다. 그런데 교사는 학생을 대할 때 학생의 본모습을 보려 하지 않고 교사 나름대로 편리하게 학생을 쉽게 유형화하고 예단(豫斷)하는 경향이 없지 않다. 교사의 예단 때문에 학생은 상처를 받을 수도 있고, 부정적 자아개념을 형성하거나 부정적 자성예언을 일으킬 수도 있다. 교사도 한 인간으로서 때로는 부족하고 심리적으로 불완전한 존재일 수 있는데, 학생의 부족함과 잘못에 대해 너그럽지 못하는 때도 더러 있다.

홀륭한 교사가 되기 위해서는 교사 자신이 학생을 경솔하게 예단하지 않아야 한다. 특히 보다 성숙하고 의젓하며 원만한 인간으로서 행동해야 할 교사가 자기모순을 학생들에게 투사해서는 안 된다. 이러기 위해서 교사는 먼저 자기 자신의 부족함을 파악할 수 있는 계기를 가져야 한다.

여기에서는 이를 위한 가장 유용한 관점으로 융(C. Jung, 1875~1961)의 그림자 이론을 소개한다. 이 관점에서 볼 때, 교사는 다음에 설명할 '자기실현'을 한 존재가 되어야 함을 알 수 있다. 다시 말해, 교사가 자기의 부정적 그림자를 학생에게 투사하지 않는 **'온전'한 인간**이 되면, 그는 너그러우면서도 솔직한 교사, 곧 자기실현을 한 존재가 될 것이며, 그에 따라 학생들을 있는 그대로 편견 없이 보는 사람이 될 것이다.

(1) 융의 그림자 이론

우리는 흔히 "남자는 아버지만 빼놓고 다 도둑이야!" "어휴, 저 쩨쩨하고 쫌생이 같은 놈!" "저 간사한 놈!" "저 아부꾼!" "저 기회주의자!" "저 여우!" 등의 말을 자주 듣기도 하고, 하기도 한다. 융은 이러한 말들이 그 말을 하는 사람 자신의 무의식 속에 있는 부정적 특성('그림자')을 남에게 투사한 결과 표현된 것이라고 본다.

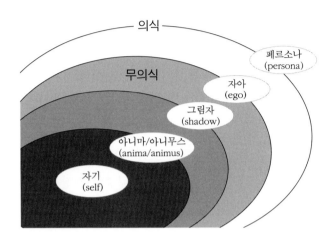

[그림 3-1] 의식세계(페르소나, 자아), 무의식세계(그림자, 아니마/아니무스), 자기[15]

① 자아와 자기 그리고 전체 정신

융은 의식세계에 해당되는 마음으로 페르소나와 자아를, 무의식세계에 해당되는 마음으로 **그림자**(shadow)와 아니마/아니무스를 들고 있다. **자아**(ego)는 의식세계에서 지각하는 나(I)의 핵심적인 모습이다. 그렇지만 이 자아는 내 정신의 전체는 아니다. **자기**(self)는 의식세계와 무의식세계에 공통으로 걸쳐 있는 마음이며, 전체 정신의 핵이다. 따라서 의식세계의 중심에 있는 마음인 자아와 전체 정신에 해당되는 자기를 구별해야 한다. **전체 정신**은 의식세계와 무의식세계를 모두 포함하는 것인데, 여기에서는 완전함을 추구하기보다는 온전함이나 원만함을 추구해야 한다.

② 무의식, 그림자, 투사

우리에게 의식과 무의식의 세계가 있다고 생각한 점에서는 융과 프로이트(Freud)는 같다. 그렇지만 융이 무의식을 의식할 수 있으며 무의식의 어떤 부정

---

15) 흰 부분만 의식세계이고 다른 부분은 무의식세계에 해당된다. 페르소나는 밖에 내비치는 우리의 다면적 모습이고, 아니마는 남성 내면의 여성성이며 아니무스는 여성 내면의 남성성이다[http://www.pandc.ca/?cat=carl_jung&page=major_archetypes_and_individuation(2011. 12. 15. 인출)].

적 작용을 개선할 수 있다고 본 점은 프로이트와 다르다. '의식되지 않은 마음'인 우리의 무의식은, 우리의 마음속에 존재하지만 평소에는 우리가 알아채지 못하는 마음이다(이부영, 1999).[16] **그림자**는 우리의 무의식 안에 있는 어둡고 부정적인 속성을 지니는 것으로, 의식에 가장 가까이 붙어 있다. 그림자는 자아와 비슷하면서도 '자아가 가장 싫어하는' 부정적인 특성을 지닌다. 이 그림자는 나와 비슷하거나 같은 사람에게 투사된다. **투사**란 일반적으로 나의 감정이나 생각을 남의 것으로 돌리는 심리적 작용이다. 실은 나의 자아가 다른 사람에게 집착하게 되는 반응이 투사다. 특히 나 자신의 분신이나 부정적 속성을 다른 사람에게서 발견하게 되면, 나는 그 대상을 싫어하게 된다(이부영, 1999).

③ 현실에서의 그림자의 작용

우리의 무의식 속에는 자기 자신도 모르게 도사리고 있는 부정적인 그림자가 있다. 이 그림자는 다른 사람에게 투사되어 우리가 그들을 미워하거나 비난하며 분노하게 만든다. 그런데 우리가 미워하는 그 대상의 수성(獸性), 잔인함, 잘못 등은 실은 나의 수성, 잔인함, 잘못인 것이다. **'왕따' 현상**, **지역감정**, **일본인의 한국인 멸시**, 한국인의 혼혈아 및 흑인 멸시, 독일인의 **유대인 학살**, **인민재판**, **인터넷 재판** 등은 무의식의 그림자가 표출된 전형적인 현상들이다.[17] 스스로 확신이 없을 때 사람들은 더 날뛰고 하나의 이념이나 신앙에 매달리는 경우가 있는데, 이는 **집단적 무의식**의 그림자가 작동되기 때문이다. 히틀러에 의한 독일인의 광분이나 5·18 광주의 비극은 독재 권력집단의 그림자가 민중에 투사된 만행의 예다. 문제점이 자기 마음속에 있는데, 그것을 받아들이기가 괴로우니까 남의 탓으로 돌리는 현상이다(이부영, 1999: 131-143).

---

16) 무의식에는 개인적 무의식과 집단적 무의식이 있다. 개인적 무의식은 억압된 것이고, 집단적 무의식은 개인적 경험을 초월하여 종족적으로 유전된 것으로 인격 전체를 지배하는 실체다.

17) 소심한 아들을 미워하는 소심한 아빠, '여우' 며느리를 싫어하는 '여우' 시어머니, 특정 연예인이나 불륜을 저지른 사람을 여론재판하는 일 등은 실은 우리 자신의 그림자를 그들에게 투사한 것이다.

내 자신이 문제!

"맘에 안 드는 사람들이 많아! 근데 맘에 안 든 그 사람들이 실은 우리 자신이야!"

http://jungcurrents.com/quotations-shadow
(2011. 12. 16. 인출)

④ 무의식의 긍정적 작용

무의식은 충동의 창고지만 부정적인 것만은 아니다. 우리의 무의식 속에 내재된 부정적 특성인 그림자의 본질을 깨달아 이를 승화시키면, 우리는 의식과 무의식이 통일된 전체 정신을 획득할 수 있다(이부영, 1999).

⑤ 의식화

의식화란 내 안의 그림자를 적극적으로 의식하고 발견하는 일, 곧 깨달음의 과정이다. 의식화는 자기의 부족함, 곧 그림자를 적극적으로 드러내어 그 실체를 파악하는 일이다. 누구에게나 그림자가 있다. 기독교 성경(요한복음 8: 1-11)의 '간음한 여인'의 이야기는 인간 모두가 부정적인 인격과 모순 덩어리임을 잘 보여 준다. 우리 모두에게는 이러한 그림자가 있다는 것을 인정하고, 그림자를 적극적으로 드러내어 개선시키면 될 일이다. 이렇게 노력하는 일이 의식화다. 따라서 그림자의 주인의 자세에 따라 그림자가 달라진다(이부영, 1999). 그림자의 의식화 과정은 불교 수행 과정에 나오는 〈**십우도**(十牛圖)〉와 거의 같다.[18] 자기의 그림자를 의식화한 사람은 불교에서 깨달은 사람과 같고, 깨달은 사람은 자

---

18) 〈십우도〉 또는 〈심우도〉는 소를 잃어버린 목동이 소를 찾아 헤매다 소를 찾은 뒤 집으로 돌아오는 과정을 그린 그림인데, 여기에서 소는 인간의 본성을, 목동은 수행자를, 소를 찾는 일은 깨달음을 얻는 일을, 집으로 돌아오는 일은 중생을 구제하러 세상 속으로 되돌아가는 과정을 뜻한다.

신의 부정적인 성격을 솔직히 드러내며 남의 허물에 대해 너그럽게 된다.

⑥ 자기실현

분석심리학에서는 자아실현이 아니라 자기실현을 중시한다. 자아실현이 자기가 설정한 이상이나 일을 즐거운 마음으로 하면서 행복을 맛보는 상태인 데 비해, **자기실현**은 의식과 무의식이 통합된 전체 정신을 온전하며 원만하게 만드는 일을 뜻한다. 자기실현은 의식의 중심인 자아를 넘어 무의식까지를 포함한 전체 정신이 온전하고 원만하게 된 상태인 것이다. 우리는 의식화를 통해 우리 자신의 그림자를 들여다보는 일로만 끝낼 게 아니라, 궁극적으로는 전체 정신 속의 자기실현에 이르도록 노력해야 한다.

(2) 교사의 자기실현

자기실현을 한 교사는 온전하고 너그러운 사람이다. 자기실현을 위해서는 교사 자신이 먼저 온전한 인격체가 되어야 하는 것이다. 성장 중에 있는 학생은 부족하고 모순투성이인 존재일 수밖에 없고, 교사 자신도 실은 부족하고 결함투성이의 미완성 인간이라는 사실을 깨달아야 한다. 학생들을 예단하거나 자기 안의 어두운 그림자를 학생에게 투사하지 않는 교사는 훌륭한 교사인 셈이다. 전체 정신을 실현해야 온전한 인격자가 되는 것이다.

이를 위해 교사는 자신의 그림자를 의식화하여 자기 자신의 어두운 심리에 관해 나름대로 성찰할 필요가 있다. 투사가 일어나지 않는 삶은 없다. 다만, 중요한 것은 교사가 자신의 선입견이나 그림자를 학생에게 투사하여 부정적 판단을 내리지 않아야 한다는 것이다. 인간은 누구나 부족함과 잘못과 실수로 점철될 수 있는 존재라는 사실을 깨달으면, 학생의 부정적인 면만을 보지는 않을 것이다. 교사가 자신의 그림자의 실체를 깨달을 때, 교사는 비로소 교사 자신의 전체 정신과 일치된 관점에서 학생과 세계를 볼 수 있게 된다. 이런 교사는 너그럽고 솔직담백한 교사로 바뀐다.

토의 · 토론 주제

- 교사는 어떤 학생을 예뻐하고 어떤 학생을 싫어할까? 가난하게 성장한 교사가 가난한 학생을 잘 보살펴 줄까, 부유하고 밝게 자란 교사가 그를 더 잘 보살펴 줄까?
- 교사가 자기 자신의 그림자를 발견하기 위해서는 어떻게 해야 하는가?

제4장
교육정책과 평등

이 장에서는 먼저 교육정책을 입안하는 데 영향을 주는 요인들과 교육정책 수립에 관련된 사회철학적 관점들을 알아보고, 교육에서의 평등 문제를 살핀다. 앞에서 든 요인들에 평등을 포함시킬 수 있으나, 평등 문제를 좀 더 깊게 다루기 위해 별도의 절로 묶었다. 특히, 평등에 관한 수많은 책이 있음에도 정작 평등이 무엇인지를 정의하지 않고, 불평등이 아닌 상태가 평등이라는 논리를 펴고 있어, 먼저 평등을 정의하고자 하였다. 이어, 교육적 평등이란 구체적으로 무엇이며, 왜 교육에서 평등을 논의하는지, 교육에서의 평등과 불평등의 현실은 어떠하며, 불평등을 해소하기 위해 교육이 어떤 노력을 해야 할 것인지, 그리고 평등주의 교육과 엘리트주의 교육의 장점과 단점은 무엇이며, 한국은 이 중 어떤 정책을 펴야 할 것인지를 살필 안목을 지니도록 하였다.

❓ 미리 생각해 보기 ➡

- 한국의 교육정책은 어떤 문제를 안고 있으며, 이를 따질 사회철학적 관점으로는 어떤 것들을 들 수 있을까?
- '개천에서 용 난다.'가 아니라, '한강에서 용 난다.'는 말의 뜻은 무엇인가?
- 평등은 무엇이며, 교육에서 왜 평등을 논의하는가?

✏ 주요 용어 및 개념 ➡

- 신자유주의와 사회민주주의
- 접속의 시대, 하이퍼 자본주의, 문화자본주의, 노마드 사회
- 사회철학적 관점들
- 평등, 차지할 몫과 책임(희생)의 분배
- 지니계수
- 결과의 평등과 역차별
- 관계의 평등, 교육과정의 평등
- 보상교육
- 평등성과 수월성, 평등주의 교육과 엘리트주의 교육

1. 교육정책 수립에 관련되는 요인들

모든 나라는 어떻게 하면 국가의 밝은 미래를 위해 좋은 품성과 능력을 지닌 우수한 인재를 기를 것인가, 이를 위한 교육정책을 어떻게 마련할 것인가에 온 힘을 기울인다. 그리하여 정부는 필수 교육과정의 수립과 운영, 교과서 채택기준 마련, 평가와 선발 또는 국가고시 결정 등에 적극 개입한다(Giroux, 1997; Bennett & LeCompte, 1990: 18-19). 교육은 한 나라의 당면 문제를 해결하는 가장 중요한 수단이기(Heck, 2004: xviii) 때문이다.

한 나라의 **교육정책**은 그 나라가 펼칠 교육의 목표, 내용, 과정, 평가 및 그 적용 범위와 대상 등에 관한 기본 지침이다. 이 교육정책은 단순히 국민의 열망이나 교육자들의 제언만을 담은 것이 아니라, 그 나라가 추구할 이념과 철학을 담고 있다. 그런데 이 이념과 철학은 국민 개개인의 교육적 염원을 반영한 것일 수도 있고, 특정 이익집단이나 정권의 특정 의도를 반영한 것일 수도 있으며, 국가경쟁력을 추구하는 공공재(public goods)로서의 교육을 위한 것일 수도 있고, 개인의 이익과 선택을 위한 사유재(private goods)로서의 교육을 위한 것일 수도 있다. 따라서 모든 이를 만족시킬 완벽한 교육정책을 마련하기는 불가능하다.

개인의 교육적 염원과 국가적·사회적 차원의 목표 사이에 그리고 개인이나 집단 사이에 존재할 수밖에 없는 관점의 틈을 판단하고 조정하려면 이와 관련된 보다 체계적인 분석틀을 가지고 있어야 한다. 다음의 〈표 4-1〉에서처럼 어떤 **목표와 슬로건** 그리고 **판단 준거**를 지닌 **교육정책의 목표**와 **방안**이 제시되고 있는가를 살필 사회철학적 안목이 필요한 것이다. 이를 근거로 삼아 특정 교육정책을 진단·해석하고 대안을 제시하는 것이 보다 체계적인 접근이 될 것이다.

먼저 교육정책 수립에 관련되는 요인들인 정치 이데올로기, 과학과 기술, 현대문명의 특성을 간략히 알아보고, 칸(Kahne)이 제시한 교육정책 관련 이론을 살피기로 한다.

1) 정치 이데올로기

국가는 특정 목적을 설정하여 교육정책에 접근한다. 이 특정 목적은 한 나라의 교육정책 수립에 방향타 역할을 하면서 그 추진과 실행에 큰 영향을 준다. 국가가 설정하는 이 특정 목적은 대개는 정치적 산물이자 이데올로기적 성격을 지니는 것이다. 이 특정 목적은 한 사회나 집단의 역사나 사명 그리고 개인이 추구하는 가치의 총합으로 이루어진 신념 체계인데, 때로는 공감대를 형성하기도 하고 때로는 갈등을 빚기도 한다.

각 정당이나 정부는 집권세력이 되기 위해 또는 집권을 한 뒤에 각자의 정치 이념이나 정강을 제시한다. 예컨대, 1997년에서 2007년까지 집권한 영국의 블레어 총리는 유럽 사회민주주의를 혁신하기 위한 모델을 개발하기 위해 영국의 기든스(A. Giddens)가 주창한 '제3의 길'이라는 정치 이데올로기를 추구한 바 있다. 이 '제3의 길'이란 구사회민주주의 또는 신자유주의 일변도의 정책 수립 경향에서 벗어나려는 새로운 정치 노선이다. 독일의 '신중도파'도 이러한 새로운 정당 노선을 택했는데, 이들은 완전한 사회주의나 완전한 자본주의 이념이 아닌 중도좌파 실용주의라는 제3의 노선을 택했다. 제3의 노선은 경제적으로는 국가가 자유방임적 시장경제 체제와 제한적 자본주의를 지향하지만, 사회적으로는 빈부 격차 해소를 위한 부의 평등 분배와 동반자 정신 아래 복지보다 일할 수 있는 권리를 중시하는 노동주의적 복지제도도 추구한다. '제3의 길'은 '불평만 하는 마르크스주의'(Giddens, 2004: 32)와는 달리, 한편으로는 민영화, 공공 서비스와 복지정책, 지방분권, 시장근본주의의 거부 등을 추구하면서, 다른 한편으로는 재분배와 사회적 보호를 전제로 한 기회의 평등, 업적주의, 중앙집권적 국가주의, 교육의 적극적 지원 등을 모색한다(Giddens, 2004: 80-81, 128-135).

정치 이데올로기로 들 수 있는 것에는 여러 가지가 있겠으나, 여기에서는 신자유주의와 사회민주주의라는 두 가지 대립되는 견해만 살피기로 한다. **신자유**

주의(neo-liberalism)는 개인의 자유로운 선택과 경쟁을 중시하는데, 이에 기초한 신자유주의 교육정책은 공교육을 개인의 자유로운 선택과 경쟁에 맡기려 하는 관점이다. 신자유주의는 정부의 규제나 시장 개입 대신 시장 자체의 자유로운 경쟁을 중시하는 흐름이다. 한 국가 안에서는 '수요자 중심'이나 '민영화'를 강조하면서 수요자의 선택권과 자유경쟁을 중시했으며, 국제적으로는 '세계화'나 자유무역협정(FTA) 등이 전개되었다.

한국의 신자유주의적 교육개혁론자들은 과거 한국의 교육정책에 대한 비판과 대안으로 다음과 같은 것들을 든 바 있다(박세일, 2000: 13-29).

- 국가교육정책이 협의적 교육 문제에 집중한 나머지 노동, 산업, 과학기술, 문화 등에서의 인적 자원 개발과 같은 범국가적 차원의 문제에 소홀했다.
- 한국 교육체제의 자기혁신 능력과 책무성이 부족했다.
- 학교 선택권을 확대하기 위해 자율학교를 늘린다.
- 교장 초빙·공모제를 도입하여 낙후지역 학교의 교육력을 높인다.[1] 2006년 9월부터는 전체 학부모회나 학교운영위원회의 추천과 교육감의 승인으로 교장을 뽑을 수 있다.[2]

이에 반해, **사회민주주의**는 다양한 사람이 공존할 수 있는 사회를 구축하고 이들을 위한 복지 증진을 중시하는데, 사회민주주의적 교육정책은 공교육에 대한 국가 통제와 관리 대신 사람들의 연대와 네트워크를 중시한다(佐藤學, 2001). 이 사회민주주의적 관점에 따르면, 신자유주의적 교육정책은 많은 문제점을 안고

---

1) 교육인적자원부는 2006년 6월 14일 CEO 출신 등 교장 초빙·공모제를 도입할 수 있는 4개 특성화고등학교(대전전자디자인고등학교, 충남인터넷고등학교, 줄포자동차고등학교, 경남정보고등학교)와 47개 일반 시범학교를 발표했다.
2) 농어촌 1군 1우수고등학교 47개 일반 초·중·고등학교의 경우에는 교장자격증을 소지한 교육공무원들이 지원할 수 있으나, 특성화고등학교 4곳의 경우 교장자격증 소지자 외에도 일정 교육 경력이 있는 교육공무원, 대학교수, CEO 등도 응모할 수 있는 완전 개방형 공모제를 시범 적용한다.

있다(신인영, 2002; 천보선, 김학산, 1998; Apple et al., 2011; Whitty et al., 2000). 그 중에서도 교육을 비인간화시키고 황폐화시킨다는 점이 가장 큰 문제다. 경쟁과 평가, 그리고 그에 따른 재정 지원은 외형적 평가와 형식적 평가에 의존하고 있다. 평가 결과에 따른 차등 지원은 명목상 효율성 추구를 목표로 하고 있지만, 실은 교육부서의 학교 자체의 자율적 평가가 우선되어야 한다. 일선 학교에서는 겉으로 보이는 성과에 지나치게 민감하게 되어 진정한 의미의 교육보다는 각종 통계치를 높이는 데 열중하고 있으며, 그에 따라 교권이 약화되었다.

2) 과학과 기술

교육정책에 영향을 주는 또 다른 요인으로 과학과 기술을 들 수 있다. 국가는 일차적으로 지식 창출 과정에 개입한다. 1950년대 후반부터는 과학과 기술이라는 이데올로기가 교육의 중요한 목표로 도입되었다. 예컨대, 국가는 대학에 지원하는 연구비를 통해 지식 창출에 개입하는데, 연구비를 배분함으로써 생산되어야 할 지식이 무엇인지를 결정하는 것이다. 특히 연구비는 대개 여당의 정책 수립을 위한 연구에 할당되는데, 1957년 옛 소련이 **스푸트니크**(Sputnik) **우주선**을 발사하자 미국이 과학과 수학의 연구에 온갖 지원을 아끼지 않았던 사례가 그 좋은 예다. 이때 미국 정부와 **국가과학재단**(NSF)은 「국가방위교육법」을 탄생시켰고, 과학과 수학 연구에 연구비를 집중적으로 지원했다(Spring, 1985: 196).[3] 여기에서 과학자들이 미국 교육정책 수립에 큰 영향을 주는데, 이는 과학과 기술이라는 국가 이데올로기가 작동된 대표적인 예다. 특히 1950년대 후반 미국의 교육과정 개혁은 세계대전 중 과학자들이 완성한 기술 혁신, 곧 전쟁을 위한 실험실 연구 결과들을 응용하기 위한 것이지, 교육학자나 인지심리학자의 의견을 반영한 것은 아니었다. 그중 대표적인 예가 MIT 대학교의 물리학자 자카리아스

---

3) 한국에서도 정권에 따라 정부 각 부처, 한국연구재단 등의 연구비가 어떤 영역에 어떻게 배정되었는지를 분석해 볼 필요가 있다.

(J. Zacharias)를 중심으로 한 연구였다(Rudolph, 2002: 212-213).

3) 현대문명의 특성

현대문명의 특성이란 고도로 발달한 현대의 지식과 기술이 파생시킨 물질문명과 사회적 특성을 뜻한다. 그중에서도 '접속의 시대'와 '노마드 사회'는 현대문명의 흐름을 지칭하는 대표적인 것들인데, 이들 역시 교육정책 수립에서 고려되어야 한다.

(1) 접속의 시대

'**접속**(access)'이란 '소유'와 대립되는 개념으로, 일시적으로 사용하는 권리 또는 쉽게 접근할 수 있는 권리를 뜻한다. 리프킨(Rifkin)은 '21세기 정보화 시대'라는 표현보다는 '접속의 시대'라는 말이 21세기에 더 적합하다고 본다. 접속의 시대에는 소유가 별 의미가 없다. 특정 상품이나 서비스를 구입하여 소유하기보다는 인터넷에 접속하여 그냥 빌려 쓰면 되고, 물건 값을 치를 때에도 직접 돈을 지불하기보다는 인터넷을 통해 무형의 화폐로 지불하면 되기 때문이다. 접속을 통해 물건을 매매하고 접속을 통해 무형의 화폐를 주고받게 됨으로써, 소유 체제가 아닌 접속 체제로 바뀐 것이다(Rifkin, 2001: 14).

또 회사도 공장이나 부동산을 구입하여 제조 시설을 구비하여 제품을 생산할 필요 없이 연구 디자인실만 갖추고 유통망만 잘 구축해 두면 충분하다. 제조회사가 어떤 상품을 생산하고 싶으면 그때마다 가장 최신의 기계 등을 빌려 제품을 생산해 낼 수 있다. 나이키와 같은 유명 브랜드나 회사는 제품을 생산하여 팔기보다는 상품의 이미지, 곧 개념을 팔 뿐이다. 유명 브랜드를 가진 회사는 무명의 기업들과 계약을 맺고 유통망을 통해 해당 제품을 생산하고 거래하면 된다. 이를 리프킨은 '**하이퍼 자본주의**'라 한다(Rifkin, 2001: 15).

인터넷 접속이 활발해지면서 제품뿐만 아니라 문화적 체험도 접속으로 가능해졌다. 직접 방문하거나 접촉하면서 문화적 체험을 하는 것이 아니라, 접속권 구입을 통한 접속으로 문화적 체험을 할 수 있다. 예컨대, 놀이라는 문화적 요소도 상품으로 바뀐다. 온라인게임과 같은 놀이는 물론 공간, 재료, 경험과 체험, 생활마저도 접속을 통해 거래되는 상품으로 만들고 마는 '**문화자본주의**'가 나타난다. 이처럼 '접속의 시대'의 '문화자본주의'가 자연 경관이나 역사적 · 문화적 유산, 의식(儀式), 축제 등의 문화 영역까지도 접속하여 향유할 수 있는 문화상품으로 만들어 버림으로써 개개인의 삶이 사실상 하나의 시장이 되는 것이다. 인간의 삶 전체가 상품화되어 사람은 자신의 존재 자체까지도 잘게 분할된 상업 구역에서 사들이게 된다. 인간관계도 회원 등록과 정보 사용료 지불에 의한 상품적 관계로 바뀌어 타인의 시간, 타인의 배려와 애정, 타인의 공감과 관심까지도 돈으로 사게 됨으로써 믿음이나 공감 그리고 연대감에 기초한 전통적 인간 접촉이 줄어들 우려가 있다(Rifkin, 2001: 14-20).

　이러한 상황에서 교육정책은 무엇을 중요하게 고려해야 할 것인가? 앞서 말한 '하이퍼 자본주의'나 '문화자본주의'의 경향 속에서 어떤 교육정책을 세워야 하는가를 염두에 두어야 한다. 예컨대, 이러한 경향이 가져올 우려되는 문제를 예방하려면, 현실의 시공간 속에서 타인과 유대하고 공감을 나누며 사회적 신뢰를 쌓아 직접적이고 공동의 문화를 유지하기 위해 현장학습이나 문제 해결 학습 등을 위한 교육정책을 마련할 수 있을 것이다. 또 깊은 인간적 교류를 위한 인성교육, 민주교육, 공민교육, 봉사와 같은 시민성 교육 프로그램을 구안하거나, 각자가 살고 있는 동네와 지역사회에서 직접적으로 상호 접촉할 수 있는 체험학습을 공식적 교육과정 안에 넣을 수도 있을 것이다. 이러한 방안들을 통해 가상세계에서 얻는 지식이 사회적 · 공간적 공동체 안에 살고 있는 사람의 지식과 지혜를 보완할 수 있도록 해야 할 것이기 때문이다.

(2) 노마드 사회

노마드(nomad)는 초지(草地)를 찾아 이동하는 일 또는 유목민을 뜻하고, **노마**

드 사회란 전자통신 매체가 발달함에 따라 돌아다니며 근무하는 사회를 말한다 (Attali, 2005).[4] 웹마스터, 해외 영업자, 기자 등은 첨단 디지털 장비를 지니고 자유롭게 활동하는 사람들인데, 이들을 '디지털 노마드'라 한다.[5]

이처럼 세련된 통신 매체를 이용해 빠르게 움직이는 유목민을 지칭하는 말로 '직업의 방랑자' '붙박이에서 떠돌이로의 대탈주' '텃새와 철새' '디지털 유목민 시대' '비즈니스 유목민' '떠나기 위해 떠난다.' 등의 새로운 말들도 나왔다(손관승, 2003). 독일의 미래학자 엥리슈(G. Englisch) 역시 한 사람이 다양한 직업을 전전하며 다니는 현상을 지적하기 위해 '잡 노마드(job nomad)'라는 개념을 쓰고 있다. 엥리슈(2002)는 유목민에서 정착민으로 되면서 인간은 탐욕스러워졌고 경계를 긋는 일을 하게 되었지만, 다시 유목민적 삶의 양식으로 바뀌면서 등장한 디지털 노마드에게는 민족주의, 지역주의, 지역감정 등이 없을 것이라고 하였다.

그렇다면 노마드 사회는 한국의 교육정책을 세우는 데 어떤 시사점을 주는 가? 기존의 교육과정의 틀을 유지해야 할 것인가, 아니면 새로운 교육과정안을 마련해야 할 것인가? 새로운 교육과정에서는 어떤 과목들을 필수과목으로 하고, 어떤 과목들을 선택과목으로 할 것인가? 교내활동과 교외활동의 비율은 어떻게 배분할 것인가 등에 관한 구체적인 논의를 해 봐야 할 때다.

4) 교육정책 수립에 관련된 사회철학적 관점

교육정책을 수립할 때나 세워진 교육정책의 특성과 적합성 여부를 따지고자 할 때 우리는 어떤 사회철학적 관점들을 활용할 수 있을까? 이에 관한 유용한 틀로 칸(1996)이 든 관점들을 〈표 4-1〉에 요약, 소개한다.

---

4) 들뢰즈(G. Deleuz)는 탈경계적 사고방식을 일컫는 노마디즘(nomadism)이라는 개념을 만들어 냈다.

5) '프리터(freeter)'는 'free'와 독일어 'arbeiter'가 결합된 일본식 영어인데, 자유롭게 삶을 좇는 미래형 유목민을 뜻한다. 일본의 아르바이트 잡지인 『From A』의 편집장 미치시다(道下)가 1987년에 만들어 낸 것으로 전해지고 있다. 세계를 돌아다니지만 어디에도 집은 없을 것이라고 말한 맥루한(M. Mcluhan)은 30여 년 전에 벌써 디지털 노마드의 등장을 예견한 셈이다(이기용-, 2003).

표 4-1　칸이 제시한 사회철학적 관점들

	공리주의	권리론			공동체주의	인본주의
		자유주의	능력주의	민주적 평등주의		
목표	• 최대 다수의 최대 이익 • 개인의 이익보다 공익 • 인간자본 및 생산성 중시	• 능력에 따른 취업 • 자유시장체제 • 나와 남의 권리를 침해하지 않는 한 완전한 자유 보장	• 노력과 능력의 결과 및 업적 중시 • 공정한 기회 균등과 효율성 중시 • 공정한 기회, 노력과 능력에 따른 차등 보상	• 능력주의 비판 • 능력보다는 가정의 후원, 성, 인종, 계급에 따른 차이 중시 • 사회적 약자의 이익 극대화	• 더불어 사는 삶 • 포용, 소속, 공동 임무, 상호 헌신, 사회 조화, 이익 공유, 다양성과 전체성 중시	• 자아실현, 잠재력 개발, 전인적 성장 • 경험과 감정에의 완전 노출 • 개인적 성장, 통정성과 자율성 추구
슬로건	• 다른 나라와의 경쟁 • 국가의 위기 • 생산적 국민 • 교육투자	• 선택권 • 경쟁 • 자수성가 • 적자생존	• 기회 평등 • 업적주의 • 보상교육 • 납부금 부담 능력을 고려하지 않는 신입생 선발 방식(need blind admission)	• 기회와 결과 평등, 보편교육 중시 • 롤스주의 또는 차이의 원칙 • 평등을 위한 분리는 무난	• 듀이주의 • 공동체, 협동과제 • 다양성과 전체성의 조화	• 매슬로주의 • 전인 • 자아실현, 자기 이해 • 절정 경험 • 내재적 동기
판단 준거	• 공익의 극대화 • 비용과 이익의 판단은 효율성에 기초해서 비용과 이익에 따른 결과 평가	• 자유시장 • 자유와 경쟁 • 인종, 성 차별 금지 • 지방분권화 수준	• 능력에 따른 취업 보장법, 원하는 지위를 위한 경쟁 보장법 마련 • 사회적 차이(인종, 계급, 성, '빽') 보상 장치 마련	• 공정한 기회 평등과 차이 원칙의 결합 • 불평등한 자원의 평등 분배 • 최소 수혜자의 이익 극대화	• 협동적 노력과 지원 여부 • 정보의 공론화 • 공유하는 이익의 양과 다양성 수준 • 결합과 유대의 정도 및 자유	• 자기 성장의 역동적 과정 마련 • 사랑, 증오 등 절정 경험 • 자신과 또래에 대한 건전한 태도 소유
교육정책의 목표	• 인간자본과 경제적 이익을 위한 교육 • 교육투자 효과 • 교육의 생산성 • 공익을 위한 교육과정	• 성인 준비교육 • 자유 • 다양화와 선택을 통한 내재적 동기 유발 • 인간자본 육성 관련 교과와 성적 중시	• 경쟁, 능력의 보상 • 교육 서비스의 공정한 분배 • 교육 장애를 극복할 수 있는 보상 프로그램 마련	• 차이 원리를 고려한 공정한 교육 기회와 재정 • 교육은 불평등한 사회적·선천적 재화를 보상할 수 있는 최선책	• 사회적 책임감과 배려 개발 • 다양성을 고려하는 집단활동과 상호 이익 추구 • 공통의 중핵교육과정	• 인간주의적 교육 과정 마련 • 이성적·미적·도덕적 인간 • 학생의 다양한 요구 수용 • 소속, 안전, 자기존중
방안	• 직업교육	• 공립학교의 바우처 • 교사와 학생의 자율성	• 공무원 시험 • 단일 교육과정 • 분리주의 반대	• 사회적 약자층의 보상교육 및 특수아 통합교육 • 계열/진로 통합	• 공민·시민교육 • 지역사회학교 • 협동학습	• 학생 중심 학습 • 전인교육 • 비지시적 학습 • 자유학교

2. 교육과 평등

1) 교육에서 왜 평등을 따지는가

앞에서 든 교육정책 수립에 관련된 요인들로 평등을 포함하는 것이 더 타당하나, 평등의 개념과 관련 쟁점이 많아 여기에서 별도로 다루었다. 과거의 신분사회에서는 신분이 사회적 지위를 결정했지만, 사람들은 이제는 교육의 결과와 능력에 따라 그에 상응한 지위를 보장받는다고 생각한다. 교육이 사회적 평등을 실현하는 수단으로 여겨진 것이다. 현대에 와서 개인의 능력에 상응하는 사회적 지위를 부여해 주는 가장 합리적 장치가 교육이라는 관점이 지배적인 사회철학의 하나가 된 것이다. 가난하거나 불리한 처지에 있는 사람이라도 교육을 통해 능력을 인정받아 그에 따른 사회적 지위를 얻게 된다면 그는 다른 사람과 평등해질 수 있다는 것이다.

호레이스 만(Horace Mann)은 누구보다도 교육이 위대한 평등화 장치(great equalizer)라는 것을 강조한 사람이다. 누구나 교육을 받고 그 능력에 상응한 사회적 지위를 얻게 되는 사회라면 그 사회는 신분사회가 아니라 평등사회인 셈이고, 이때의 교육은 가장 위대한 평등화 장치라는 것이다. 그리하여 교육에서의 평등 여부가 사회적 평등 여부를 따지는 가장 직접적 기준이 되었고, 사회적 평등을 실현하기 위해서는 교육에서 평등이 이루어져야 한다는 생각에 이르렀다.

한편, 교육에서의 평등의 중요성은 한국의 「헌법」과 「교육기본법」에도 명시되어 있다. 「헌법」 제31조는 "모든 국민은 능력에 따라 균등하게 교육을 받을 권리를 가진다."는 것을, 「교육기본법」 제4조는 "모든 국민은 어떤 이유로든 교육에서 차별을 받지 않는다."고 밝히고 있어 교육에서의 평등 문제가 중요하다.

2) 평등의 정의

평등에 관한 많은 저술은 평등의 정의(定義)를 제대로 내린 다음, 평등을 논의한다기보다는 주로 불평등에 관한 것을 논의하는 경우가 대부분이다(박호성, 1994: 23; Rae et al., 1989). 즉, 평등 자체보다는 불평등의 문제를 주로 논의하거나, 불평등한 현상을 열거하고 그 역의 상태가 평등한 것인 양 논리를 전개하는 경우가 더 많다. 특히 평등 외에도 같음(同一, sameness), 공평(equity), 공정(fairness), 정의(justice) 등과 같은 개념들이 혼용되고 있어, 정작 무엇이 평등이고 그에 따른 문제를 어떻게 해결해야 할 것인가를 탐색할 때 혼란스럽다.

따라서 평등에 관한 정의를 내리는 일 역시 무엇보다 먼저 이루어져야 한다. **평등**(equality)은 **사회재**[6])의 분배에서 상징적·물질적 이익뿐만 아니라 책임(희생)까지도 공평하고 공정하게 부담하는 상태다. 이러한 정의는 지금까지 이루어진 정의와는 다른 것이다. 예컨대, 사전적인 의미의 평등(equality)은 물질이나 지위 그리고 권리 등이 동일한 상태를 주로 지칭하는데, 이러한 정의에서는 각자가 **차지해야 할 몫**만 강조되고 **책임**(희생)은 빠져 있다. 그러나 평등은 이 두 가지 측면을 다 고려해야 한다.

평등은 차지할 몫과 책임(희생)의 분배 상태를 말해 주는 서술적 개념이기도 하고, 동시에 평등 상태가 이루어져야 할 당위성을 뜻하는 규범적 개념이기도 하여(이돈희, 2004), 이 두 차원을 고려할 필요도 있다. 상징적·물질적 사회재나 책임(희생)이 어느 정도 공정, 공평, 균등 및 동일하게 분배되어 있는가의 상태를 말해 주는 것이 서술적인 개념으로서의 평등이다. 한편, 이러한 사회재나 책임(희생)이 공정, 공평, 균등 및 동일하게 분배되어야 한다는 당위성을 지닐 경우 규범적 개념으로서의 평등이 된다. 모든 인간은 평등하게 태어났으므로 모두 평등하게 대우받아야 한다고 한다. 이것은 모든 인간은 사고, 감정, 동기, 유

---

6) 사회재(社會財, social goods)란 개인의 이익을 위한 사유재와 대비되는 것으로, 공적·사회적 영역에서의 재화와 서비스를 뜻한다.

목적적 행위, 합리성 추구 등에서 공통적 속성을 지니고 태어났기에 법 앞에 평등하다는 것(Oppenheim, 1979: 102-107)을 뜻하는 규범적 진술이다.

3) 어떤 기준으로 평등을 따질 것인가

아리스토텔레스(Aristotle)는 평등에는 산술적 평등과 비례적 평등 두 가지가 있다고 보면서, 비례적 평등을 선호했다(박호성, 1994: 29-32). **산술적 평등**은 '같으면 같게, 다르면 다르게 대우'하는 일이고(Oppenheim, 1979: 102-107), **비례적 평등**은 개인의 공적을 고려하여 '각자에게 합당한 몫'을 주려는 것이다.

평등 상태를 따지는 기준으로 공평이나 적합성을 들기도 하고(Deutsch, 1975; Walster et al., 1978), 더 많은 기준을 드는 경우(Oppenheim, 1979: 103-104)도 있다. 이 기준들이 중첩되거나 명확하지 않은 대목이 있으므로, 다음과 같은 기준으로 재정리해 보기로 한다.

- **동등성 수준**: 이익이나 책임(희생)이 어느 한쪽에 치우치지 않고 모든 이에게 동일하게 분배(均配)되고 있는가?
- **공평성 수준**: 조건이나 기여도가 같은 사람에게 같은 몫의 이익이나 책임(희생)이 돌아가고 있는가?
- **공정성 수준**: 이익이나 책임(희생)의 분배가 올바른 규칙에 따라 이루어지고 있는가?

4) 평등과 불평등 지수

한 사회나 국가의 소득 불평등 수준, 곧 소득에서 상, 하위 계층 간 소득차를 나타내는 수치를 지니 계수(Gini coefficient)라 한다. 100명의 주민이 땅 100평을 나누어 갖는 문제를 가정해 보자. 이를 위해 x축 끝은 100명, y축 끝은 100평이 되도록 도표를 그린다. 이때 1명이 땅 1평씩 나누어 갖는다면, 대각선처럼 완전한 상태의 평등 수준이 될 것이다. 그런데 현실은 대각선 아래의 곡선의 모습을 보이는데, 이를 로렌츠 곡선(Lorenz curve)이라 한다.

지니 계수는 완전 평등선인 대각선 아래 전체 면적(A+B) 중 대각선부터 로렌츠 곡선까지의 면적(A)이 차지하는 비(比)다.[7] 지니 계수가 0.35 이상이면 불평등이 심한 상태이고, 0.4를 넘으면 불평등 수준이 매우 심각하다고 본다. 한국의 지니 계수는, IMF 시기인 1997년에 0.283을 보인 이후 2005년에 0.348이 되면서 매년 높아져(동아일보, 2007. 2. 7.) 사회적 불평등이 심해지고 있음을 알 수 있다. 중국의 불평등 상황도 심각하고,[8] 일본의 교육 격차와 양극화 현상도 심화되고 있다(橘木俊詔, 2010).

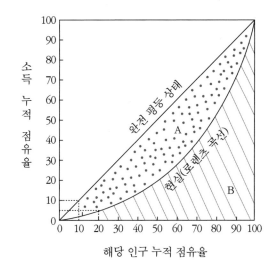

[그림 4-1] 로렌츠 곡선과 지니 계수

---

7) 완전 평등하다면, 면적 A=0, 곧 분자가 0이므로 지니 계수(A/A+B)는 0/0+B=0, 완전 불평등하다면(로렌츠 곡선이 X축이랑 붙어) 면적 B=0이므로 지니 계수는 A/A+0=1이 된다. 지니 계수가 1에 가까울수록 계층 간 소득차가 심하고, 0에 가까울수록 소득차가 적다는 것을 의미하지만, 지니 계수는 실제 0.5를 넘지 않는다.

8) 중국 사회과학원 사회학연구소는 2005년 7월 상위 20%의 재산이 하위 20%의 72.4배에 달하며, 지니 계수는 0.653이라고 밝혔다(동아일보, 2007. 2. 16.).

5) 교육적 평등을 어떤 기준으로 따질 것인가

교육 현실에서는 계층 간 교육 기회의 차이(장상수, 2000) 등 교육 격차와 불평등 현상이 상존한다. 교육 격차와 평등 여부(석현호, 2002)와 그 수준을 논의할 때 적용할 수 있는 기준들로는 어떤 것들이 있는가?

평등을 기회의 평등, 조건의 평등, 결과의 평등 및 존재론적 평등으로 나눈 터너(Turner, 1986: 34-56)의 기준 중 앞의 세 가지 기준과 더불어 대우의 평등과 자원의 평등을 살펴본다. 여기에 교육에서 중요한 **관계의 평등, 교육과정의 평등, 능력 · 업적에 따른 평등**을 덧붙여 살펴본다. 이해를 돕기 위해 평등에 관한 개념을 100m 달리기에 비유하면서 설명한다.

- **기회(opportunity)의 평등:** 사람은 모두 동일한 권리를 지니기 때문에 동일한 기회를 가져야 한다는 원리(Oppenheim, 1979: 102-107)로, 프랑스와 미국의 자유주의에서 출발한 이념이다. 누구나 평등한 권리와 기회를 가지지만, 개인의 소질과 능력에 따라 보상받는다는 것을 전제로 한다.[9] 누구에게나 100m 달리기에 임할 기회를 주는 일과 같다.
- **조건(condition)의 평등:** 경쟁하게 되는 출발점이나 과정에서의 여건을 동등하게 해 주거나 보상해 준다는 원리로, 흔히 개혁주의자들이 강조하는 이념이다. 사회적 약자에게 불리한 교육적 여건을 제거하거나 보완하는 정책을 마련해 주고자 노력한다는 점에서, 보상적 평등주의라고도 한다. 미국의 빈곤층 자녀의 취학 전 보상교육을 위한 헤드 스타트(Head Start)나 〈세서미 스트리트(Sesame Street)〉와 같은 프로그램, 그리고 100m 달리기에서 장애물을 제거하거나 불리한 트랙 여건을 보완하는 일과 같다.
- **결과(outcome, result)의 평등:** 법적 · 정치적 조치를 통한 마지막 시점에

---

9) 기회의 평등을 허용적 평등(취학 기회 동등화)과 보장적 평등(취학을 막는 장애 제거)으로 나누는 견해(김신일, 2005)도 있다.

서의 평등(박호성, 1994: 57, 재인용), 곧 같은 상황의 사람들이라면 마지막
에 갖게 되는 몫도 같아야 한다는 원리다. 결국 모든 사람이 같은 몫(equal
shares to all)을 갖게 한다는 원리다(Oppenheim, 1979: 102-107). 예를 들
면, 교육에서 성적이 낮은 학생의 학업성취도를 높이는 일(Riordan, 1997),
100m 경주에서 모든 학생들이 동시에 골인하게 하는 일 등이 결과의 평등
에 따른 것이라 할 수 있다.

그러나 결과의 평등만 강조하다 보면, **역차별**(reverse discrimination)의 오류
를 범할 우려가 있다. 역차별은 능력이 있는 사람이 도리어 차별받는 현상
을 뜻한다. "개미에게서 떼어 내서 베짱이에게 주는"(Dworkin, 2005: 14) 일
이나, 100m 골인 지점에 모두가 동시에 들어오도록 하기 위해 "잘 달리는
사람에게 **족쇄를 채워 달리게 하는 일**(shackled runner)"(Bell, 1977: 618) 등이
역차별의 예다.

- **대우의 평등**: 법적 권리와 의무, 임금, 실업수당, 사회복지 등에서 모두를 평
  등하게 취급해야 한다는 원리다(Oppenheim, 1979: 102-107). 인간이 성격
  이나 지능에서는 서로 차이가 있지만 존엄성, 가치, 당연히 받아야 할 몫
  등에서는 평등해야 한다고 보는 규범적 원리다. 100m 달리기의 규칙과 포
  상에서 동일하게 대우받아야 하는 것과 같다.

- **자원의 평등**: 모든 이에게 돌아가야 할 자원이 공평해야 함을 뜻하는 원리
  다. 교육에서는 교육시설, 기구, 도서, 학습 용품, 교사의 질과 교육과정 등
  을 평등하게 하는 일이 자원의 평등에 해당한다. 100m 달리기에서 운동복,
  훈련시설, 영양식 등을 동등하게 제공하는 일도 같은 맥락이다.

- **관계의 평등**: 교육에서 지금까지 간과되어 온 개념이다. 교육적 만남에서는
  인간적이고 전인적인 관계와 배려가 가장 중요하다. 부모나 교사의 보호와
  배려를 잘 받고 있는 학생과 그렇지 못한 학생들(이지헌, 2001: 134-156) 간
  의 차이에 관심을 갖는 일, 100m 달리기에서 코치나 감독과 달리는 사람들
  이 평등한 관계를 유지하는 일 등이 관계의 평등의 예다.

- **교육과정의 평등**: 역시 교육에서 간과돼 온 개념으로, 선택과목과 필수과목의 지정 및 배분, 교과목의 편제 및 그 단위 배분, 개인의 흥미, 적성, 희망 등에 따라 교육과정이 구성되는가에 관련된다(이지헌, 2001: 134-156). 100m 달리기에서 후보자 모두에게 같은 훈련 프로그램을 부여하는 일과 같다.

- **능력·업적에 따른 평등**: 모든 개인의 능력 차이를 인정하여 평등을 따지는 기준이다. 개인차는 어쩔 수 없는 것이고 그 차이를 정당화하는 가장 합리적 기준은 능력이나 업적에 따라 차등 분배하는 것이라는 원리다(Oppenheim, 1979: 102-107). 이를 **능력주의**(meritocracy) 또는 업적주의라고도 한다.[10] 성적이 우수한 학생은 포상하고, 좋은 학교에 진학할 수 있게 해 주는 일이나, 100m 달리기 우승자에게 우승컵을 주는 일과 같다.

6) 교육 격차

교육적 불평등과 교육 격차란 두 가지 개념의 차이에 관한 일관된 견해를 찾기는 쉽지 않다. 다만, 교육적 불평등은 교육에서의 격차를 불평등한 것으로 보면서 궁극적으로 해소해야 함을 전제로 하는 가치 개입적인 개념인데 비해, 교육 격차는 교육적 차이가 나타나는 현상 그 자체를 있는 그대로 단순히 서술하는 개념이라고 보는 것이 좋을 것이다. 이 책에서도 교육에서의 각종 차이에 관한 사실들을 교육 격차라 보고, 이에 관한 연구 결과들을 살펴본다.

(1) 사회계층에 따른 교육 격차

교육 혜택이나 교육과정은 공교육뿐만 아니라(오욱환, 1990) 사교육(양정호, 2004)에서도 차이가 난다. '한강에서 용 난다.' '교육을 통한 부(富)의 세습' 등과

---

10) 이에 대한 비판이 없는 것은 아니지만, 능력주의는 평등을 따질 때 가장 현실적이고 정당하며 설득력 있는 원리로 인정받고 있다.

같은 말은 사회계층에 따라 교육 격차가 심해지는 현상을 지적한 것들이다.[11] 그렇다면 사회계층에 따른 교육 격차는 어느 정도인가? 결론은 부모의 소득이나 학력 등에 따라 교육 격차가 생긴다는 주장과 별 관계가 없다는 주장이 공존한다는 것이다.

먼저, **부모의 소득**에 따라 어떤 차이가 나는지를 살펴보자. 류방란과 김성식(2006)은 학교급이 올라갈수록 소득에 따라 교육 격차가 심화되며, 특히 소득 격차가 교육 격차로 대물림된다고 주장하였다.[12] 또 서울대학교 입학생의 계층별 출신 비율의 추세 분석에 따르면,[13] 아버지가 고소득 직업을 가진 경우 자녀의 서울대학교 입학률은 기타 집단의 입학률보다 20배 높으며, 최근에는 그 격차가 확대되고 있다. 채창균 등(2004)에 의한 한국직업능력개발원의 연구[14]도 자녀의 성적이 부모의 소득과 비례하며, 사교육 참여율이 높을수록 자녀의 성적이 좋았다고 보고하고 있으며, 김경근(2005a)도 아버지의 학력과 소득에 따라 대학수학능력시험 점수에 큰 차이가 난다고 보고하고 있다.[15]

다음으로, **부모의 학력**이나 교육 정도에 따라 자녀의 학업성적이 어떻게 차이 나는지를 살펴본다. 류방란과 김성식(2006)은 학교급이 올라갈수록 아버지의 학력에 따라 교육 격차가 심해진다고 본다.[16] 또 앞에서 소개한 서울대학교의 세

---

11) 한국은 교육을 통한 불평등이 영속화되는 사회인가, 아니면 개인의 능력에 따라 사회적 지위가 주어지는 능력주의 사회인가에 관한 논의는 계속되고 있다.

12) 고등학생의 경우, 소득이 낮은 가정의 학생들 성적이 하위 25%에 포함될 확률은 소득이 가장 높은 가정의 학생에 비해 2.6배 높은 반면, 소득이 가장 낮은 가정의 학생 성적이 상위 25%에 들 확률은 소득이 가장 높은 가정의 학생에 비해 4.6배 낮다.

13) 서울대학교 학생생활연구소(1998), 서울대학교 대학생활문화원(2002, 2004).

14) 2004년 4~8월에 걸쳐 전국 6,000명의 중·고등학생과 학부모들을 대상으로 실시된 한국교육고용패널 조사에 기초를 둔 채창균 등(2004)의 분석 결과다(한겨레, 2004. 11. 12., 재인용).

15) 월 가구 소득별 대학수학능력시험 성적을 보면, 200만 원 이하 가구 자녀들의 성적은 287점, 201~350만 원인 가구 자녀들의 성적은 293점, 351~500만 원인 자녀들의 성적은 310점, 그리고 500만 원 이상인 자녀들의 성적은 317점으로 소득과 성적이 비례했다.

16) 아버지의 교육 수준이 높으면 자녀의 학업성적도 높은데, 고교 성적 상위 25%에 포함될 확률은 아버지가 대졸 학력인 경우 중졸 학력일 경우보다 4.4배 높았고, 성적이 하위 25%에 들 확률은 아버지가 대졸 학력인 경우 중졸 학력인 경우보다 3.2배 낮았다고 보고한다.

가지 보고서(1998, 2002, 2004)도 부모의 교육 수준이 높을수록 서울대학교 입학률이 높다고 보고하고 있다. 채창균 등(2004)도 부모의 학력이 높을수록 자녀의 성적이 좋다고 보고하는데, 아버지의 학력보다 어머니의 학력이 자녀의 성적과 더 밀접한 관련이 있으며, 이러한 차이 때문에 일반계 고등학교보다 중학교에서 성적 차이가 더 벌어진다는 지적이 흥미롭다. 김경근(2005a)도 아버지의 학력이 대학원 이상인 자녀들의 대학수학능력시험 성적(328점)이 아버지가 중졸 이하인 학생들의 성적(279점)보다 훨씬 높았다고 보고한다.[17] 방하남과 김기헌(2000)은 아버지의 학력이 자녀의 학교교육에 영향을 미치고, 이러한 매개를 통해 아버지의 학력이 자녀의 첫 직업과 현 직업에 간접적 영향을 미친다고 본다.

그러나 사회계층적 차이와 교육 격차와는 별 관계가 없다는 주장도 있다. 첫째, 과외의 효과는 의외로 작다는 연구 결과를 들 수 있다.[18] 둘째, 부모 또는 아버지의 학력이 자녀의 교육 수준과 직업 선택에 주는 영향력은 직접적이라기보다는 간접적이라는 관점도 있다(방하남, 김기헌, 2000). 셋째, 사회계층 차에 따라 교육 격차가 나기는 하지만 과외 시간보다는 혼자 공부하는 시간량이 성적에 영향을 준다(김경근, 2005a)

(2) 지역에 따른 교육 격차

지역에 따른 교육 격차 현상에 대해서는 지역에 따라 대학 입학 기회에 어떤 차이가 나는지에 초점을 맞추어 살펴본다.[19] 류방란과 김성식(2006)은 학교급이

---

17) 아버지의 학력이 자녀의 교육 수준과 직업 선택에도 직접적 영향을 미쳐, 결국 부모의 재산이나 소득 불평등이 자녀의 교육과 직업 선택을 통해 대물림된다는 주장(조우현, 2004)도 있다.

18) 한국직업능력개발원은 과외가 일반계 고등학생의 성적에 영향을 주기는 하지만 통계적으로는 유의미하지 않고, 수능 성적에 영향을 다소 주기는 하나 내신성적에는 영향을 주지 않으며, 중학생의 경우 과외를 받은 학생이 그렇지 않은 학생보다 성적이 높기는 하지만 과외를 받은 시간량이나 과외비 액수와 성적 간에는 별 상관이 없다고 보고했다(제1회 한국교육고용 패널 1차 조사 결과, 2005. 10. 7.).

19) 조선시대 개국 이후 1894년까지, 과거급제자 15만 149명 중 서울(한성부) 출신은 35.2%였고, 경상도 12.1%, 충청도 8.2%, 평안도와 경기도 각각 7.1%, 전라도 6.9%로 나타났다(동아일보, 1996. 12. 6.; 이창걸, 1993a, 1993b).

올라갈수록 지역별 교육 격차가 심화된다고 본다.[20] 김신일(2005a)과 앞서 제시한 서울대학교의 세 가지 연구(1998, 2002, 2004)는 서울대학교 입학생 대부분이 대도시, 중산층, 고학력자 자녀라고 보고하고 있는데, 이는 지역에 따른 교육 격차가 심해지고 있음을 보여 준다.[21] 이러한 현상을 가리켜 흔히 '서울 강남 불패(不敗)'나 '승자독식(勝者獨食) 사회' 등으로 표현한다.

대학수학능력시험 점수에서도 지역 간 차이가 크다. 김경근(2005a)은 대도시 학생들의 대학수학능력시험 성적(310점)이 중소도시나 읍·면 지역 학생들의 성적(269점)보다 크게 높은데, 다만 서울 학생들의 성적(303점)이 중소도시 학생들의 성적(298점)과 별 차이가 없는 점은 강북 지역 학생의 성적이 영향을 준 것으로 해석한다.

(3) 성차와 교육 격차

성차(性差)에 따라 교육 격차는 어떻게 나타나는가? 성차에 따른 교육 격차는 교육활동 과정의 격차와 학업성취도의 격차로 나눌 수 있는데, 연구 결과를 요약하면 다음과 같다.

- 남학생과 여학생은 기대, 격려, 대우 등에서의 차이(Brim, 1960; Pitcher, 1963; Maccoby, 1966; Maccoby & Jacklin, 1974) 때문에, 서로 다른 교육적 경험, 사회화, 성취 동기, 자아개념 등을 갖는다(Ballantine, 2005: 176).
- 성에 따라 학업성취도에 차이가 있다. 맥코비와 재클린(Maccoby & Jacklin, 1974)의 연구부터 1980년대 후반까지의 연구를 종합해 놓고 보면, 여성이

---

20) 읍·면 지역 소재 고등학생의 전문대학 진학률은 도시 지역에 비해 낮지 않으나, 4년제 대학 진학률은 도시 지역에 비해 10% 이상 낮다.

21) 41%가 서울 출신이며 대도시 고등학교 졸업자의 입학률이 전국 평균보다 높다. 그 통계적 유의성을 확인하기는 어렵지만, 서울 안에서 '강남 8학군' 출신자가 타지역 출신자보다 훨씬 높으며, 그 차이는 증가하고 있다. 흥미로운 사실은 입시제도가 바뀌어 서울 강남 지역 출신의 입학률이 일시적으로 다소 낮아지기도 했지만, 1년 정도만 지나면 서울 지역 및 '강남 8학군' 출신자의 입학률이 곧바로 상승한다는 점이다.

언어에서 남성보다 약간 우수한 데 비해, 남성은 수학과 공간지각 능력에서 여성보다 우수하다.[22]

- 그렇지만 교육적 성취에서의 남녀 차이는 교육이나 기회 차이의 결과이지 뇌의 선천적 차이에 의한 결과라고 볼 수 없다는 지적도 있다. 뇌의 기능에서 남녀 차이보다 동성 간의 차이가 더 크다는 주장(Begley, 1995)과, 현재 남학생과 여학생의 언어 능력, 수학, 공간지각 능력 등의 차이가 현저하게 좁아졌다는 주장이 이를 뒷받침한다.

- 교육이 이루어지고 있는 과정이나 절차에서 남녀 격차가 나타난다. 과거에 남학생을 반장이나 학생회장으로 삼았던 일이나, 출석부에서 남학생에게는 앞 번호를 주고 여학생에게는 뒷 번호를 부여했던 일[23]이 그 예다.

(4) 계열에 따른 교육 격차

계열, 곧 인문계와 전문계(실업계) 고등학교 간에도 교육 격차가 존재한다. 생산 기술 전수나 취업을 목표로 하는 전문계(실업계) 고등학교 교육이 직업 취득을 위한 실질적 교육이 되지 못하고 그저 고등학교 학력을 부여해 주는 일 정도만 수행하고 있다는 지적이 일반적이다. 한숭희(1989)는 공업계 고등학교 학생들이 학교의 실습장을 '공장의 일터'로 생각하며 '공돌이'로서의 정체성을 형성하고 그에 맞는 노동문화를 학습한다고 보고한다. 손유미(1991)는 상업계 고등학생들이 사무직 노동을 수행하기에 적합한 노동학습을 한다는 것을 발견하였으며, 유재정(1992)은 농업계 고등학생들의 문화는 순종의 문화이고 그들의 노동은 실습이라는 이름 아래 착취당하고 있다고 주장하고 있다. 이로 미루어 보아 계열에 따라 차별적 사회화가 이루어짐을 알 수 있다.

---

22) 이스라엘 내 유대계 대학생과 아랍계 대학생을 대상으로 연구했을 때, 언어나 수학에서 공히 남성이 약간 더 우수하다는 연구(Zeidner, 1986)도 있다. 최근 뇌과학의 발달로, 성차에 따른 학업성취도의 차이에 관한 보다 과학적인 증거가 나올 것이다.

23) 국가인권위원회는 2005년 10월 17일 출석부 순서 문제를 고치도록 권고했다.

계열(tracking)은 교육 격차의 주 원천이다(Scimecca, 1980: 151-168). 진학반이나 우열반 편성 등은 학생의 학습 기회에 결정적인 영향을 미침으로써 결과적으로 불평등한 학업성적을 낳는다(유기섭, 1974). 실업계 고등학교 학생들이 국가 정책이나 사회로부터 점차 소외되면서 잊힌 존재가 될 우려가 있다는 로젠바움 (Rosenbaum, 1996)의 지적을 늘 염두에 두어야 할 것이다.

(5) 학교 및 학급 간 교육 격차

학교풍토나 학교문화, 그리고 학급의 집단적 특성이나 학급풍토도 교육 격차를 만들어 낸다. **학교의 질**은 학교 안뿐만 아니라 학교 간에도 큰 차이를 가져온다. 학교풍토나 학습풍토와 같은 학교 특성 요인이 학생들의 학업성취도에 주는 영향력은 가정의 영향력보다 낮지 않다(유기섭, 1974). 이러한 주장은 학교 특성이 성적이나 교육 불평등 문제의 해결에 영향을 거의 주지 못한다는 콜먼(J. Coleman)이나 젠크스(C. Jencks) 등의 주장과는 대조적이다.

학교 시설 및 행정적 · 재정적 지원 수준도 교육 격차를 가져온다. 공립학교냐 사립학교냐에 따라 학업성취에 차이가 있다. 젠크스 등(Jencks et al., 1972)은 학교 안에서 기회, 자원, 교육과정 등이 결코 평등하지 않다고 주장한다. 즉, 학교마다 교직원, 교재, 시설, 예산 등의 자원과 좋은 친구 등을 선택하는 기회에서도 차이가 나며, 교육과정의 선택에서도 접근의 차이가 있다는 것이다.

한편, 교사의 기대나 평가 등의 영향을 받는 **학급풍토**도 학생의 학업성취에 큰 영향을 준다. 특정 학생에 대한 교사의 자성예언이나 교사의 기대에 따라 해당 교사의 수업행동은 긍정적일 수도 있고 부정적일 수도 있는데, 만약 교사의 자성예언이나 기대가 차별적인 것이라면 학생의 학업성취에 차이를 일으킨다. 교사의 편견이 그대로 학생에게 전달되고 그것이 학업성적으로 이어지는 것이다 (Rosenthal & Jacobson, 2004).

(6) 교육 격차와 관련된 기타 논의

사회계층, 지역, 성, 계열, 학교(학급) 등에 따라 교육 격차가 존재함을 살펴보았다. 그런데 사회계층과 자녀의 학업성취도 간 관계를 분석한 것 중에서 부모로부터의 유전적 소양에 따라 어떤 능력의 차이를 갖는지가 빠져 있는데, 이러한 요인을 추가해 사회계층과 교육 격차 간 어떤 관계가 있는지를 다시 분석할 필요가 있다.

또 지역, 특히 **학군**(學群)과 같은 요인을 교육 격차와 관련지어 논의할 때 가장 합당하고 공평한 학군 설정을 어떻게 해야 할 것인지에 관한 사회철학적 논의가 필요하다. 만약 강제 배정이 평등사상에 위배된다면 그 대안은 무엇인지 심층적으로 논의해야 한다. '승자독식 사회' '서울 강남 불패' '가진 자만이 성공한다.'와 같은 주장을 잘 뒷받침할 구체적인 연구가 더 필요하다. 또한 비슷한 능력이나 비슷한 생활환경 속의 또래끼리 지니는 경쟁적 태도가 교육 격차와 어떤 관련이 있는가도 더 연구해야 한다.

마지막으로, **남녀 차이**와 교육 격차의 문제도 보다 과학적으로 이루어질 필요가 있다. 특히 남녀의 뇌 기능의 차이에서 남녀 차이보다 동성 간의 차이가 더 크다는 사실에 비추어 보면 성차에 따라 뇌 기능의 차이가 생긴다는 견해가 완벽한 것은 아니다(Begley, 1995). 공간지각력 등의 인지 능력에서의 남녀 차이도 교육이나 기회의 결과이지 뇌의 선천적 차이에 의한 결과라고 볼 수는 없다. 남녀의 인격 차이나 행동적 차이가 문화적 환경에서 비롯되는 것이지 선천적 차이에서 기인하는 것은 아니라는 주장에 대한 실증적 연구도 필요하다. 또 초기 양육 과정에서의 성 차별적 사회화가 남녀 간에 행동적 차이를 가져온다는 주장에서도, 남녀의 행동상의 차이는 생득적인 것이 아니라 후천적인 것이다. 초기 연구에 따르면, 아들/딸, 그리고 남/여에 따라 성 차별적 사회화가 이루어진다. 아들/남자에게는 도구적 특성이나 남성다움이, 딸/여자에게는 표현적 특성이나 여성스러움이 강조된다(Brim, 1960; Maccoby, 1966; Maccoby & Jacklin, 1974; Pitcher, 1963). 남녀의 **성 고정관념**(gender stereotype)에 관한 그들의 실험을 보면

성에 따라 특정 관점이 부여됨을 알 수 있다.[24]

7) 불평등 해소를 위한 교육 프로그램

(1) 한국의 고등학교 평준화 정책과 교육복지 투자우선지역 정책

한국의 교육적 불평등을 해소하기 위한 조치[25] 중 1974년부터 실시된 '고등학교 평준화 정책'과 **교육복지 투자우선지역 정책**'이 교육적 불평등을 해소하기 위한 대표적인 노력이라 할 수 있다. **고등학교 평준화 정책**은 본래 교육적 평등을 실현하기 위해 시작된 정책이라기보다는 당시 입시 과열에 따른 비정상적 학교교육 문제를 해소하기 위한 것이었다. 그럼에도 교육적 불평등 요소를 줄이려는 부분도 있기 때문에 교육적 불평등 해소 조치의 예로 볼 수 있다.

노무현 정부의 '**삼불**(三不)**정책**', 곧 대학기여입학제 금지, 고등학교 등급제 금지, 대학 본고사 금지 등은 교육적 불평등을 예방하려는 것이었다. 현재 시행 중인 교육복지 투자우선지역 정책은 사회적 약자를 위한 가장 적극적인 보상교육이라 할 수 있다. 프랑스의 '**교육투자 우선지역**(Zone d'Éducation Prioritaire: ZEP)' 정책과 유사한 이 정책은 처음에는 도시 저소득층 지역 학생의 학력 향상, 정서 발달, 건강 증진 등의 교육복지 향상을 위한 것이었다.[26] 사회적 약자층 자녀의 교육을 위한 교내 프로그램은 그들의 학교생활을 즐겁게 해 준다. 또한 그들이 가정으로부터 내버려진 시간을 후견인들이 같이 해 주는 방과 후 프로그램은 탈

---

24) 남녀의 성에 따라 어른들은 서로 다른 역할을 기대한다. 부모도 아들에게는 총이나 자동차를 선물하고, 딸에게는 인형이나 인간관계와 관련된 장난감을 골라 주며, 아들에게는 엄하게 대하고 딸에게는 부드럽게 대하는 경향이 있다. 샤피로(Shapiro, 1990)는 놀이에서의 남녀 차이에 관한 연구들을 '남자아이는 권총을 여자아이는 인형을 좋아하는가?'라는 제목으로 종합하면서, 그 차이가 생득적인 것만도 후천적인 것만도 아니라고 했다.

25) 조선시대에도 인재 등용에서 지역별 선발 인원을 일정 비율로 제한했으며(이창걸, 1993a, 1993b) 지역 간 불균형을 줄이기 위해 문과(文科) 초시(初試)에서 한성부(서울) 출신자의 비율을 17%, 경상도를 13%, 충청도와 전라도를 각각 10%로 제한했다(동아일보, 1996. 12. 6.).

26) 2003~2004년에 서울 6곳(18개동 33개교), 부산 2곳(5개동, 12개교), 그리고 2005년에는 4개 지역에 7곳을 추가로 선정해 매년 총 10억 원을 지원하기 시작했다(조발그니, 2005).

선을 예방하기도 한다. 그렇지만 지원 예산이 그 목적에 맞게 쓰이고 있는지, 투자에 비해 그 성과가 효과적인지, 결과적 평등의 가장 중요한 기준인 성적 향상이 실제로 이루어져 상급 학교 진학이나 그곳에서의 적응이 여전히 잘 지속되는지를 냉엄하게 분석해야 한다.

(2) 외국의 보상교육

보상교육은 경제, 민족, 인종 차이 때문에 인지적 · 사회적 기능(skills)이 뒤처진 학생을 대상으로 실시하는 교육을 말한다. 초등학교 입학 전의 보상교육 프로그램으로서 미국 국가 차원의 최초의 그리고 가장 대표적인 프로그램은 '**헤드 스타트**(Head Start)'와 〈세서미 스트리트〉다.[27]

한편, 영국은 과거에 **교육우선지역**(Education Priority Area: EPA)를 지정해 교육적 불평등을 해소하고자 했다. 1997년 이후 취학 전 교육 부문에서 '**슈어 스타트**(Sure Start)'를 도입하여 취약지역 유아들의 조기교육을 실시해 왔다(이상영, 2003). 최근에는 대도시 빈민지역 학교를 대상으로 '교육혁신 추진지역(Education Action Zone: EAZ)'이나 '도심(都心) 우수학교 만들기(Excellence in Cities: EiC)'와 같은 정책을 통해 교육적 불평등을 해소하려 한다.

프랑스는 '**교육투자 우선지역**(ZEP)' 정책으로 이주민과 하류계층 자녀의 보상교육을 실시하고 있다(조발그니, 2005). 그렇지만 종교와 인종이 다른 아프리카 출신 이민자가 그 주 대상이라는 점과, 교사의 사기가 약해졌다는 점에서 그 성과를 의심하기도 한다.

---

27) 헤드 스타트는 하류계층 5세 이하 어린이의 학습, 보건, 사회 적응 등을 위해 1968년에 미국이 도입한 프로젝트이고, 〈세서미 스트리트〉는 1969년에 시작된 최초의 취학 전 아동 보상교육 TV 프로그램이다. 이 프로그램의 효과에 관한 연구로는 맥딜(McDill, 1992: 208-213)의 연구를 참조할 수 있다.

3. 평등주의 교육을 추구할 것인가, 엘리트주의 교육을 추구할 것인가

1) 평등주의 교육

(1) 평등주의 교육

평등주의는 기회, 조건, 과정, 결과 등에서 공정하고 공평하며 균등한 상태를 추구하는 이념이다. 평등의 기준을 어디에 두느냐에 따라 그 의미가 달라지겠지만, **평등주의 교육**은 교육의 기회, 조건, 과정, 결과의 분배가 한쪽에 치우치지 않고 모든 이에게, 그러면서도 같은 조건을 갖춘 사람에게 균등하고 합당한 비율로 몫이 돌아가도록 하려는 관점이다.

(2) 평등주의 교육의 배경

• 인간 개개인을 존중하고 최대 다수의 최대 이익을 얻는 데 교육이 중요한 기능을 한다.

• 타고난 영재나 엘리트란 없다. 따라서 출신 가정의 영향력을 최소화하고 각자의 능력이 인정받을 수 있는 제도를 마련해야 한다.

• 사회적 불평등의 원인은 교육적 불평등에 있다. 사회적 평등을 실현하려면 교육에서의 평등이 갖추어져야 한다. 모든 아동이 출발선부터 동일한 교육을 받게 하는 교육 기회의 평등을 추구해야 한다.

• 개인의 능력이 계발될 수 있는 환경을 동일화해야 한다. 특히, 학습동기 육성이나 격려 등과 같은 심리적 환경을 풍성히 해야 한다.

• 대중을 위한 공통적 보편교육이 중요하다.[28]

---

28) 트로(Trow, 1961)는 고등교육 단계를 대학 취학률 15% 이내인 엘리트형, 15~50%인 대중형, 50% 이상인 보편화형으로 나눴다. 한국의 고등교육기관 취학률은 1995년에 55.1%, 2006년에 63.5%(통계청, 2007)로 보편화 단계에 들어선 지 오래되었다.

(3) 평등주의 교육의 목표

- 성, 가정배경, 지역, 종교, 인종 등과 무관하게 교육의 기회, 조건, 내용, 결과(분배)를 균등하게 하여 개인의 능력, 실력, 업적, 실적이 이 요인들의 영향에서 벗어나게 한다.
- 지역 간 불균형을 줄이고 사회적 약자들에게도 교육의 기회를 충분히 준다.
- 소수를 위한 교육이나 효율성만을 따지기보다는 국민 모두를 위한 교육이 되게 한다.
- 상급 학교 진학을 위한 입시를 최소화해야 한다. 입시는 과열 경쟁을 낳고 과열 경쟁은 과도한 사교육비를 필요로 하므로 입시를 최소화한다.
- 선발에 의해 집단을 편성하기보다는 동일 교육 대상을 함께 교육시킨다.
- 차별이나 차이를 좁히기 위해서는 되도록 공통의 교육과정을 부과한다.
- 선발이 아니라 비슷한 조건을 지닌 학교로 알맞게 배정한다. 따라서 학군을 지정하고 그에 따라 배정한다.
- 교육적 선발이 이루어지더라도 조기 선발이 아닌 만기 선발이어야 한다.

(4) 평등주의 교육의 장점

- 상급 학교 입시에 따라 하급 학교 교육이 파행적으로 운영되던 문제를 개선할 수 있어 학교교육을 정상화할 수 있다.
- 입시를 위한 주입식 교육보다는 전인교육이나 인성교육, 그리고 창의력 위주의 교육과 협동학습을 추구할 수 있다.
- 입시에서 탈락한 학생의 열등감이나 부정적 자아개념을 최소화할 수 있다.
- 지역 간 교육의 균형 발전을 이룰 수 있다.
- 선발적 엘리트주의 교육이 가져오는 입시경쟁과 그에 따른 과열 과외나 사교육비 부담 등에 따른 상대적 박탈감을 최소화할 수 있다.
- 유리한 위치를 점한 사람들의 후원적 이동(sponsored mobility) 현상을 줄일 수 있다.

(5) 평등주의 교육의 문제점

• 학력(學力)이 떨어져 탁월한 인재를 육성하지 못해 국가 경쟁력이 약화될 우려가 있다.

• 선의의 경쟁심이 약해져 학생들이 게을러질 우려가 있다.

• 개인 간 능력차를 고려하지 않아 '붕어빵 구워 내기식' 획일적 교육이 될 우려가 있다.

• 학교를 배정함으로써 학교 선택 기회를 제한하고, 개인과 학교 간의 차이를 고려하지 않아, 다양한 과정에서 다양한 인간을 키워 낼 수 없다.

• 평등을 추구한다지만 지역 간, 학교 간, 학생 간에 생기는 격차와 그에 따른 위화감은 여전히 존재한다.

• 차이와 차별을 구분하지 못한다. 평등주의 교육은 불합리한 차별을 시정한다면서 생득적 · 자연적 차이마저 차별로 간주하는 오류를 범한다.[29]

2) 엘리트주의 교육

(1) 엘리트주의 교육

엘리트란 고도의 지적 수월성(秀越性, excellence)[30]과 지도력을 겸비한 소수의 사람들로 대중(masses)과 대립되는 말이다. **엘리트주의 교육**은 특별한 능력이나 업적을 보이는 사람은 소수이고, 국가는 이들을 적극 길러 사회 발전에 헌신하게 하되, 이들에게는 그 공헌에 상응한 후한 보상을 줘야 한다는 관점이다. 토인비(A. Toynbee)가 말한 '창조적 소수'나 "재능 있는 한 사람이 다수를 먹여 살린다."는 말이 이를 대변해 준다.[31]

---

29) 차이(difference)는 성이나 피부색처럼 생득적 · 자연적 특성에 관한 것이고, 차별(discrimination)은 인위적 · 제도적 대우에 관한 것이다.

30) 교육의 수월성은 학생의 잠재력을 극대화하여 탁월한 인재를 길러 내려는 노력이나 그 수준을 뜻한다.

31) 한국과 일본의 독도 다툼을 잘 처리할 수 있는 사람은 국제법 전문가 같은 유능한 소수라는 주장도 같은 맥락이다.

엘리트주의는 표면적으로는 후원적(sponsored) 또는 귀속적(ascribed) 사회가 아닌 성취적(achieved) 사회, 곧 능력주의를 표방하며, 엘리트의 능력과 업적으로 극대화된 이윤의 일부를 그들에게 되돌려 주어야 하는 차등주의적 보상을 강조한다. 중요한 것은 무엇을 엘리트의 능력으로 봐야 할 것인가 그리고 엘리트들이 어떻게 충원되는가에 관한 것이다.

엘리트들이 어떻게 충원되는가에 관해서는 두 가지의 대립적인 관점이 있다. 하나는 공교육이 발달한 이래 엘리트의 선발과 충원은 혈연이나 가정배경에 의하지 않고 개인의 순수한 능력에 의해 이루어진다고 보는 시각이고, 다른 하나는 이탈리아 사회학자 파레토(V. Pareto, 1848~1923)처럼 엘리트의 지배가 순환된다고 보는 시각이다. 영국과 미국의 경우, 정부 고위 관료는 엘리트 학교나 상류계급 출신이 대부분이고, 이들은 자신의 이익에 반하는 정책을 펴지는 않는다. 이들이 학교 동창회나 혼인과 같은 배경 특성에 따라 묶이고, 클럽이나 연줄(ties)을 통해 그 관계망을 더욱 공고히 한다(Johnson, 2000)는 점은 엘리트의 충원과 지배가 순환된다는 것을 보여 주는 예다.

이처럼 엘리트의 능력과 충원에 관한 것도 중요하지만, 여기에서 빼놓을 수 없는 또 한 가지가 있다. 그것은 엘리트주의가 지적 수월성과 지도력을 전제하기 때문에 열등집단에 대한 우등집단의 지배를 정당화함으로써, 플라톤의 '이상국가론'에서처럼, 결국은 귀족주의적 계급 사회를 정당화하는 논리로 기능할 우려가 있다는 점이다. 따라서 어떤 사람을 엘리트로 규정할 것이며, 이들의 선발을 어떻게 할 것인가, 그리고 이들의 충원과 지배가 단순히 순환되지 않도록 하기 위해서는 어떤 장치가 필요한가를 숙고해 봐야 한다.

(2) 엘리트주의 교육의 배경

- 엘리트 자녀들은 문화유산의 학습에 더 유리하여 지능이 더 높고 우수한 인재가 된다.
- 엘리트와 범인은 서로 다른 형태의 교육을 받는 복선형 학제가 좋다.

• 교육 기회는 불평등할 수밖에 없으며, 그 차이는 능력에 의한 것이므로 어쩔 수 없다(이석재, 1990: 121-159).

(3) 엘리트주의 교육의 목표

• 국가의 발전과 기업의 생산성을 극대화하는 데 가장 중요한 것은 우수한 인력이다. 특히 무한경쟁의 글로벌화하는 국제사회에서는 이러한 소수 인재를 많이 보유한 국가일수록 더 발전 가능성이 높다.
• 이러한 우수한 인력의 육성, 선발, 배치 및 충원은 개인의 능력, 실력, 실적, 업적 그리고 자유 경쟁에 기초하여 이루어질 때 가장 공정하다.
• 엘리트는 소수의 능력자이기 때문에 그들의 교육은 선발적이어야 한다. 시험을 통해 상급 학교 진학이 이루어지도록 함으로써 점차 제한된 영재나 우수아들을 선발해야 한다.
• 능력 있는 학생들을 조기 선별해 그 지적 수준에 맞는 교육을 실시한다 (Noll, 1996).
• 능력별 동질 집단 편성이나 월반제 등을 통해 학습 속도를 빠르게 하고 극대화한다.

(4) 엘리트주의 교육의 장점

• 우수 인력 육성이 용이하여 국가 경쟁력을 제고할 수 있다.
• 학생이나 학부모의 학교 선택권을 부여할 수 있다.
• 학습 효과를 극대화할 수 있다.
• 평등만 추구하면 지적 수월성이 약해지지만 지적 수월성을 이룩하면 평등도 향상된다.
• 노력, 능력, 업적 및 실적에 상응한 보상을 받으므로, 자발적 성취동기를 육성할 수 있어 적극적 의미의 개성 계발이나 자아실현이 가능하다.
• 선발된 사람은 좋은 직업을 갖고 그렇지 못한 사람은 힘든 직업을 갖는 일

이 정당화되어 고학력자의 3D 직종 기피현상을 막을 수 있다.

(5) 엘리트주의 교육의 문제점

- '우수아'나 '승리자' 그리고 '1등'만을 중시하거나 기억하는 사회가 될 우려
가 있다. '이류 학생'으로 분류된 학생들은 '나는 열등한 사람'이라는 부정
적 자아개념을 지닌다.
- 페스탈로치(J. H. Pestalozzi)가 강조한 전인적(全人的) 발달과 성장이 어려
우며, 인간적 접촉과 교유나 상호 존중감이 약해진다.
- 열악한 후원 환경 때문에 자신의 능력을 미처 발휘하지 못하였지만, 나중에
대기만성하는 아이들(late bloomer 또는 late blossom)을 놓칠 우려가 있다.
- 사회계층 간 격차인 사회적 불평등이 고착되거나 영속화될 우려가 있다.
- 기회의 평등만 강조되고 결과적 평등은 보장되지 않는다. 능력만을 강조하
는 교육은 교육의 이름으로 경제적 빈곤층과 사회적 약자의 차별을 합법화
할 우려가 있다.

3) 평등주의 교육관과 엘리트주의 교육관의 비교

이러한 평등주의 교육과 엘리트주의 교육에 관한 논의를 선발의 강조점, 능
력에 관한 관점, 선발 시기, 교육 형태, 학제 등의 기준에 비추어 비교해 보면
〈표 4-2〉와 같다(이종각, 2004).

구분	평등주의 교육관	엘리트주의 교육관
표 4-2 평등주의 교육관과 엘리트주의 교육관의 비교		
선발의 강조점	• 교육받을 권리	• 개인의 능력
능력에 관한 관점	• 환경적 요인이 중요 • 분배는 추첨에 의해 이루어짐	• 선천적 · 유전적 요인이 중요 • 희소자원의 분배에서 기득권에 의한 자원 분배를 배제
선발 시기	• 만기 선발	• 조기 선발
교육 형태	• 통합교육	• 분리교육
학제	• 단선형	• 복선형

4) 평등성과 수월성의 동시 추구 방안

평등성과 **수월성**에 관한 주장은 각각 그 나름의 타당성을 지니고 있음에도 서로 대립하고 있다(Strike, 1985). 교육의 기회 균등을 강조하면서 교육의 질과 수월성이 낮아진다고 주장하거나, 교육의 수월성을 강조하면서 교육적 불평등이 심화된다고 주장한다(Packer, 2001).

한국의 경우, 더 큰 문제는 각자가 다른 주장을 하는 사람들의 합리적 근거를 들여다보지 않고 감정적으로 비판만 한다는 데 있다. 각자의 주장을 존중하면서 '지금-여기에서는 이 방식이 더 좋다.'라는 주장을 펴야 하는데, 여전히 '이 방식을 무조건 따라야 한다.'는 식의 주장이 이루어지고 있다. 교육에서의 평등성과 수월성의 문제는 동시에 추구할 성질의 것이지 우선순위를 정해 추구할 성질의 것은 아니다. 무엇보다도 교육적 평등을 논의할 때는 교육적 평등을 교육적 불평등과 대립시켜 논의해야지 수월성과 대립시켜 논의하는 것은 옳지 않다(고경화, 2005).

교육을 통해 개개인의 다양성과 그 잠재력을 최대화한다는 데 반대할 사람은 없을 것이며, 교육을 통해 평등을 증진시키는 일을 반대할 사람도 없을 것이다. 따라서 둘 중 어느 하나를 택해야 한다는 식의 논의보다는 어떻게 하면 이 두 가지를 가장 잘 성취할 것인가에 논의의 초점을 맞추는 것이 더 중요하다. 교육에서의 평등성과 수월성은 좋은 사회를 이룩하는 데 선결되어야 할 중요한 기준이지, 양자 선택의 대립 이념은 아니라는 것이다.

평등성과 수월성을 동시에 고려한 예를 살펴보면 다음과 같다. 가드너(Gardner)는 다수결로 평범한 다수가 소수의 엘리트를 규제할 수도 있다는 주장으로 미루어 수월성에 더 기울어져 있기는 하나, 1961년에 이미 교육의 평등성과 수월성을 동시에 중요하게 다룬 바 있다. 당시 평등 실현을 위해 코넌트(Conant)가 내놓은 종합고등학교와 과목별 우열반 편성 방안을 가드너가 옹호한 점을 보면 그렇다(문용린, 2005). 또 다른 예로는 '모두를 위한 교육'과 '수월성을 위한 교육'이 합해진 **'만인의 수월성을 위한 교육**(education for all's excellence)'이라는 1980년대 중반 이후 미국의 교육정책을 들 수 있다(김경근, 2005b).

그렇지만 평등성과 수월성에 관한 패커(Packer, 2001)의 해석적 연구와 그 주장에 귀 기울일 필요가 있다. 그는 수월성을 강조하는 경제 위주의 교육개혁 때문에 아이들이 시달리고 전인교육이 흔들리고 있다고 한다. 그는 수월성을 부르짖기보다는 아이들이 자연스럽게 발달하도록 해야 한다고 주장한다. 곧, 인지 능력 제고를 위한 노력도 중요하지만 전인적 성장을 위한 학교교육을 포기해서는 안 된다는 것이다. 사회적 맥락과 상호작용 속에서 인간 발달과 학습이 이루어지도록 해야 한다. 만약 평등성과 수월성을 동시에 고려하고자 한다면, 먼저 다양한 가치 생성의 교육을 지향하고, 사회적 약자를 위한 복지교육을 실시하며, 자아실현을 위한 교육 그리고 합리와 감정의 교류를 위한 교육 등을 병행해야 한다(고경화, 2005).

🗨 토의·토론 주제

• 다음 두 글을 읽고, 그에 대해 어떤 반론을 제기하겠는가?

- 프랑스의 낭테르 대학교는 드골 정권을 물러나게 한 68학생운동의 진원지다. 68학
생운동 뒤 파리10대학교로 이름이 바뀐 이 대학교를 미국 『뉴욕 타임스(The New
York Times)』가 취재하고 나서 프랑스의 대학교육이 '평준화병'에 걸려 있다고 비판
하는 보도를 내놓았다.
경쟁이 필요 없는 대학 도서관은 휴일에는 문을 닫고 평일에도 10시간만 연다. 책상
이 모자라기도 하고 연구실이 없는 유랑교수도 많다. 프랑스 『르 피가로(Le Figaro)』
지는 파리4대학교(소르본 대학교)의 비인기학과에는 등록만 해 놓고 강의에 안 나오
는 학생이 10∼20%라고 보도하였다. 프랑스 대학교육은 1971년에 모든 대학을 국립
화하고 평준화하면서 결정적으로 망가져 버렸다. 바칼로레아만 통과하면 누구나 집
근처 대학에 선착순으로 갈 수 있다. 대학 이름에 '파리 몇 대학교'식의 일련번호가 붙
은 것은 총장들의 제비뽑기로 결정한 것이다. 경쟁이 사라진 대학의 커리큘럼은 ……
어디나 그게 그거다. 독일이 대학교육을 혁명적으로 바꾸기 위해 몸부림치고 있는데
도 프랑스는 평준화의 수렁에서 벗어나려고 애쓰지도 않았다(조선일보, 2006. 5. 16.
사설 요약).

- 프랑스는 평등 교육을 자랑해 왔다. 학교가 평등의 실현 수단이어야 하므로 정부는 대
학입학시험부터 교육과정까지 일일이 관여한다. 국립 행정학교 등 극소수의 엘리트
교육기관을 제외한 나머지 대학은 거의 평준화되어 있다. 그 때문에 대학생 수는 늘
었지만 대학의 질은 떨어졌다. 바칼로레아만 합격하면 대학에 간다. 정부가 대학에
지원하는 돈은 국내총생산(GDP)의 1.1%에 불과해 '주차장 대학'이 되었다. 2.7%를
투자하는 미국과 비교가 안 된다. 대학 간판만 있을 뿐 실력은 없는 과잉 학력자 양산
으로 미취업자가 많다. 경제협력개발기구(OECD)는 평등만 강조하다 고숙련 인력을
키워 내지 못했다고 지적하였다(동아일보, 2006. 3. 24. 김순덕 칼럼 요약).

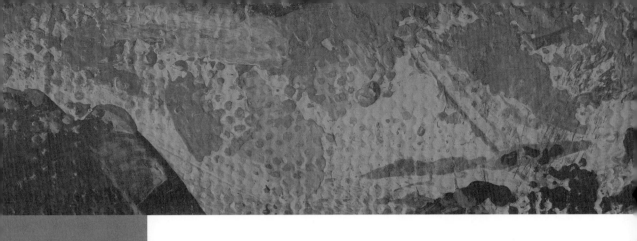

제2부

외국의 교육정책과 평생교육

제5장
외국의 교육정책

　다른 나라의 교육정책을 살펴보고 이를 한국의 그것과 비교해 보면, 우리는 한국 교육정책에 대한 보다 나은 진단, 분석 및 평가의 안목을 지니게 될 것이다.

　이 장은 주로 제2차 세계대전 이후의 일본, 미국, 영국, 프랑스, 독일, 그리고 핀란드의 교육정책의 흐름을 살피기 위한 것이다. 이 여섯 나라에서 특정 교육정책이 나오게 된 배경과 전개과정이 어떠하고, 구체적으로 무엇을 목표로 삼았으며, 그 결과 어떤 성과와 문제를 낳았는지, 그리고 이에 비추어 한국 교육 문제 해결의 실마리를 찾을 수 있을지를 탐색하기 위한 것이다. 다만, 영국, 프랑스, 독일, 핀란드의 학제는 우리에게 비교적 익숙하지 않거나 그 체제가 복잡하기 때문에, 이들의 학제만 그림으로 먼저 제시한 뒤 그 내용을 살피고자 하였다.

❓ 미리 생각해 보기　➜

- 현재 세계 각국의 교육정책의 저변에 공통적으로 존재하는 사상은 무엇인가?

✎ 주요 용어 및 개념　➜

- 일본: 「학습지도요령」(1989, 2002, 2008 · 2009), '여유 있는 교육'
- 미국: 「낙오 학생 방지법」, 학교 바우처, 협약학교, 마그넷학교
- 영국: GCSE, 16+ examination, Sixth Form, A-level(대학입학시험)
- 프랑스: 콜레주, 리세, 바칼로레아, 그랑제콜, 프레파, 국민교육대토론회
- 독일: 보통학교, 중간학교, 김나지움, 종합학교, 아비투어, 명장 제도
- 핀란드: 종합학교, 등급 없는 평가, 무학년제

표 5-1	6개국 교육정책의 개관						
	1945년	1950년대	1960년대	1970년대	1980년대	1990년대	2000년대	2010년대
		평등주의적 정책 경향			수월성 위주의 교육정책 경향		
일본					• 1982년 나카소네 신자유주의 도입 • 1988년 '새로운 학력관'	• 1998년 오부치 총리	• 2002년 여유 있는 교육 • 2007년 아베 총리의 여유 있는 교육 파기	• 제2기 교육진흥기본계획
미국		• 1957년 소련 스푸트니크 발사의 영향	• 평등 추구		• 1983년 「위기에 처한 미국」	• 1994년 「목표 2000: 미국 교육법」	• 2002년 「낙오 학생 방지법」	• 2015년 「모든 학생 성공법」
영국	• 1944년 「교육법」		• 종합학교 • 「플라우덴 보고서」	• 1979년 보수당 대처 총리		• 1997년 노동당 블레어 총리	• 선도학교 • 특성화 학교	• 자율학교 • 아카데미
프랑스			• 1968년 6·8운동	• 중앙집권적 교육행정	• 1985년 사회당 미테랑 대통령	• 1993년 EU 출범 • 국민교육 대토론회		• 2012년 사회당 올랑드 대통령
독일						• 1990년 통일 • 1993년 EU 출범	• 2005년 메르켈 총리	
핀란드	• 성인교육		• 종합학교			• 기술인력 양성		• 교육전략 2015

1. 일본

1) 일본 교육정책의 흐름

1982년부터 1987년 사이 연임한 나카소네(中曾根康弘) 총리(대신) 집권 시기의 일본에서는 교육자유화 및 국민교육권론(수요자 중심 교육), 교육바우처 제도, 학교의 자율적 교육과정 결정론, 학교의 자주성 등과 같은 신보수주의와 신자유주의적 교육개혁안이 제시되기 시작했다(Apple et al., 2011: 114-115). 신보수주의는 국가의 중요성과 가부장제적 도덕을 추구하는 경향이고, 신자유주의는 국가의 책임을 줄이는 대신 개인과 민간의 책임을 늘리려는 성향이다(佐藤學, 2006). 1984년에 발족하여 1987년 8월까지 활동한 나카소네 총리(대신)의 자문 기관인 '임시교육심의회'는 공교육을 시장(市場)으로 간주하는 신자유주의 교육정책을 폈다.

나카소네 내각이 끝난 1988년 이후부터 일본은 서양 교육정책을 모방하던 경향에서 벗어나 일본 나름의 교육정책안을 마련하고자 했다. 구체적으로는 입시 위주의 주입식 교육 대신 창조력, 개성, 평생학습, 정보화를 위한 교육(남정걸, 1999)과 다양화 등을 추구했다. 이에 따라 1988년에 '새로운 학력관'을 내놓았고, 이에 기초하여 「학습지도요령」[1]을 개정했다. '새로운 학력관'은 지식과 기능(技能)의 주입식 습득 대신, '마음의 교육'과 '여유 있는 교육' '살아가는 힘을 위한 교육' 등을 추구한 관점이다. 이를 위해 교과목 수와 수업 시수를 줄이고 '주 2일 휴무제' 등이 제안되었는데,[2] 그 취지는 지식과 기능을 능동적으로 습득하

---

1) 일본의 「학습지도요령」은 1947년에 제정된 일본의 「학교교육법」 집행을 위한 규정으로, 한국의 「교육과정 편성·운영 지침」에 해당한다. 1947년에는 교사들이 일반편 및 각 교과편 시안(試案)을 내놓았으나, 1958년(1차) 이후에는 법적인 의미를 지닌 고시(告示)로 바뀌었다. 대략 10년마다 개정되는데, 6차(1989년)와 7차(2002년)에 이어 최근 (2008년에 초·중학교, 2009년에 고등학교)에 이르고 있다.

2) '여유 있는 교육'은 1977년부터 제안되기는 했으나, 1992년부터의 격주의 '주 2일 휴무제'가 도입되면서 구체

고, '스스로 살아가는 힘'[3] '생각하고 배우고 싶어 하는 태도', 논리적 사고력, 판단력, 표현력 등을 기른다는 것이었다.

당시 일본 학교는 주입식 교육에 따른 몰개성적·획일적 교육, 과중한 학습량과 학교폭력으로 인한 '교육 황폐화' '배움으로부터 도주' '등교 거부' '이지메' '학급 붕괴',[4] 청소년 비행 등의 문제를 안고 있었다. 한편, 일본 사회는 '원조교제', 가정 내 아동학대와 대화 단절 등 가정의 공동화(空洞化), 개인의 자유와 권리를 강조하며 공(公)을 경시하는 경향, 소자화(少子化), 지나친 평등주의, 국제적 변화에의 느린 대응(손칠호, 2004) 등의 문제가 있었다. 특히 일본을 끊임없이 괴롭혀 온 학력 중시 풍조, 대학입시[5]를 위한 **'수험지옥'** 현상, 획일적이고 경직된 **주입식 교육 문제**[6] 등에서 벗어나기 위해 학생의 능력과 적성을 함양할 수 있는 개혁방안을 모색해 왔다.

1998년부터 2000년 4월까지 재임한 오부치(小淵) 총리(대신)는 2000년 3월에 사적 자문기관인 '교육개혁국민회의'를 개설하여 21세기 일본의 국민교육을 위한 교육개혁을 진행하고자 했다. 같은 해 12월 인간성이 풍부한 일본인, 개인의 재능 신장과 창조성이 풍부한 리더, 새로운 시대에 어울리는 학교와 그 지원체제 등이 제안되었다(손칠호, 2004).[7]

2002년에 고시한 「학습지도요령」은 과거의 그 어떤 개혁안보다도 획기적인

화되어 2002년의 「학습지도요령」에 반영되었다.

3) '살아가는 힘'이란 급변하는 글로벌 시대에 주체적이고 융통성 있게 문제를 해결할 줄 아는 능력과 남과 협동하고 배려할 줄 아는 전인적 품성을 뜻했다.

4) 학생들이 교실에서 제멋대로 행동하여 수업이 제대로 이뤄지지 않는 상황을 표현한 용어다(마이니치신문, 2010. 11. 22.; 한국교육개발원, 해외교육동향, 2010. 12. 9., 재인용).

5) 한국의 대학수학능력시험에 해당되는 것으로 '(대학입시)센터시험'이 있는데, 모든 국공립대학과 다수의 사립대학이 이 시험을 이용한다. 일본의 대학입시는 1~3월에 대학별로 실시된다.

6) 일본 교육학회장 사토 마나부(佐藤學, 2001, 2006)는 단기간에 압축 성장한 일본 경제, 신분 상승이동 수단으로만 기능한 교육, 익명화(匿名化)에 따른 자유 향유와 그에 따른 고독이 공존하는 도시생활, 가족해체, 중산층의 이기주의, 개인주의 등 때문에 이러한 문제가 생겼다고 본다. 그러면서도 그는 몇몇 교육적 사건을 보편 사실로 과장한 언론의 책임이 크다고도 보았다.

7) 고등학교와 대학의 월반제, 교직원 인사에 교장의 의향 반영, 봉사활동 등 체험활동을 교육활동으로 인정(2001년 6월), 국립대학의 통합 및 법인화(2002년 4월) 등도 제안되었다(손칠호, 2004).

것이었다. 그 핵심은 '자기 교육력을 키우는 교육' '스스로 배우려는 의욕과 사회의 변화에 주체적으로 대응할 수 있는 능력 육성' '여유 있는 교육'[8] 등이었다. 학교를 진정한 배움의 장으로 만들고자 '전인적인 힘'과 '생활력'을 강조한 1999년의 중앙교육심의회[9] 제15기의 답신 이후, **'여유 있는 교육'**이라는 교육개혁이 태동했다. 여기에서 말하는 '여유'란 학교생활을 즐겁게 보낼 수 있는 정신적·시간적 융통성을 말하고, '생활력'이란 살아가는 힘 또는 생존력, 곧 미래 사회에서 요구되는 능력과 자질인 자기 주체적 학습과 통제 능력 및 남과 협력하고 남을 배려하는 풍부한 인간성과 건강을 뜻한 말이었다. 이렇게 여유 속에서 살아가는 힘을 기르고 주입식 교육을 지양하기 위해 2002년부터 자연체험학습, 사회체험학습, 지역사회와의 연대 강화 학습, '주 2일 휴무제' 등이 도입되었다.

2002년 8월 도야마(遠山) 문부과학성 대신은 「인간력(人間力) 전략: 새로운 시대를 여는 늠름한 일본인 육성」을 발표했다.[10] 그 배경에는 국민의 교육 수준이 국가 경쟁력의 기반이라는 것과 세계화, 아동학대, 등교 거부, 소년 비행, 평등주의에 의한 교육의 획일화 등을 해결하려는 노력이 자리하고 있었다(손칠호, 2004).

이 계획안은 일부 개정되어 초등학교와 중학교는 2002년부터, 고등학교는 2003년 4월의 신입생부터 순차적으로 적용되었다. 이 새 지침은 다음과 같은 사항들을 구체화했다(고전, 2003; 김용만, 2005; 정광희, 1998a, 1998b; 정광희 외, 2006: 129).

---

8) 여유 있는 교육, 곧 '유토리(餘裕) 교육'은 기존의 '츠메코미(詰めこみ) 교육'(입시 위주의 주입식 교육)의 대안으로 1970년대 중반부터 주창된 것이었다. 2002년부터 '주 2일 휴무제'와 체험학습 등과 함께 전면 실시되었으나, 학력 저하를 문제 삼은 여론에 따라 시행 10년도 되지 않아 사라졌다.

9) 문부과학성 자문기구를 말한다(Apple et al., 2011: 57, 116, 194-202; 이이야마 다케시, 2000).

10) 그 주요 내용은 기초와 기본을 철저히 하기, 스스로 사고하기, 특색 있는 학교, 안심하고 배울 수 있는 환경 조성, 세계를 리드하는 인재, 과학기술 창조 입국, 공공심(公共心)과 남을 배려하는 마음, 규칙 준수·정의감·책임감 등 도덕교육 강화, 봉사와 체험활동 추진, 국립대학 법인화, 평생학습사회 구현, 최고 수준 경기자 육성, 신뢰받는 일본, 영어 능력 제고, 월반제 도입 등이었다.

- 창의력 육성을 위해 학교의 재량권을 늘리고, 지역이나 학교 및 교과를 넘어서서 학생의 흥미·관심에 근거한 '통합적 학습 시간'을 마련한다.
- 기초·기본을 철저히 하여 '살아가는 힘'과 스스로 배우고 생각하는 자세를 기른다. 또 토론을 통한 문제 해결과 탐구를 지향하여 주체적·창조적 인간으로 만든다.
- 스스로 과제를 찾고 학습하며, 주체적으로 판단하고 행동하며 문제 해결력을 가지며, 타인과 협조하며 배려하는 마음을 지닌 사람을 키운다.
- 각 과목과 도덕 및 특별활동에서 익힌 지식과 기능을 학습과 생활에 활용하는 통합적 능력을 기르고, 완전 '주 2일 휴무제'를 실시하고 수업 시간을 탄력적으로 편성한다.

2006년부터 그 뒤를 이은 아베(安倍) 총리(대신) 개인의 자문기관인 '교육재생회의(敎育再生會議)'[11)는 일본 교육의 수월성, 평등성, 공공성, 평생학습의 추구와 새로운 형태의 고등학교 설립을 구상했다(윤종혁, 2006).[12) '교육재생회의'는 2007년 6월의 제2차 보고서에서 학력 향상, 마음과 몸의 조화, 대학개혁, 교육 신시대를 위한 재정 확보라는 네 가지 주제를 제시했다. 거기에는 그동안 추진해 온 '여유 있는 교육'을 보완하기 위해 수업 시수를 10% 늘리고 교과서의 분량도 늘리되, 수요자의 요구에 맞는 내용과 교과로 만들자는 것과, 덕육(德育)을 위한 교과목의 필요성에 대한 건의가 들어 있다. 또 초등학교에서는 1주일간의 자연체험학습을, 중학교에서는 1주일간의 사회체험학습을, 그리고 고등학교에서는 봉사활동을 필수로 하자는 건의도 들어 있다.

---

11) 교육 재생(개혁)을 강화하기 위해 「교육기본법」 개정을 최대의 정책과제로 삼았던 아베 신조(安倍晋三, 재임 2006년 9월~2007년 9월) 총리(대신)의 개인 자문기구다.

12) 2006년 1월에는 유아교육 무상화 및 소학교와 중학교를 연계·통합한 9년제로 전환, 우수 교원 확보를 위한 교원 평가와 자격증 경신 및 '교직대학원' 설치, 교원공모제, 학교평가, 지방 정부와 주민의 참여확대, 의무교육비 및 교직원 급여의 지방 정부로의 이양 등에 관한 계획도 발표되었다.

그러나 2002년부터 본격적으로 도입했던 '여유 있는 교육'은 이제 파기되었고, 일본 교육은 과거로 회귀했다. 일본 문부과학성이 그동안 추진해 온 '여유 있는 교육'이 효과가 있다고 발표했음에도(동아일보, 2007. 4. 16.), 일본의 주요 언론과 보수적 교육자들은 '여유 있는 교육'이 일본 학생들의 학력을 떨어뜨린다고 주장하며 그 수정을 요구했다.[13] 이러한 여론에 따라 2007년에는 전국 차원의 학업성취도고사가 다시 실시되었는데, 이는 43년 전의 학력고사가 부활된 것이라 할 수 있다(동아일보, 2007. 4. 23.).[14] 2009년 3월 '교육재생회의'가 '여유 있는 교육'을 버리고 수업 시간과 양을 늘리자는 보고서를 아베 총리(대신)에게 제출하자, 마침내 문부과학성은 이를 받아들여 '여유 있는 교육'을 포기하는 2008·2009년 「학습지도요령」을 수정, 고시했다.[15] 이로써 최근 일본 교육개혁의 핵심이었던 '여유 있는 교육'은 실시된 지 7년 만에 사라졌고, 대신 국제경쟁력을 갖춘 인재 양성, 학력 신장(우수생을 대상으로 한 심층학습지도와 학력 미달 중학생을 위한 복습교육 실시), 전통문화 중시 등을 중시하게 되었다.

일본은 '여유 있는 교육'을 포기한 이후인 2008년부터 2017년까지의 교육개혁 내용을 **교육진흥기본계획**에 담았다. 그중 제1기 기본계획의 큰 목표는 기존의 교육목표에서 볼 수 있는 것과 유사하게 포괄적인 것들이다. 의무교육에서는 자립적인 삶을 꾸려 갈 수 있는 능력을 지니고 일본과 국제사회에 공헌할 인재를 기른다는 것이며, 그 외에 영·유아원 관리, 고등학교 교육 무상화, 국제화를 위한 대학개혁 등도 들고 있다(김지영, 2014; 문부과학성, 2013). 이 제1기 기본계획은 학습 시간이 감소하고, 다양성 도출이 취약하며, 상급 학교로 진학하거나 졸업 후 사회 진출이 원활하지 않게 했다는 평가를 받았다.

2013년 6월 제2기 '교육진흥기본계획'을 마련하였는데, 여기에는 다음의 포

---

13) 문부과학성이 2005년 11월과 2007년 4월의 고등학교 3학년 학력고사 결과가 2002년과 2003년보다 높았다고 발표했으나, 2007년 12월 일본의 유력 일간지들은 일본의 '여유 있는 교육 1세대'인 대상 학생들의 과학과 수학 학력(2006년 OECD의 PISA)이 떨어졌다고 보도했다(김동진, 2010).
14) 애플 등(Apple et al., 2011: 179)은 학업성취도고사 도입이 문부과학성의 재중앙집권화의 표징이라고 본다.
15) 이 「학습지도요령」에는 독도가 일본 영토라는 내용도 들어 있다.

괄적인 '성과목표'가 담겨 있다. 유치원·초·중등학생들을 위해서는 '사회에서 살아가는 힘의 양성'을, 대학생을 위해서는 '과제탐구능력의 습득'을, 사회적·교육적 환경을 위해서는 '배움의 안전망 구축'을, 평생학습 차원에서는 '활력 있는 커뮤니티의 형성'을 추구한다는 것이다.

이 '성과목표'를 구체화한 것이 '기본시책' 서른 가지인데, 이들 역시 포괄적이다. 그중 중요한 것 몇 가지를 들면 다음과 같다. 학력 신장, 풍요로운 심성과 건강한 몸의 육성, 주체적 학습력 제고, 미래를 개척하는 창조적이고 글로벌한 인재 양성, 대학교육의 개선, 안전하고 안심할 수 있는 환경 조성, 의욕 있는 사람에게 학습기회 보장, 상부상조하는 활력 있는 커뮤니티 형성, 교육비 면제 또는 무상화, 교육 지원 시스템 구축, 일관교,[16] 학교와 사회의 연계를 위한 교육, 외국인 수용과 평생학습 체제의 구축 등이다.

이 '기본시책'을 더 구체화한 것 중 눈에 띄는 것들로 다음의 것들을 들 수 있다. 글로벌화하는 세계 속의 일본 교육, 소자화(少子化) 및 고령화하는 일본, 엄중해지는 세계 경제 경쟁, 지식기반 사회의 도래와 고용 환경의 변화, 사회적 격차의 재생산(대물림),[17] 지구 환경 문제, 후쿠시마 원전사고, 국제학력고사에서의 순위 하락, 학생들의 학습의욕과 학습시간 감소 등이다. 그렇지만, 그 이면에는 2002년부터 실시해 오던 '주 5일제' 수업을 '주 6일제'로 바꾸고, 토요일에 도덕이나 종합 학습 그리고 운동회 등을 실시하여 평일에는 지적인 교과학습을 강화하겠다는 등의 의도가 깔려 있었다.

2017년 7월 중앙교육심의회 교육진흥기본계획 제13회 회의에서는 '향후의 교육정책에 관한 기본방침' 다섯 가지에 관한 토의를 하였다. 이 과정에서 PISA에

---

16) 일관교(一貫校)는 초·중학교 9년간을 통합한 학교로, 초등학교에서 중학교 1학년으로 올라갈 때의 '중갭'을 극복하거나, 산간벽지에서 폐교 직전의 초등학교와 중학교를 존속하려는 제도다.

17) 2010년 '문부과학백서'는 공교육비를 늘려야 한다는 교육비 특집을 발표하였다. 어린이 1명이 유치원, 공립 고등학교, 국립 대학교까지 약 1천만 엔(약 1억 2천만 원), 사립은 약 2,300만 엔(약 2억 8천만 원)이 드는데, 가계부담은 70%이고 공공부담은 30%뿐이고, 정부예산 중 교육예산 비중이 OECD 회원국 27개 국가 중 최하위이기 때문이다(아사히 신문, 2010. 6. 18., 재인용).

서의 득점 고취, 학교 수업 외의 공부 시간 늘리기, 학교 규칙 지키기와 친구와 약속 지키기, 대학과 전문학교에서 사회인 수강자 수를 100만 명으로 한다는 등이 제안되었다(教育新聞, 2017. 7. 10., 재인용).

2) 논의

1984년에 발족한 '임시교육심의회'의 신자유주의적 노선은 그동안 일본의 교육정책에 영향을 주어 왔다.[18] 특히 1990년대의 일본 교육은 학교선택제 등 준시장적 체제와 국가주의적 체제를 중시하는 이중성을 지니기도 했다(Apple et al., 2011: 177-178). 그렇지만 일본 교육에서 더 시급한 것은 대학입시 위주의 치열한 경쟁 해소와 고등학교 입시개혁이었다. 고등학교의 서열화 때문에 극심한 입시 경쟁이 생기고, 이 때문에 중학교에서부터 등교 거부, 이지메, 학교폭력 등의 문제가 빈발한다고 보고, 고등학교 입시개혁을 서둘러야 한다는 것이었다.

이러한 문제를 해결하기 위해 '여유 있는 교육'이 2002년부터 구체화되어 교육 현장에 도입되었다. 그러나 2010년부터는 참신하고 순수한 교육적 의도를 담았던 이 '여유 있는 교육'을 버리고 과거의 교육정책으로 되돌아갔다. 일본은 다시 입시 위주의 주입식 교육과 치열한 입시 경쟁, 공교육 황폐화, 사교육 만연, 등교 거부 등과 같은 과거의 교육 문제들을 답습하게 되지 않을까 하는 우려를 갖고 있다. 여기에 일본 경제의 계속적인 불황 때문에 교육 재정은 압박을 받고 있으며, 일반 가정도 늘어난 교육비와 학력 문제로 여전히 고통을 받고 있다(한국교육개발원, 2011a).

또 다른 문제로는 교육에 관한 공적 지출이 적고, 교사의 노동시간이 매우 길며, 교육 격차 문제는 심해지고 있음(김지영, 2017; 橘木俊詔, 2010)을 들 수 있다.

여기에서 일본 교육의 위기를 극복하기 위해 일본 교육이 나아갈 방향을 다

---

18) 애플 등(2011: 177-178)은 1990년대의 일본 교육이 학교선택제 등 준시장적 체제와 국가주의적 체제를 중시하는 이중성을 지니기도 했다고 지적한다.

음과 같이 제시한 사토 마나부(佐藤學, 2006)의 제언에 귀 기울여 보자.

- 국민교육에서 시민교육으로 나아가야 한다.
- 경쟁교육에서 공생교육으로 나아가야 한다.
- '공부' 중심에서 '배움' 중심으로 나아가야 한다.
- 프로그램 중심보다는 프로젝트 중심의 교육이 필요하다.
- 교사는 반성적 실천가여야 하며 서로 동료 정신을 지녀야 한다.
- 개혁을 위해 교사, 학부모, 지역사회 간에 연결망을 구축해야 한다.

2. 미국

1) 미국 교육정책의 흐름

미국에서는 1957년 옛 소련의 인공위성 스푸트니크 호의 발사로 교육의 낮은 수월성, 특히 수학이나 과학 성적의 저하 문제를 집중적으로 비판하는 움직임이 일었다. 그에 따라 그동안 듀이의 진보주의 교육사상을 따랐던 아동 중심, 흥미 중심, 활동 중심의 미국 교육은 교과 및 학문 중심 교육과정으로 바뀌었고, 어떤 학생이 학습을 잘하는가에 관심을 두었던 학습이론에서 어떻게 하면 잘 가르칠 수 있는가 하는 수업이론(교수이론)으로 방향이 바뀌었다.

교육의 수월성에 대한 관심과 이를 위한 교육개혁의 목소리는 1980년대에 다시 나타났다. 1981년 벨(T. H. Bell) 교육부 장관이 조직한 국가수월성위원회는 1983년에 「위기에 처한 미국」이라는 정책 보고서를 내놓았다. 미국 교육의 수월성을 성취해야만 경제적 경쟁 상대인 일본과 독일 그리고 한국, 대만, 홍콩 등에 뒤지지 않을 텐데, 미국의 학생들이 공부를 소홀히 하고 성적이 나빠 미국의 발전 전망이 흐리다는 논리였다. 이를 시작으로 카네기재단의 「고등학교」나 국립

과학재단(NSF)의 「21세기를 향한 미국인의 교육」처럼 미국 교육의 수월성 수준이 낮다고 비판하는 보고서들이 이어졌다.

이에 따라 1981~1989년의 레이건(R. Reagan) 정부와 1989~1993년의 부시(G. H. W. Bush) 정부는 미국 교육의 수월성, 특히 학생들의 수학과 과학 학력을 증진시키고 세계 수준의 학교 건설을 위한 교육 전략을 세웠다. 부시 대통령은 자신을 '교육대통령'이라고 내세우면서, 1989년 50명의 주지사와 함께 미국 교육 정상회담을 개최했다. 이를 통해 1990년 취학 전 교육 강화, 고등학교 졸업률 제고,[19] 진급 기준 강화, 수학과 과학의 성적 제고, 성인학습 촉진, 마약과 폭력 근절이라는 여섯 가지 국가교육목표(National Education Goals)를 발표했다. 1991년에는 「미국 2000: 교육전략」을 발표해 책무성 있는 학교, 새로운 모델 학교, 성인교육, 미국 전역의 학습 강화를 내세웠다.

1993~2001년의 클린턴(B. Clinton) 정부도 1994년에 「목표 2000: 미국 교육법」을 마련해 국가 차원의 교육 성취 수준을 설정하고 이를 이루고자 했다. 이 교육법은 학교교육 내용의 표준과 평가 기준을 새로이 하기 위한 것으로, 클린턴 정부가 각 주나 교육청을 어떻게 지원할 것인가에 관한 것이다. 이 법은 부시 정부가 마련한 여섯 가지 국가교육목표를 클린턴 정부가 여덟 가지 국가교육목표로 늘려 1993년 의회를 통과시켜 나온 것이다. 1994년 미국의 「학교개선법」을 통해서는 저소득층 학교 지원, 협약학교 신설 등을 위한 근거를 마련했고, 1997년에는 '21세기 미국 교육을 위한 행동 강령' 등을 발표했다.

그 뒤를 이은 2001~2008년의 부시(G. W. Bush) 정부도 공교육의 질 저하를 막아 학생들의 학력을 향상시키겠다는 대선 공약을 내세웠다. 부시 대통령은 2002년 1월 이를 구체화한 새로운 교육개혁법인 「**낙오 학생 방지법**(No Child Left Behind Act)」에 공식 서명했는데, 이 정책은 학생의 실력 향상에 대한 주, 학교

---

19) 미국에도 고등학교 졸업장이 없는 사람들에게 고등학교 학력을 인정해 주기 위한 시험(high school equivalency exam)인 고등학교 검정고시(General Educational Development: GED)가 있다. 읽기, 쓰기, 수학, 과학, 사회의 다섯 개 영역의 시험에 합격하면 고등학교 학력 인정 졸업장(General Equivalency Diploma: GED)을 취득하게 된다. 재미있게도 시험 이름과 자격증 이름의 약어가 같다.

구, 학교의 책임을 강화하는 한편, 그들에게는 전례 없는 유연성과 재량권을 주고 학부모의 선택권을 늘린다는 것이다. 이 정책은 1965년 「초·중등교육법」이래 공교육 개선을 위한 가장 획기적인 정책인데, 연방 교육 예산이 2000년과 2001년에 비해 각각 49%와 27%가 증가한 221억 달러가 되었다.

2001년 8월 연방정부의 종합계획인 대통령 시책과 부시 대통령이 2002년에 서명한 「낙오 학생 방지법」에 기초하여, 2002년 3월에는 교육담당보좌관 페이지(R. Paige)가 2002년부터 2007년까지 5년간의 전략 계획을 발표했다. 그 핵심은 균등한 교육 기회를 보장하고, 학력 제고 등 교육의 수월성을 강화하며, 약물이 없는 안전한 학교를 만들고, 교육부의 책무성 등을 중시하는 체제로 변화시킨다는 것이다.

2009년 취임한 오바마(B. Obama) 대통령은 3대 과제로 교육정책, 의료 개혁, 재생에너지 개혁을 들었다. 그 자신이 한국의 교육을 본받자고 말할 만큼 교육개혁에 대한 그의 열망은 컸다. 오바마 정부는 아동교육을 중시했는데, 2015년에는 〈Early Head Start〉 프로그램 지원비를 늘려 특히 취약계층 아동들을 위한 조기 돌봄과 학습 보조를 지원코자 하였다.

초·중등 교육 영역에서 오바마 정부는 부시 정부의 「낙오 학생 방지법」이 별다른 성과를 거두지 못했다고 평가하여 2015년에 이 법을 포기하였다.[20] 해당 학생들을 위해 많은 돈을 투입했음에도 그들의 학업성취도가 오르지 않았기 때문이다. 또 평균 시험성적이 향상되어야 재정 지원을 받을 수 있도록 되어 있어, 성적 시상주의를 낳았으며, 시험성적이 낮은 학교는 재정 지원을 받지 못함으로써 주와 지방교육청은 일선 학교에 대한 권한이 줄어드는 문제를 낳았기 때문이다. 학교의 교육과정도 시험대비체제로 바뀌고, 심지어 높은 성적을 내보이기 위해 시험 곤란도를 일부러 낮추거나 성적부진아를 중도 탈락시키는 등의 도덕

20) '위기'나 '낙오'와 같은 부정적인 말을 긍정적인 말로 바꾸자는 지역도 있다. 캘리포니아주가 2020년 1월부터 '위기에 처한(at-risk)' 학생이란 말 대신 '가능성이 있는(at-promise)' 학생으로 바꾸기로 한 것을 보기로 들 수 있다(*Education Week*, 2020. 1. 9., 재인용).

적 해이 현상도 드러났기 때문이다.

이에 따라, 오바마 정부는 과거 공화당의 「낙오 학생 방지법」을 버리고 「모든 학생 성공법(Every Student Succeeds Act: ESSA)」을 채택하여, 예산 편성과 학생성취도 평가와 책무성 등에서 각 주와 지방교육청 및 일선 학교의 자율권을 넓혀 주었다. 이를 위해 '4C 정책(Common Core State Standards: CCSS)'을 마련하였는데, 이는 비판적 사고능력(Critical thinking), 창의력(Creativity) 협동학습(Collaboration), 의사소통능력(Communication) 육성을 키우려는 것이다. 특히 테크놀로지를 활용한 심화학습과 직업 준비를 위한 현장교육을 강화함으로써 국제 경쟁력을 갖추게 하는 것이 그 목표였다. 높은 사고력 계발을 위한 개념이해 위주의 수업, 문제 해결력을 높이기 위한 교육과 테크놀로지 적용, 이를 통한 더욱 복합적인 사고와 과제 해결을 위한 도전 등이 중시된다. 더 어려운 교과서와 책의 독서, 심도 있는 글쓰기, 연구와 토론으로 이루어진 프로젝트 수행, 단순한 기초 연산이 아닌 더 큰 수학적 개념의 학습을 통해 학생들의 높은 문제 해결력을 중시한 것이다.

이를 위해 각 주마다 달랐던 기존의 커리큘럼과 학력평가방식이 지닌 혼란과 학습 불균형의 문제를 해결해야 했다. 각 주지사 연맹과 주 학교운영협의회 기관들이 합의하여 통일된 공통학력기준을 만들어 각 학년에서 꼭 배워야 할 관련 지식과 공통기준을 마련할 필요가 있었다. 이와 더불어 PISA에서 미국 학생들의 낮은 학업성취도를 높이고, 고등학교와 대학을 졸업한 뒤 직장과 자신의 미래에서 성공적인 삶을 꾸릴 수 있도록 돕고자 하였다.

오바마 정부 때 시행된 「모든 학생 성공법」의 교육성과가 2019년 공개되었다. 주별로 교육성과가 낮은 학교들의 비율이 아주 다르게 나타났는데, 평가 자료의 신뢰도와 평가 방법의 적절성 등에 대한 의문이 제기되었다. 특히 이 공통학력기준을 마련하고 이를 위해 교사들을 준비시키는 데 시간과 예산이 많이 소요된다는 점과, 공부를 잘하는 학생들은 이 교육과정을 잘 따라갈 수 있겠지만 학력이 미진한 학생들은 평가에서 여전히 불리해질 우려가 있다는 점도 문제로 지적

될 수 있다(*Education Week*, 2019. 5. 19., 재인용).

한편, 오바마 정부의 고등교육 정책은 비싼 **대학교육비**[21]가 빚어 낸 교육 불평등을 줄이는 데 역점을 둔 것이었다. '대학교육비 세제 지원' 정책, 연방학생 보조제도, 2년제 전문대학인 커뮤니티 칼리지 활성화 등을 통해 고등교육 기회를 넓히고자 하였다. '대학교육 대통령'이라 불릴 만큼 오바마는 대학교육의 질과 학위 취득자 수를 늘리기 위해 역대 어느 정부보다도 더 많은 재정을 투입하였다. 그는 대학교육을 선택이 아닌 필수로 규정할 만큼 등록금 혜택, 학자금 대출의 낮은 이자, 학생재정 지원 과정 간소화, 유색인종 학생들의 충원과 지원 강화, 학내 성범죄 예방, 기술 관련 전공 지원 강화 등을 중요하게 추진하였다. 취약계층의 대학생들을 위한 5,000~10,000달러의 공립대학교 등록금이나 30,000~50,000달러의 사립대학교 등록금, 기숙사비, 생활비, 장학금, 학자금 융자, 그리고 일자리 마련을 추진하였다(염철현, 2009b).

2017년 출범한 트럼프(D. Trump) 정부는 교육 예산의 감축과 교육부의 축소 또는 무용론을 들고 나왔다. 취임사에서 미국 공교육 체제가 세금은 낭비하는 반면, 학생들 교육은 제대로 하지 못한다고 비판할 정도로, 트럼프는 미국 공교육에 대해 비판적이었다. 트럼프 정부의 이러한 시각은 취약계층 자녀들을 위한 지원에 부정적인 영향을 줄 것이라는 우려를 낳았다.

트럼프 정부의 주요 교육정책은 협약학교 확대와 같은 학교 선택권 강화(김현준, 2017), 교육부 축소 또는 폐지, 교원 전문성 신장을 위한 지원금 삭감 등 보수적 정책의 기조 위에서 추진되어 왔다. 사업가였던 트럼프의 정책을 신자유주의나 시장주의적 관점에서 볼 수 있는데, 생산성을 중시하고 교사 간 그리고 학교 간 경쟁을 통해 교육성과를 극대화한다는 것이 그 저변에 깔려 있다. 학교 간 경쟁을 위해서는 학교 선택권을 확대해야 하는데, 이를 위해서 다음에 설명

---

21) '대학교육비(price tag 또는 sticker price)'는 한 사람이 대학교육을 받기 위해 1년간 드는 학비, 주거비, 식사비, 서적비 등을 뜻한다. 시카고 대학교의 '대학교육비'는 2019년 기준 8만 300달러(9,393만 원) 정도이나, 2025년에는 10만 달러(1억 1,702만 원) 정도에 이를 것이라 예상된다. 이는 미국의 교육 격차나 불평등의 지표이기도 하다(*The Atlantic*, 2019. 11. 19., 재인용).

할 '협약학교'와 '마그넷 학교'를 늘리겠다는 것이다. 국가나 지방 정부가 이들을 지원하고 학생, 학부모, 지역사회가 이를 선택케 한다는 것이다. 교사 간 경쟁을 위해서는 성과급 제도를 통해 교사마다 각자의 성과에 따라 보수를 차등화한다는 것이다. 또 트럼프 정부는 학자금 대출 신청과 상환을 어렵게 만들었다. 오바마 정부의 대출기관들을 조사하면서 학자금 대출을 어렵게 만들고, 미상환자나 체납자에게 원금의 16% 정도의 벌금도 부과할 수 있게 했다.

2019년에는 2020년의 대선을 앞두고 다양한 교육공약이 제안되었는데,『뉴욕 타임스』는 다음의 다섯 가지를 미국 교육의 중요 이슈로 들었다. 첫째, 학생 집단 간 성취도 격차가 더 심해졌다는 점이다. 2018년의 '국가 수준 학업성취도 평가(The National Assessment of Educational Progress: NAEP)'에서뿐만 아니라 지난 20년 동안의 PISA에서 상위권 학생과 하위권 학생 간의 점수 격차가 점점 심해졌다. 둘째, 명문대학교들이 입시에서 인종 문제, 대학입학자격시험(Scholastic Aptitude Test: SAT)과 대학입학학력고사(American College Test: ACT) 점수 반영 방식, 유명 인사의 자녀 불법적 입학에의 관여와[22] 입시 관계자의 관행적 관여 등의 문제로 소송당하면서, 명문대학교 입시의 타당성과 신뢰성 및 신입생 선발 제도에 대한 전환을 요청받고 있는 점이다. 셋째, 비싼 대학 등록금과 졸업자의 학자금 부채가 문제라는 점이다. 넷째, **협약학교**에 대한 민주당의 지지가 감소했다는 점이다(*The New York Times*, 2019. 12. 27., 재인용). 오바마 정부와 민주당은 비영리 협약학교를 추진하며 저소득층과 소수인종 학생 비율이 높은 학교에 재정 지원을 더 해 주면서도 학교 운영의 자율성을 보장해 줌으로써 일부 대도시에서 학업성과를 보였다. 그런데 최근에 대두된 협약학교에서의 가혹한 학생 훈육과 오히려 심화된 학교 분리(school segregation) 등의 문제로 민주당 대통령 후보자들은 협약학교를 확대하지는 않겠다고 한다. 다섯째, 미국 교육의 고질

---

22) 2019년 미국 법무부는 부유층 학부모의 명문대학교 입학 원서 비리로 최소 50명에게 유죄 판결을 내렸다. 그 사유는 학습장애를 앓고 있다는 등의 거짓 기록, 포토샵 등을 이용해 하지 않은 과외활동 이력의 허위 기재 등이다(*The Atlantic*, 2019. 3. 8., 재인용).

적인 문제인 가구소득 수준과 인종에 따른 학교 분리 현상이 문제라는 점이다.

이제, 미국의 초·중등교육에서 대학교육으로 눈을 돌려 보자. 먼저, 대학입학 전형 과정을 살펴보자. 대학입시에 필요한 전형 자료는 고등학교 성적(Grade Point Average: GPA), SAT나 ACT 또는 IB[23] 성적, 고급과정 과목(AP course[24] 또는 Honors class) 이수 상황, 수상 경력, 과외활동이나 봉사활동 내역, 인성, 지도력 수준 등이다. 인성 파악은 에세이(admissions essay)와 추천서 등에 근거해 주로 성취동기가 강하고 문제 해결력이 높은 좋은 품성의 소유자인지를 따지면서 이루어진다.

대학입학 전형 자료의 하나인 SAT는 미국대학위원회가 주관하는 검사인데, 학업적성검사(Scholastic Aptitude Test)로 불리다가, 1990년에는 학업평가검사(Scholastic Assessment Test)로 그 명칭이 바뀌었고, 2005년부터는 SAT 추론능력검사(SAT Reasoning Test)와 SAT 교과학력검사(SAT Subject Test)로 불리고 있다. 우리가 흔히 말하는 SAT는 SAT 추론능력검사를 지칭한다. 대학입학 전형의 다른 자료로 ACT가 있는데, 1996년부터는 어떤 의미를 지닌 단어들의 약자가 아닌 고유명사 ACT로 사용되고 있다. ACT는 SAT와 유사한 것 같지만, 실은 SAT에 대립하는 성취도 검사라 할 수 있다. ACT는 미국의 중부와 남부 지역의 대학들이 입학 전형 자료로 활용하는 경향을 보였으나, 지금은 이를 택하는 대학들이 늘고 있다(이양락 외, 2009).

다시 미국의 초·중등 교육정책으로 돌아가서, 평등의 실현, 학교 통폐합, 도심 학교 공동화 문제 해결을 위해 그동안 추진된 학교 바우처, 협약학교, 마그넷 학교를 좀 더 살펴보기로 한다.

---

23) IB는 국제 바칼로레아(International Baccalauréat)의 약자로, 중상류층 학생을 유인하려는 프로그램이다. 특히 제2외국어를 필수로 하는 등 국제화 마인드와 창의적이고 비판적인 사고를 집중적으로 키우려 하면서, 협약학교나 사립학교와 경쟁하고 있다.

24) AP(Advanced Placement)는 고등학생에게 대학 수준의 과목이나 강좌를 제공하여 그들이 수준 높은 경험을 미리 갖도록 함으로써 졸업 후 또는 대학에서의 성공 가능성을 높이려는 프로그램이다. 다만, 취약계층 학생들에게 얼마나 많은 기회가 주어지는지는 여전히 논란 중이다.

• **학교 바우처**(school voucher): **학교 바우처**는 납부금을 위해 학부모에게 직접 지급되는 '교환권(交換券)'이나 영수증을 뜻한다. 학교 선택권을 가진 학생이나 학부모가 특정 학교를 선택하여 교육을 받은 뒤 그 학교에 이 교환권을 제출하면, 해당 학교는 그것을 모아 정부에 교육비 지급을 요청한다. 이 제도가 처음 도입된 밀워키에서는, 특히 사립학교 또는 종교계 학교에 등록하고 싶으나 돈이 없어 입학하지 못하는 저소득층 흑인가정의 아이들의 지원을 목표로 삼았던 것이다. 자유시장경제론자인 노벨경제학상 수상자 프리드먼(Friedman)이 **수요자 중심의 교육**(educational freedom)을 주장하면서 제시한 제도다.[25] 소득에 관계없이 교육 수요자에게 학교를 자유롭게 선택하게 함으로써 학교 간 경쟁을 통해 교육의 질을 향상시킨다는 취지를 담고 있다. 1980년대 레이건 정부가 도입하기 시작하였고, 부시 정부의 「낙오 학생 방지법」에서 주로 빈곤층 가정, 성적이 낮은 학교, 특별교육 프로그램 등을 지원하기 위해 구체화되어 오늘에 이르고 있다.

　바우처 지원을 받아 사립학교로 진학한 경우, 학생의 학업성취도가 얼마나 오를지에 관해서는 일관된 결론을 내리지 못하고 있다. 학교 바우처가 성적에는 큰 영향을 주지 못하지만, 해당 학생들의 고등학교 졸업과 대학 입학이 조금 높아졌다거나, 바우처를 받는 학생과 그렇지 않은 학생 간의 성취도가 크게 차이 나지는 않았으나, 성취도가 낮은 학생 중 바우처를 받은 학생은 그렇지 않은 학생보다 빠른 성취도 향상을 보였고, 결석률도 더 낮았으며, 학교에 대한 만족도도 더 높았다는 보고가 대부분이어서 이 제도에 대한 논쟁은 지속되고 있다(*Education Week*, 2019. 5. 15., 재인용; *NPR*, 2017. 5. 19., 재인용).

　종합하여 볼 때, 학교 바우처의 장점으로는 학교 선택권이 확대되고, 경쟁을 통한 서비스 질이 향상되며, 다인종·다문화 지향의 교육이 가능하

---

25) 그의 자유시장경제론서 『Free to Choose』(1980)와 1996년에 설립한 '학교 선택권을 위한 바우처 재단(The Foundation for Educational Choice)'을 참조하라.

고, 위로부터의 학교개혁이 아닌 일선 학교 중심의 아래로부터의 학교개혁을 추진할 수 있을 것이라는 점을 들 수 있다. 그렇지만 미국의 취약한 공교육을 정상화시키기보다는 이를 오히려 약화시킬 우려가 있으며, 무엇보다도 학교 바우처를 받는 학교가 여타 공립학교보다 성취도가 높다고 볼 수만은 없다는 문제가 있다. 특히, 1인당 2,500~5,000달러를 지원한다고는 하나, 1만 달러 정도 드는 사립학교에는 지원할 수 없는 저소득층이 있다는 점도 문제다(김승운, 2009).

- **협약학교**(charter school): **협약학교**는 학생과 학부모의 학교선택권을 증진시키기 위한 의도를 담고 있는 초 · 중등학교다.[26] 협약학교 설립 희망자들과 주 정부나 지방 교육청이 그 설립 목표(기초 학력, 예술, 수학, 직업 훈련, 인간 교육 등)에 협약하면, 주 정부나 지방 교육청은 재정을 일부 지원해 준다. 해당 학교는 학력 증진 등 그 설립 목표에 관한 책임을 지는 대신 교육과정, 재정, 인사 등 학교운영에서는 자율성을 보장받는다(김영화 외, 2001). 보통 3년간 국가 학력시험에서 평균 정도의 성적만 내면 학교를 계속 운영할 수 있도록 허가하는데(김은산 외, 1998: 468), 1990년 이후 미국의 2/3 정도의 주가 협약학교를 허락하고 있으며, 학생 수에 따라 정부가 재정을 지원한다(이주호, 김선웅, 2000: 33-66, 49). 학생을 특정 학교에 배정하는 것이 아니라 학부모가 학교를 자유로 선택할 수 있게 한다는 취지와, 저소득층에게 거주지와 관계없이 학교를 선택할 수 있게 함으로써 더 많은 교육 기회를 제공한다는 장점이 있다고는 하지만, 그에 대한 엇갈린 평가(박소영, 2006)도 있다. 협약학교에 대한 트럼프 정부의 지원도 지속적으로 이루어지고 있다.

협약학교의 장점으로는 학생이 자신의 개성, 관심, 욕구에 맞는 학교를 선택하게 하고, 학교 간에 경쟁을 시킴으로써 교육성과를 더 거둘 수 있으

---

26) 매사추세츠 애머스트 대학교 교수 레이 버드(Ray Budde)가 기본 개념을 고안하고, 미국 교원노조(AFT) 회장 앨버트 셍커(Albert Shanker)가 학교 선택과 관련하여 1988년부터 주창한 학교 형태다.

며, 인습적인 학교틀과 관료제적 운영 방식을 줄일 수 있다는 점을 들고 있다(염철현, 2009a). 그렇지만 협약학교는 다음과 같은 약점도 지니고 있다. 다수가 지원할 경우 성적 위주로 선발함으로써, 정작 개성과 욕구에 맞는 교육을 받고자 하는 낮은 성적의 학생이나 소수인종 학생들이 기회를 잃을 우려가 있다. 또 성과를 보이기 위해 주지 교과를 집중 운영함으로써, 과외 활동과 전인교육이 약화될 우려도 있다. 무엇보다도 만약 이 학교를 설립한 단체가 영리를 추구하려 하거나 파산할 경우 해당 협약학교는 위기를 맞게 된다(김승운, 2009). 협약학교를 설립한 어떤 단체가 재정은 튼튼함에도 지원 받는 공적 자금을 불투명하게 사용하여 문제를 일으킨 경우도 있다. 한편, 협약학교 교사들의 근무 여건을 일반 공립학교 교사들의 그것과 동등한 수준으로 해 달라는 요구와 협약학교의 진정한 효과를 증명하기가 쉽지 않다는 점도 논쟁거리다.

- 마그넷 학교(magnet school): 마그넷 학교는 학군을 초월해 학생들을 '자석(magnet)'처럼 끌어들여 모집한다는 취지로 생긴 특성화 공립학교다. 예술, 과학, 특정 교과, 또는 학업과 진로에 따라 특성화(김영화 외, 2001)하여 이 분야를 집중 교육하는 학교도 있고, 성적 향상을 겨냥하는 학교도 있다. 인종 차별을 바로잡고 불평등을 해소하기 위해 1971년 텍사스주 댈러스에서 고안된 이 학교는 성적 향상과 직업 소양 계발 및 특성화를 위해 1990년대 초부터 확산되었다.

    마그넷 학교의 장점으로 들 수 있는 것은 다양성 추구, 과학·기술·수학 및 의료나 예술 분야에 특정 재능을 지닌 학생들을 위한 특성화된 교육과정 운영, 높은 학업성취, 학부모와 지역사회의 유대감 구축, 학습장애인을 위한 다양한 프로그램 운영, 취업 촉진, 특히 인종 차별 해소 노력 등이다.

    그렇지만 원거리 통학의 어려움을 지니고 있는 취약계층 자녀들의 통학 문제 또는 버스를 이용한다 해도 장시간의 통학 시간에 시간 소비가 많다는 약점도 있다. 또 먼 곳에 있는 마그넷 학교에 다닐 경우, 기존의 친구들과의 우정을 유지하기가 힘들고, 같은 동네에 있는 또래들과 사귀는 일도 어렵게 된다는 문제도 있다.[27] 여기에 특성화 학교에 맞는 높은 자질의 교사를 충원하기가 쉽지 않다는 문제점도 있다.

2) 논의

미국의 교육정책은 현재에도 교육의 수월성과 책무성을 제고하고 학생의 성취도를 향상시키는 일에 가장 큰 역점을 두고 있다. 누가 정권을 잡느냐에 관계없이 교육이 국가 부흥의 핵심이라는 공감대가 형성되어 있는 것이다. 미국 교육정책이 공공연히 추구하는 시장, 자유, 선택, 성취 및 책무성 등과 같은 이념 뒤에는 국제적 우위를 점하려는 보수적 의도와 '소유적 개인주의'가 밑바탕에 깔려 있다. **소유적 개인주의**(possessive individualism)란 개인의 경제적·정치적 자유의 소유를 강조하는 견해로, 시민적·공민적 품성과 헌신을 강조했던 공동체주의와는 대립된다(Macpherson, 1991).

애플(2003)은 신자유주의적 경제 논리로 인해 각종 미국 교육정책안들이 잘못 수립된다고 비판한다. 국가의 경쟁력은 먼저 시민사회의 성숙이 전제되어야 함에도, 경제지상주의나 보수적 근대화론자들이 공동체 정신을 고양하는 일이나 소수자들의 문화적 다양성 등을 무시함으로써, 미국 사람에게 공동체는 없어지고 오로지 경제적 소유, 성공적인 개인, 사회적 불평등만이 나타났다고 비판한다. 이러한 현상 이면에는 개인적 승리를 더 강조하는 '소유적 개인주의'가 자리하고 있다는 뜻이다.

애플은 또 보수적 복음주의를 지향하는 정교 일치론자들이 미국의 교육정책에 큰 영향을 줌으로써, 미국의 공교육이 종교적 우산에서 벗어나지 못한다는

---

27) https://www.publicschoolreview.com/blog/what-are-the-benefits-of-magnet-schools(2020. 11. 20. 인출)

점도 지적하고 있다.[28] 이들이 선거와 공교육정책에 적극 개입해 미국을 정교 (政敎) 일치의 국가로 만들려 한다는 것이다. 결론적으로, 애플(2003)은 경제지 상주의나 특정 종교를 공고히 하려는 노력보다는 소수자가 미래에 대해 갖는 희 망, 상상의 공간, 정체성 등을 존중해야 한다고 주장한다.

　미국의 교육정책에서는 평등과 학업성취도 문제가 가장 뜨거운 논쟁거리다. 교육적 평등이나 불평등 문제는 오랜 기간 미국 교육의 핵심 쟁점이었다. 교육 이 사회계층 이동의 사다리라는 전제 아래 가정배경, 또래의 영향, 교사의 질, 교육 재정, 지역 등이 학업성취도나 사회계층 이동과 어떤 관계에 있느냐에 주 의 집중해 왔으나, 지역 노동시장과 가정 구조 등도 학교의 질보다 개인의 사회 계층 이동에 더 큰 영향을 준다(Rothstein, 2019).

　미국 교육에서 또 다른 쟁점은 미국 학생들의 학업성취도와 그 향상 방안에 관한 것이다. 미국 공교육의 통계적 상황은 '**전국교육통계센터**(NCES)'에서 확인 할 수 있다. 교육적 성취 수준은 앞에서 든 '국가 수준 학업성취도 평가'와 '유 · 초 · 중등 공교육 학업 지수 품질 평가(Quality Counts K-12 Academic Index)'에서 그 지표들을 확인할 수 있다. 이 중 2020년 '유 · 초 · 중등 공교육 학업 지수 품 질 평가' 보고서는 미국 공교육 프로그램의 평균이 A~F의 등급 중 C등급이라 고 평가하였다(*Education Week*, 2020. 9. 1., 재인용).

　앞에서 미국 명문대학교 입시에서의 인종 문제와 일부 상류층의 부조리 문제 가 지적한 바 있지만, 미국의 교육적 불평등이 가장 심하게 드러나는 곳이 고등 교육 영역이다. 미국 고등교육의 문제를 따지려면 명문대학교의 신입생 선발 과정과 특성을 살펴봐야 한다. 미국에서는 우수 대학교들의 서열이 매년 공개 되는데, 이들 대학교에 입학하는 일은 쉽지 않다. 미국의 명문대학교는 주로 사 립인데, 이 중에서도 널리 알려진 것이 '**아이비 리그**(Ivy League)'로 불리는 대학교

---

28) 애플은 주류 기독교파인 장로교나 감리교의 교세를 위협할 정도로 성장한 대중적 · 보수적 복음주의가 바 우처 제도를 통해서는 현재의 정교 분리주의를 깨고 종교적 훈련을 목적으로 삼는 사립학교를 후원하려 하 고, 홈스쿨링 제도를 통해서는 종교교육을 금지하는 공교육을 고치려고 유도하며, 협약학교제도를 통해서 는 정교 분리 조항을 무력화하려 한다고 주장한다.

들이다. 이들이 원래 운동경기를 위한 연맹으로 출발했기에 '리그'라 불렸지만, 미국의 명문 사립대학을 지칭하게 되었다. 이제는 이들 대학교에 좋은 대학교 몇 개가 곁들여져 '**아이비 플러스 리그**(Ivy+ League)'란 말을 쓰기도 한다. 이들 대학교의 등록금은 비싸기로 소문나 있고, 취약계층 자녀가 입학하기 어려워 교육적 불평등의 원천이 된다고 말한다. 상류층 자녀들이 이들 대학을 독점하다시피 함으로써 취약계층 자녀들이 상대적으로 피해를 본다는 것이다. 소득 수준 상위 1%인 가정의 자녀가 '아이비 리그'에 입학할 확률은 하류층 자녀의 그것보다 77배쯤 더 높다는 보고가 있는가 하면, 소득분위 50% 이하인 가정 출신이 유명 대학에 재학하는 수는 14% 정도에 불과하다는 보고도 있다(*The New York Times*, 2019. 12. 3., 재인용). 명문대학교 입학에서 상류층 자녀들의 입학이 편중되어 있고, 그에 따라 높은 사회적 지위도 그들이 점유하는 것이 문제라는 지적은 아직도 진행 중이다.

다만, 이러한 문제를 줄이기 위한 새로운 시도 한 가지를 소개하면서 미국 교육을 마무리 하고자 한다. 학업성취의 외적 요인인 학생의 가정배경과 환경의 불리한 정도를 대학입학 전형 자료에 넣어 지위경쟁의 출발선을 조금 더 공정하게 하자는 방책이다. 대학입시 응시생이 출신 고등학교명과 주소를 기입한 입학지원 서류를 제출하면, 해당 대학교가 응시자 부모의 교육 수준, 지역사회 범죄율, 고등학교 교육과정 수준 등의 15개 요소를 고려하여 '**불이익 지수**(adversity index or disadvantage index)'를 산출하고, 이를 학교 재량으로 입학 사정에 활용토록 한다는 것이다. 예일 대학교가 이 지수를 활용하여 선발한 결과, 취약계층 신입생 수가 2배쯤 늘었다는 것을 그 보기로 들 수 있다. 이 방책이 교육에서의 불평등을 조절하려는 하나의 시도라는 점에서는 긍정적이다. 그렇지만 이 평가의 객관성과 용이성에 관한 쟁점은 아직 남아 있다(*The Atlantic*, 2019. 3. 8., 재인용).

> **학제란?**
>
> 학제(學制, school ladder system): 학교 제도 또는 학교의 체제. 계열과 학교급(school level)에 따라 교육목표, 수업 연한, 상급 학교와의 종적 연결 및 계열 간의 횡적 연결 등이 법제화된 것(노종희 외, 1996: 119-124)
>
> • 단선형(單線型) 학제(single ladder system): 초등학교에서 상급 학교로의 진학이 계열이 나뉘지 않은 채 사다리를 타고 올라가는 것처럼 자연스럽게 이루어지는 학제. 진로의 변경은 자유로운 편
> • 복선형(複線型) 학제(dual system): 초등학교에서 상급 학교로 진학할 때 두 가지 이상의 계열로 나누어지는 학제. 가정환경 등의 요인이 진로에 영향을 더 주고 계열 간 이동이 자유롭지 않음
> • 분기형(分岐型) 학제(Gabelungs system): 독일에서처럼 상급 학교 진학의 계열이 의무교육과 같은 공통 교육을 받은 뒤에 나뉘는 학제

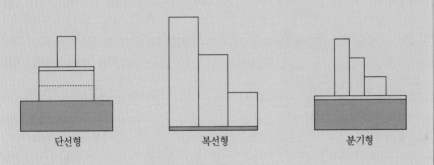

단선형   복선형   분기형

[그림 5-1] 학제의 세 유형

출처: 藤田英典 (1997: 100-101).

표 5-2 영국, 독일, 프랑스 정권의 흐름		
영국	독일	프랑스(제5공화국)
• 1945~1951년 노동당 • 1951~1964년 보수당 • 1964~1970년 노동당 • 1970~1974년 보수당 • 1974~1979년 노동당 • 1979~1990년 보수당 대처 총리 • 1983년 대처 총리 재집권 • 1987년 대처 총리 3차 집권 • 1990~1997년 보수당 메이저 총리 • 1997~2010년 노동당 • 1997~2007년 노동당 블레어 총리 • 2007~2010년 노동당 브라운 총리 • 2010~2016년 보수당 캐머런 총리 • 2016~2019년 보수당 메이 총리 • 2019~현재 보수당 존슨 총리	• 1945~1949년 연합군정 • 1949~1966년 기민/기사 연합, 자민당 • 1966~1969년 기민/기사 연합, 사민당(대연정) • 1969~1973년 사민당 • 1974년 자민당 • 1974~1982년 사민당 • 1982~1998년 기민+기사+ 자민연합 • 1998~2005년 사민당, 녹색당 슈뢰더 총리 • 2005년~현재 기민당 메르켈 총리	• 1959~1969년 신공화국연합 드골 대통령 • 1962년 국민 투표를 통해 알제리 독립 • 1962~1976년 우파연정 • 1965년 드골이 미테랑을 누르고 재선 • 1968년 5월 혁명으로 학생, 노동자 1천만여 명의 데모와 파업으로 나라 전체가 마비 • 1969~1974년 공화국민주연합 퐁피두 대통령 • 1974~1981년 독립공화당, 공화당 지스카르 데스탱 대통령 • 1981~1995년 사회당 미테랑 대통령 • 1981~1984년 공산당 포함 • 1986~1988년 동거 정부 • 1988~1993년 사회당 • 1993~1995년 동거 정부 • 1995~2007년 우파연정 시라크 대통령 • 1997~2002년 동거 정부 • 2002~2007년 우파연정 • 2007~2012년 대중운동연합 사르코지 대통령 • 2012~2017년 사회당 올랑드 대통령 • 2017~현재 중도(사회당) 마크롱 대통령

3. 영국

1) 영국 교육정책의 흐름

(1) 학제와 진로

영국의 학제는 기본적으로 6-5-2-3제이고, 16세까지가 의무교육 기간이다. 지역에 따라 학교 명칭 등이 조금씩 다르지만, 영국의 학제와 진로를 개략적으로 나타내면 [그림 5-2]와 같다.

영국의 최근 학제와 정책은 국가교육과정의 수립에 역점을 둔 1988년의 「교육개혁법」에 기초하고 있다. 이 법은 초·중등교육 11년(5~16세)의 의무교육기간의 교육과정을 학년별로 짜지 않고, 주요단계(Key Stage: KS) 1(초등 1~2학년), 2(초등 3~6학년), 3(중등 1~3학년), 4(중등 4~5학년)로 이름 붙였다. 이는 학습자의 능력과 학교 형편을 고려하여 학습자의 적성과 능력에 따라 선택의 폭을 넓히기 위한 것으로, 월반제도나 수준별 수업이 가능하게 했다.

중등학교는 중·고 통합 과정 5년제다. 그 1학년을 'Form 1'이라 하고 5학년을 'Form 5'라 하는데, 5학년의 나이는 16세가 된다. 여기에서 Form이란 말은 형태란 뜻이 아니라 '학년'을 뜻한다는 점에 유의해야 한다. 중등학교의 유형으로는 공립학교(maintained school)와 사립학교(independent school)로 나눌 수도 있고, 설립 주체를 기준으로 나눌 수도 있으며, 선발방식에 초점을 맞추어 분류하는 방법도 있고, 재정 지원 방식에 따라 분류할 수도 있다. 또 보다 구체적으로 공립공영형, 공립사영형, 사립공영형 및 사립사영형으로 나눌 수도 있다.[29]

---

29) 공립공영형 학교(community schools)는 정부가 설립하고 재정을 지원하는 학교이고, 공립사영형 학교(Academy)는 정부가 설립하여 재정 전부를 지원하지만 직원 봉급이나 교육과정 운영 등에서 지방 정부의 간섭을 적게 받는 학교다. 사립공영형 학교(Voluntary-Aided schools: VA schools)는 교지와 학교 건물은 재단이나 이사회가 소유하고 있으나, 정부가 재정을 지원하면서 직원을 채용하고 신입생을 선발하는 학교로서, 한국의 사립학교와 유사하다. 사립사영형 학교(independent schools/public schools)는 민간단체

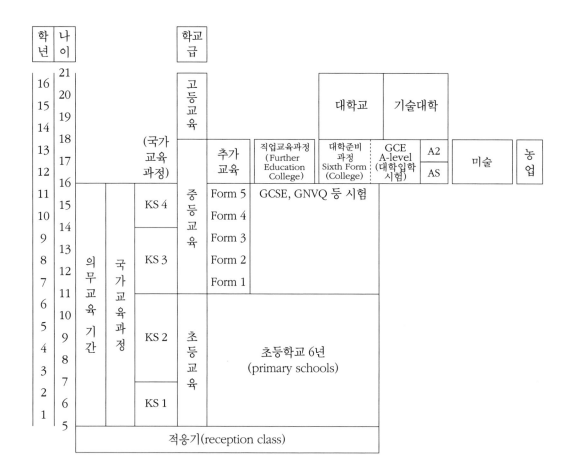

[그림 5-2] 영국의 학제와 진로

영국 중등학교에서 공립학교는 지역교육청의 재정 지원과 관리를 받는 학교이고, 사립학교는 지역교육청의 재정 지원을 받지 않는 학교이다. 학비가 비싸면서 전통적으로 좋은 사립학교 중 'public school'이라 불리는 학교가 있는데, 이를 '공립학교'라고 번역하면 안 되고 '사립학교'라 번역해야 한다. 이들은 유명 대학교로 입학하기 위한 사립 준비학교[preparatory(prep) school]이기 때문이다.

_____

가 세우고 정부 지원을 받지 않는 학교로 한국의 자율형 사립고등학교와 같다[최봉섭, 2004; http://www.education.gov.uk/help/atozandglossary/v(2011. 5. 11. 인출)].

이 중 기숙사를 운영하는 학교를 기숙학교(boarding school)라 한다.

　영국의 중등학교들을 설립 주체에 근거하여 분류하면, 공립학교의 경우는 지역교육청이 운영하는 지역사회 학교(community school), 지역교육청의 재정 지원으로 운영되기는 하지만 학교운영위원회가 학생 입학에 관련된 정책을 결정하고 교사 채용권을 갖는 자율학교[voluntary(aided) school], 학교재단이 건물과 부지를 소유하나 학교운영위원회가 학생 입학과 교사 채용권을 가진 재단학교(foundation school)로 나눌 수 있다.

　영국의 중등학교들을 학생 선발방법을 기준으로 분류하면, 무시험 전형으로 입학생의 성적이 다양한 **종합학교**(comprehensive school), 해당 학교가 출제한 시험을 치러 학생을 선발하는 **선발학교**(selective school), 초등학교 마지막 학년에 시험을 치러 그 성적에 근거하여 학생을 선발하여 유명 대학입학을 목적으로 운영하는 문법학교(grammar school)로 나눌 수 있다. **문법학교**는 원래 라틴어, 그리스어를 가르치는 학교라는 뜻에서 유래했는데, 취약계층 자녀들 중 우수한 학생들에게 기회가 주어지는 정부 보조를 받는 공립 문법학교가 있는가 하면, 정부의 지원과 감독을 받지 않는 수업료가 비싼 사립학교도 있다. 제1장 영국의 학력주의를 설명한 부분에서 든 유명한 사립 중등학교인 이튼, 해로우, 윈체스터 등이 이 사립학교에 해당된다. 이들이 사립인데도 'public school'이라 불리는 이유는 이들이 원래 지역이나 출신계층의 제한 없이 성적이 우수한 학생이면 선발했기 때문이다. 그렇지만 실은 주로 상류층 자녀들이 들어가는 사립학교이고 그 졸업생들은 영국의 지배층을 이루어 왔다.

　공립중등학교는 1965년부터 **종합학교**로 전환되었는데, 이 학교는 선발시험 없이 모든 학생을 입학시키는 일반 중등학교다. 종합학교는 원래 문법학교에 진학하지 못한 학생들에게 좀 더 나은 교육을 부여하기 위해 1960년대 말부터 설립한 학교로, 1965년 노동당 정부가 이를 공립학교에 확대 실시했다. 해당 지역에 거주하면 성적을 따지지 않고 입학을 허락하는데, 영국 중등학교 학생 대부분이 이 종합학교에 재학하고 있다. 교육과정은 주지적인 교과와 직업훈련 교과를 종합하여 운영하나, 최근에는 규모가 커지고 학생들의 수준차가 커져서 수준별 수업을 하거나 특성화할 것을 요청받고 있다(주영한국교육원, 2018).

종합학교가 도입되면서 문법학교는 축소되었지만, 정부 지원에 의존하던 문법학교는 대부분 정부 지원 없이 등록금만으로 운영하는 사립학교로 전환하여 2013년 기준 약 10% 정도의 학생이 재학하고 있다. 문법학교를 폐지하려는 움직임이 있었지만, 문법학교는 여전히 존재하고 있으며, 성적이 상위 10% 이내인 우수한 학생들을 선발하는 선발학교의 특성을 보인다(정일용, 2013).

영국에서는 중등학교 졸업장이 없고 과목별 학력 자격증이 있다. 예컨대, 졸업장 대신 '수학 2급' 또는 '용접 기능사 2급'과 같이 과목별 학력 자격증을 받는데, 이 학력 자격증이 평생 졸업장 역할을 한다. 대학입학시험과 취업에서도 졸업장을 요구하는 것이 아니라 세 과목 정도의 학력 자격증을 요구한다(최봉섭, 2006).

학생들은 중등학교 5학년 때 이수 교과목들 중 6~8개 과목을 선택하여 **중등학교 졸업자격시험(GCSE)**'을 치르는데, 대학교에 진학하려면 이 시험 성적이 좋아야 한다. 대학교에 진학하려면 필수 과정인 'Sixth Form(6학년)'에 들어가야 한다. 'Sixth Form'은 6학년이란 뜻이지만, 실은 2년 과정의 대학교 진학 준비 과정이다. 중등학교에 부설되어 있는 것은 'Sixth Form'이라 하고, 별도의 학교인 경우는 'Sixth Form College'라 부르기도 한다. 이 2년 과정을 **GCE A-level 과정**이라고도 한다. 2년 과정 중 1년 차(AS)에는 과목 이수에 따른 예상 점수(predicted grade)를 학교로부터 받고, 2년 차(A2)에는 3~4개 과목을 선택해 서술형 또는 논술형의 **대학입학시험**(A-level)을 치른다. 2년 차의 이 시험 성적이 대학교 진학에 중요하다(주영한국교육원, 2018).

영국에서는 6개 대학까지 지원이 가능하다. 선발 기준은 지적 능력, 학습동기, 탐구심 등이나, 중등학교 5학년 때 치르는 중등학교 졸업자격시험 성적, 학교장 추천서, 담임교사 의견서, 자기소개서, 면접 등이 전형 자료로 활용된다. A-level 성적으로 희망 대학에 응시하기도 하나, 옥스퍼드 대학교나 케임브리지 대학교는 A-level보다 어려운 입학시험을 따로 시행하기도 한다(주영한국교육원, 2018). 대학교 진학에 관련되는 정보, 지원서, 합격 여부 등은 대학입학 지원 시스템인 UCAS를 통해서 이루어진다.

대학교는 주로 3년 과정인데, 학과에 따라 수업연한이 다르나, 대개 자격증 취득 과정은 1년, 학사학위 과정은 2년, 석사과정은 1년, 박사과정은 3년이다. 취업 자격 취득을 목표로 하는 학생은 추가교육 대학(Further Education College)에서 직업 관련 교육과정을 이수한다(주영한국교육원, 2018).

(2) 영국 학제 개혁의 과정

영국의 교육정책에 전환점을 마련한 것은 '버틀러(Butler)법'이라고도 하는 1944년의 「교육법」이다. 이 법은 의무교육 연한을 5세부터 15세까지로 하는 등 영국의 중등교육에 가장 큰 변화를 가져왔다. 그때까지는 초등학교를 졸업하면 '11세 시험(11+ examination)'을 치르고, 그 성적에 따라 문법학교, 기술학교, 현대학교로 진학하게 되어 있었다. 문법학교는 대학 진학 준비학교였고, 기술학교는 산업과 농업 등의 분야에 맞는 실무 기술을 교육하는 학교였으며, 현대학교는 전반부에는 문법학교와 비슷한 교육과정을 운영하고 후반부에는 지역사회와 고용의 형편을 고려해 산업, 상업, 기술 등의 교육과정을 운영하는 학교였다. [30]

그런데 '11세 시험'은 지능에 의한 능력별 학급 편성과 그에 따른 심한 경쟁과 주입식 교육을 부추긴다는 문제를 안고 있었다. 노동당이 집권한 1964년 이후, '11세 시험'과 초등학교의 능력별 학급 편성을 폐지할 것을 건의한 1966년의 「플라우덴 보고서(Plowden Report)」의 영향으로, 이 시험은 폐지되고 문법학교와 기술학교 그리고 현대학교를 통합한 종합학교가 출현했다(김은산 외, 1998: 466-467). '11세 시험'은 1986년에 16세에 치르는 시험(16+ examination)인 중등학교 졸업자격시험으로 바뀌었다. 종합학교가 도입되면서 문법학교는 축소되었지만 유명 문법학교는 그대로 존속하고 있다.

---

30) 현대학교는 1970년대 초부터 사라졌다.

(3) 대학 진학과 취업

영국에서 대학 진학은 중등학교 졸업자격시험 성적과 Sixth Form[31]에서의 A-level[32] 성적 두 가지를 고려하여 이루어진다.[33] 중등학교 의무교육 졸업 시기인 16세에 치르는 중등학교 졸업자격시험을 마치고, 18세에 치르는 A-level에서 좋은 성적을 얻어야 좋은 대학교에 입학할 수 있다.

중등학교 졸업자격시험은 의무교육기간의 마지막 단계인 중등학교 5학년인 Key Stage 4(KS 4)에서 치르는 시험이다. 영어, 수학, 과학, 종교교육, 체육이 필수과목이고, 선택과목이 여럿 있다. 대개 영어, 수학, 과학 세 과목에 몇 개의 선택과목을 추가하여 시험을 치르는 경향이 있다. 대학에 진학하려면 그다음 단계인 Sixth Form에 진입해야 하는데, 이를 위해서는 중등학교 졸업자격시험 과목 중 보통 5개 이상의 과목에서 4(C) 이상의 성적을 필요로 하는 경우가 많다(주영한국교육원, 2018).

한편, 중등학교 졸업자격시험을 마친 학생 중 약 40% 정도는 실무 중심의 2년제 직업교육과정(Further Education College)에서 직업교육을 받아 취업하는데, 높은 일반자격과정인 국가직업자격(NVQ) 과정과 특정 직무 관련 실무 중심 과정인 일반직업자격(GNVQ) 과정이 있으며, 이 과정을 마친 뒤 대학에 진학할 수도 있다(정종화, 2000; 최봉섭, 2006; 藤田英典, 1997: 99).

---

31) 대개 유명 사립학교 재학생들은 그 학교에 병설된 6학년(Sixth Form)으로 올라가고, 이 6학년 과정이 없는 공립 종합학교 재학생들은 500여 명 정도를 묶어 따로 개설한 Sixth Form College에 들어간다.

32) A-level은 GCE(General Certificate of Education) Advanced level을 줄인 말로, 2000년부터 확대 실시된 2년간의 대학 준비 과정에서 치르는 시험이다. 1학년을 AS 과정(Advanced Subsidiary level), 2학년을 A2 과정이라 한다. 진학하려는 대학과 학과와 관련된 과목만을 선택해서 1주에 2~3일씩 4주쯤 집중 수업하는 모듈수업(modular course system)으로 진행된다. 입학시험을 따로 치렀던 옥스퍼드 대학교와 케임브리지 대학교도 1993년부터는 A-level 시험으로 대체했다.

33) 1986년 이전에는 대학 진학이 GCE 보통과정 시험(O-level) 또는 CSE(Certificate of Secondary Education) 시험 성적과 Sixth Form에서의 성적에 따라 결정되었다. 1965년에 도입된 CSE는, 주로 GCE 보통과정 시험에 응시할 실력이 없는 학생들에게 실시되었던 것인데, 1986년에 보수당 정권이 이 둘을 폐지하고 GCSE로 통합했다.

(4) 영국 교육정책의 흐름

1958년 당시의 노동당 당수는 '모든 학생을 위한 문법학교'를 주창하면서 모든 학생에게 문법학교 진학의 문을 넓히거나 기득권 자녀 중심의 문법학교를 축소하거나 폐지하고자 하였다. 이후 1964년에 집권한 노동당이 세 가지 형태의 중등학교 진학 체계를 폐지하기로 선언하고, 이것이 1968년의 종합학교를 강화하는 법으로 이어지면서, 1970년에는 23개 지역교육청을 제외한 115개 지역교육청이 종합학교를 선택하였다. 1976년 「교육법」이 성적에 의한 학생 선발을 금지하면서 세 가지 진학 형태는 공식적으로는 폐지되었다.

그러나 1979년부터 1990년까지 집권한 보수당 출신의 대처(M. Thatcher) 총리는 문법학교 폐지 여부를 지역 주민이 결정토록 자율권을 준다는 명목 아래 문법학교 복구의 성향을 보였는데, 그 여파로 2007년 기준 잉글랜드 지역에는 174개 문법학교에 14만여 명의 학생이 재학하고 있다(정일용, 2013).

대처 총리가 집권하면서 영국 교육정책에는 큰 변화가 생겼다. '철혈 여상(鐵血 女相)'이라 불렸던 대처는 '영원히 해가 지지 않는 나라'였던 영국이 '영원히 해가 뜨지 않는 나라'가 되었다고 보면서, 특히 당시의 교육체제를 문제투성이로 보고 이를 최우선적으로 개혁하고자 했다.

대처는 영국의 교육체제를 개혁하기 위해 1988년 「교육개혁법」을 만들어 냈다. 이를 통해 교육의 지방분권화와 자율권을 대폭 축소하는 대신 국가 통제력을 강화했다. 그에 따라 나온 것이 국가 차원의 교육과정(National Curriculum)인데, 이는 교육자치제의 본산이었던 영국이 처음으로 만들어 낸 국가 주도의 표준 교육과정이었다.[34] 국가가 지원하던 교육지원금을 대폭 삭감하고, 시장경제 원리에 따라 학부모에게 학교 선택권을 부여했다. '능력 있는 20%가 나머지 80%의 뒤처진 이들을 이끄는 사회'를 만들겠다는 것이었다.

---

34) 1980년대 영국의 교육정책에서 빼놓을 수 없는 두 가지가 있다. 하나는 1986년에 국가직업자격인증위원회(NCVQ)를 설치해 직업훈련교육을 강화한 일이고, 다른 하나는 1988년 「교육개혁법」에 따른 국가교육과정의 평가를 위해 1992년에 학교교육과정평가원(SCAA)을 설립한 일이다. 또 7, 11, 14, 16세에 국가학력시험을 실시하고, 대학평가제를 도입했다.

대처는 시장주의를 도입해 교육의 공적 책무성을 강조하는 한편, 학교 선택권과 학교의 자율성을 강조하면서 학부모의 선택을 받은 민영화된 학교에는 재정 지원을 늘리고, 국가가 주관해 오던 공공 서비스나 정책을 민영화했다(Whitty, 2002: 473-484). 한마디로 대처의 교육정책은 시장화 또는 준시장화[35] 정책이라 할 수 있다. 1990년부터 1997년까지 재임한 보수당 출신의 메이저(J. Major) 총리도 대처의 교육정책을 이었다.[36]

18년간 지속된 대처와 메이저의 보수당 집권 기간의 영국 교육정책의 핵심은 교육 수요자의 참여를 늘리고, 학교와 개인의 경쟁을 촉진하며, 교사와 학교의 책무성을 제고시켜 교육의 수월성을 높이는 데 있었다. 교육의 수월성이야말로 국가 경쟁력 증진의 왕도라고 생각한 것이다. 대처의 강력한 개혁으로 영국은 1990년대 후반에 경제성장, 국제수지 흑자, 만성질환인 실업의 극복 등 호황을 누린 듯했지만, 20%의 인재가 귀족학교인 사립학교 출신이고, 나머지 80%는 공교육 대상자들이라는 데 문제가 있었다(최봉섭, 2006).

1997년 블레어(T. Blair)의 노동당 정부가 집권했지만,[37] 그 교육정책은 바로 이전의 보수당 교육정책과 큰 차이가 없었다. 「학교의 수월성」이라는 백서의 서문에서 성과가 부족한 학교를 지원하지 않겠다고 하는 등, 블레어 정부도 대처나 메이저의 정부처럼 교육의 수월성을 높여 '강한 영국'을 추구하려 했던 것이

---

35) 준시장화(quasi-markets)란 복지 측면에서까지도 시장의 힘과 개인의 선택이라는 두 목표를 달성하려는 일을 뜻한다(Whitty, 2002: 473).

36) 메이저 정권의 주요 교육정책은 다음과 같다. 1992년에 학교와 지방교육청(LEA)의 국가교육표준 달성 수준을 평가하여 학교의 책무성과 질을 관리하기 위해 '교육표준국(Ofsted)'을 설치하는 것, 노동부와 교육부를 통합하여 직장과 학교에 함께 다닐 수 있는 산학협동체제를 구축하는 것, 세 교육과정 트랙(A-level을 위한 인문 중심, 직업교육을 위한 NVQ 중심, 이 둘의 중간 영역인 GNVQ 중심)을 설정하는 것 등이다. 1997년에는 '학교교육과정평가원'을 '국가직업자격인증위원회'와 통합해 '직업자격인증 및 교육과정원(QCA)'으로 바꿨는데, QCA는 교육과정 개발과 평가 시행 및 모든 자격인증 업무를 맡는 교육부의 부속기관이다(최봉섭, 2006).

37) 보수당 정권이 여러 가지 면에서 성공했음에도 1997년에 노동당의 44세 최연소 총리 블레어에게 정권을 넘긴 것은 의외의 일이었다. 노쇠한 영국을 일으킬 21세기의 대안을 부르짖은 블레어가 노동당을 대수술하여 보수당의 노선을 과감히 선택하고, 현대적 변화에 빠르게 적응할 수 있는 노동당의 새 모습을 제시한 것이 승리의 원동력이었던 것으로 보인다. 그는 1994년에 노동당 당수로 선출됐을 때에도 당내 노조의 발언권을 축소시키고 중산층에게 불리한 사회주의적 정책을 포기하면서 노동당을 개혁했다.

다(정성희, 1997).

2001년에는 1965년 이후 보편화된 공립 종합학교를 특성화 학교로 전환하고자 했다. 교육적 평등을 실현하기 위해 고안되었던 종합학교가 별로 성공적이지 못하다는 판단 아래, 이를 특성화 학교로 전환하고자 한 것이다. 학생들의 다양성과 자율성을 고려하고 학교와 지역사회의 연계와 직업교육을 강조하면서, 특성화 영역을 외국어, 기술, 스포츠, 미술, 음악, 기업 경영, 과학, 수학, 인문학, 농촌 등으로 나눴다. 이와 더불어 영재교육도 추진했다. 2001년의 백서「성공적인 학교」는 2004년까지 중등교육의 다양성과 자율성을 늘리고 그 지원을 강화하여 성적을 올려 영재교육을 추진한다는 내용이었다.

2002년 2월에는 14~19세 학생 대상의 교육과정 개혁안을 발표했는데, 중등학교 학생들이 직업교육을 위해 더 많은 선택을 할 수 있게 하고, 14세 이상의 영재들은 중등학교 졸업자격시험을 치르지 않고서도 바로 A-level로 진입할 수 있게 하여 어린 나이에도 대학에 진학할 수 있도록 하자는 안이 들어 있었다.[38] 또 3세부터 질 높은 무상교육을 받을 수 있도록 하고, 초등학생의 영어와 수학 학력 향상을 위해 교과과정을 개발하고, 교사의 수준을 높이려 했다. 또 중등학생에게는 취업이나 학업 중 하나를 선택해 성인의 삶을 준비하도록 했고, 성인에게는 평생학습의 기회를 제공해 직업 활동에 필요한 기본적 기술을 습득하게 했다(이상영, 2003).

2005년 10월 연임에 성공한 블레어 정부의 영국 교육부[39]는 '학력 향상을 위

---

38)『데일리 텔레그래프』는 800년간 학생 선발권을 가졌던 옥스퍼드 대학교 단과대학들의 신입생 선발제도가 2007년부터 바뀔 것이라고 2006년 7월 27일 보도했다. GSCE 점수가 낮은 학생도 출신 학교의 수준에 따라 입학이 가능케 하는 등 국공립학교 졸업자와 하류층 학생들의 입학 기회를 넓히려는 정부의 요청이 반영된 것인데, A-level에서 상위권을 차지하는 학교들은 역차별당하지 않을까 우려하기도 했다(연합뉴스, 2006. 7. 27.).

39) 그동안 영국 교육부의 명칭은 Board of Education(1901~1944), Ministry of Education(1944~1964), Department of Education and Science(DES, 1964~1992), Department for Education(DfE, 1992~1995), Department for Education and Employment(DfEE, 1995~2001), Department for Education and Skills(DfES, 2002~2007. 6.), Department for Children, Schools and Families(DCSF)와 Department for Innovation, Universities and Skills로 분리(2007~2010)되었다가, 2010년 선거 이후에는 다시 Department

한 교육 선택권'이라는 개혁안을 내놓았다. 그 골자는 학교와 학부모에게 교육 자율권을 준다는 것으로, 학교는 지방교육위원회의 통제에서 벗어나 학생 선발 및 교육 내용과 방법까지 학생과 학부모의 요구에 맞게 자율적으로 선택할 수 있고, 학부모도 학교 경영과 수업에 관여하여 적극적이고 자율적인 목소리를 낼 수 있도록 한다는 것이다.[40] 공립학교의 자구 노력을 중시하고 민영화하려는 계획도 도입되었다. 공립학교의 수준을 끌어올리기 위해서는 그들 간의 경쟁을 강화하고, 민간기업과 각종 기금 등에서 재정을 유치하고, 교장이 여러 학교를 맡는 경영자가 될 수도 있게 했다. 공기업의 민영화 논리를 교육 영역에도 도입한 것이다.

블레어 총리는 교육의 질을 올리기 위해 '선도학교'와 '특성화 학교'를 추진하였다(정일용, 2013). **선도학교**(beacon school)는 11~18세 학생을 위한 혼합형 종합학교로서, 높은 학업성취와 사회에서의 성공을 위해 개별 수업과 전문 교사들의 집단적 지도가 이루어지는 학교다. **특성화 학교**(specialist school)는 언어, 인문학, 수학, 과학, 예술, 스포츠 등의 특정 영역을 집중 교육하는 학교다.

근래의 영국 교육정책의 특징은 평등주의 대신 수월성을 추구하면서 직업 능력을 개발하는 일에 있다고 할 수 있다. 평등을 추구하다 획일적 평균주의에 그쳤다는 반성 아래, 학생들의 학업성취도에 따라 수준별 수업과 월반제를 실시하고 자격시험을 단계화했으며, 수학 및 정보통신 과목의 필수화, 동질집단 편성, 대학입학시험도 개선했다. 'High Challenge, High Support', 곧 '도전하면 밀어준다.'는 점을 중시하면서도, '교육혁신 추진지역(EAZ)' 정책과 '도심 우수학교 만들기(EiC)' 정책 그리고 '**아카데미**(Academy)' 설립[41] 등을 통해 도심 지역 학교

---

for Education(DfE)으로 바뀌었다.

40) 한국교육과정평가원, http://e.kice.re.kr/view.jsp(2005. 11. 24. 인출).

41) '아카데미'는 개인이나 법인의 후원도 가능한 기존의 공립학교 틀에서 벗어난 공립사영형 학교다. 블레어 총리가 2000년 설립하여 교육부가 지원하기 때문에 지방 정부로부터 독립적이고, 교육과정 편성과 교사 채용 및 학교 운영 등에서 자율과 책임을 가지지만, 국가교육과정을 따라야 하고 교육표준국의 감독을 받는다. 학업성취도가 떨어지는 저소득층 주거 지역에 최첨단 시설을 갖춘 학교라는 점에서 높은 지지를 얻었다(최상덕, 2006; http://www.dfes.gov.uk/ 참조).

의 학력 향상에도 주의를 기울이고 있다.

블레어 총리 다음의 캐머런(D. Cameron) 총리는 종합학교가 실패했다고 보고, 대신 '자율학교'나 '아카데미'와 같은 학교를 추진하고자 하였다. **자율학교**(free school)는 취약지역과 취약계층 학부모, 대학, 기업체 등이 연대하여 세운 학교로, 정부의 간섭으로부터 자율성은 유지하되 장학지도와 국가시험 결과에 대한 책임만 지도록 하는 학교다. '**아카데미**'는 정부의 재정 지원을 받는 사립학교 형태이나 자율성을 갖고 저소득층 지역과 그 학생들에게 어울리는 특성화된 교육을 실시하는 학교다(정일용, 2013). '아카데미'는 성적이 비교적 낮고 생활지도가 어렵거나 취약계층 자녀들이 가는 도심 취약지역의 학교들을 새로운 형태로 바꾼 학교다. '아카데미'는 상류층 자녀나 성적 우수 학생이 진학하는 사립학교와 문법학교는 아니지만, 학문 중심의 학교들로 정부의 재정 지원은 받으면서도 자율성은 보장받는 학교다. '아카데미'는 2016년 기준 전체 초·중등학교의 2/3를 차지할 만큼 늘어났는데, 교사들의 반대 시위에도 모든 학교를 2020년까지는 아카데미로 전환할 계획을 세웠다(*BBC*, 2016. 3. 23., 재인용).

2) 논의

1964년 집권한 노동당은 복지국가를 추구하였다. 노동당은 평등한 교육을 추구하면서 학생들의 활동주의적 경험을 중시하고 주입식 교육을 지양하는 제도를 마련하고자 하였다. 그 결정판이 1967년 발표된 「플라우덴 보고서」인데, 이는 기존의 일제 수업에서 벗어나 자유로운 교육을 확대시키려는 것이었다.

그러나 1980년대 대처 정부는 노동조합을 탄압하고 교육에 자유시장경제 원리를 도입하면서, 경쟁하는 학교, 무소불위의 권한을 지닌 교장의 교사 채용권, 교사 계약제, 성과급 등을 추진했다. 대처는 저예산의 공교육정책을 폈을 뿐만 아니라, 지방교육청에 교육재정을 일괄 지원하려 하지도 않았다. 이 때문에 대처의 정책은 효율성은 확보했을지 모르지만, 교육 현장은 황폐해졌다는 비판의 소리가 높았다.

　대처 정부 이전 30년 가까이 추구해 온 통합교육이 사라지고, 학교는 경쟁의 장이 되었으며, 특수학교가 늘어나고 퇴학처분을 받은 학생들이 많아졌다. 자유롭게 발표하고 활동적이었던 학생들은 말 없이 듣기만 하고 재미없는 수업을 참아내야만 하는 수동적 존재로 바뀌어 버렸고, 수업은 성적이나 시험 결과만을 중시하는 획일적인 일로 변해 버렸다. 심지어 초등학교까지도 전국학력평가 순위표를 교육부 홈페이지에 공시하여 학생과 학부모가 좋은 학교를 선택하게 한다는 것이 정부의 견해였는데(福田誠治, 2010), 이러한 순위표 공시는 현재에도 진행 중이다(*BBC*, 2018. 12. 13., 재인용).

　대처 뒤를 이은 블레어 총리는 대처와는 다른 신노동당 출신 총리이지만, 그의 교육정책은 큰 틀에서 볼 때 대처 정부의 그것과 거의 유사하다. '제3의 길'이란 말이 블레어의 교육정책의 기조를 정당화시키는 슬로건이긴 했지만, 이 이념조차 기회의 평등과 업적주의적 평등을 동시에 중시한 것이어서 노동당의 냄새가 약해진 것이다. 구체적으로 말하자면, 정부의 적극적인 경제적 · 사회적 역할, 단위 학교의 책임경영을 통한 학업성취도 향상, 지역 및 학교 간 격차 해소, 사회통합 등이 강조되었는데, 이는 대처 정부의 그것과 유사하게 일선 학교의 부담을 가중시켰기 때문이다. 블레어 정부가 성적과 같은 수치에 의한 관리를 중시하고, 각급 학교가 영어나 수학에서 합격 수준에 도달한 학생들의 비율을 공표하도록 함으로써, 학생은 물론 교사마저 지나치게 많은 시간을 시험 준비나 평가에 시달리며 의욕을 잃게 만들있다(福田誠治, 2010).

　그리하여 학교 실적평가표에서 학교등급을 높이기 위하여 취약계층 학생을 재적명부에서 제외하거나 학생들에게 가짜 자격증명을 따도록 강요하기도 하는 속임수가 나타났고, 이러한 부정적인 현상은 2019년 무렵까지도 이어져 오고 있다(*The Guardian*, 2019. 10. 11., 2020. 1. 21., 재인용). 학생들의 시험 성적을 올리는 일에만 집중하다 보니 학술적 글쓰기나 자기주도적 학습 그리고 독립적이고 창의적인 사고력이 부족해졌다는 비판이 일었다. 특히 교육의 수월성을 강조하다 전인교육을 소홀히 하지 않을까 우려하는 목소리가 크다.

좌파 교육론자들은 시장경제 원리를 택한 블레어의 교육정책 노선을 비판했다. 좌파 출신 블레어가 좌파의 비판을 받은 것이다. 실질적 평등은 이루지도 못하면서 교사와 지역교육청 그리고 단위 학교의 책임만 늘리고, 정부가 져야 할 책무를 그들에게 떠맡긴다는 것이었다.

한편, 영국은 교육적 불평등과 학력주의 문제도 안고 있다. 먼저, **영국의 교육적 불평등**이나 교육 격차를 알아보자. 영국에서도 지역과 소득에 따른 교육에서의 차이와 그로 인한 사회계층 이동의 격차 문제가 늘 쟁점이 되어 왔다. 구체적으로 런던을 중심으로 한 동남부 지역과 발전된 몇몇 대도시 학생들의 학업성취도가 높은 데 비해, 특히 북부, 중동부 그리고 연안지역의 학생들의 학업성취도는 낮다. 2014~2015년의 경우, 최저기준을 보이는 공립중등학교의 비율이 가장 낮은 지역은 런던(3.8%), 남서부(8.4%), 동부(10.1%) 순이었고, 그 비율이 가장 높은 곳은 중동부(18.3%), 북서부(13.7%), 북동부(12.6%) 순이었다. 지역 간 이러한 교육 격차는 상급 학교로 올라가면서 더 벌어지는데, 이러한 격차를 두고 영국이 남/북으로 분열된 느낌을 준다는 우려마저 나오고 있다. 영국 정부는 취약지역을 '**기회지역**'으로 지정하여 그 격차를 줄이려 노력해 왔지만(강호원, 2017), 두드러진 성과는 아직 나타나지 않고 있다.

이렇게 학업성취도는 거주 지역과 밀접한 관계에 있다. 유명 대학교에 진학하는 통로인 문법학교는 좋은 지역의 상류층 자녀들로 거의 채워진다는 것이 문제다. 중등학교인 문법학교에만 들어가려 해도 그 입학시험에 대비하는 비용 때문에 취약계층 자녀들은 불리한 처지에 놓인다. 2019년을 기준으로 최우수 등급을 받은 학교에 다니는 비율에서 상류층 자녀가 44%인 데 비해, 취약계층 자녀는 17%에 그친다(*BBC*, 2018. 12. 13., 재인용; *Times Education Supplement*, 2019. 3. 1., 재인용)는 점도 이와 관련되는 문제점이다. 상류층 자녀들은 옥스퍼드 대학교와 케임브리지 대학교 등 유명 대학교 점유율에서도 절대적인 우위를 보인다. 이들이 유명 대학교를 점유한 비율은 2010년부터 2015년 사이에 79~

81%에 달했다. 이들 대학교는 3,000여 개의 공립학교보다는 8개의 사립학교에서 신입생을 더 많이 뽑아 왔는데, 옥스퍼드 대학교 재학생 15% 정도만이 취약계층 출신이고 나머지는 상류층 출신이다(*BBC*, 2017. 10. 20., 2018. 12. 13., 재인용).[42)]

다음으로, **영국의 학력주의**의 문제점은 유명 대학을 졸업한 사람들이 특권을 누린다는 점을 들어 설명할 수 있다. 예컨대, 영국 최상위권 대학교 24개 유명 대학들로 이루어진 Russell Group이 있는데, 이들 대학의 졸업자들은 사회 진출에서 유리한 위치를 점한다. 또 이 Russell Group에 속하는 대학교들 안에서도 서열이 매겨져 있다는 점,[43)] 영국의 교육이 진로에 대한 준비보다는 시험을 더 중요하게 생각한다는 조사 결과(*The Independent*, 2016. 8. 17., 재인용), 그리고 중등학교 졸업자격시험이나 A-level에서 측정된 내용이 대학이나 기업의 요구에 맞지 않아 적합성이 떨어진다는 지적이 영국의 형식적 학력주의를 잘 드러내고 있다.

마지막으로, 영국의 교육정책도 준비가 미흡한 채 성급하게 시행됨으로써 그 정책의 실효성이 의심된다는 비판도 영국 교육의 당면 문제로 들 수 있다. 2013년 9월에 발표된 새로운 교육과정을 2014년부터 적용하려 하다 보니, 이 개편된 교육과정이 재수정되어 학교에 적용되기에는 시간이 촉박하다는 지적을 그 보기로 들 수 있다.

---

42) 옥스퍼드 대학교는 이러한 현실에 대한 비판을 의식하여, 취약계층 자녀 중 학업성취도가 우수한 200명을 매년 선발하고 지원할 계획과 2023년까지 취약계층 출신 신입생을 간 25%까지 뽑겠다는 계획을 세우고는 있다(*BBC*, 2019. 5. 21., 재인용).

43) 'HESA stats 2017/2018 academic year & Sutton Trust'를 검색하면 더 자세히 알 수 있다.

토의·토론 주제

• 영국 블레어 총리 관저 벽에 붙어 있던 "교육은 모든 정책의 한가운데에 있다. 낮은 성취는 결코 용납할 수 없다. 교육 수준의 향상을 위해서라면 우리는 어떤 집단과도 협력할 용의가 있다."는 정책 구호의 의미는 무엇인가?

4. 프랑스

1) 프랑스 교육정책의 흐름

(1) 학제와 진로

[그림 5-3]에서 보여 주듯이, 프랑스의 학제는 기본적으로 5-7-3(또는 5)제이고, 의무교육 대상의 나이는 6~16세(고등학교 2학년)까지다(배수옥, 2006; 정기수, 2005). 5년의 초등학교 기간은 발견학습, 기초학습, 심화학습 등을 위한 것인데, 제2주기와 제3주기 말에 전국 학업성취도를 평가한다(정광희 외, 2006: 165-166). 중등교육은 11~17세인데, 11~14세의 4년제 중학교와 15~17세의 3년제 또는 4년제 고등학교로 나뉜다.

프랑스의 중학교를 **콜레주**(collége)라 하는데, 4년제다. 중학교 각 학년의 명칭이 거꾸로 되어 있는 점이 특이하다. 예를 들어, 한국의 중학교 1학년에 해당하는 학년을 6학년, 2학년과 3학년에 해당하는 학년을 각각 5학년과 4학년이라부른다. 6학년은 관찰과 적응 시기이고, 5학년과 4학년 두 해는 심화 기간, 3학년은 진로탐색 시기다.[44] 현 중학교 체제는 1975년 직업전문중학교를 폐지하

---

44) 고등학교에 진학하지 않는 중학교 졸업자라도 국가시험인 졸업시험(DMB)을 치른다. 2006년 기준 중학교 졸업생의 58%쯤이 일반·기술 고등학교에, 그리고 나머지는 직업 고등학교에 진학한다(정광희 외, 2006: 166). 20점 만점 중 10점 이상을 받아야 합격하는데, 불합격해도 브레베(BREVET)라는 중등 전기 교육 이수증을 받을 수 있다(배수옥, 2006; 옥준필, 2002).

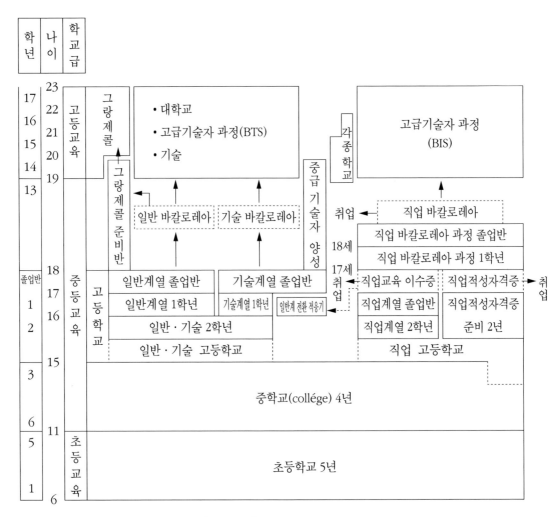

[그림 5-3] 프랑스의 학제와 진로

고 일반중학교로 통합한 것인데, 평등한 교육의 기회를 제공한다는 평가를 받고 있다. 과거에는 노동자 계급의 학생들이 직업학교로 진학하면서 사회적 계급이 재생산되는 경향이 있었기 때문이다. [45]

---
45) 한국교육개발원 교육정책네트워크 정보센터(2011).

프랑스의 고등학교 **리세**(lycée)는 그 진로가 복선형이다. 2학년-1학년-졸업반이란 명칭의 순서처럼, 고등학교 각 학년의 명칭도 중학교처럼 거꾸로 되어 있다. 고등학교 첫해(2학년)는 진로 탐색과정이고, 이후에는 일반·기술 고등학교나 직업 고등학교 두 방향으로 나뉜다. 각각에서는 바칼로레아나 자격증 취득을 위한 직업교육과정이 전개된다. **바칼로레아**(baccalauréat)는 고등학교 학력시험이자 대학 진학자격시험인데, 줄여서 **박**(Bac)이라고도 한다. 1808년 나폴레옹 1세 때 도입된 이 시험은 논술형과 구술시험을 병행한 절대평가제로, 모두 8계열[46] 26종으로 되어 있고, 채점은 교사들이 한다.[47] 유급자는 그해에 두 과목을 선택해 재응시할 수 있고, 평균 10점 이상을 얻으면 합격한다. 만약 점수가 8~10점이면 구술 재시험을 보아, 여기에 합격하면 바슐리에(bachelier)라는 호칭을 얻어 일반 대학교에 진학할 수 있다. 각 시기별 바칼로레아 통과 여부는 학생 대표도 참여하는 교사위원회에서 결정하는데, 그 결과를 학생 대표가 해당 학생에게 알려 준다.

일반·기술 고등학교는 대학교 진학을 위한 고등학교 과정으로 이과 계열, 문학 계열, 사회경제 계열로 이루어져 왔으나, 2018년 이후에는 9개 계열로 확대할 예정이다. 첫 학년(2학년)은 공통 필수과목과 다양한 선택과목 중심으로 이루어지고, 두 번째 학년(1학년)과 세 번째 학년(졸업반)에 일반 계열과 기술 계열(예술 포함)로 나뉜다. 일반계는 '일반 바칼로레아'를, 기술계는 '기술 바칼로레아'를 준비한다.

한편, 직업 고등학교는 대학 진학이 아니라 직업을 준비하는 학교인데, 취득하려는 자격증에 따라 교육 기간이 다르다. 직업 바칼로레아(baccalauréat

---

46) 일반 3개(문과, 경제 및 사회, 이과) 계열, 기술 4개(산업기술·실험기술, 경영 및 서비스, 사회의료 등) 계열, 예체능 계열(배수옥, 2006). 필수과목은 불어, 외국어, 수학, 철학, 역사·지리다. 불어는 고등학교 두 번째 해에 시험을 치르고, 나머지 과목은 졸업반 마지막 학기에 2주간 시험을 치른다. 응시하는 바칼로레아의 종류와 필요에 따라 응시과목이 다르다. 이 시험에서 20점 만점에 평균 10점 이상이면 합격이고, 8점을 맞으면 유급자가 된다.

47) 그런데 일반 계열의 인문 계열 바칼로레아에서는 주입식 교육이 주로 이루어지고 있어 '질문은 있으나 토론은 없다.'는 비판을 받기도 한다.

professionnel: Bac Pro)를 준비할 수도 있고, 취업에 필요한 직업적성자격증(CAP)
과 직업교육이수증(BEP)을 준비할 수도 있는데, 직업 바칼로레아까지 모두 마
치려면 4년이 걸린다. 직업적성자격증과 직업교육이수증은 2년 이하의 단기 과
정인 기술교육 콜레주에서 주로 취득하는데, 기술교육 콜레주는 정규교육과정
이라기보다는 중등교육을 이수하지 않은 청소년들이 브레베를 이수할 수 있도
록 배려한 평생교육기관의 성격을 지닌다(옥준필, 2002; 전현중, 이용순, 2014).

프랑스의 고등교육기관은 크게 일반 대학교와 그랑제콜로 나뉜다. **일반 대학
교**(universite)는 72개가 있는데, 어떤 대학교든 바칼로레아를 통과한 그 지역 출
신의 고등학생은 받아들여야 한다.[48] 이에 비해, 제1장에서 설명했듯이 '대학
위의 대학'이라고 불리는 엘리트주의 교육의 전형인 그랑제콜도 있다(서울대학
교 인문학연구소, 1995; 원윤수, 2002).[49] **그랑제콜**은 경쟁이 치열한 엘리트 양성기
관으로, 대부분 기술, 공학, 경영 계열의 대학들이지만, '4년제 고등사범대학' 같
이 인문사회과학과 자연과학을 개설한 그랑제콜도 있다. 대표적인 그랑제콜이
자 제1의 국립이공대학교인 '에콜 폴리테크니크'와 그 밖에 '국립행정학교' '4년
제 고등사범대학'을 간략히 살펴본다.

- **에콜 폴리테크니크**(école polytechnique): '프레파' 학생의 10% 정도만이 합격
  되는 국방부 산하의 기술공무원 양성 3년제 국립 이공대학교로, 입학생 수
  는 매년 외국인 100명을 포함하여 500여 명이다. 그들은 기숙사 생활을 하
  면서 생활비를 받으며, '조국과 과학과 영광을 위하여'라는 좌우명을 내걸
  고, 졸업 후에는 고위 기술직에 임명된다. 매년 열리는 개선문 퍼레이드의
  맨 앞에서 행진한다. 1794년 국민공의회가 육군기술장교 양성기관으로 설
  립했는데, 1804년 나폴레옹 보나파르트는 이 학교에 군사적 지위까지 부여

48) 1984년에 공포된 고등교육법, 곧 「사바리(Savary)법」은 바칼로레아 소지자는 시험을 치르지 않고 해당 교육
구 안의 대학에 등록할 권리가 있음을 밝혀 선발을 금지했다.
49) 전국에 250여 개의 그랑제콜이 있는데[http://www.understandfrance.org/France/Education.html#
ecoles(2010. 12. 23. 인출)], 이 중 협의체를 운영하는 23개 대학교가 상위 집단이다.

했다.

- **국립행정학교**(École Nationale d'Administration: ENA): 정치, 관료, 경제 계통의 주요 인물들을 배출하는 학교다. 한 해에 100여 명의 졸업생을 배출하는 데, 이들을 흔히 '에나르크(énarque)'라 부른다. 이들 졸업자들은 끈끈한 연결망을 형성하며 요직을 차지하고 있어, 이 학교에 관한 논란거리[50]도 가끔 생긴다.
- **4년제 고등사범대학**(école normale supérieure): 프랑스 최고의 학자, 사상가, 정치가, 문인, 관료, 언론인, 교사 등을 많이 배출하여 명성을 날리는 엘리트 양성기관이다. 본래 1794년 국민공의회가 고등학교 교사를 양성하기 위해 설립한 기관이었다.

(2) 프랑스 교육정책의 흐름

프랑스 교육은 1882년의 페리(J. Ferry) 법안 이후 중앙집권적 무상 공교육으로 전개되어 왔다. 1970년대 이후 프랑스 교육정책의 특징은 교육에서 평등을 실현하고자 노력한다는 점이다. 흔히 '68 혁명'이라고 불리는 1968년 5월의 파리 시민들의 집단행동은, 원래는 베트남 전쟁을 반대하기 위한 것이었으나, 나중에는 열악한 교육환경 개선 등 교육개혁에도 중요한 계기를 마련했다. 노동당의 주장에 동참한 시민들은 파리 시내 낭테르 대학교에서 평등을 위한 대학개혁을 부르짖었고, 그 결과로 공포된 「고등교육법」에 따라 대학이 증설되고 대학에서도 고급기술자 양성이 가능하게 되었다.

1975년 아비(R. Haby) 교육개혁으로 중앙집권적 교육행정은 변하게 되었다. 그 뒤로 10년 무상 의무교육과 중학교 단일화로 차별이 없어지고, 교육 기회의 평등과 대중교육을 추구했다. 1980년대에 들어, 국가의 통제권과 책임이 지역

---

50) 프랑스 정가를 뒤흔든 스캔들은 이들 소수가 정계, 관계, 재계를 장악하고 있는 프랑스 특유의 엘리트주의 때문이라는 지적도 있다. 「인터내셔널 헤럴드 트리뷴(IHT)」은 "이탈리아에 마피아가 있다면, 프랑스엔 ENA가 있다."고 꼬집는다(동아일보, 2006. 5. 16.).

(région)과 도(département)로 이양되면서, 이들의 융통성과 자율성이 주어진 한편, 책임도 늘어났다. 국가 전체의 통일된 교육과정이 아니라 지역과 도의 자주적이고 책임 있는 교육과정 정책이 마련된 것이다. 저소득층 거주 지역의 교육복지를 향상시키기 위해 1981년 **교육투자 우선지역**(ZEP)[51]을 지정해 지금까지 지원해 오고 있다(전효선, 1998; 조발그니, 2005). 1982년과 1983년의 「탈중앙집권화법」으로 중앙집권적 교육에서 벗어나 지방과 학교에 자율성을 부여하려고도 했으며,[52] 미테랑(F. Mitterrand) 대통령 집권 시기인 1985년에는 '직업 바칼로레아'가 신설되면서, 졸업자들이 관련 분야에 취직할 수도 있고 대학 진학도 가능하게 되었다(옥준필, 2002). 1986년에는 우파 정권의 드바케(P. Devaquet) 교육부장관의 개혁안도 나왔다. 1989년에도 중등교육의 기회 확대와 고등교육의 개혁 및 지방행정의 분권화(남정걸, 1999) 등을 추진했는데, 1989년 7월에 개정된 「교육법」의 목적은 2000년까지 해당 연령층의 80%가 바칼로레아를 취득할 수 있도록 하고, 학업 실패자에 대한 직업교육 등을 통해 자격증을 취득하게 함으로써 소외층이 생기지 않도록 하려는 것이었다.

1993년의 유럽연합(EU) 출범 이후 프랑스는 유럽연합의 교육협력 프로그램에 따라 외국어 교육, 정보교환, 교환학생, 원격교육 등을 실시하고 있다. 1994년 5월 우파인 바이루(F. Bayrou) 교육부장관의 '새로운 학교 계약'은, 학생 각자의 관심과 다양성을 존중하기 위해 중학교 과정을 관찰 · 적응기, 심화기, 진로탐색기의 3기로 나누고, 학습 곤란 학생 지도제와 진로교육 그리고 시민교육을 강화하고자 했다.

1995~2011년의 17년은 우파 정권의 보수주의 정책 아래 엘리트주의 교육

---

51) Zone d'Éducation Prioritaire의 준말이다. 교육환경이 열악한 도시 외곽지역과 농촌지역 학생들 그리고 아프리카에서 온 학생들의 보충학습과 문화 · 예술 · 체육 활동을 지원한다는 계획으로(교육인적자원부 국제교육협력담당관실, 2000), 한국의 '교육복지 투자우선지역사업'에 응용되었다 할 수 있다.

52) 몇 개의 시와 도의 교육행정 단위를 묶은 '아카데미'라는 교육행정 단위가 있는데, 초등은 district, 중등은 secteur로 구분한다(정광희 외, 2006: 178). 프랑스에서는 졸업증서를 학교장이 주지 않고, 이 아카데미의 우두머리인 교육감(rector)이 준다.

을 추구하였다. 1995년 대통령으로 당선된 시라크(J. Chirac)는 1997년 조기 총선 이후 사회당의 조스팽(L. Jospin)을 총리로 삼아 좌우파 연합정부를 꾸몄다.[53] 1997년 7월 새 좌파 내각의 알레그르(C. Allégre) 교육부장관은 실업 문제 해결, 교사들의 수업 과중과 피로의 해소를 위한 교원 증원, 관료주의 해소, 교사의 자율성 신장, 개인주의 극복을 위한 시민교육 강화, 기술교육과 일반교육을 접목하기 위한 고등학교의 기술반 도입, 그랑제콜 준비 과정에 기술 분야 도입 등의 교육개혁을 발표했다.

1998년 2월에는 고등학교 교육개혁에 반대하는 교사들의 전국적인 시위가 있었다. 이는 힘든 교육환경 속의 교사들을 무시한 개혁 일변도의 정책에 대한 불만 때문이었으나, 교육체제의 지나친 분산, 교육 내용 선정 시 교원노조 배제, 교사의 책임감 강화 등이 그 이면에 자리하고 있었다. 1998년 10월에는 전국 약 50만 명의 고등학생들도 교사 증원, 학급당 인원 감축, 교육과정 개편, 고등학교 민주화 등을 외치며 시위를 벌였다. 그 여파로, 1999년 1월부터 개혁 조치(21세기 고등학교 교육개혁안)가 나왔다.[54]

1998년의 교원과 고등학생의 시위와 2000년의 교사들의 대규모 시위는 2000년 3월 20만여 교사들의 연합 시위로 이어지면서, 그동안 교사들과 대화가 없었다고 비판받아 온 알레그르 교육부장관이 물러나고 역시 좌파인 랑(J. Lang)이 뒤를 이었는데, 랑은 우선 교원들의 불만을 잠재우기 위해 그들과 대화를 하는 한편, 기존의 교육정책안을 재검토했다. 랑은 교사를 더 채용하고, 고등학교 학습부진아를 8명 단위로 개별 보충지도하며, 2~4명의 학생이 계열별 교육과

---

53) 1995년 시라크는 세 번째 출마해 조스팽을 누르고 대통령으로 당선되었다.
54) '21세기 고등학교 교육개혁안'은 ① 교육과정 개편과 새 교과목 도입, ② 시민성 및 민주주의와 현대세계를 이해하는 데 필요한 필수과목 신설, ③ 일반 계열 교육 위주에서 벗어나 전문 자격증과 직업교육 지향, ④ 고등학교 민주화를 위한 학급생활과 대화 시간 마련, 학생 대표와 교원으로 이루어진 생활위원회에서 학교 발전 계획, 교내 규칙, 고등학생 헌장, 시간표 등 협의, ⑤ 체육 중설 등의 내용을 담았다. 한편, 1999년 5월의 「2000년대 중학교 교육개혁안」에는 학력 격차 축소, 교수법의 다양화, 중학교 생활의 질적 향상의 세 가지 목표를 골자로, 교내폭력의 원인인 대규모 중학교를 나누고, 타인 존중 교육을 실시하는 등의 계획이 들어 있었다(교육인적자원부 국제교육협력담당관실, 2000).

정 주제에 맞춰 주당 2시간씩 자율적으로 자료조사, 연구, 결과를 발표하는 집단
별 개별학습을 실시하고, 교내 민주화를 위해 고등학생 생활위원회를 구성하겠
다고 했다(교육인적자원부 국제교육협력담당관실, 2000). 2002년 5월 프랑스 중도
우파 라파랭(Raffarin) 공화당 정부는 보수적 철학자 페리(L. Ferry)를 교육부장관
에 임명했다.

프랑스의 교육개혁 노력 중 특기할 만한 것으로는 고등학교에서 가르칠 지식
에 관한 1998년의 의견 수렴과 2003년 11월부터 2004년 1월까지 3개월 동안 '학
교의 미래'라는 주제로 열린 국민교육대토론회를 들 수 있다. 1998년 1월 당시
교육부장관 알레그르는 300만 명의 고등학생, 40만 명의 교사, 관련 기관을 대
상으로 '고등학교에서 어떤 지식을 가르칠 것인가?'에 관한 의견을 수렴하고자
했다. 교사들에게 물어본 질문은 생활에서 필요한데도 학교에서 가르치지 않는
지식이 무엇인지, 학교에서는 가르치지만 사회에서는 불필요한 지식이 무엇인
지, 교사교육이 정말 삶에 필요한 지식을 습득하도록 돕고 있는지, 그리고 시민
자질교육이 잘되고 있는지 등에 관한 것이었다(전효선, 1998).[55]

이 토론회의 중간보고서는 2004년 4월에 나왔는데, 학급당 학생 수를 줄이고
교과를 통합하며 달성할 기본 학력을 학년별로 설정하고, 교사와 학생 간의 바
른 언어와 공식적인 말투 및 상호 존중, 개별화 수업과 이동학습 및 모듈학습 지
향, 중재위원회와 학생회를 통한 벌칙 결정, 학교와 학부모의 교육관 차이를 좁
히기 등을 다루었다(김일환, 2004).

2007년 당선된 사르코지(Sarkozy) 대통령은 국립대학 개혁법을 통해 학위, 연
구, 교수 채용 등에서 자율권을 부여하면서도 대학교육의 질을 높이려고 하였
다. 2007년 「대학개혁법('Pecresse 법')」은 사르코지가 프랑스 대학교육을 개혁하

---

55) 이 국민교육대토론회는 1989년의 「교육기본법」 개정을 위해 학교교육의 전반을 진단하여 중장기 공교육의
기본 방향을 재설정하기 위한 것이었다. 토론 주제는 학교의 사명, 학생의 성공적인 삶 만들기, 학교의 기
능 · 역할 · 구조 개선의 3개 영역에 관련된 22가지였으며 그중 주요한 것은 평등, 청소년 교육과 평생교육
의 공존 여부, 직업교육, 우선적으로 가르쳐야 할 교과 · 기술 · 행동 규칙, 다양한 학생을 위한 교육, 폭력
학생, 교원의 양성과 평가 등이다(김일환, 2004).

기 위해 미국의 대학시스템을 본따 만든 것이었으나, 프랑스 사회에 뿌리 깊게 박힌 그랑제콜의 저항을 이겨 내기는 힘들었다.

2011년 대중연합당(UMP)은 유치원·초등·중등 교육 분야와 고등교육 분야에 다음과 같은 교육정책을 내놓았다. 유치원·초등·중등교육 분야에서는 만 2~3세를 위한 유아원 설립, 만 3세부터 조기 영어 교육 실시, 초등학교 및 중학교에서의 학업성취도평가 결과 공개 의무화 등을 제안하였다. 고등교육 분야에서는 기술전문대학이나 고급기술자 과정 등에서 직업 계열 고등학교 졸업생들의 우선 선발, 대학교에서의 실습 프로그램 확대, 대학 졸업자의 취업률 공개, 대학에서의 직업교육 확대, 대학교수 평가에 취업 지도 능력을 포함하는 등의 방안을 제시하였다(전지민, 황준성, 2012).

2012년 5월 프랑수아 올랑드(F. Hollande)가 임기 5년의 대통령에 당선됨으로써, 프랑스는 26년 만에 사회당 정부를 맞게 되었다. 올랑드 정부는 사회당 정부인만큼 진보주의 교육 또는 평등주의 교육을 펼쳤다. 평등한 교육 기회를 제공하여 평등한 교육문화와 평등한 경험을 부여할 것을 중시하였다. 특히, 교원 증원, 주 4.5일제 수업 도입, 숙제 폐지, 교과 시간 단축, 수업 일수 확대, 초등교육 강화(공통과목 강화, 기초지식 습득 강화, 중퇴 학생 대책 마련) 등을 역점 사업으로 전개하였다. 2013년 올랑드는 대학교육을 대폭 강화하기 위해 고등교육개혁법안을 마련하였다. 이 개혁 법안은 2012년 7월부터 오랜 기간 동안 약 2만 명에 달하는 관계자들과의 국가공청회를 통해 마련된 것이었다. 이 법안의 핵심은 대학 경쟁력 강화, 산·학·연 협조체제 강화, 대학교육 재정 지원 확대 및 투명성 제고 등이다(최지선, 2013).

2017년 5월 대통령 결선투표에서 경쟁을 벌인 두 후보 마크롱(E. Macron)과 르펜(M. Le Pen)의 교육 공약을 들여다보면 프랑스 교육의 현재의 쟁점을 짐작할 수 있다. 중학교 관련 정책에서, 마크롱이 교내 휴대전화 이용을 금지하고, 이중 언어 교육 실시, 은퇴자 자원봉사자들의 방과 후 학습 보조제도 도입을 주장한 데 비해, 르펜은 현재 일원화되어 있는 중학교 교육제도를 점진적으로 폐지하고 다양한 중학교 제도를 도입하여 14세부터 직업교육을 선택할 수 있도록 할 계획을 제시하였다. 바칼로레아 관련 정책에서, 마크롱이 바칼로레아 과목을 4개로 줄일 계획을 제시한 데 비해, 르펜은 현행 바칼로레아 제도를 유지하겠다고 하였다. 도제식 수습교육과 관련해서는, 마크롱이 모든 직업계 고등학교 학생들이 도제식 수습교육을 받을 수 있도록 하겠다는 데 비해, 르펜은 도제식 수습 교육을 보다 저비용 고효율로 발전시키겠다고 하였다. 고등교육의 경우에는, 마크롱이 대학의 교육과정과 교수 임용 등에서 자율성을 보장하고 8만 개의 기숙사를 확충하겠다고 한 데 비해, 르펜은 대학 신입생 선발에서 추첨 방식이 아닌 성적으로 학생을 선발하고 등록금을 올리고 성적에 의한 장학금을 확대하겠다고 하였다(*Le Figaro*, 2017. 4. 24., 재인용).

2017년 취임한 마크롱 대통령은 바칼로레아 개혁안을 2018년 9월 이전까지 마련하여 2021년부터 적용하겠다는 계획을 발표했는데, 그는 최종 시험 과목을 4과목 정도로 줄이고 다른 과목들은 내신 성적으로 대체하고, 고등학교 과정과 대학 학부과정의 연결성을 높이는 방향으로 개선할 것을 제안한 바 있다(*Le Monde*, 2017. 4. 24., 재인용; 교육부, 2018, 재인용).

또 2017년 프랑스 교육부는 '신뢰받는 학교'를 만들기 위해 새 학기부터 네 가지 정책을 펴겠다고 발표하였다. 초등교육의 경우, '교육투자 우선지역'의 학급 수를 2배로 늘리고 2,500여 명의 교사를 충원하여 기초능력 습득에 어려움을 겪는 학생 수를 줄이겠다는 것과 학교 시간표 제도에 자율성을 주겠다는 것이 들어 있다. 중학교의 경우, 방과 후 숙제 프로그램을 무료로 제공하여 숙제를 학교에서 할 수 있게 함으로써 교육 불평등을 해소시키겠다는 것과 이 프로그램에 자발적으로 참여하는 교사들에 대한 시간당 추가 수당 지급 및 중학교와 교사들에게 자율성을 주겠다는 것 등이 들어 있다(교육부, 2017, 재인용).

프랑스는 국가교육을 가장 중요한 정책의 하나로 보고, 교육부에 가장 많은 예산을 배정하고 있다. 프랑스 교육청소년스포츠부는 2021년도 교육 관련 예산으로 2020년도보다 3% 증액한 536억 유로(약 72조 5,626억 원)를 편성하였다.

이 예산은 교원과 스포츠 교사 및 청소년 협회 활동 관련 인력에 대한 급여, 초등교육 최우선 지원, 의무교육 시작 연령을 3세로 낮추는 데 필요한 재정, 독서 증진, 방과 후 활동 프로그램 개발, 중등학교에서 늘린 수업 시수에 따른 재정, 중학생 숙제 해결 도움, 기숙학생제도, 장애학생을 위한 통합학교, 유치원, 초·중등 교사 확충과 처우 개선 등을 위한 것이다(교육청소년스포츠부, 2020, 재인용).

2) 논의

프랑스는 자유, 평등, 박애를 근본으로 삼고 이를 표방하는 나라다. 그렇지만 프랑스의 교육제도가 작동되는 방식은 중앙집권적이고 사회계층에 따라 차등화되는 이중적인 특성을 보인다는 점이 아이러니하다. 과거에 초등교육은 주로 노동자 계급이나 소시민을 위한 교육이었고, 중등교육이나 고등교육은 자본가나 지주 등의 자녀들을 위한 것이었다는 점을 그 보기로 들 수 있다. 대학교육의 대중화, 민주화, 공교육화를 강조하면서도, 다른 한편에서는 그랑제콜로 대표되는 파워 엘리트 양성기관이 공존하는 점을 보면 평등 교육을 내세우면서도 엘리트 교육이 중요한 위치를 차지하고 있음(박상완, 2016)을 알 수 있다. 프랑스는 또 국가가 교육을 주도하면서 무상교육, 성 차별 없는 의무교육, 무종교 교육(또는 종교적 중립성), 자격과 학위의 국가 관리 등을 펴고 있다. 그렇지만 교육에서 자유가 강조되고, 국가와 계약을 한 사립학교 교육도 존재하는 등의 모습도 지니고 있다.

과거 임기 7년의 대통령과 의회 다수가 선출한 5년 임기의 총리가 공존했을 때 대통령과 총리가 서로 다른 정당 출신이면 정책 추진에 엇박자를 내기도 하였다. 대통령은 수상을 통해서만 행정부에 영향을 줄 수 있는 데 비해, 총리는 행정부서를 통솔하는 힘을 지니고 있기 때문이다. 이 문제를 줄이기 위해 2000년부터 대통령의 임기를 5년으로 줄여 총리의 임기와 같도록 했다. 미테랑 대통령 집권기가 이 '동거 정부'를 출범시킨 첫 시기였다.

프랑스 교육은 다음과 같은 점에서 장점을 지니고 있다. 즉, 절대평가 방식과 시험 결과의 공개로 교육의 질을 지속적으로 관리하면서, 실무와 이론을 겸비한 전문자격학사 자격증 제도를 잘 운용하고 있다. 또 다양한 그랑제콜 운영방식(1, 2, 3 유형)을 통한 능력 개발 기회 부여, 직업기술 과정에 대한 신뢰, 객관식 평가보다는 주관식 평가 등에서 장점을 지니고 있다(정일용, 2013). 여러 갈래로 나뉘어 있는 초·중등 교사 양성기관을 단일 기관으로 만들고, 학부 과정 외에 추가 교육을 실시하기 위해 실제와 이론을 겸비한 전문적 교사 양성과 교사자격 국가고시제 및 교사교육대학원 설치 제안과 같은 노력도 돋보이고 있다(정일용, 2013). 프랑스에는 선행학습이 없고 '선발'이 목적이 아닌 '통과'와 '확인' 과정으로서의 평가제도가 자리 잡고 있는 점도 장점이다(최지선, 2014a).

그렇지만 다음과 같은 문제점도 있다. 프랑스에서도 학습지 시장과 사교육 시장이 존재하며, 그 규모가 나날이 커지고 있다(최지선, 2014a). 또 프랑스 중등학교 학생들은 비교적 어린 나이인 중학교 말에 미래의 진로를 결정해야 한다는 점, 선발도 어렵고 까다롭다는 점, 약 10%에 해당되는 학생들이 유급을 당하게 되어 있다는 점, 고등학교가 과밀화되고 있다는 점, 상급 학교 진학을 위한 선발에서 한 번 떨어지면 두 번째의 기회가 좀처럼 주어지지 않는다는 점, 프랑스 중등학교에서도 성적은 중요하다는 점, 바칼로레아 준비를 위해 교육과정이 변칙적으로 운영된다는 점(전효선, 1998), 사회적 계층에 따른 바칼로레아 합격 수준에서의 차이가 여전하다는 점(*Le Monde*, 2017. 1. 31., 재인용) 등도 문제다.

바칼로레아를 보기로 들어 보자. 한국에서는 다양한 주제와 논술형의 프랑스의 철학교육을 극찬하면서 이를 본받자는 말이 종종 나온다. 그렇지만 바칼로레아에 문제가 없는 것은 아니다. 바칼로레아 개혁을 위한 공청회를 2017년도 새 학기인 9월부터 시작하여 2018년 9월 이전까지 개최하고, 그 개혁안을 완성하여 이를 2021년부터 적용할 예정이다. 여기에는 바칼로레아 최종 시험의 과목을 4과목 정도로 크게 줄이고, 다른 과목들은 고등학교 내신 성적으로 대체하자는 제안과, 고등학교 과정과 대학 학부과정의 연결을 최적화할 수 있도록 바칼로레아의 유용성을 높이자는 제안이 들어갈 예정이다. 한편, 이 시험 중의 부정행위(수험생 간의 의사 교환, 허용되지 않은 기기나 자료 또는 정보 이용, 대리 시험 등)를 방지하기 위한 규정과 제재사항을 모든 시험장 벽에 붙여 놓고 감독관이 읽어 주게 되어 있다는 점에서 바칼로레아의 다른 모습을 엿볼 수 있다(*Nouvelobs*, 2017. 6. 14., 재인용). 2018년 2월에는 새로운 대학입시 개혁안이 나왔는데, 새 학기부터 각 대학들은 지원자 수가 정원을 초과하더라도 추가로 선발할 수 있도록 한 것이다.

　사회 진출에 유리한 **그랑제콜**의 학비가 비싸다는 점도 문제다. 프랑스의 일반 대학교는 국립으로 평준화되어 있고 입학하기도 쉬워 교육열 해소에 좋은 본보기가 된다고 한국에 소개된 일이 많다. 그렇지만 눈을 그랑제콜로 돌리면 이야기는 달라진다. 하류 계층 자녀들이 일반 대학교에 진학하기는 쉽지만, 고급 관료 겸 전문가를 기르는 그랑제콜에 진학하기는 매우 어렵고, 학비도 일반 대학교보다 비싸기 때문이다. 국립인 일반 대학교의 수업료는 2014~2015학년도에 학사과정 184유로, 석사과정 256유로, 박사과정 및 논문지도자격 과정 391유로 정도인 데 비해, 등록금이 가장 비싼 편인 경영 그랑제콜의 학비는 9,000~13,000유로 정도이다. 사립대학이나 그랑제콜의 경우는 자율적으로 등록금을 책정하게 되어 있고 학교, 과정, 전공마다 차이가 있으며, 가계소득에 따라 그리고 유럽인 여부에 따라 등록금이 달라지기도 한다지만, 그랑제콜의 학비는 일반 대학교보다 훨씬 더 비싸다(최지선, 2014b).

　프랑스 교육에서 가장 큰 문제는 **그랑제콜에의 인재 쏠림과 독식 현상**이다. 『뉴욕 타임스』(2005. 12. 18.)는 그랑제콜 입학자 중 근로자 계층 자녀는 1980년대의 20%에서 2005년에는 2%에 그치고 있어, 고급 관료나 전문가를 양성하는 그랑제콜 입학에서 계층 차가 심해졌다고 보도한 바 있다(정일용, 2013). 심지어 그랑제콜 진학 준비반인 '프레파'에 진학하는 상위 10%의 우수한 학생들도 대개는 중상류층 자녀들이라는 점도 눈여겨볼 만하다.

우파가 정권을 잡으면 경쟁을 위주로 하는 교육정책을 펴고 좌파가 정권을 잡으면 평등을 지향하는 정책을 꾸려 왔지만, 좌파 정권의 정책에서도 학력을 중시하였다는 점, 자유를 중시하면서도 교육에서의 중앙집권적 구조가 여전하다는 점, 대학을 평준화했으면서도 엘리트 교육기관인 그랑제콜이 공존하고 있다는 점에서 프랑스 교육정책은 이율배반적이기도 하다. 이는 프랑스 안의 교육 불평등을 드러낸다(남현숙, 2013). 프랑스의 교육 불평등 현상은 하급 학교 교육에서도 나타나는데, 교육부장관이 이를 직접 언급하기도 한다. 교육부 장관은 교육이 불평등을 심화시키고 있어 이를 개선하기 위해서는 일선 학교의 자율성을 더 보장해야 하고 이 자율성은 사회적 약자에 관심을 두는 일이라고 강조한 바 있다(*Le Monde*, 2017. 12. 13., 재인용). 평등과 교권 보장을 주창하는 학생과 교사들의 요구도 프랑스 교육의 쟁점을 보여 주고 있다.[56]

프랑스 교육에서 특별한 문제점은 인종과 종교의 갈등으로 프랑스가 힘들어하고 있다는 점이다. 프랑스는 알제리 등 아프리카에서 온 이슬람교도와 취약계층의 자녀들을 위해 '교육투자 우선지역' 정책 등을 펴면서 평등 실현에 노력을 기울이고 있지만, 불평등 현상과 종교적 · 인종적 갈등이 여전하여 사회적 문제가 되고 있다.

---

56) 제4장에서 소개한 파리10대학교(구 낭테르 대학교)를 취재한 미국 『뉴욕 타임스』를 인용한 조선일보의 사설(2006. 5. 16.)과 평준화가 실업자와 미숙련공만을 배출한다고 보는 김순덕(2006)의 칼럼 등, 84개의 일반 대학교의 평준화와 이들 대학의 생산성을 평한 글을 참조하라.

5. 독일

1) 독일 교육정책의 흐름

(1) 학제와 진로

독일은 세계에서 공교육의 기초를 가장 먼저 다지면서 그 선구적 역할을 한 나라다. 이미 1763년에 의무교육을 확립하고, 1837년의 프로이센과 1874년의 독일에서 5~13학년의 김나지움을 확정했으며, 1872년에 실업계 중등학교인 중간학교를 정착시켰다(권미연, 2006).

해당 연령의 3% 정도가 재학하는 소수의 사립학교를 제외하고는 6세부터 18세 (대학)까지 무상교육이다(박덕규 외, 2000; Benke, 2003). 독일 학제를 간략히 그린 [그림 5-4]처럼(藤田英典, 1997: 98; 권미연, 2006: 62), 초등학교 4년 혹은 5년을 마친 뒤,[57] 2년간의 진로탐색 과정을 거치면서 성적과 적성을 고려하여 부모와 학교가 협의하여 중등학교를 결정한다.[58]

독일의 중등학교는 10~19세의 학생이 다니는 5~13학년의 단계인데, 진로는 복선형이다. 1단계와 2단계로 나뉘는데, 5~10학년에 해당되는 중등학교 1단계에는 **보통학교, 중간학교, 종합학교, 김나지움**(5~10학년) 등 네 과정이 있다. 보통학교와 중간학교의 졸업생 그리고 종합학교의 실업계 졸업생들은 주로 직업학교로 진학하여 직업교육과정을 마친 뒤 사회생활을 시작한다. 독일은 9년제이던 김나지움을 8년으로 단축하는 교육개혁을 시행하여 2017년 현재 많은 주가 G8(8년제 김나지움)을 유지하고 있다. 그렇지만 G8이 학생들의 학업 스트레스를 증가시키고 학생 생활 만족도를 감소시킨다 하여 일부 주는 9년제 김나지움으

---

57) 베를린주와 브란덴부르크주의 학제(Schulwesen)에 해당되는 나이와 학년은 다른 주와 다르다.
58) 10세에 대학 진학 여부를 결정해야 하지만, 아동은 이를 결정할 능력이 없어 대학 진학이 사회계층에 좌우될 수밖에 없다고 보는 견해도 있다.

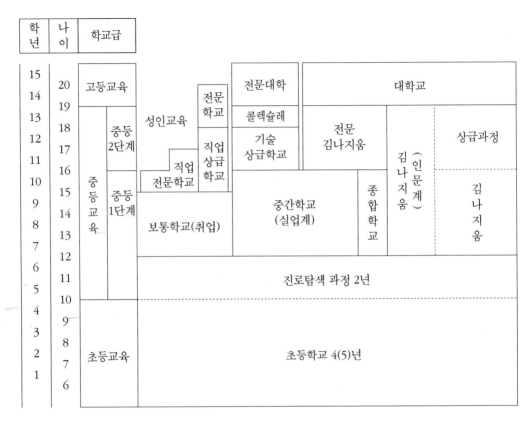

[그림 5-4] 독일의 학제와 진로

로 회귀하기도 하고, 일부 주는 8년제와 9년제 중 학생의 선택에 맡기는 경우도
있다.

[그림 5-4]에 있는 중등 1단계의 네 과정을 살펴보자.

- **보통학교**(Hauptschule)[59]: **보통학교**는 5∼9학년의 5년제 또는 5∼10학년의
6년제로 취업을 준비시키는 중등학교다.[60] 이 학교는 1960년대 중반에 고

---

59) '주요학교'라고도 번역하는데, 보통교육(Allgemeine Bildung)을 하는 곳이므로 보통학교로 번역한다.
60) 초등학교 4년과 함께 이를 지칭하는 법률적 용어는 '국민학교(Volksschule)'다.

안된 학교로 대학 진학을 하지 않는 학생들을 위한 의무교육기관이다. '김
나지움'으로 진학하지 못하는 학생 중 '중간학교' 진학자보다도 성적이 낮
은 학생들이 주로 진학한다. 6학년 말에 다른 유형의 중등학교 7학년으로
진학이 가능하지만 그 수는 극히 적다. 수공예와 같은 실생활을 위한 보통
교육을 시키기 위한 학교로서 소질, 능력, 흥미, 사물과 접촉하는 직관적이
고 구체적인 사고와 행동 중심의 수업방법을 활용한다. 보통학교만 졸업한
학생은 의무적으로 직업학교로 진학해야 하며, 졸업자는 주로 자치단체,
우편, 철도 등의 단순직 공무원이 된다. 그들은 보통학교에서 15, 16세까지
직업 기초교육을 더 받거나 직업학교에서 기술을 배운다.

• **중간학교**(Realschule)[61]: **중간학교**는 직업교육과정과 상급 학교 진학 과정을
같이 개설해 보통학교보다 광범위한 일반교육을 제공하는 5~10학년의
6년제 실업계 중등학교다. 이 학교는 김나지움으로 진학하지 못하는 학생
중 성적이 좋은 학생들이 주로 진학한다. 은행, 사무직, 판매원 등 중견 직
업인을 양성하기도 하고, 대학 진학이 가능하기도 하다. 5~6학년의 관찰
기간을 거친 뒤 다른 교육기관으로 진학이 가능하며, 졸업 후에는 직업훈
련 전문학교와 같은 기술학교 또는 김나지움 상급 과정의 진학 자격을 얻
는다.

• **종합학교**(Gesamtschule): **종합학교**는 앞의 두 학교를 혼합한 형태의 6년제
중등학교로, 5~10학년의 학생들이 다닌다. 전학·편입학 등의 이동이 가
능하며, 이론교육과 기업체 현장실습 위주의 직업학교 3년 과정이 있다.
1960년대 중반부터 실험적으로 도입되다가 1969년부터 실시되었다. 조기
선발로 인해 기회 균등이 훼손되지 않도록 하기 위한 사민당(SPD)의 평등
주의 교육정책에 따라 설립된 학교이기 때문에 주로 사민당이 집권한 주
에서 설립되었으나, 보수적인 바이에른주와 바텐뷔르템베르크주, 그리고

---

61) 일본에서는 '실과학교'로 번역한다. 직업학교 또는 실업학교로도 소개되지만, 독일 연방 교육부가
　　'intermediate school'이라고 번역하고 있으므로 '중간학교'(박덕규 외, 2000)라는 번역을 따른다.

전통적 학제를 유지하고자 하는 기민련(CDU)과 기사련(CSU)은 이를 비판하거나 없애기도 했다.[62] 그러다 주민이 원하는 곳에는 이 종합학교를 신설해 주자는 1980년의 주 교육장관회의(KMK)의 합의에 따라 기존의 세 유형의 학교와 동등한 정규학교가 되었다(박덕규 외, 2000).

- **김나지움**(Gymnasium): **김나지움**은 5~13학년의 9년제 인문계 중등학교로, 5~10학년은 중등 1단계에, 11~13학년은 중등 2단계(상급반)에 해당한다. 대학 진학을 위해 **아비투어**(Abitur)를 준비하는 학생은 상급반에 들어가야 한다. 5~10학년은 상급반인 11~13학년과 연결되지만, 도중에 성적이 좋지 않으면 보통학교나 중간학교로 전학한다(박덕규 외, 2000). 김나지움 상급반의 11학년은 입문 과정이며, 12학년이나 13학년은 학기제로서 기초와 심화 과정으로 나뉜다. 여러 교과를 언어-문학-예술 영역(영역 I), 사회과학 영역(영역 II), 수학-자연과학-기술 영역(영역 III)으로 나누고, 이 중 적어도 두 영역에서 최소한 3과목을 선택하고 세 영역 전체에서 최소한 5과목 이상을 선택해야 한다.

[그림 5-4]에서 보듯이, 중등학교 2단계에는 직업전문학교(Beruffachschule), 직업상급학교(Fachober-schule), 기술상급학교(Technischen Oberschule), 전문 김나지움(Fachgymnasium), 김나지움 상급과정, 제2의 대학 진학을 위한 과정인 콜렉슐레가 있다(권미연, 2006; 박덕규 외, 2000). 대학에 진학하려면 김나지움 상급반(11~13학년 또는 10~12년의 오버슈투페)에서 김나지움 졸업시험이자 대학 입학자격 시험인 아비투어를 치른다. 아비투어는 900점이 만점으로 내신 600점(2/3), 아비투어 시험 300점(1/3)으로 구성되고, 시험과목은 4~5개 과목인데 기

---

62) 기민련은 기독민주연합 또는 기민당, 기사련은 기독사회연합 또는 기사당이라고도 한다. 통일 후 구동독의 학교는 브란덴부르크주를 빼고는 종합학교가 아닌 김나지움이나 중간학교로 모두 바뀐 점이 특기할 만하다. 사민당, 녹색당, 민사당, 교육학술노조 등의 진보 세력은 보통학교를 없애고 종합학교를 확대할 것을 주장하고, 기민련, 기사련, 독일교사연합 등은 종합학교를 제외한 세 학교체제를 유지할 것을 주장한다(권미연, 2006).

초과정(Grundkurse) 2개 과목과 자신 있는 능력과정(Leistungskurse) 2개 과목이다. 능력과정으로 선택한 2개 과목은 아비투어 내신과 시험에 2배로 환산되어 반영된다. 내신 성적은 김나지움의 상급과정의 성적이 포함된다. 이 과정은 학점제로 이루어지고, 필수 이수 과목 외에는 분야만 정해져 있을 뿐 특정과목을 지정하지 않아 학생들이 자율적으로 선택한다(정수정, 2014).

독일의 대학교는 국립으로, 종합대학교(Universtät), 공과 종합대학교, 전문대학, 예술대학, 음악대학 등이 있다. 아비투어나 이와 동등한 학력을 소지해야 대학에 진학할 수 있지만, 이에 미치지 못할 경우는 2학기 과정의 대학 예비 과정(Studienkolleg)을 거쳐 진학할 수 있으며, 예술계 대학은 전공 실기로 기초 지식과 재능을 인정받으면 입학이 가능하다. 독일의 대학입시제도는 인문계 고등학교인 김나지움을 마친 학생이면 대학에서 공부할 잠재력이 있는 것으로 보는 개방적 입학허가 제도라 할 수 있다. 2019~2020학년도 겨울학기의 경우 약 60%의 학생은 경쟁 없이, 약 40%의 학생은 원하는 대학교나 학과에 아비투어 성적 등에 따라 경쟁 선발되었다(배지혜, 2019).

한편, 독일 대학입학에는 '**대기 학기 제도**(Wartesemester)'라는 특별한 제도가 있다. 진학을 원하는 학과가 있는데, 그 학과에 정원 제한이 있는 경우, 지원하고 기다리면 성적이 부족해도 정원의 20%를 대기자 가운데에서 선발하는 제도다. 기다리는 학기가 길어지면 가산점이 높아져 입학 가능성이 커진다는 점에 한국 교육이 주의를 기울일 만하다. 대기자는 대기하는 동안 직업교육을 받거나 직장에 나갈 수 있다. 개인의 능력에 따라 다양한 경로로 그리고 대기 학기제를 통해 대학에 입학할 수 있어, 경쟁이 치열하지 않으며 비교적 평등한 교육 기회를 얻을 수 있는(정수정, 2014) 독일 대학교육의 장점을 발견할 수 있다.

(2) 독일 교육정책의 흐름

독일은 16개의 독립적인 주(州)로 이루어진 연방국가인데, 각 주마다 교육정책을 독립적으로 수립한다. 19세기 후반 바이마르 헌법에 따라 근대 교육제도가 자리 잡았지만 제2차 세계대전 이후에는 미국 등 점령국의 제안을 부분적으로 수용할 수밖에 없었다. 1950년대 이후 고급 산업인력 육성에 힘을 기울여 왔으나, 참여와 민주화를 주창한 1967년 학생운동으로 기존의 권위적 교육과 그 교육 내용이 개혁되었다(정영순, 1998, 1999).

1990년의 통일과 1993년의 유럽연합 출범 이후, 독일은 나름의 교육개혁과 유럽연합에 부응하기 위한 교육정책을 추진해 오고 있다. 주 정부가 교육정책을 주관하면서도, 16개 주 '주 교육장관 회의(KMK)'를 통해 서로의 차이를 조정하고 분담·협조 체제를 이루며 연방 차원의 통일성을 유지하려 한다(박덕규 외, 2000; Benke, 2003). 1998년에 당선되어 2005년까지 재임한 슈뢰더(G. Schröder) 총리가 마련한 「바이마르 혁신 지침」은 최근 독일 교육정책안의 대표적인 것으로 그 주요 내용은 다음과 같다(주 독일대사관, 2004).

- 교육의 형평성을 위해 취학 전 단계부터 생길 우려가 있는 사회적 소외감을 줄인다.
- 통일된 교육표준 프로그램을 마련하고 정기적인 평가를 실시한다.
- 2010년까지 탁아·보육시설을 확충하고 전일제 탁아소를 설치한다.
- 관료주의를 없애고, 개방을 통해 대학을 유연하게 하며, 우수 연구자를 육성하기 위한 유인 및 성과급 제도를 확대하고, 엘리트 대학 설립을 고려한다.

2005년 10월 취임한 메르켈(A. Merkel) 총리는 이론물리학 박사이자 독일 최초의 여성 총리이다. 2005년의 총선에서 양대 대표 정당인 기민당(CDU)나 사민당(SPD) 중 어느 하나가 성공적인 득표를 하지 못함에 따라, 두 정당은 11월 '대연정'에 합의했다. 2009년 메르켈 총리는 '교육공화국 독일'을 중요한 정치적 목표로 표명했으나, 현재까지 학교 정보화와 같은 기반 설비 사업은 재정 문제 때문에 부진한 상태에 있다. 교육투자를 늘리지 못하는 상황에 대한 연방 정부, 주 정부, 지역 간의 불명확한 책임 소재도 자주 지적되고 있다(경제학연구원, 2019,

재인용).

독일의 교육정책 중 실효성 있는 것으로 꼽히는 것이 온종일 학교 정책이다. 온종일 학교(Ganztagsschule)는 맞벌이 부부, 한부모 가정, 1자녀 가정, 특히 학부모가 자녀를 제대로 보살피지 못하는 저소득층이나 이민자 가정의 자녀들에게 도움을 주는 방과 후 학교다. 일반 학교보다 하교 시간을 늦추어 자유 활동이나 열린 학습, 스포츠나 놀이, 체험활동 등을 제공하는 학교다.

2) 논의

독일 교육의 특징은 인성교육과 직업교육이 좋다는 점에서 찾아볼 수 있다. 인성교육은 함께 사는 법을 가르치는 교육과 과거 '나치' 시기를 반성하는 교육에서, 직업교육은 실습(Praktikum) 위주의 실용적인 현장교육이라는 점에서 중요한 특징을 엿볼 수 있다. 특히, 직업학교와 산업체 간의 연계된 교육훈련시스템인 **이원체제**(dual-system)는 독일 진로교육의 특별한 장점으로 인용되고 있다. 이는 3년간 직업학교에서의 수업과 기업체에서의 실습을 병행하는 체제다. 9년간의 의무교육을 마치고 상급 학교에서의 학업 대신 직업을 갖고 싶으면 이 체제에 들어가면 된다. 한편, 교권이 강하다는 점도 독일 교육의 특징의 하나인데, 교사는 **상급 학교 추천권**(Grundschulempfhlung)과 퇴학 처분권을 가지고 있다.

또 독일의 초·중등학교에서 필기평가가 적다는 점도 특기할 만하다. 주요 과목에서만 필기평가를 하고, 다른 과목에서는 수업에서 학생이 보인 학업 능력, 답변, 과제준비, 동료와의 협력 등의 전반적 태도를 구두 평가한다. 주요 과목에서 필기평가를 하지만 구두 평가가 곁들여진다. 능력이 우수한 학생이라도 숙제를 성실히 하지 않거나 다른 학생과 협력하지 않을 경우, 또 수업에 방해되는 행동을 할 경우, 좋은 평가를 받을 수 없다. 그렇지만 아비투어를 준비하는 중등교육 상급과정에서는 필기 평가가 이루어진다(정수정, 2014).

독일에서는 선행학습이 없고(정수정, 2014) 경쟁이 치열하지 않다고 하여, 독일의 교육제도나 정책이 우리나라의 교육 문제 해결을 위한 대안으로 자주 인용된다. 특히, 우리나라와는 달리 독일에는 사교육이 거의 없고 학벌주의의 폐단이 없으며(김상봉, 2004), 명장(明匠, Meister) 제도가 제도적·현실적으로 정착됐다는 점을 가장 먼저 본받아야 한다고들 한다. 명장 제도가 정착되어 있어 대학에 가지 않아도 되고 교육 경쟁에 시달리지 않아도 된다고 보기 때문이다.

특히 다음과 같은 장점을 지닌 독일의 직업교육을 눈여겨볼 필요가 있다. 첫째, 직업교육을 긍정적으로 생각하는 독일에선 불필요한 대학 진학으로 인한 고학력 현상과 재원의 낭비를 막을 수 있다. 둘째, 실기 중심의 직업교육은 학습능력이 부족한 학생들의 자기계발 기회와 동기를 높여 준다. 셋째, 국가와 주 그리고 기업과 학교가 직업교육을 유기적으로 그리고 실질적으로 실시하고 있고, 그에 따라 직업을 쉽게 가질 수 있다(정수정, 2012).

또 상급 학교에 진학할 때 각 학생의 전 학년 성적과 능력에 따라 학생, 교사, 학부모가 무리하지 않고 함께 결정한다는 점과, 진학하고자 하는 학교들이 수평적 의미의 교과과정을 운영하므로 계열 간 이동이 한국보다 자유롭다는 점이 장점으로 꼽히기도 한다. '후원학급', 교과 담당교사의 '0교시 수업', 방과 후 활동 등을 통해 성적이 좋지 않은 학생의 보충교육을 하고 있는 최근의 몇몇 시책들도 우리나라의 교육 문제 해결을 위한 실마리로서 제안되기도 한다.

그렇지만 독일 교육에서도 문제가 없는 것은 아니다. 특히 부모의 학력이나 가정배경이 자녀의 교육적 성공에 미치는 영향력이 크다는 점이 문제다. 부모의 학력과 대학 진학 전 단계인 김나지움에 자녀가 진학하는 비율이 비례하는 경향이 강하다는 점, 그래서 취약계층 자녀들이 자기 처지대로 살 수밖에 없다는 생각인 '**숙명론적 신분론**(Statusfatalismus)'(Köcher, 2009)을 지니게 된다는 점이 문제라는 것이다. 독일에서도 '개천에서 용 나기는 쉽지 않다'(박성숙, 2012)는 지적처럼, 학력주의가 가장 약하다는 독일이지만 교육에서의 격차는 해소되기 어렵고, 이것이 사회계층 이동의 유리/불리함으로 이어진다는 점에서 독일 교육제도도 취약점을 지니고 있다. 보통학교, 중간학교, 종합학교, 김나지움으로 분리된 중등학교에서, 보통학교 재학생들이 가장 낮은 사회계층의 자녀들이고 김나지움 재학생들이 최상류층 자녀들인 경향이 짙으며, 대학생의 경우도 그들 부모의 학력이나 가정배경의 영향을 크게 받는다는 점이 독일 교육의 취약한 면을 보여 주고 있다.

이러한 점들 외에도, 독일의 교육정책은 다음과 같은 점에서 비판을 받기도 한다. 첫째, 국제 경쟁력 제고를 위해 마련한 교육개혁안들이 독일 나름의 철학이 깃든 교육정책이라기보다는 실은 미국식 교육정책을 성급하게 본뜬 것이다. 둘째, 지지기반인 노동계의 반대를 무릅쓰고 내놓은 슈뢰더 정부의 '어젠다 2010'이 실은 친(親)기업정책이라는 점이다. '어젠다 2010'은 독일 경제를 활성화하고 더 많은 일자리를 창출하며 독일을 세계화에 맞도록 만들겠다면서, 독일 교육도 노동시장 개혁, 사회시스템 전환, 경제성장 등과 함께 개혁되어야 한다는 포괄적인 강령에 따른 것이었다. 그렇지만 폭스바겐(Volkswagen)의 인력개발 담당이사 하르츠(P. Hartz)가 이끈 위원회가 마련한 이 정책은, 인구 노령화에 대비하고 경제 부진을 타개한다는 명목 아래, 복지정책을 축소하면서 기업에 맞는 노동시장 구축에만 도움을 줄 뿐이라는 비판도 받는다.

6. 핀란드

1) 핀란드 교육정책의 흐름

(1) 학제와 진로

[그림 5-5]에서 볼 수 있듯이, 핀란드의 학제는 영·유아 돌봄을 위한 취학 전 보육, 의무교육기관인 9년제(7~16세) 종합학교(peruskoulu), 3년제 후기 중등학교, 고등교육으로 이루어진다.

고등교육 단계	취업 과정(폴리테크닉)	학위 과정(일반 대학교)	나이
	취업	박사	
	석사	석사	(+2~3)
	학사	학사	(+3~4)
후기 중등과정	직업 고등학교	일반 고등학교	18~19
			17~18
			16~17
종합학교(의무교육)			15~16
			14~15
			13~14
			12~13
			11~12
			10~11
			9~10
			8~9
			7~8
취학 전 보육 및 유치원			6~7

[그림 5-5] 핀란드의 학제(개관)[63]

핀란드의 초등교육은 의무교육이자 기초교육 단계인 9년제 종합학교에서 시작된다. **종합학교**는 한국의 초등학교와 중학교의 통합 과정에 해당된다. 이 종합학교의 저학년 과정(1~6학년)의 교육은 일상에서의 다양한 질문과 그에 대한 이해 위주의 개인 학습으로 학급 담임교사가 모든 과목을 담당한다. 한편, 종합학교의 상급 학년(7~9학년)의 교육은 직장 관련 정보 및 이와 관련된 활동에 관한 아이디어를 습득시키면서 실제 직업생활에서의 소양과 기능에 관한 경험을 준비시키는데, 이때는 과목별 전공교사가 교육한다. 이 단계에서 수학과 언어(영어, 스웨덴어, 독일어) 등이 중요한 과목이지만, 그 운영은 주로 유연하면서도

---

63) https://minedu.fi/en/education-system(2020. 11. 19. 인출)

통합적인 집단 학습 형태로 이루어진다. 최종 학년인 9학년이 되면 주요 과목에 평점이 매겨지고 그 평균 점수로 진학할 학교가 결정된다(김경자, 2011).

종합학교의 담임교사나 각 과목 담당교사는 국가가 설정한 기준에 근거하여 학생 평가를 하는데, 중간시험이나 기말시험의 결과로 학생을 평가하지는 않는다. 9학년까지 성적이 좋지 않은 학생은 본인의 희망에 따라 1년 더 무료의 10학년 과정을 이수할 수 있는데, 이들을 위해 특정 교육과정과 교과서가 제공된다. 이 10학년을 수료하고 직업학교에 입학하면 1년 월반할 수 있다(한국교육연구네트워크 총서기획팀, 2010; 福田誠治, 2009).

종합학교는 학생들이 과도하게 교과를 이수하지 않도록 하기 위해 1~4학년에는 5개 이내, 5~6학년에는 7개, 7~9학년에는 10개 정도의 교과군 또는 교과목을 부과한다. 교사들은 학생들의 수업 참여나 학교생활에 대한 평가를 매일 기록해 놓았다가 학년 말에 종합 평가기록을 하고 이를 통지한다. 1~7학년은 기술식 성적표를, 8~9학년은 숫자로 기입된 성적표를 받는다(신문승, 2011; 이덕난, 한지호, 2011; 정일용, 김돈, 2012. 11. 19.).

한국의 고등학교에 해당되는 후기 중등과정은 직업 고등학교와 일반 고등학교로 나뉜다. **직업 고등학교**(ammattioppilaitos)는 직업자격을 취득하기 위한 2~3년제 학교다. 종합학교 졸업자의 38.5% 정도가 직업 고등학교에 진학한다. 이 직업 고등학교는 기초 과정, 심화 과정, 특별 기술 과정 그리고 현장 실습으로 이루어지는데, 학생들은 3년 과정의 경우 120학점을 이수하고 120시간 이상의 현장학습을 해야 하므로 6개월 이상의 현장 실습을 하게 된다. 직업 고등학교를 마치면 주로 취업하는데, 대학입학자격시험을 치르고 폴리테크닉이나 일반 대학교에 진학할 수도 있다.

한편, **일반 고등학교**(lukio)는 대학 진학을 목표로 하는 3년제 학교다. 여기에서 학생은 다음 단계로 나아가기 위한 필수 과목을 결정하고 이를 이수한다. 평가는 학교별로 다양하게 이루어지는데, 이수 가능한 점수를 받지 못할 경우 다음 단계로 나아가지 못하며, 이 단계에서 학생들은 국가 수준의 학업성취도평가를 받아야 한다. 교사에게는 해당 교과의 평가 기준을 결정하고 평가할 권한과 자율성이 주어진다. 일반 고등학교는 전국에서 학생을 선발할 수 있는데, 그전 단계인 종합학교에서의 내신 성적이 반영된다. 이 때문에 일반 고등학교가 서열화되어 있다는 말이 나오기도 한다. 마지막 3년째에 학생들은 1년에 두 번 실시되는 대학입학자격시험(Matriculation)을 치르는데, 시험 과목은 4개의 필수 과목과 선택 과목 1개로 이루어진다. 이 시험에 연속 세 번 응시하여 지정된 과목에 합격하면 대학 진학 자격을 얻는다(정일용, 김든, 2012. 11. 19.).

고등교육 단계에는 폴리테크닉, 일반 대학교가 있다. 1996년에 설립된 뒤 현재 27개에 달하는 폴리테크닉(ammattikorkeakoulu)은 실용적인 전문기술인을 양성하고, 17개의 일반 대학교는 과학연구와 강의 그리고 학·석·박사 학위 수여에 역점을 둔다. 대부분의 일반 대학교는 고등학교 내신 성적, 대학입학자격시험 성적, 전공별 대학 본고사 시험 성적으로 학생을 선발한다. 일반 대학교는 국립이지만 자율성을 보장받는다(이덕난, 한지호, 2011).

> **영화 〈다음 침공은 어디?(Where to Invade Next?)〉(2015) 중 핀란드 부분**
>
> 이 영화는 미국 국방부의 비밀 요원이 미국의 사회 문제를 해결해 줄 9개 나라의 좋은 제도를 훔쳐 오기 위해 세계를 침공한다는 판타지다. 이 영화 중 핀란드 부분은 다음의 내용이다. 1960년대만 해도 핀란드 교육과 미국 교육은 서로 비슷하게 빈약한 형편이었다. 그러나 2000년대에 와서 핀란드 교육이 세계 최고 수준이 되었다. 핀란드에서는 숙제나 표준화 검사도 없고, 어린이들이 자유롭게 놀고 학교를 적게 다니는데도 오히려 더 똑똑해지는 신기한 현상을 보인다는 것이다. 또 핀란드의 학부모들은 학교란 성취도 평가를 하는 곳이 아니라 배우는 방법을 배우면서 행복을 추구하는 곳이어야 한다고 생각하고, 좋은 학군 또는 좋은 사립학교란 개념에 빠지지 않고 자기 마을에 있는 학교가 최고라는 생각을 하며, 부자 학부모들도 좋은 사립학교를 찾아다니기보다는 공립학교를 좋은 학교로 만들기 위해 노력한다는 것이다. 이에 비해 미국의 교육은 과거의 그 수준을 넘지 못하고 여전히 문제가 많다는 점에서 핀란드의 교육을 훔치기로 한다.

(2) 핀란드 교육정책의 흐름

인구 550여만 명의 작으면서 자원도 빈약한 나라 핀란드는 지정학적 특성 때문에 주변국의 침략과 간섭을 받아 왔다. 12세기부터 19세기 초까지 600여 년간 스웨덴의 속국이었고, 20세기 100여 년간은 러시아의 지배를 받았다. 러시아와 독일 간의 전쟁과 제2차 세계대전의 후유증 역시 핀란드에게 극심한 인적·물적 피해를 입혔다. 20세기 초에는 시골 지역 아동 중 1/3정도만이 학교에 다녔으나, 1921년에 의무교육을 도입한 뒤 핀란드는 유럽에서 문맹률이 가장 낮은 수준의 나라가 되었다.

핀란드는 1958년 초등 의무과정을 2년 연장하고, 1960년대부터 복지국가 스웨덴의 영향을 받아 평등과 복지를 추구했다. 교육에도 사회안전망이라는 복지개념을 도입하고, 「기초교육법」과 같은 법 제정과 보완을 통해 가르치고 배우는 것뿐만 아니라 학생들의 건강한 성장과 복지 향상 및 차별과 경쟁이 없는 통합교육을 추구해 왔다.

핀란드는 교과 중심의 독일식 학교교육 체제를 버리고 인본주의적이고 아동중심적인 학교교육 체제를 만들 교육정책을 추진하였다. 본격적인 교육개혁은 1960년대 후반부터 시작되었는데, 현재의 종합학교 체계는 1968년의 입법에 따른 것이다(김경자, 2011). 핀란드는 1970년대 초에 기존의 초등학교, 직업과정, 문법학교를 통합하여 9년제 공립 종합학교 제도를 도입하였고, 교육의 성패는 국가교육과정에 있다고 보고 1965~1970년에 걸쳐 국가교육과정을 마련하였다.

1970년에 비로소 현대적 모습의 핀란드 교육과정이 완비되었는데, 국가교육과정은 모든 학생들이 달성해야 할 핵심 내용과 가치, 학업 분량, 달성 수준을 담고 있다. 1972년 이후 초·중·고등학교 과정에 의무교육을 시행하여 모든 학생을 보편기초교육의 품으로 끌어들였다. 1950년대까지는 25% 정도의 학생들만이 인문계인 문법학교에서 교육을 받고 있었으나, 종합학교 제도를 통해 국민 공통의 가치와 형평성을 보장할 기초교육을 제공하게 되었다.

핀란드 교육정책이 마련된 정치적인 배경과 경제적인 배경을 살펴보자. 먼저, 정치적인 배경으로는 1960년대 노동조합 운동의 세력화와 사회민주당 집권을 들 수 있다. 사회민주당은 사회적 형평성이나 평등을 앞에 내건 교육개혁안을 주도하였다. 이 개혁안은 9년간의 의무교육을 실시하고 기존의 초등학교, 직업과정, 문법학교를 9년제 공립 종합학교로 개편할 계획을 담고 있는데, 이는 스웨덴의 교육정책 이념을 본뜬 것으로 평등과 사회정의를 위한 것이었다.

종합학교는 교육 기회의 평등성 제고와 국제 경쟁력을 갖춘 인재 양성이라는 목표를 추구하면서도 이질집단을 편성하는 통합교육과 낙오자 배출 지양의 원칙을 지녔다(김경자, 2011). 집에서 가장 가까운 종합학교에 진학하여 국가교육과정을 따르되, 학교와 교사는 자율적으로 교육하기에 획일적이지 않다. 학교마다 특성화 과정들을 마련함으로써 학생들은 풍부한 학습 경험을 얻게 된다.

한편, 경제적 배경으로는 경제사회의 변화와 구소련의 영향을 들 수 있다. 농업사회에서 산업사회로의 변화에 부응하고 경제발전을 위해 교육 개선이 우선돼야 한다는 각성이 일었다. 또 소련의 경제에 의존해 오던 핀란드는 1990년대 초 구소련이 붕괴하자 실업률이 20%에 달하는 등 심각한 불황에 빠졌다. 이 경제 위기는 기존의 중앙집권체제와 관료제를 무너뜨리는 결정적인 동력으로 작용하여, 마침내 분권화가 이루어졌다(정일용, 김든, 2012. 11. 19.).

이에 따라 실리적이고 합리적이며 자율적인 학교 운영이 가능해졌고, 일선 학교와 교사의 자율성이 크게 신장되고 학생들의 학업성취도도 향상되었다. 1972년 핀란드는 후기 중등과정에 **무학년제**를 시범석으로 도입하였는데, 이는 후기 중등과정과 그 아래 단계인 종합학교 교육과정이 원활하게 연결되게 하기 위한 것이었다. 그러나 이 시도는 교원의 이해와 준비 부족 등으로 1년 뒤 중단되었다. 1974년 후기 중등과정을 직업 고등학교와 일반 고등학교로 나누고, 기존의 학년제와 학급제도는 유지되었다. 그러다 1987년 무학년제를 다시 시범 운영하면서 능력별 이동 수업과 개인별 학습을 같이 병행하였는데, 이를 바탕으로 1994년 후기 중등과정에 무학년제가 도입되었다(정일용, 김든, 2012. 11. 19.).

1990년대에 들어, 고급 기술인력 양성의 중요성을 깨닫고 고등교육 단계에서 폴리테크닉을 고급 기술인력을 배출할 고등교육기관으로 삼았다. 폴리테크닉이 일반 대학교보다는 학업 기간은 짧으면서도 고급 기술 습득에 집중할 수 있다고 보았기 때문이다. 일반 대학교는 2010년부터 대학 법인화가 실시되면서 대학의 행정과 재정에서 행정의 책임은 늘면서도 자율성은 보장되고 있다.

'교육전략 2015'는 종합학교에서 개인의 선택과 공동체 정신 및 봉사활동을 장려하며, 소외를 예방하기 위해 예술 및 체육활동 등에 참여할 기회를 넓혀 건전한 학교 공동체를 구축하는 데 역점을 두고 있다. 여기에는 지역, 연령, 성별, 출신, 민족, 언어, 경제력 등에 관계없이 교육 및 문화 서비스에서의 형평성을 변함없이 추구하려는 의지가 담겨 있다. 특히 산학협력, 정보통신기술 활용, 문화산업의 촉진을 통해 지역 균형 발전을 이루고자 하고 있다. 경제적 경쟁력 강화를 위해 연구 개발에 지원을 늘리면서 지식 중심 업무에서의 생산성과 효율성 증대를 추구하면서도, 인구 노령화에 대비하고 사회적 소외를 줄이기 위해 구성원의 참여를 높일 비공식 교육이나 평생학습 기회를 증진시키려고 하였다(김왕준, 2010).

'2020 기초교육'은 기본 교육과정을 통합과정 그룹과 일반과목 그룹으로 나누고 필수과목과 선택과목으로 구분하도록 하였다. 모든 교과목을 6개의 영역으로 나누고, 학년별로 선택하도록 하였으며, 수업 시간을 늘렸는데 특히 3~9학년의 선택과목 수업 시간이 크게 늘었다. 여기에 도덕 등을 새로운 교과목으로 추가하고, 다양한 외국어를 조기에 이수토록 강화하였다.[64]

64) https://www.oph.fi/sites/default/files/documents/education-in-finland-2020_1.pdf

2) 논의

핀란드의 교육은 무상교육으로, 대학교에서도 등록금이나 수업료가 없다. 또 핀란드에서는 선행학습이나 사교육이 없다. 핀란드에서 수업은 교사의 일방적인 행위가 아니라 학생과 교사가 상호작용하며 미지의 지식을 공동으로 창출해 가는 행위다. 이는 답을 이미 갖고 있는 선행학습과는 다른 활동이다(이보영, 2014).

종합학교 단계인 16세까지는 숙제가 거의 없고 다른 학생과 비교되는 평가도 없으며, 학교 간 격차나 학생 간 학습 격차도 적다(福田誠治, 2009). 이처럼 자유롭고 자율적인 교육 방식을 택하고 있음에도, 세계 학력평가시험인 PISA의 여러 영역에서 학생들이 최상위권의 성적을 거뒀다는 점, 그리고 2010년 OECD 국가 중 청소년 행복지수가 네덜란드(94.2%)에 이어 두 번째(91.6%)로 높았다는 점이 세계의 부러움과 주목을 받아 왔다. 그리하여 많은 나라가 핀란드의 교육을 본받고, 자기 나라의 교육 문제를 해결할 실마리를 여기에서 찾고자 주의를 기울이고 있다. 핀란드는 '미래를 위한 세계 교육 지수'에서도 최상위를 차지함으로써 이제 '핀란드 교육을 수출'하는 나라가 되었다(*Goodnewsfromfinland*, 2019. 3. 11., 재인용; *OPH*, 2017. 7. 26., 재인용).

교사들은 교재 선택이나 수업에서 자율성을 보장받으면서 교사협의회를 통해 그들의 자질을 한층 높인다. 핀란드에서 교직은 역사적 · 사회적으로 존경받고 인기 있는 직업이지만, 1979년부터서는 교육학 관련 석사학위 이상을 지니도록 교사 양성체제를 강화하였다.

핀란드 교육을 성공한 것으로 본다면, 그 비결은 무엇일까? 그 배경으로 제시되는 것들을 들면 다음과 같다(신문승, 2011; 정일용, 김든, 2012. 11. 19.).

- 평등을 추구하면서 선발을 하지 않는 종합학교 제도
- 개인별 맞춤 교육: 석차나 경쟁보다는 각자의 수준에 맞는 목표 설정

- 경쟁을 부추기지 않는 교육: 다른 학생과의 경쟁이 아니라 자신과의 경쟁이나 남과 다르게 생각하기를 강조하는 교육
- 협동과 동료의식 고취 교육: '경쟁은 좋은 시민이 된 다음의 일이다.' '수업은 마치 놀이처럼 진행된다.'[65]
- 공부를 잘하는 학생보다 잘 못하는 학생에게 더 많은 관심 부여
- 학생들의 성공적인 학교생활과 학습자 중심의 최적의 학습환경 조성
- 등급 없는 평가(성적 석차를 내지 않는 개인의 학업 진도 평가 방식), 각자의 수준에 맞게 설정한 목표의 달성 여부를 표시하는 성적표
- 시험의 최소화와 학교 간 그리고 학생 간 서열이나 석차 산출 금지
- 고등학교에서 지필시험 폐지: 2018년 9월의 졸업시험을 마지막으로, 앞으로는 디지털 형태의 시험으로만 가능(Yle, 2018. 9. 16., 재인용)
- 포트폴리오 평가: 홀로 또는 집단에서 수업 시간에의 참여, 과제와 연구 수행 정도+시험+수업 시간 외 독립적인 연구 작업+연습을 한 흔적
- 양질의 교육과 복지의 동시 추구
- 무상교육과 취약계층 자녀에 대한 실질적 보상과 지원: 가정, 경제력, 지역, 성 등과 무관하게 교육 기회를 부여하고 교육결손을 막아 교육적 평등 추구
- 직업 고등학교의 내실성과 다양성: 용접이나 자동차 수리 등의 분야로만 여겨지는 취업 준비 과정이 아니라 교육, 관광, 요리, 사회복지, 조경, 대중교통 분야 등으로 다양화
- 학교 선택권 부여
- 학생의 선택에 따른 반 편성과 다양한 학급 형태와 수업방법 운영
- 교육과정 운영의 융통성과 일선 학교의 자율성

---

65) KBS 스페셜(2010. 11. 4.). 〈세계탐구기획: 핀란드의 숨겨진 성공비결, 사람만이 희망이다〉; 2012년 3월 19일 서울시 교육청에서 열린 대담에서 핀란드 전 국가교육청장 에르키 아호(Erkki Aho)가 한 말(https://www.youtube.com/watch?v=wwDZa8xBhtY)

- 교사의 자율성과 전문성, 전문성을 갖춘 교사 양성체제
- 믿음과 신뢰에 바탕을 둔 책무성 강조
- 학습 부진아 특별교육, 결석 학생을 위한 보충교육
- 정책 수립에서 공동운명체 의식을 기반으로 한 사회적 합의 지향
- 다른 정책과 연계 속에서 일관성 있고 지속가능한 교육정책 추구

그렇지만 이러한 장점을 지닌 핀란드 교육도 다음과 같은 점에서 비판을 받기도 한다. 먼저, 세계 최고 수준이던 핀란드 학생들의 학업성취도가 최근 하락세라는 점을 들 수 있다.[66] 2012년에 발간된 OECD 교육 보고서 「Education at a Glance, 2012」를 보면, 핀란드 학생들의 수학 성적은 12위로 떨어지고 과학과 읽기 성적도 5, 6위에 머물러, 핀란드의 교육이 다른 나라의 그것에 비해 크게 나은 것은 아니라는 시각도 있었다. 숙제와 시험이 거의 없는데도 '교육 선진국'이라고 칭찬받던 핀란드 정부는 이제 교육정책의 방향을 바꿔야 하지 않나 하는 영국의 주간지 『이코노미스트(The Economist)』 2016년 5월 14일의 보도에 귀를 기울이고 있다(Yle, 2016. 12. 7., 2017. 11. 14., 재인용).

후기 중등과정에서는 대학입학자격시험의 문제가 지적되고 있다. 그 이유는 후기 중등과정에서의 교육 내용과 대학입학자격시험이 실용적·실질적으로 연계되지 않는다고 보기 때문이다. 특히 현대사회가 요구하는 정보검색능력, 비판적 사고, 상호작용기술 등 통합교과적 지식과 기능이 아닌 학생의 암기력을 주로 평가하고 있다는 것이다(Helsingin Sanomat, 2016. 5. 11., 재인용).

핀란드 교육에서 경쟁이 없다는 말도 전적으로 맞지는 않다는 점을 추가할 수 있다. 특히, 좋은 대학의 인기 학과에 대한 높은 경쟁과 이를 위한 사교육 현상이 다른 나라의 그것과 비슷하다는 것이다. 핀란드 대학생들의 70% 정도가

---

66) "핀란드 교육, 노키아 식 추락?.. 학력 급속 저하에 위기감"(조효석, 국민일보, 2016. 5. 17.)이란 표현과 핀란드의 교육전문가 파시 살베리(Pasi Sahlberg)의 "핀란드 교육시스템은 노키아의 오류", 곧 최고의 자리에서 혁신을 하지 않아 뒤처졌다고 비판하는 말이 이와 관련된다.

그들 부모가 대졸자인데, 이는 OECD 평균보다 더 높은 것이어서, 평등과 복지를 강조하는 핀란드에서도 교육 불평등이나 신분의 대물림이 세습되는 것은 아닌지 논란이 되고 있다. 핀란드 공영방송인 *Yle*(Yleisradio)는 2012년 4월, 의과대학과 같은 인기 학과에 진학하고자 하는 졸업반 학생들이 비싼 사설학원에서 입시 준비를 하는 경우가 많아 불평등 현상이 우려된다는 점과, 가정배경에 따른 학습 성과의 차이가 있다(*Yle*, 2019. 12. 3., 재인용)는 점을 보도한 바 있다.

마지막으로, 교사들에게 주어지는 자율성과 그들의 높은 자질이 핀란드 교육의 장점이라고 일컬어져 왔는데, 핀란드 안에서는 교사들의 무관심에 대한 비판도 있다는 점을 들 수 있다. 2007년 이후 학교에서의 '왕따' 문제, 총격 사건, 교내 폭력, 욕설, 교사에 대한 학생의 폭력 등의 문제가 나타나면서 교사들의 보다 더 적극적인 지도 자세가 요청되고 있다. 이와는 달리, 교사들은 교사들대로 교사 권위가 무너지고, 교사가 아이를 손댈 수 없어 교실 내 공격적인 행동을 하는 학생을 다스리기 힘들어 이직하는 경우도 있다는 보도(*Yle*, 2019. 8. 12., 2020. 2. 18., 재인용)도 공존한다.

7. 각국의 교육정책의 시사점

- 나라마다 세계화를 향한 교육정책을 추구하고 있다. 세계는 거대한 단일 시장으로, 지구는 하나의 거대한 마을로 바뀌어 가고 모든 사람은 동질화되고 모든 것은 표준화되고 있다고들 말한다.

- 나라마다 1970년대까지는 평등 실현을 중시하다 1980년대 이후는 수월성을 중시하는 방향으로 전환하여 왔다.

- 나라마다 고급인력 양성과 교육의 수월성을 통해 국제 경쟁력을 높이려 하고 있다. 이제는 무기 경쟁이나 경제 전쟁이 아닌 '교육전쟁'을 하는 듯하다. 세계화의 흐름을 거스를 수는 없지만 각 국가가 갖추어야 할 고유의 경

쟁력 역시 중요하다는 것이다.[67]

• 나라마다 고급인력 양성과 교육의 수월성 수준을 학생들의 학력(學力)으로 측정한다.

• 나라마다 정부는 지원만 하고 학교, 학부모, 학생들의 자율성과 책무성을 강조한다고 말하면서도, 여전히 정부가 교육정책을 주도한다.

• 나라마다 직업훈련이나 인적 자원 개발을 위한 평생교육을 강조한다.

• 나라마다 지속되거나 심화되고 있는 교육 격차나 교육 불평등 현상을 줄이려고 노력하고 있다.

• 나라마다 2019년 발생한 코로나19로 재택수업과 원격교육을 위한 수업방법과 콘텐츠 마련에 힘을 기울이고 있다.

🐦 토의 · 토론 주제

• 제4장에서 한국 교육의 당면 문제로 든 것들을 해결하는 데 가장 좋은 시사점을 주는 외국의 교육정책은 무엇인가? 왜 그런가?[68]

---

67) 스위스의 국제경영개발원(IMD)은 매년 각 나라의 경제, 교육, 정부 부문의 국가 경쟁력을 지표와 순위로서 제시하고 있다. 학부모의 교육비 부담률, 정부의 부담률, 학생 1명의 공교육비 수준, 25~34세 인구의 고등교육 이수율, 대학교육의 경쟁력 지수, 교육제도 전반의 경쟁력, 대학과 산업 간 지식 이전 수준, 수준급 엔지니어의 공급 수준 등이 그에 해당된다.

68) 각 나라의 교육부 홈페이지와 한국교육개발원 교육정책네트워크 정보센터(2019)의 '2019년 교육정책네트워크 해외교육동향 기획기사(상), (하)'의 각 영역별 정보를 참조하길 바란다.

제6장
평생교육과 평생학습

과거에는 학교교육이 주된 관심사였지만, 이제는 '평생교육' '평생학습' '평생학습사회'도 교육정책에서 중요하게 다루어지고 있다. 평생학습사회란 학교교육을 뛰어넘어 사회 전체를 학습의 장으로 바꿔야 함을 뜻하는 말이다. 학습이 주로 학교에서 이루어진다고 생각했던 사고의 틀에서 벗어나, 학습은 '학교를 넘어' '언제 어디서나' '모든 이를 대상으로' 이루어진다고 보는 것이다.

이 장에서는 평생교육의 정의, 발달, 필요성, 특징, 유사 용어, 외국의 흐름, 평생교육의 과제 등을 알아보기로 한다.

❓ 미리 생각해 보기 ➡

• 평생교육이 왜 중요하며, 평생학습과는 어떤 차이가 있는가?

✏ 주요 용어 및 개념 ➡

• 평생교육
• 평생학습
• 자기주도적 학습
• 한국의 「평생교육법」
• 성인교육, 순환교육, 계속교육, 추가교육
• 일본의 사회교육과 생애학습

1. 평생교육의 뜻과 발달

1) 평생교육에서 평생학습으로

(1) 평생교육이란 무엇인가

평생교육(life-long education)이란 평생 동안 이루어지는 교육의 과정이자 그와 관련된 프로그램이라고 말할 수 있다. 그렇지만 이 평생교육의 정의는 넓은 의미와 좁은 의미로 나누어 살펴볼 필요가 있다. **넓은 의미의 평생교육**은 각자의 삶의 질을 향상시키기 위한 경험, 지식 및 기능을 자기주도적 · 의도적 · 체계적으로 평생 동안 학습하는 일(한숭희, 2005)로서, 인간다운 삶을 위한 평생의 학습과 교육을 강조하는 것이다. 한편, **좁은 의미의 평생교육**은 2007년 개정된 「평생교육법」 제2조에 규정된 "학교의 정규교육과정을 제외한 학력보완교육, 성인 기초 · 문자해득교육, 직업능력 향상교육, 인문교양교육, 문화예술교육, 시민참여교육 등을 포함하는 모든 형태의 조직적인 교육활동"이다.[1]

평생교육이 주로 학교교육 이외의 교육 또는 학교교육 이후의 성인교육(adult education), 직업교육(career education), 순환교육(recurrent education) 등을 지칭하면서 한동안 혼란스럽기도 했다(Aspin et al., 2001: 6-7). 그렇지만 평생교육의 철학적 기초를 다져가는 대표적 인물인 웨인(Wain, 1985, 1987, 1993)에 따르면, 평생교육은 평생의 교육'과정(過程)'으로서 교육의 개념을 새롭게 재개념화하는 프로그램을 뜻하는 말이다(Aspin et al., 2001: 11, 재인용).

한국에서 2000년 이전에는 평생교육이라는 말 대신 '사회교육'이라는 말을 주로 썼는데, 이는 일본에서 쓰는 '사회교육'이란 개념의 영향을 받은 것이었다.[2]

---

1) 2000년 3월부터 시행된 과거의 「평생교육법」에서는 평생교육을 "학교교육을 제외한 모든 형태의 조직적인 교육활동"이라고 정의했다.

2) 이에 따라 2000년 이후에는 기존의 「사회교육법」이나 '한국사회교육학회' 등의 명칭도 「평생교육법」, '한국평생교육학회'로 바뀌었다.

1999년 8월 31일에 공포되어 2000년 3월 1일부터 시행된 「**평생교육법**」에서 '평생교육'이 공식적으로 사용된 것이다. 한국에서 사회교육이란 개념은 1999년 8월 이전까지만 쓰였고, 2000년 이후에는 평생교육이란 말로 바뀌었다.

(2) 평생학습이란 무엇인가

평생학습이란 자기 계발, 사회 참여 및 시민성 교육, 기술교육(Aspin et al., 2001) 등 보다 능동적인 개인 차원의 자기주도적 학습, 참여, 직업적 소양을 증진시키기 위한 학습을 뜻한다. **자기주도적 학습**[3]이란 개인이 자기가 원하는 학습을 능동적이고 자율적으로 선택하고 설계하여 추진하는 학습활동이다. 평생학습은 개개인에게 학습동기를 부여하고 학습 능력을 심어 주는 지속적인 지원 과정으로서 인간의 잠재력 계발을 위한 것이다. 평생학습을 통해 개인은 자신에게 필요한 지식, 가치, 기능, 이해 능력을 획득함은 물론, 상황이나 환경에 맞게 자신의 역할을 모색함으로써 자신 있고 독창적이며 즐겁게 살 수 있다고 보는 것이다(이희수, 2005: 40, 재인용).

그렇지만 평생학습은 개인의 욕구에 맞는 자율적 학습활동을 넘어서서 세계시민성과 직업적 능력 그리고 경제 발전을 위한 기능(技能)을 향상시키려는 학습과도 관련된다. 이런 관점은 주로 직업 관련 교육을 중시하는 OECD[4]가 1996년에 강조한 개념으로 교육의 도구적 특성, 경제정책에 의존되는 교육, 교육의 효율성을 강조한다. 유네스코(UNESCO)나 유럽의회 등도 이 개념에 기초하여 구체적인 평생학습 정책을 제안하고 있다.

---

3) 자기주도적 학습(self-directed / self-initiative learning)에 관한 중요한 학자로는 듀이, 르윈, 피아제 등을 원용하여 이론을 전개한 데이비드 콜브(David Kolb)를 들 수 있다(Merriam, Caffarella, & Baumgartner, 2007).
4) 경제협력개발기구(Organisation for Economic Co-operation and Development)다. 국제적 경제 협력을 추구하지만 교육이 사회, 경제, 문화 등에서의 국제적 통합의 원동력이라는 점을 강조한다. 1961년에 창설되어 현재 30여 개 회원국이 있는데, 한국은 1996년에 29번째 정회원국이 되었다. 대략 5년마다 열리는 OECD 교육장관회의가 교육정책 결정권을 가지고 있다.

(3) 평생교육에서 평생학습으로

평생교육이 양육, 훈육, 전승, 주입, 변화, 훈련 등을 중시하는 공식적·제도적 교육을 뜻하는 데 비해, **평생학습**은 학습자의 개인적·자율적 활동을 의미한다. 애스핀 등(Aspin et al., 2001)은 평생학습의 축을 삶을 위한 자기 계발, 사회 참여 및 시민성 교육 그리고 기술교육으로 보았다. 자비스(Jarvis, 1998)도 공적·제도적 성격의 교육과 사적·개인적 성격의 학습을 구별하면서, 교육이 제도적 성격을 지니는 것인 데 비해 학습은 자발적인 것이고, 평생교육이 구조를 강조하는 것인 데 비해 평생학습은 주체를 강조하는 것이라고 보았다(이희수, 2005: 40, 재인용). 학습자 자신의 능동적이고 자율적인 노력을 더 중시하면서, 최근에는 '평생교육'이란 말보다 '평생학습'이란 말이 더 많이 쓰인다(Aspin et al., 2001: 10-11).

2) 평생교육 관련 개념의 발달

(1) 유럽

평생교육의 정의가 자리를 잡게 되기까지는 시간이 꽤 걸렸다. 평생교육의 정의를 확고히 한 초기의 대표적 인물인 겔피(Gelphi, 1984)도 평생교육이라는 말이 초기에는 영속교육(permanent education), 추가교육(further education), 계속교육(continuing education) 등과 혼용되었다고 지적한다.

평생교육이란 말을 처음 쓴 사람은 익슬리(Yeaxlee, 1929)이지만,[5] 평생교육의 중요성을 보다 더 체계적으로 주장한 사람은 1960년대 프랑스의 랑그랑(P. Lengrand)과 포레(E. Fauré)였다. 랑그랑(1910~2003)은 유네스코의 성인교육국(Division of Adult Education) 국장이었는데, 그는 1965년 12월 파리 유네스코의 성인교육발전위원회[6]를 통해 「영속교육(L'education Permanente)」이라는 보고서

---

5) http://en.wikipedia.org/wiki/Lifelong_learning#cite_ref-yeaxlee_4-0(2011. 1. 7. 인출) 재인용.
6) International Committee for the Advancement of Adult Education.

를 제출했다. 여기에서의 '영속교육'이 유럽 교육체제의 개편을 위한 종합적인 모형으로 제시되면서(Schwartz, 1974), 초기에는 이 말이 널리 쓰였다. 평생교육이라는 개념도 이러한 상황 속에서 나왔는데, 랑그랑은 평생교육을 1970년 유네스코 '세계교육의 해'의 기본 이념으로 제창했고, 그 후 평생교육은 유네스코 교육사업의 기본 틀이 되었다(한숭희, 2005).

포레(1908~1988)는 프랑스 급진주의를 이끌었던 정치인이자 학자로서 장관, 총리, 국회의장을 지낸 사람이다. 그는 1972년에 유네스코에 「**존재를 위한 학습**(Learning to Be)」이라는 보고서를 냄으로써, 평생교육과 학습사회라는 개념의 기초를 닦은 사람이다. 당시 유네스코 사무총장이었던 마으(R. Maheu)가 포레를 중심으로 한 일곱 명의 국제교육발전위원회를 만들어 낸 계기가 된 이 보고서를 「포레 보고서」라고도 한다. 이 보고서의 주제인 '존재를 위한 학습'은 선진국과 개발도상국 모두에 대한 학습의 평등화와 민주화를 위한 것이었다는 점에 주의를 기울일 필요가 있다. 이 보고서는 초·중등교육 및 고등교육이 비민주화와 계급 재생산 기제임을 지적하면서, 교육제도 안에 교육 수혜자와 배제자가 있음을 밝혔다. 제도화된 학교교육이 평등하고 자유로운 사회를 실현시키는 데 장벽이 되어 차별의 원천이 되고 있다는 것이었다. 삶의 민주화는 교육의 민주화를 통해 가능한데, 이를 가능하게 하는 것이 평생교육이라는 것이 이들의 생각이었다. 이 보고서는 생명, 지속적인 배움, 자유롭고 비판적인 사고, 세계와 인간의 사랑, 창조적 노동 등을 위한 학습이 가장 중요한 학습이라고 보았다. 인간의 학습은 좋은 삶의 생성과 유지, 그리고 비판적 재창조를 위한 필수 기제라는 것이다(한숭희, 2005). 특히 포레가 생각하는 학습사회란 수평적 통합, 수직적 통합, 교육 시스템의 민주화를 강조한 것이었다.

이러한 생각의 이면에는 1960년대 말의 학교교육에 대한 불만과 위기의식이 자리하고 있었다. 유네스코의 국제교육계획연구소 소장이었던 쿰스(Coombs)는 개발도상국의 학교교육이 새로운 사회적 필요에 제대로 대응하지 못하고 있다고 지적하면서, 그 대안으로 학교 밖의 교육인 평생교육을 제시했다. 일리치

(Illich, 1970)도 학교교육의 위기를 대신할 학습망(learning web), 곧 학습 네트워크를 대안으로 제시하기도 했다. 유네스코의 「존재를 위한 학습」은 학습사회의 주인인 평생학습자를 지덕체를 골고루 갖춘 전인(全人)으로 설정하고 있어, 다소 낭만적이기는 하다. 한편, 직장에서의 일의 주기를 재조정하고 반복적으로 학습할 기회를 줌으로써 생산성을 좀 더 향상시키자는 현실적인 전략도 제시되었는데, 이것이 OECD의 『순환교육(Recurrent Education)』(1973)이었다(이희수, 2005).

1972년 도쿄에서 열린 제3차 세계성인교육회의에서 개인의 교육받을 권리, 학습할 수 있는 권리, 학습을 지속할 권리 등이 주창되면서 학습권의 의미가 처음 대두되었고, 1997년 함부르크에서 열린 제5차 세계성인교육회의에서 교육받을 권리와 학습할 수 있는 권리가 균형을 이루게 되었다(이희수, 2005: 40). 또 1972년 유네스코의 「존재를 위한 학습」은 1990년대의 학습사회론으로, 1973년 OECD의 『순환교육』은 학습경제론 및 인적자원개발론으로 발전되는 기틀을 마련했다. 다만, 유네스코가 인간주의적 · 이상주의적 · 민주주의적 통합형 학습사회론을 주창했다면, OECD는 지속적 경제 성장과 고용 증대 및 생활수준 향상을 위한 생애교육 기회 재분배 전략을 제시한 셈이다(이희수, 2005). 여기에 ① 모든 이를 위한 평생학습, ② 개인의 자아실현을 위한 평생학습, ③ 경제적 경쟁력 제고를 위한 평생학습, ④ 사회적 포용 증진을 위한 평생학습 등을 강조하고 있는 유네스코나 OECD 등의 목표지향(이희수, 2005: 39)도 같이 기억해 두는 것이 좋을 것이다.

1996년은 평생학습에서 중요한 해다. OECD(1996)의 「만인을 위한 평생학습」과 유네스코의 들로르(Delors, 1996)의 「우리 속의 보물: 학습」이 나왔고, 유럽의회 (EP)[7]도 1996년을 '유럽 평생학습의 해'로 제정했기 때문이다(Chapman & Aspin, 1997; 이희수, 2005: 39, 재인용). OECD는 1996년의 제4차 회의에서도 '모든 이를

---

7) 유럽연합의 입법부에 해당되는 유럽의회(European Parliament: EP)는 파리 조약과 로마 조약에 따라 1962년 창설되었다.

위한 평생학습의 실현'이라는 주제를 내걸었다.[8] 여기에서 '평생교육' 대신 '평생학습'이라는 용어가 쓰였음에 유의하여야 한다. 이는 1960년대 말에 대두되었다가 1973년 오일 쇼크와 그 뒤의 실업으로 뒷전으로 물러났던 평생교육이란 개념이 1990년대 중반에 지식경제론을 만나면서 회생했으나, 평생교육학계가 평생교육이란 개념보다는 평생학습이란 개념을 선호하기 시작했기 때문이다 (이희수, 2005: 39).

(2) 한국

1903년의 '황성기독교청년회'는 기독교적 특성을 지녔으나, 한국의 초창기 평생교육단체라 할 수 있다. 이 단체는 당시에도 남아 있던 신분체제 속에서 공업과 상업을 가르치고 외국 스포츠를 보급했다. 헐버트(H. B. Hulbert)의 YMCA가 그 정신을 이어 각종 교양강좌, 토론회, 계몽운동, 농촌운동, 농민교육, 야학 등 다양한 활동을 전개했으며, 일본어와 영어를 가르치고 직업교육에 역점을 두며 애국정신을 길렀다. 광복 후에는 문맹퇴치와 농촌계몽활동이 한국의 평생교육에서 중요한 역할을 차지했다.

1960년대 후반부터 한국에서도 평생교육에 대한 관심이 높아지기 시작했고, 1966년에는 한국교육학회 안에 '사회교육연구회'가 탄생했다. 1970년대 초반부터 전남대학교, 계명대학교, 서울대학교 등에서 평생교육 관련 교과목이 설강되었고, 1973년 8월 평생교육의 이념과 전략을 주제로 한 세미나가 열리는 등 1970년대는 직업훈련원, 사설학원, 야학, 산업체 부설학교, 방송통신고등학교, 방송통신대학 등의 평생교육시설이 생긴 시기였다.

제5공화국 직전의 1980년 「헌법」 제27조 제5항에서는 국가가 평생교육을 진흥한다는 것을 명기했다. 1982년에 「사회교육법」을 제정해 법적 기반을 마련했으나, 정작 그 실행은 실속 있는 것이 아니었고, 한국이 유네스코에 가입한 뒤

---

8) OECD는 2001년의 제5차 회의에서는 '모든 이의 능력 개발을 위한 투자'를, 그리고 2004년의 제6차 회의에서는 '모든 이를 위한 학습의 질 제고'를 대주제로 택했다.

한국위원회와 한국평생교육 관련 기구들이 1985년에 『평생교육의 기초와 체제』라는 책을 내놓음으로써 평생교육 연구의 발판을 다졌다.

1995년 5월 대통령자문기구인 교육개혁위원회가 '열린교육사회, 평생학습사회'를 내세우며 평생교육의 중요성이 본격적으로 부각되기 시작했다. 그 후 1999년 8월 31일에 『평생교육법』이 제정 · 공포되어 2000년 3월 1일부터 시행되면서 평생교육은 본격적으로 국가의 관심 사업이 되었다. 과거의 '사회교육연구회'는 1995년에 '한국사회교육학회'로 재창립하고 『사회교육학연구』를 발간해 오다가, 2000년 5월 '한국평생교육학회'로 명칭을 바꾸고 학회지도 『평생교육학연구』로 바꿨다. 이와 더불어 1997년 창립한 한국성인교육학회는 1998년부터 『Andragogy Today』를, 그리고 숭실대학교 한국평생교육 · HRD연구소는 2005년부터 『평생교육 · HRD연구』를 발간하고 있다.

그동안 사회교육과 평생교육이 주창되면서 이와 관련된 자격증 소지자가 배출되었다. 과거에는 '사회교육 전문요원'이라 했는데, 1986년에 20명을 배출하기 시작하여 1998년까지 총 2,287명을 배출했다. 현재는 '평생교육사'로 명칭이 바뀌었는데, 2008년까지 벌써 31,954명의 평생교육사가 배출(교육과학기술부, 한국교육개발원, 2009)되어 지나치게 양산했다는 비판도 받고 있다.

3) 한국의 『평생교육법』

> **한국 『평생교육법』의 변천 과정**
> • 1982년: 『사회교육법』 제정
> • 1999년 8월: 『사회교육법』을 전부 개정하여 『평생교육법』으로 공포
> • 2007년 12월: 『평생교육법』을 전부 개정 · 공포(2009년 8월 일부 개정)

한국에서 평생교육과 관련된 법을 제정하려는 시도는 일찍부터 있었으나, 1982년 12월에야 『사회교육법』(법률 제3648호)이라는 이름으로 빛을 보게 되었다. 그 후 세 차례의 개정을 거쳤지만, 이것은 교육법의 테두리 안보다는 그 밖에 존재하고 있었다. 그러다 이 『사회교육법』은 1999년 8월에 『평생교육법』으로 전부 개정 · 공포되어 2000년 3월부터 시행됨으로써, 비로소 '평생교육'이라는 개념이 공식화되

었다. 이「평생교육법」은 2007년 12월에 전부 개정되고, 이를 일부 개정한 것이 2009년 8월부터 시행되고 있다.

평생교육이란 말이 처음 쓰인 1999년의「평생교육법」은「초·중등교육법」「고등교육법」과 함께「교육기본법」의 중요한 세 영역에 들게 되었다는 점이 특징이다. 평생교육의 진흥을 국가의 의무로 규정한「헌법」제31조 제5항 및「교육기본법」에 따라 전문이 개정되고, 이를「교육기본법」의 테두리 안에 넣은 것이다.

이「평생교육법」의 주요 골자는 국가 및 지방자치단체의 임무, 평생교육과 평생교육사의 정의, 평생교육시설의 설치, 전문인력 정보은행제, 교육계좌제, 평생교육사의 자격 요건, 학교 형태의 평생교육시설, 사내대학, 원격대학, 원격교육시설, 사업장부설 평생교육시설, 시민사회단체 부설 평생교육시설, 학교부설 평생교육시설, 언론기관 부설 평생교육시설 및 자격 취득을 위한 준비 등에 관한 것이다. 특히 유급학습휴가제, 사내대학, 대학의 시간제 등록, 가상대학 등의 개념을 도입했고, 학력을 취득할 수 있도록 학점은행제(credit bank system),[9] 독학, 문하생제, 교육구좌제 등을 권장한 것도 또 다른 특징이다. 뿐만 아니라, 인터넷 등 정보통신 매체를 활용하는 원격교육 등 다양한 유형의 평생교육시설, 특히 전문대학 또는 대학졸업자와 동등한 학력·학위가 인정되는 전문대학 학력인정 평생교육시설, 사내대학 및 원격대학 형태의 평생교육시설의 설치와 운영에 관한 법적 근거를 마련하여 직장인 등 성인들이 고등교육 수준의 평생교육을 받을 수 있도록 크게 바꾸기도 했다.

2007년의 새「평생교육법」에서 특기할 만한 점은 1999년의「평생교육법」이 내린 평생교육의 정의를 수정했다는 것이다. 1999년의「평생교육법」이 평생교

---

9) 학점은행제는 과거의 교육부가 1998년에 도입한 제도로서, 대학 부설 평생교육원 등의 교육훈련기관에서 학점을 따거나 무형문화재 이수 경력 등을 가진 사람에게 학점을 인정하여 학사 또는 전문학사 학위를 주는 제도다. 2005년부터는 외국인에게도 개방했는데, 2007년 2월 기준 7만 6,833명이 졸업했다. 2005년부터 간호·보건 계열 전공의 학사학위 취득도 가능해지면서 2007년 2월 처음으로 간호학 학사학위 취득자 366명이 배출되었다.

육을 "학교교육을 제외한 모든 형태의 조직적인 교육활동"이라고 정의한 데 비해, 2007년의 「평생교육법」은 평생교육의 정의를 "학교의 정규교육과정을 제외한 학력보완교육, 성인 기초·문자해득교육, 직업능력 향상 교육, 인문교양교육, 문화예술교육, 시민참여교육 등을 포함하는 모든 형태의 조직적인 교육활동"이라고 구체화했다.

이 2007년의 새 「평생교육법」은 제2조에 '문자해득교육'을 넣고, 국가 및 지방자치단체의 임무(제5조)를 강화하며, 교육인적자원부장관이 5년마다 평생교육진흥기본계획(제9조)을 수립토록 하였다. 이에 따라 문해(文解)교육 프로그램의 학력 인정, 평생교육사 양성 및 연수 체제의 개편 등을 통해 평생교육이 국가 차원에서 조직적으로 추진되도록 했다.

또 법인인 평생교육진흥원 설립(제19조), 시·도 평생교육진흥원, 시·군·구 평생학습관 등 전담기구의 설치에 역점을 두었다. 이와 더불어 교육인적자원부장관이 위원장인 심의기구 평생교육진흥위원회, 시·도지사 소속의 시·도평생교육협의회, 시·군·자치구평생교육협의회와 같은 조직도 설치토록 했다. 이로써, 과거에 따로 운영되던 평생교육센터, 학점은행센터, 독학학위검정원이 평생교육진흥원으로 통합되었다. 기존의 '평생교육단체'나 '평생교육시설'이란 용어를 '평생교육기관'으로 바꾸어 그 책무성을 강화하고, 학력 인정 평생교육시설을 정비하여 학습자 친화적 평생교육 지원 체제를 구축했다.

2. 평생교육의 필요성과 특징

1) 평생교육의 필요성

(1) 지식·정보의 대량화 및 단명화

1970년대에 벌써 '지식의 폭발' '지식과 정보의 홍수'라는 말이 유행하면서 평생교육이 대두되었다. 리프킨(Rifkin)이 말했듯이, 지식정보화 사회에서 지식 노동자는 글로벌 경제를 구성하는 정보 흐름의 창조자이자 조정자이며 전달자다(차갑부, 2004). 드러커(P. Drucker, 1909~2005)는 『탈자본주의 사회(Post-Capitalist Society)』(1993)에서 자본주의가 지식사회로 전환되는 탈자본주의 사회의 생산수단은 토지와 같은 자본이나 노동이 아닌 지식이라고 주장했다. 탈자본주의 사회에서는 지식 노동과 지식 노동자의 생산성이 중요하다. 드러커는 이 책에서 '교육받은 사람'을 지식 근로자라고 지칭하고, 자본주의(資本主義) 사회가 **지본주의(知本主義) 사회**로 전환되었다고 지적한다(이희수, 2005: 10, 재인용).

지식과 정보의 창출 속도가 빨라지면서 그 생존 기간도 많이 짧아졌다. 미래학자들은 지식이 2020년에는 73일마다 2배로 증가하고, 2050년에는 현재 지식의 1%만을 사용할 수 있을 것이라면서, 지식의 생성은 물론 그 소멸 주기도 급속히 짧아질 것이라고 예측한다(이희수, 2005: 10; Drucker, 1998). 이렇게 기존 지식과 정보의 생명이 단축되며 학교교육이 그 한계를 드러내면서 평생교육이 중요하게 되었다.

(2) 학습 주체의 변화

'교육'이 가르치는 일이라면, '학습'은 학습자의 주체성과 능동성을 중시한다. 지식은 교육보다는 학습을 통해서 더 효과적으로 습득된다. 그러므로 '평생교육'이란 말보다 **'평생학습'**이란 말을 더 많이 쓴다. 평생학습사회는 가르치는 사람이 주도하는 학습이 아니라 학습자 스스로 선택하고 조직하는 자율적인 학습(do-it-yourself learning)을 중시하는 사회(매일경제지식부, 한숭희, 2000: 21), 곧 자기주도적 학습을 핵심으로 한다. 지금까지 교육이 특정 시기에 일정 기간 학교 본위로 이루어졌다면, 앞으로의 학습은 평생 동안 자율적 선택과 필요에 따라 이루어질 것이다. 따라서 평생교육의 주체는 가르치는 자가 아닌 학습자다(김신일, 박부권, 2005; 한준상, 2001).

(3) 교육의 확장

산업사회에서는 인적 자원 개발의 중심에 학교교육과 직업훈련이 있었다. 그러나 지식정보화 사회에서는 학교교육을 넘어선 평생교육이 인적 자원 개발의 핵심이다(매일경제지식부, 한숭희, 2000). 끊임없이 새로이 변하는 지식에 기초를 두고 있는 지식기반 사회에서는 경직된 학교교육의 틀을 벗어나 다양한 삶의 여건과 직업세계의 요구를 충족시키는 새로운 형태의 학습이 필요하다. 누구나 어디서나 교육을 받을 수 있도록 교육의 대상과 장면을 확장해야 하는 것이 평생교육이다. 지식정보화 시대의 요청에 따라 교사가 주도했던 학교교육을 넘어서서 스스로 선택하고 조직하는 평생학습이 중요하게 되었다(매일경제지식부, 한숭희, 2000). 학교교육을 보충하거나 공식적 정규교육을 받지 못한 사람의 교육 기회를 제공하고 그 영역을 확장하기 위해서, 그리고 생애의 각 발달 단계에서 수행할 새로운 역할을 습득하고 새로이 나타나는 개인의 요구를 만족시키기 위해서 평생교육이 필요하게 되었다. 유네스코의 들로르(1996) 등은 새로운 글로벌 시대에 '**존재를 위한 학습**'을 교육의 도덕적 · 문화적 차원까지 확장시킬 것을 주장했다. 그들은 평생학습의 네 축으로 '존재(Being)' '실천(Doing)' '앎(Knowing)' '더불어 살기(Living together)'를 들었다.

(4) 여가의 증대

인간의 생활시간은 생리적 필수 시간과 노동 시간으로 구분된다. 이 생활시간에서 수면, 목욕, 식사 등의 생리적 필수 시간과 노동 시간을 제외하고, 각자의 만족을 추구하는 여가 시간이 늘어나게 되었다. 과거에는 생산을 위해 한 사람이 노동의 전 과정에 개입해야 했지만, 분업이 이루어지고 생산기술이 향상되면서 자유 시간이 생겼기 때문이다. 이에 따라 현대사회에서는 여가 시간과 놀이가 노동 시간 못지않게 중요한 자리를 차지하게 되었다. 여가는 생계를 위해 꼭 투입해야 할 시간도 아니고 의무가 따르는 시간도 아니지만, 사람은 각자의 삶의 질 향상과 만족을 위해 여유로운 시간과 활동을 구가하고자 한다. 이렇게 여가 시간이 증대하고 개인이 여가를 통해 자아실현을 꾀함에 따라 기존의 학교교육에서 제공하지 않았던 다양한 프로그램을 필요로 하게 되었다. 또 자본주의의 발달로 생산을 위한 일이 중시되면서 부정적으로 받아들여졌던 놀이도 이제는 긍정적인 것으로 바뀌었다. 일은 노동을 뜻하고, 노동은 생산과 관계되는 진지한 활동인 반면, 놀이는 단순한 시간 허비 행위로 인식되었으나(中山元, 2009: 15-19), 이제는 놀이도 창조적 생산을 위한 중요한 활동으로 간주된 것이다. 이처럼 학교교육의 범위에서 벗어난 인생의 모든 단계에서, 각자의 요구에 맞는 여가와 놀이를 위한 평생교육 프로그램이 중요해졌다.

(5) 비판적 의식 고취

현재에도 각 이데올로기 간에는 첨예한 대립이 일어나고 있다. 개인은 정치적·도덕적·사회적 삶을 어떤 기준에 따라 어떻게 영위해야 할지 판단을 못 내리는 경우가 많다. 이런 상황에서 균형 있고 적극적인 비판의식을 육성할 필요성이 제기되었다. 각자가 처한 사회적 환경 속에서 인간의 존엄성과 자유, 그리고 민주적 삶을 유지하는 데 장애가 되는 이념의 실체를 파악하고 그에 대처하는 능력도 요청된다. 특히 각 이해집단의 숨겨진 의도나 이기적 정책 수립 내용을 비판적으로 보는 능력이 요청된다. 기존의 학교교육이 특정 사회의 지배적 이데올로기를 정당화하거나 그렇게 정당화된 이데올로기적 가치를 전수하는 핵심 기관이었다면, 평생교육은 그러한 이데올로기로부터 인간 존엄성을 지키도록 노력하기도 한다. 브라질의 프레이리(P. Freire)의 의식화 교육이나 민중교육은 비판적 의식을 고취한 대표적인 예다. 기존의 학교교육이 '은행적금식' 교육으로 특정 이데올로기를 주입하는 것이라면, 의식화 교육은 피지배층이나 종속집단을 구속하는 사회적 여건의 실상을 파악하게 하면서 그 속박의 음모를 밝혀내고자 한다. 이처럼 평생교육은 사람이 각성의 삶을 살 수 있도록 돕기도 한다.

2) 평생교육의 특징

- 평생교육은 평생이라는 긴 시간 속에서 계속적으로 이루어지는 학습의 과정이다. 기존의 학교교육이 일정 기간에 이루어졌던 '교육'이었음에 비해, 평생교육은 인생의 모든 국면을 다루며 전 생애에 걸쳐 지속되는 '학습'의 과정이다. 평생교육의 틀은 전 생애에 걸쳐 모든 공식적·비공식적 학습형태를 포괄하는 학습 기회를 제공한다.

- 기존의 학교교육이 학교의 테두리 안에서 이루어졌음에 비해, 평생교육은 나이와 장소의 제한 없이 행해진다. 삶의 질을 향상시키기 위해 모든 기관과 장소에서 자발적으로 평생에 걸쳐 이루어지는 학습이 평생교육이다.

- 평생교육은 주로 비공식적 교육의 형태를 취한다. 학교교육과 같은 공식적 교육보다는 덜 체계적이고 학력을 인정해 주지는 않으나 비교적 조직적이고 지속적인 교육활동이다.

- 평생교육은 계획적 학습을 통해 교육 기회를 확대하고 평등을 실현시킨다. 학교교육의 독점에서 벗어나 사회를 교육적인 환경으로 만들고, 다양성과 융통성을 추구한다.

- 평생교육은 학습자 중심의 자기주도적 학습을 중시한다. 평생교육은 학습자 개인의 생존과 필요에 맞는 교육 내용과 경험을 중시하는 학습자 중심의 자기주도적 학습 과정이다. 평생교육에서는 교육 수요자의 관심에 따라 자기 속도대로(self-paced) 학습한다.

- 앞으로의 평생교육은 학습뿐만 아니라, 체험학습과 세계화 그리고 민주주의적 삶을 위한 것도 포함한다(Jarvis, 2006, 2007).

3. 유사 용어와 평생교육 패러다임

1) 유사 용어

평생교육과 유사하게 쓰이는 말에는 여러 가지가 있으나, 여기서는 사회교육, 성인교육, 추가교육, 계속교육, 순환교육, 생애교육과 생애학습 등을 살펴본다. 이 중에서 계속교육, 순환교육 등은 주로 직업·기술 교육을 강조하는 개념이다.

(1) 사회교육

사회교육(social education)은 독일에서 빈민구제 교육 등 사회복지 차원에서 발달한 사회교육학(Sozialpadagogik)에서 유래된 개념이다. 디스터베크(A. Diesterweg, 1790~866)가 그의 저서 『독일 교사교육을 위한 지침서』(1850)에서 처음으로 사회교육학(Social-Padagogik)이라는 단어를 사용했고, 그 뒤를 이어 나토르프(P. Natorp, 1854~1924)가 『사회교육학(Sozialpadagogik)』(1898)을 내놓았다. 이러한 경향은 놀(H. Nohl, 1879~1960)로 이어지면서 교육이 복지적 활동과 연계되고 사회교육학이 교육학의 한 영역으로 자리를 잡았다(한만길 외, 2000: 75). 이처럼 사회교육은 실업, 아동 노동, 도시 빈민 등과 관련된 복지적 활동을 뜻했다. 따라서 사회교육에는 계몽교육, 문해교육, 학교교육 이외에 청소년과 성인 대상의 교육이 포함되었다.

일본에서는 지금도 사회교육이란 말을 쓰는데, 이는 주로 공민관(公民館) 교육, 도서관, 박물관, 청년의 집 등에서 실시되는 사회계몽교육, 문해교육, 청소년 교육, 성인교육, 통신교육, 피아노 교실, 지역 과제 해결 학습, 여성교육 등 학교교육이나 가정교육을 제외한 사회 영역에서 이루어지는 교육을 뜻한다.

(2) 성인교육

성인교육(adult education)은 주로 미국에서 유아, 소년, 청소년을 제외한 성인을 대상으로 하는 교육을 지칭하는 개념이다. 이 성인교육과 관련되는 말로 '성인의 교육'이라는 뜻의 안드라고지(andragogy)가 있다. 독일의 교육자 카프(A. Kapp)가 1833년에 처음 쓴 이 말을 미국의 놀즈(Knowles, 1980)가 '어린이를 위한 교육'이란 뜻의 페다고지(pedagogy)와 구별하기 위해 원용한 것이다. 성인교육에서는 자기 스스로 계획하고 평가하여 자아개념이나 동기를 육성하며, 학습의 원천인 경험을 통해 직장과 개인 생활에 직접 필요한 것들을 학습시키는 일을 중시한다. 따라서 성인교육에서는 학습 내용보다 현실 문제 해결이 더 중요하다. 한편, 영국에서 통용되는 성인교육이라는 말은 자유교육(liberal education)을 지칭하는 것으로서 직업교육은 배제한 것이다(김신일, 한숭희 편, 2001: 14; Jarvis, 1995: 20).

(3) 추가교육

영국에서 **추가교육**(Further Education: FE)은 16~19세의 중등학교 졸업생을 위한 과정이지만, 평생교육과 관련해서는 나이 제한 없이 중등학교 졸업자를 대상으로 정규 대학이 아닌 지역 전문대학 등의 기관이 실시하는 직업·기술 교육이나 성인교육 등의 비학위 과정을 뜻한다.[10] 1944년 「교육법」에서 처음으로 법제화된 개념인데, 이 법에서 추가교육은 의무교육을 마친 사람을 대상으로 하는 전일제 또는 시간제 교육, 여가 시간을 위한 문화적·창조적 활동, 비교적 장기간에 걸친 학교 외의 조직적인 직업·기술 교육을 뜻했다(김신일, 한숭희 편, 2001). 대학 준비 과정(Sixth Form College)이나 인문·실업학교(Tertiary College)를 추가교육기관에 넣기도 하나, 제5장의 [그림 5-2]처럼 현직훈련이나 성인학

---

10) 영국 교육부, http://www.education.gov.uk/help/atozandglossary/f#fe (2011. 5. 11. 인출) 참조. 다음에 나오는 미국의 계속교육(continuing education)과 지역사회대학(전문대학)이 영국의 추가교육과 추가교육 기관과 비슷하다.

습을 실시하는 직업교육과정(Further Education College)을 주로 추가교육이라고
일컫는다.

(4) 계속교육

계속교육(continuing education)이라는 말은 미국에서 중등학교 졸업 학력을 가
진 사람들 중 시간제 등록자, 직업준비 및 현직훈련 과정 희망자, 그리고 개별
선택 프로그램 참여자들을 위한 교육을 뜻한다. 주로 전문대학이나 확대 대학
(university extention) 등에서 이루어지는 비학위 과정을 주로 일컫는 용어인데,
이러한 과정의 교육을 맡고 있는 사람은 해당 분야의 전문 자격증 소지자다. 대
개는 직업 자격증을 얻기 위한 중등학교 졸업 이후의 교육을 말하는데, 최근에
는 통신 강좌나 온라인 교육도 포괄하고 있다. 이런 점에서 영국의 추가교육
(FE)과 비슷하다.

(5) 순환교육

순환교육(recurrent education)은 OECD(1973)가 처음 사용한 개념으로, 노동이
나 사회활동 등이 서로 혼합되어 반복적으로 행해지는 교육, 특히 유급 휴가를
통한 위탁교육과 같이 직장에서 주기적·순환적·반복적으로 실시하는 재교
육을 뜻한다. 이 개념이 나온 배경에는 기술 진보와 노동시장의 변화에 따른 현
직에의 재적응, 기업의 생산성 제고, 자유(여가) 시간의 증대에 따른 효율적 대
처 등과 같은 의도가 자리하고 있다. 특히, 취업 후 현직 수행 능력을 제고시키
기 위한 재교육 또는 유급 파견, 위탁교육 등을 뜻한다(김종서 외, 2001; 市川昭午,
潮木守一, 1980: 77-95). 이는 전 생애 단계에 걸쳐 직업 진로와 관련해 교육 주
기를 균형 있게 재분배하고 반복적으로 계획한다는 점에서 다른 개념과 차이가
있다.

(6) 생애교육과 생애학습

이 용어들은 일본에서 쓰이는 것들이다. 일본에서는 평생교육이란 말을 쓰지 않고 '사회교육'이라는 용어와 '생애교육' 또는 '**생애학습**'이란 말을 쓴다. 생애교육이라는 말은 1971년 일본의 문부과학대신의 자문기관인 '중앙교육심의회'의 답신과 1981년의 답신 「생애교육에 대해」에서 찾을 수 있다. 그렇지만 1981년의 답신에서 '생애교육'이라는 말을 '생애학습'으로 대체할 것을 권장하고, 그 뒤 1990년 7월에 '중앙교육심의회'가 「생애학습 진흥을 위한 시책인 추진체제 등의 정비에 관한 법률(생애학습진흥법)」을 내면서, 1992년부터 '생애학습사회'라는 개념이 언급되다가 1997년부터는 '생애학습'이란 용어가 공식화되었고, 문부성의 '사회교육국'도 '생애학습정책국'으로 바뀌었다. 60년 만에 개정된 2006년 말의 일본 「교육기본법」 제3조에 '생애학습의 이념'이라는 규정이 들어가게 되면서, 한국의 평생교육에 해당하는 일본 문부성의 공식적인 용어는 현재 '생애학습'이다. 일본의 생애학습은 학교교육과 사회교육을 포함하는 개념이다.[11]

2) 평생교육 패러다임

평생교육의 영역과 프로그램은 매우 넓고 다양하다. 취미나 여가 영역부터 기초 · 보충 교육, 직업 · 기술 교육, 건강 · 복지 교육, 가족생활 교육, 시민윤리 교육, 정보 · 문해 교육은 물론 전문 지식과 기술을 습득하기 위한 프로그램 등이 있다. 따라서 평생교육의 영역과 프로그램을 유형화해 볼 관점이 필요하다.

(1) 여가추구 모형

평생교육은 취미나 여가생활에 필요한 다양한 프로그램을 제공하는 기능을

---

11) 일본생애교육학회(http://www.j-lifelong.org/index.html)도 있다. 한편, 일본에서는 '생애직업교육'이라는 말도 쓰이고 있는데, 주로 학교 밖에서 이루어지는 직업교육(career education)을 뜻한다. 청소년의 진로지도를 위한 교육, 직업의 효율성과 능률성을 높이기 위한 교육과 훈련, 노동자의 미래를 준비하기 위한 교육 등이 이에 해당된다.

한다는 관점이다. 현대사회에서 늘어난 각자의 여유 시간을 유익하고 효율적으로 사용할 수 있게 해 주는 것이 평생교육이라고 보는 것이다. 여가는 생계를 위해 꼭 투입해야 할 시간도 아니고 의무가 따르는 시간도 아닌 자유 시간이다. 이런 시간을 방탕하고 무익하게 허송하지 않도록 각자의 요구와 의도에 맞는 프로그램을 제공하는 일이 평생교육의 임무라고 본다. 최근 대부분의 평생교육기관의 평생교육 프로그램이 취미나 여가를 추구하는 것들이란 부정적 시각도 있으나, 가정주부나 퇴직자 그리고 장노년층(壯老年層)이 이러한 프로그램을 주로 찾는다는 사실을 무시해서는 안 된다.

(2) 보상교육 모형

평생교육은 학교교육을 받지 못했거나 그 이전 단계의 교육적 결손을 보상하기 위한 기초 · 보충 · 보상 교육의 기능을 한다는 관점이다. **보상교육 모형**(compensatory model)에서는 보충 · 보상을 위한 기초교육 기회를 제공하는 일을 중시한다(Aspin et al., 2001). 학교교육 이전의 단계나 학교교육 단계에서 생긴 가정과 학교에서의 결손을 보충해 주려는 의도가 강하지만, 현대사회에서 지식이 폭발적으로 증가하고 과학과 기술이 급속히 발달하면서, 학교에서 배운 지식과 기능(技能)이 한계를 보완하는 기능을 하기도 한다. 평생교육을 교육적 차원의 복지로 보는 경향이 이에 해당되며, 문해교육을 그 예로 들 수 있다.

(3) 직업훈련 모형

평생교육은 직장 내 직무 능력과 기능을 향상시켜 개인의 적응력을 높이며 실업을 겪지 않도록 하는 기능을 한다는 관점이다. 이러한 관점은 주로 직업세계에 초점을 맞춘 것으로, 세계화의 경향 속에서 각국이 경제적 생활수준의 향상을 위해 평생교육을 활용하는 양상에 주목한 것이다(Aspin et al., 2001). 최근의 인적 자원 개발이나 취업 및 조기 퇴직 후 재취업을 위한 평생교육 등이 여기에 해당된다.

(4) 사회개혁 모형

평생교육은 성숙한 시민의식과 사회적 기술을 습득시키는 기능도 한다. 특히 다원화된 사회일수록 성숙한 시민의식이 필요하다. 평생교육에 있어 국민의식 교육이나 시민윤리교육을 중시하거나 인간 존엄성을 훼손하는 각종 제도적 장치에 대한 비판의식을 기르고 그 문제점을 적극 개혁하려는 노력 등이 이 모형에 해당된다.

사회개혁 모형(transformative model)은 개인적 차원의 개혁을 꾀하는 흐름과 사회 공동체적 차원의 개혁을 추구하는 흐름으로 나뉜다. 전자가 개인의 심리적 상태나 정신 발달 및 정신 분석에 초점을 맞추는 데 비해, 후자는 사회적 해방이나 사회 문제의 개혁에 집중한다(Merriam, 2008; Merriam et al., 2007). 메리엄 (Merriam) 등은 '전환학습'이란 개념을 도입하고 있는데, 프레이리와 자신의 삶의 경험을 조명해 보게 하는 적극적 학습으로서의 체험학습과 평생학습을 강조한 콜브(Kolb, 1984) 역시 유사한 관점을 취한 학자라고 할 수 있다.

(5) 학교교육 모형

평생교육은 비공식적인 교육을 존중하면서도 학교라는 기존 제도의 활용을 중시하는 관점이다. 평생교육의 틀 내에서 학교교육에 접근한 가장 대표적인 것은 데이브(Dave)의 저작(1973, 1976)이다. 그는 학교체제를 평생교육과정 속에서 구체화한 사람으로, 랑그랑과 포레 등의 기본 철학을 바탕으로 스무 가지 평생교육의 개념과 평생교육제도의 이론적·실천적 관계 구조도를 만들었다. 이러한 의미에서 학교교육 모형(schooling model)은 평생교육이 전체 체제와 갖는 상호 관련성을 체계적으로 구조화한 것이다.

(6) 총체적·영성적 모형

인간에게 가장 중요한 과업의 하나는 정신적 행복을 추구하는 일이다. 개개인에 맞는 정신적 성장과 만족 그리고 영혼을 위한 노력과 관심에 관련된 관점이 바로 총체적 · 영성적(靈性的) 모형(holistic and spiritual model)이다. 주로 개인의 자각(自覺)이나 인간의 삶 전체에 대한 총체적 이해를 통해 각자의 삶에 주체적으로 임하려는 장노년층의 열망에 주목하는 관점이다. 완전(完全)한 인간은 아니더라도 온전(穩全)한 인간이 되려는 욕구, 곧 분석심리학에서 말하는 자기실현(自己實現)을 위한 열망을 중시하며, 따라서 '내 성격은 내 마음'임을 인정하면서 '자기 나름의 삶을 살기'를 강조한다. 현실적인 욕구의 추구보다는 더 높은 차원의 정신적 · 영성적 만족을 추구하기에 특정 종교와는 무관한 진정한 의미의 보편적 자기를 찾는 자세라 할 수 있다. 따라서 총체적 · 영성적 모형에서는 개인의 현재 기분과 영성적 성장을 위해 조화로운 학습환경을 조성하는 일을 중시한다(Shelton-Colangelo, 2006). 의사소통과 언어의 중요성, 개인적 이야기의 공유, 개인적 신념과 가치 중시, 성찰을 위한 분위기 조성, 다양한 문화 체험활동 등의 방법을 활용하거나 중시한다. 침묵, 명상, 몸과 기분 다스리기, 요가, 기공훈련, 풍요로운 마음, 영생(永生)을 위한 종교적 기쁨 추구 등의 구체적 체험활동을 그 예로 들 수 있다.

(7) 포스트모더니즘 모형

현대사회에는 과거에 중시했던 획일적 가치나 판단 기준에 대한 이의를 제기하는 견해들이 속출하고 있다. 이성이나 합리성 그리고 객관성과 전체성을 중시했던 과거와는 달리, 개인의 감성과 주관성 그리고 개체성과 국지성(locality)을 중시하는 흐름이 포스트모더니즘이라 할 수 있다. 이러한 관점은 또 세계화, 환경 파괴가 부른 위기, 불확실성, 반성, 다양성, 차이 등도 중시하고 있다. 이와 같은 관점에서 볼 때, 현대사회의 평생교육은 과거와는 다른 접근방식을 필요로 하기도 한다(Usher, 2001). 포스트모더니즘과 같은 사고방식의 출현으로 전통적인 교양교과의 중요성이 상대적으로 약화된 대신, 보다 다양한 사회적 현실 속에서 다양한 학습을 강조하는 접근도 이루어지고 있다(Aspin et al., 2001: xxix).

🐸 토의 · 토론 주제

• 한국 평생교육이 추구해야 할 구체적인 활동으로 어떤 것들이 있어야 한다고 보며, 그 이유는 무엇인가?

4. 외국 평생교육의 흐름

1) 유네스코와 유럽연합

최근에는 유네스코와 유럽연합 같은 국제기구들이 평생학습의 흐름을 주도하고 있다. 유네스코는 1949년 '제1차 세계성인교육회의'를 개최한 이후 1997년에 제5차 회의를 개최하는 등 평생교육 사업을 지속적으로 해 오고 있다. 유네스코는 평생교육을 위한 정책과 도구 개발은 물론 문화적 다양성, 문화 간 회담, 평화적 문화의 육성, 정보와 커뮤니케이션을 통한 총체적인 지식사회의 건설을 추구하고 있다. 이러한 움직임과 관련된 기관으로는 2007년에 설립된 유네스코의 평생학습연구소(UIL)와 세계성인교육회의가 있으며, 역점 사업으로는 '**모든 이를 위한 교육**(Education for All)' 사업, 문해교육사업, 'UN의 지속가능 발전을 위한 10년 교육' 사업, 다문화 · 다언어 사회의 문해 환경 만들기, 공식적 · 비공식적 · 무형식적 교육의 통합, 환경보호, 민주주의적 참여와 분쟁 예방, 시민참여 확대(평생교육진흥원, 2008a) 등을 들 수 있다.

한편, 유럽연합의 평생교육정책을 알기 위해서는 먼저 리스본 전략(Lisbon Strategy)을 이해해야 한다. 리스본 전략은 EU 집행위원회(European Council)가 유럽연합 지역의 장기적 경제성장을 위해 2000년에 마련한 것인데, 2006년에는 지식사회화에 발맞춰 회원국 대학들의 경쟁력을 높이기 위해 경쟁구조를 재편

하고 구조 개혁 전략을 구축했다. 이를 위해 사람에 대한 투자와 계층화 예방 등의 유럽식 사회 개발 모형을 마련하고, 직업기술훈련기관과 부족한 노동력(특히 여성 노동력) 문제를 해결하고자 했다(평생교육진흥원, 2008a). 이 국제기구들의 최근의 노력이 지니는 특징은 직업능력 개발 및 인적 자원 개발에 특별한 관심을 쏟고 있다는 점이다.[12]

2) 일본

일본은 독일의 영향을 받아 1870년대 말에 벌써 사회교육이라는 말을 쓰기 시작했고, 이는 다이쇼 기(大正期, 1912~1926년)에도 이어졌다. 당시의 사회교육은 학교교육 외의 교육, 곧 학교교육에서 제외된 민중을 위한 교육을 의미했지만, 실제로는 부인회나 청년회 등과 같은 '단체중심주의'를 통해 천황을 중심으로 하는 '국민 교화'를 주 목표로 했다. 1949년 이전의 일본의 사회교육은 ① 관(官) 주도적 민중교화, ② 시설 중심이 아닌 단체 중심, ③ 농촌 중심, ④ 청년 중심의 성격을 지녔다(小林文人 外, 2010: 13-14).

그렇지만 1949년에 「사회교육법」[13]이 제정되면서 큰 변화가 생겼다. 그때까지 강제성이나 감독권을 지녔던 파시스트적 사회교육을 반성하고, 교육을 받는 사람들에 대한 지원으로 그 방향을 바꾼 것이다. 민주주의 교육과 '아래로부터의' '국민 자기교육'을 중시하게 되었고, 법률주의, 지역중심주의[시정촌(市町村)주의], 시설주의를 지향하게 되었다(小林文人 外, 2010: 13-17). 1950년의 「도서관법」과 1951년의 「박물관법」이 제정되고, '공민관(公民館)' 등이 생겨 사회교육 관

---

12) 한국도 2002년에 '교육부'를 '교육인적자원부'로 바꾸고, 「인적자원개발 기본법」(2002년)과 「인적자원개발 기본법 시행령」(2003년)을 마련하였다.

13) 그 내용은 총칙, 공민관, 학교시설의 이용, 통신교육 등의 7개 장으로 되어 있는데, 제2조에서 사회교육을 '학교의 교육과정으로 이루어지는 교육활동을 제외한 주로 청소년 및 성인을 대상으로 이루어지는 조직적인 교육활동(체육 및 레크리에이션 등을 포함)'으로 규정하고, 사회교육기관으로 도서관과 박물관 문화시설도 포함시켰다.

련 시설이 확보되기 시작했다.

1960년대에는 일본의 학교 중심 교육체제를 개혁하고 성인 근로자의 재교육(훈련) 기회를 개선하기 위해 '생애통합학습'이 도입되었는데, 이는 생애를 통해 개인의 필요에 따라 학습을 증진해야 한다는 점을 강조한 것이었다. 생애학습을 통해 학습과 학교 졸업장의 관련성을 약화시킴으로써 학력 사회에서 비롯되는 문제를 치유하고자 한 것이다(변종임 외, 2006: 253-254).

1980년대부터 일본 교육은 생애학습을 보다 적극 추구하려고 했다. 1981년의 중앙교육심의회의 답신 「생애교육에 대해」가 사회의 교육 기능을 생애교육의 관점에서 접근해야 할 필요성을 지적하고, 당시 나카소네(中曾根康弘) 총리의 자문기관인 임시교육심의회가 1984년에 「생애학습체계로의 이행」을 제언하게 되고, 1987년에는 「교육개혁추진대요」에 「생애학습체제의 정비」가 가미됨으로써 생애학습정책이 보다 구체화되었다(평생교육진흥원, 2008b). 1988년에는 문부성의 사회교육국이 생애학습국으로 확대·개편되고 생애학습정책의 기획·조정을 소관하는 생애학습진흥과가 신설되었다. 1990년에는 「생애학습진흥(정비)법」이라고도 불리는 1990년의 「생애학습 진흥을 위한 시책의 추진체제 등 정비에 관한 법률」이 법제화되었다. 그렇지만 이 법이 생기면서, 오래전부터 시행되면서 비교적 안정되었던 공민관과 도서관 중심의 사회교육 체제와 갈등이 일기도 한다(小林文人 外, 2010: 3-4, 19-21).

2006년 12월에 개정된 「교육기본법」은 제3조에서 생애학습의 이념을 새로 넣었다. 2008년 2월의 중앙교육심의회의 답신 「새로운 시대를 열어 가는 생애학습의 진흥방책에 대해」에 따라 6월에 「사회교육법」이 개정되었는데, 생애학습을 학교교육과 연계하려 한 점이 특기할 만하다(평생교육진흥원, 2008b).

일본에서 한국의 평생교육에 해당하는 개념으로는 현재 사회교육(社會敎育), 생애교육(生涯敎育) 그리고 생애학습(生涯學習)이라는 세 가지 개념이 사용되고 있는데, 현재 **생애학습**이라는 용어가 공식 용어이고 '평생교육'이라는 말은 쓰이지 않고 있다. **사회교육**은 **공민관**, 도서관, 박물관, 청년의 집 등을 중심으로 이

루어지는 교육이다. 생애교육이나 생애학습은 주로 직업 준비나 재교육과 관련
된 평생교육 방식이라 할 수 있는데, 문부과학성의 생애학습정책국이 주관하고
있다. 일본의 평생학습은 학습자의 정신적 풍요와 여가 선용의 기회를 제공하
고, 그것을 지역개발의 도구로 활용하려고 한다(대통령자문 교육인적자원정책위
원회, 2002). 각 지방자치단체는 전국 평생교육 페스티벌을 개최하고 있으며(이
진석, 2005), 최근에는 소자화(少子化), 고령화,[14] '단카이(團塊) 세대'[15]의 동시 퇴
직에 따른 노동력 공백 현상, 다른 선진국보다 많은 노동 시간과 그에 따른 여가
문제 등이 평생교육과 관련되어 논의되고 있다.

2011년 3월 11일의 대지진 이후, 일본사회교육학회가 6월 4~5일에 긴급포럼
'대진재(大震災) 사회교육'을 열고, 일본공민관학회가 5월 28일 '피재지(被災地)
센다이의 사회교육'이라는 제목의 체험 발표를 하고, 7월에는 '진재(震災) 후 시
대에서의 공민관의 과제와 가능성'을 테마로 하는 모임을 계획(김윤정, 2011)하
는 등, 일본 평생학습 관련 기구들은 일본의 위기 극복을 위한 구체적 행동 지침
마련에 관심을 두고 있다.

3) 미국

미국에서는 평생교육이란 말 대신 성인교육이라는 말을 많이 쓴다. 1965년의
「성인교육법(Adult Education Act)」에서 성인교육의 대상은 중등교육 졸업장을
가지지 않았거나 현재 학교에 등록하고 있지 않은 18세 이상의 사람들이었다.
그러다 1968년과 1970년의 개정을 거치면서 성인교육은 중등교육을 받지 않은

---

14) 65세 이상 인구가 7% 이상이면 '고령화 사회', 14% 이상이면 '고령사회', 20% 이상이면 '초고령사회'로 분
류하고 있다. 통계청(2010)은 한국의 65세 이상 인구구성비가 2010년에는 11%였으나 2015년에는 12.9%,
2025년에는 19.9%에 이를 것이며, 노령화지수는 2010년에는 100명당 67.7이었으나 2015년에는 94.8,
2025년에는 169.1이 될 것으로 추정하고 있다.

15) '단카이노세다이'라 하며, 제2차 세계대전 이후인 1947~1949에 태어난 베이비붐 세대를 말한다. 60세가
되는 2007부터 생긴 대거 정년퇴직에 따른 기술 공백과 전승 문제와 퇴직금 그리고 퇴직 후의 생활방식
이 문제로 지적되었다.

16세 이상을 대상으로 하는 교육을 뜻하게 되었다.

1976년의 「평생학습법(Lifelong Learning Act)」에서 평생교육이라는 말이 쓰이면서 평생교육은 기존의 모든 성인교육 관련 개념을 종합하는 개념이 되었지만(권두승, 1996: 335), 이 법은 실질적 성과를 거두지 못하고 1980년에 폐지되었다. 1990년대에 들어 「국민교육법」「미국교육향상법」「직업교육법」「인력투자법」 등을 통해 미국민의 평생학습 기회를 보장할 체제를 정비하고, 유관 기관과 연계한 평생교육의 기틀을 마련했다(변종임 외, 2006: 39-46). 「성인기초·문해교육법안 2003」은 일반인의 사회 적응을 위한 기초·문해교육, 직업교육, 저소득층·노인·장애인을 위한 시민교육, 인적 자원 개발 등을 목표로 한 부시 정부의 성인교육정책을 담고 있다(차갑부, 2004).

미국의 평생학습은 성인교육과 고등교육기관의 계속교육으로 이루어지고 있을 뿐, 한국과 같은 종합적인 국가평생교육정책은 없다. 그렇지만 「성인교육 및 가족문해교육법」「직업능력투자법」「고등교육법」「납세자 조세감면법」에서의 평생학습 조세감면크레딧(LLTC) 프로그램 지원, 「빈곤가구 한시 부조법」 등과 같은 관련법, 성인교육 및 문해교육제도(AELS) 등 연방정부의 기금과 주정부 및 지방자치단체의 기금으로 지원되는 미국 성인교육의 전달 제도를 통해 성인교육을 지원하고 있다(평생교육진흥원, 2008c).

한편, 미국에서는 계속교육이란 말도 쓰이는데, 이 개념은 1965년의 「고등교육법」에서 처음 나타났다(김종서 외, 2001; 권두승, 1996: 333-334). 계속교육은 중등교육 이후의 성인을 대상으로 하는 대학 수준의 직업교육을 뜻한다. 미국은 대개 성인교육을 통해서는 문해교육, 재교육, 직업훈련, 생산성 향상 프로그램을 운영하고 있고, 고등교육기관의 계속교육이나 대학확장(university extension) 프로그램에서는 직업능력 관련 자격증을 부여한다(평생교육진흥원, 2008c).

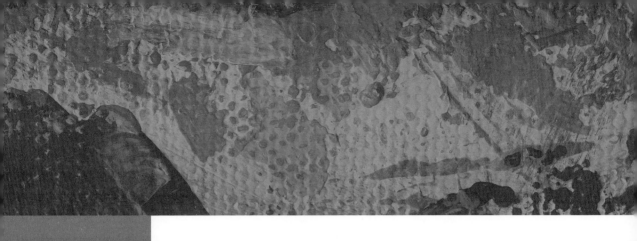

제3부

교육사회학 관련 이론

제7장
교육의 사회적 기능과 교육사회학

우리는 개인적으로든 국가적으로든 교육에 열중하고 있다. 왜 그럴까?

교육사회학은 교육이 개인과 사회 및 국가에 어떤 일을 하는가를 연구하는 학문이라고 할 수 있다. 이 장에서는 교육의 사회적 기능을 먼저 살핀 다음, 교육사회학이 어떤 학문이며 무엇을 연구하는지, 그리고 교육사회학이 어떤 성격을 지녀야 하는지를 살펴본다.

❓ 미리 생각해 보기 →

• 교육은 개인과 국가에 어떤 도움을 주는가?

✏ 주요 용어 및 개념 →

• 교육의 사회적 기능
• 교육을 위한 사회'과'학으로서의 교육사회학

1. 교육은 개인과 국가를 위해 어떤 일을 하는가

1) 개인과 국가가 교육에 대해 바라는 것은 무엇인가

사람은 교육에 대해 각자의 요구와 포부를 지니고 있다. 교육을 개인의 잠재력과 소질 계발을 위한 것으로 보기도 하고, 지적 호기심과 배움의 기쁨을 충족시키기 위한 것으로 여기기도 하며, 인격 발달과 전인적 성장을 위한 것으로 보기도 한다. 보다 현실적으로 보면, 교육을 좋은 직업과 명예 그리고 출세를 위한 통로로 여기기도 한다.

한편, 사회나 국가도 교육에 대한 요구와 포부를 가지고 있다. 교육을 문화전승이나 사회개조 등의 중요한 수단으로 보기도 하고, 국가를 위한 인간자본 형성이나 국가 경쟁력 제고의 도구로 보기도 한다. 또 교육은 국제적 차원에서도 중요한 것으로 간주된다. 그리하여 OECD의 노력처럼, 인류 공영을 위한 국제시민교육이나 국제이해교육에 진력하기도 하고, 각 나라와 세계의 경제 성장과 국제적 응집력을 촉진하고 국제 노동시장과 고용 구조를 안정시키고자 힘쓰기도 한다.

2) 교육의 사회적 기능

교육에 대한 요구가 이렇게 여러 가지 있지만, 여기에서는 교육이 한 국가 사회 안에서 해내는 작용, 곧 '교육의 사회적 기능'이 무엇인지를 살펴보기로 하자. 사전(辭典)에서 '기능'이라는 말은 사람이나 사물 그리고 부분이 적응을 위해 맡은 활동이나 임무를 뜻한다.[1] 생물학과 의학에서는 유기체의 조직이나 기관

---

1) http://www.thefreedictionary.com(2010. 12. 25. 인출)

의 역할 또는 활동을, 그리고 사회과학에서는 어떤 사람에게 부과된 임무나 활동을 뜻한다. 이처럼 기능이라는 말에는 어떤 목적이나 목표에 맞게 작동하거나 행동하는 의존성이나 임무라는 뜻이 이미 담겨 있다.

물론 '교육의 사회적 기능'이 무엇인지를 말하려면, '교육의 기능'이 무엇인지를 먼저 살펴야 하고, '교육의 기능'이 무엇인지를 말하려면 '교육'의 개념이나 그 정의를 먼저 따져 보아야 한다. 그렇지만 교육의 정의나 개념을 딱 하나로 꼬집어 말하기는 쉽지 않다. 교육의 정의나 개념을 교육이 현재 어떤 역할을 맡고 있는지에 초점을 맞추어 서술적으로 규정할 수도 있고, '교육은 어떠어떠한 것이어야 한다.'는 식으로 규범적으로 서술할 수도 있으며, 사람마다 그리고 시대나 나라마다 교육에 대해 추구하는 가치가 서로 다르기 때문이다.

따라서 여기에서는 바로 '교육의 사회적 기능'을 살피기로 한다. '교육의 사회적 기능'을 단 하나로 규정하는 일도 쉽지는 않지만, 교육을 '개인이나 사회가 각자 원하는 가치나 목적을 성취하기 위해 수단으로 활용하는 활동'이라고 규정하면, 우리는 보다 현실적인 '교육의 사회적 기능'을 설명할 수 있게 된다. 이에 따라 교육의 사회적 기능을 크게 개인 차원과 사회·국가 차원 등으로 나누기로 한다. 개인적 차원에 초점을 맞추면 교육은 사회이동이나 개인 출세의 수단이 되고, 사회·국가 차원에 초점을 맞추면 교육은 특정의 가치나 이념 등을 전승하는 규범적·제도적 장치이거나 국가 발전의 도구가 될 것이다. 이들을 좀 더 구체적으로 살펴보면 다음과 같다.

(1) 훈련·교육 기능

교육은 사회에 필요한 인간을 훈련·교육하는 일을 한다. 이 훈련·교육은 초등교육에서 고등교육까지 각 단계에 설정된 교육목적과 교육목표에 따라 문자나 지식을 가르치고 미래의 직업을 위한 기술을 훈련시키는 것이다.

(2) 사회화 및 사회 통합 기능

사회화는 규범을 학습하여 내면화함으로써 그 사회에서 승인된 행동을 하게 되는 과정이다. 뒤르켐(Durkheim)은 인간을 사회적 존재로 만드는 과정을 사회화라고 했다. 사회화는 그 사회가 추구하는 가치나 이념 등을 전수하거나 다음 세대를 민주시민이나 공민으로 만들려는 노력이다. 교육은 이질적 요소를 동질화시키고 갈등 현상을 극복하여 합의에 기초한 안정된 사회를 이룩하는 데 중요한 기능을 한다. 교육은 이러한 사회화 기능을 통해 구성원과 집단들이 서로 잘 통합되도록 해 준다(Parsons, 1959). 개인과 집단의 통합을 촉진시키는 사회적 관계 구조와 연결망, 호혜적 규범, 신뢰, 도덕성, 구성원 간의 협력과 응집력 등을 교육을 통해 이루자는 논리(홍영란, 2003)도 교육의 통합 기능을 말한 것이라 할 수 있다.

(3) 문화유산 전승 기능

교육은 조상이 이뤄 낸 문화적 유산이나 업적 그리고 가치를 후세에게 전승하는 일을 한다. 한 사회나 국가는, 학교를 통해 선조가 가꿔 온 문화적 유산이나 가치 그리고 업적이나 그와 관련된 지식이나 가치를 전달함으로써, 그 존속과 전통을 유지하고자 한다. 이 '문화유산 전승 기능'이 교육의 '사회화 기능'과 혼용되기도 하고, 교육이 특정 사회계층의 문화를 대물림시킨다는 비판적 시각이 있기는 하지만, 교육이 문화적 유산과 가치를 전승시키는 일을 부정할 수는 없다.

(4) 사회이동 촉진 기능

교육은 사회이동을 촉진하는 기능을 한다. **사회이동**이란 세대 간 사회적 지위의 변화나 개인 안에서의 사회적 지위의 변화를 뜻한다. 교육을 통해 좋은 학력(學力)을 갖게 됨으로써 낮은 지위에서 높은 지위로 올라가는 상승이동이 가능해지면서, 교육열과 학력 경쟁이 나타난다.

(5) 선발 기능

교육은 초등, 중등 및 고등 교육과 같은 여러 단계로 되어 있다. 만약 다음 단계에서 교육받을 수 있는 학생 수가 앞 단계에서 교육받은 학생 수보다 적다면, 상급 학교로 올라가면서 선발 과정을 거칠 수밖에 없다.

(6) 배치 및 충원 기능

선발을 통해 훈련·교육받은 인재는 그 능력, 학력(學歷), 자격증 등에 따라 그에 맞는 자리에 배치된다. 교육은 이러한 선발과 배치 기능을 통해 적재적소에 맞는 인재를 충원시키는 기능을 한다(Parsons, 1959).

(7) 국가 발전 기능

국가는 국가 발전을 추진할 인재를 많이 보유하고 있을수록 국가 경쟁력이 높고 그 발전의 기틀이 탄탄하다. 대부분의 사회 및 국가는 그 유지와 발전을 위해 유능한 인재를 보유할 필요가 있는데, 이와 관련된 가장 대표적인 개념이 인간자본이다. 베커(G. S. Becker)의 『인간자본(Human Capital)』(1964)을 원용하면, 교육도 설비투자처럼 하나의 투자이며, 그 결과 인간 차원의 자본이 형성된다. 특히 최근의 글로벌 경제체제하에서 '국가 경쟁력 확보'를 위한 우수인재 개발에 열을 올리면서 교육은 '국가적 사업'이 되었고, 급기야 '교육 전쟁'과 같은 말도 나오게 되었다.

(8) 사회 변혁 기능

교육은 사회를 변혁시키는 힘도 지니고 있다. 교육을 통해 기존의 사회에 적합하고 유능한 인재를 길러 내기도 하지만, 교육을 통해 사회적 모순을 개혁할 수 있는 저력의 소유자를 배출하기도 한다. 비판적 교육론자로 일컬어지는 프레이리(P. Freire, 1921~1997)가 교육을 통해 비판적 의식을 지닌 깨어 있는 사람을 길러 내어 사회의 모순을 해결하고자 한 일을 그 예로 들 수 있다.

2. 교육사회학은 어떤 학문인가

1) 교육사회학의 성격

교육사회학은 예비 교사 양성과 현직 교사 연수를 위한 교직과목이자 학자 양성을 위한 학문 영역이다. 다시 말해, 교육 현실이나 교육 문제를 진단, 분석, 설명 및 해석하고 그 대안을 제시하기 위해, 교육을 사회'과'학적으로 탐구하는 실제적인 학문이다. 여기에서 교육사회학이 교육 및 교육과 사회의 관계를 연구하면서 사회'과'학적으로 접근한다는 점에 유의할 필요가 있다. 이러한 시각은 교육을 '사회학'적으로 연구한다는 기존의 관점과는 다른 것이기 때문이다.

교육사회학의 성격에 관해서는 여러 관점이 있을 수 있다(김신일, 2005; 손준종, 2003). 이들을 도식화하여 분류해 보면, 교육사회학이 '교육+사회+학'인가, '교육사회+학'인가, 아니면 '교육+사회학'인가로 나눌 수 있다. '교육+사회+학'은 교육과 사회의 관계를 연구하는 학문이라는 뜻이고, '교육사회+학'은 교육하는 사회 또는 교육적인 사회를 연구하는 학문이라는 뜻이며, '교육+사회학'은 교육을 사회학적으로 연구한다는 뜻이다. 교육사회학은 이 세 가지 특성을 모두 지닌다고 할 수 있지만, 처음의 두 가지가 교육사회학의 성격으로 더 적합하다.

그 이유는 우선, 교육의 본질에 초점을 맞추면 처음의 두 가지가 교육사회학이 가야 할 길을 더 잘 나타내기 때문이다. 다음으로, 교육이라는 복잡다단한 현상을 사회학이라는 학문만으로 연구한다는 것은 적절한 접근이 되지 못하기 때문이다. 교육 자체를 그리고 교육과 사회와의 관계를 연구하는 데에는 다양한 문제와 연구방법, 시기와 사회의 다양성, 그리고 연구자들의 다양한 가치관, 이념, 인식 유형, 지적 호기심 등이 관련되기 마련인데, 사회학으로만 교육의 본질을 연구한다는 것은 적절치 못하다. 교육사회학을 '교육+사회학', 곧 교육을 사회학적으로 연구하는 학문이라고 생각했던 대부분의 기존의 관점 때문에 교육사회학이 허약함을 드러내기도 했다.

교육사회학은 교육 현장 중심의 교육 현상 진단과 해석, 그리고 당면한 교육 문제 해결을 위한 실천적 · 현실적 노력에 최우선의 관심을 두어야 한다. 교육 현상을 들여다보는 데 사회학이 하나의 관점을 줄 수는 있으나, 교육을 그러한 틀 속에서만 바라보는 일은 타당하지 않다. 사회학 이론으로 교육을 먼저 들여다볼 것이 아니라, 교육 현실을 먼저 들여다보고 그를 위한 이론화 작업과 실천적 노력이 뒤따라야 한다. 그러기 위해서는 사회학만이 아닌 다른 사회'과'학들의 도움도 필요하다. 교육 현상이나 교육제도를 만들어 내는 개인, 사회, 국가, 그리고 그 속에서 생활하는 개인과 집단 사이의 상호작용과 활동을 공시적(共時的)이면서도 통시적(通時的)으로 연구하려면 다양한 사회'과'학적 관점이 필요한 것이다.

따라서 이 책에서는 교육사회학을 교육 현상과 당면 교육 문제를 진단, 해석 및 처방하는 사회'과'학적 교육학, 곧 교육사회학=교육+사회'과'학으로 정의한다. 교육사회학은 정치, 경제, 사회, 정책철학 등의 사회'과'학에서 지적 자양분을 섭취하되, 실제의 교육 현실과 문제의 진단, 해석, 처방을 위한 구체적이고 실천적 전략을 제공하는(Whitty, 1997: 125) **'교육을 위한 사회과학**(social science for education)'이어야 한다.[2] 이렇게 접근해야만 새로운 시대, 새로운 국가 및 사회, 새로운 의미의 교육 주체 등과 같은 구체적인 문제에 적합한 다양한 시각과 처방을 제공할 수 있기 때문이다. 여기에서 교육사회학이 단순히 '교육을 위한 사회과학'을 넘어, '인간 교육을 위한 사회과학'으로 나아간다면, 더할 나위 없이 좋을 것이다.

🗨 토의 · 토론 주제

• 교육사회학이 '교육을 위한 사회과학'이어야 한다는 말의 뜻은 무엇인가?

---

2) 이는 무어(Moore, 1996: 145)의 '교육을 위한 사회학(sociology for education)'을 응용한 것이다.

2) 교육사회학은 어떻게 발달되어 왔는가

〈표 7-1〉은 교육사회학 전개 과정을 보여 주고 있다. 초기의 교육사회학자들은 사회학적 개념을 응용하여 교육의 기회 균등, 교육과정의 내용, 학교 안에서의 생활과 활동, 교직의 특성, 학교조직 등 주로 실천적인 것에 관심을 두고 있었다(Parelius & Parelius, 1987). 그리하여 이를 '교육적 사회학(educational

표 7-1   교육사회학 전개 과정
외국
• 1883년 L. Ward, 『역동적 사회학(Dynamic Sociology)』의 마지막 장에서 사회변화를 위한 교육의 중요성을 역설
• 1899년 J. Dewey, 『School and Society』
• 1907년 H. Suzzalo, 컬럼비아 대학교에서 교육사회학 강좌 처음 개설
• 1916년부터 교육사회학 확산. 1920년대 말 200여 대학교에서 교육사회학 강의
• 1920년대 초 미국교육사회학회(National Society for the Study of Educational Sociology) 창설
• 1924년 É. Durkheim, 『Education and Sociology』(불어본; 영역본은 1956년)
• 1926년 교육사회학 학술지 『Journal of Educational Sociology』 창간
• 1932년 W. Waller, 『Sociology of Teaching』
• 1940년대 지역사회학교운동, 교육 현장 문제 해결 등을 위한 실천지향적 교육사회학
• 1947년 F. J. Brown, 『Educational Sociology』
• 1955년 W. B. Brookover, 『A Sociology of Education』
• 1963년 교육사회학 학술지 『Educational Sociology』가 미국사회학회의 교육사회학 분과 학회지 『Sociology of Education』로 개칭
• 1980년 영국 교육사회학회지 『British Journal of the Sociology of Education』 창간
한국
• 1952년 서울대학교에 교육사회학 강좌 개설. 1954년 사범대학의 필수과목
• 1961년 『교육사회학개론』[Ottaway(1953)의 저서를 김종철이 번역]; 김선호, 황종건, 서명원의 저서
• 1962년 진원중의 『교육사회학원론』 및 이규환의 저서
• 1967년 한국교육사회학연구회 탄생

sociology)'이라고 부르기도 한다. 이들의 이론과 연구는 추상적이고 빈약했다는 비판을 받기도 했지만, 학교나 학급 조직 등 실용적이고 현실적인 주제들을 다루었다는 장점을 지녔다.

1960년대에 풍부한 이론적 소양을 지닌 사회학자들이 교육사회학에 관여하면서 교육사회학은 이론 형성과 과학화에 주력했다. 이러한 흐름을 '교육의 사회학(the sociology of education)'이라 부르기도 하는데, 주로 가치중립성을 표방하면서 세련된 방법론과 보다 거시적 차원에 관심을 두기 시작했다. 1970년대에 들어 마르크시즘, 비판이론, 현상학 등이 교육 연구에 원용되면서 교육사회학은 더욱 세련된 듯한 모습을 지니게 되었다. 그렇지만 이들의 주된 관심은 교육적인 것에 대해서보다는 사회학 '이론'을 수립하려는 것에 있었다.

그러다 1970년대 초 영국에서 '신'교육사회학이 나타나면서 교육사회학은 다시 현실적이면서도 더욱 풍성한 모습으로 바뀌었다. '신'교육사회학은 교육이나 학교에 관해 당연시되던 기존의 개념이나 현상에 의문을 제기하면서 학교 지식이나 교육과정(敎育課程), 그리고 학교 안에서 이루어지고 있는 미세한 교육적 활동에도 주의를 기울였다.

그렇지만 다양한 이론적 시각들이 교육사회학에 들어오면서, 교육사회학은 복잡하면서 혼란스러운 모습을 지니게 되었다. 현재의 교육사회학의 연구 영역, 연구 주제, 연구방법론, 관점 등이 매우 다양해지고 복잡해지면서, 현재의 교육사회학은 '한계와 가능성'(Hurn, 1993), '계속성과 모순'(Pink & Noblit, 1995), '평등과 성취'(Riordan, 1997), '자유와 구속'(Mulkay, 1993), '다양성, 불일치, 차이 중시'(Levinson & Sadovnik, 2002) 등과 같은 특성을 보인다(Levinson & Sadovnik, 2002: 3, 재인용).

3) 교육사회학은 무엇을 연구하는가

현재의 교육사회학의 연구 영역, 연구 주제, 연구방법론, 관점 등은 매우 다양하다. 학문적·이념적 관점이 다양해지면서 교육사회학이 더욱더 풍성해지고 있다고도 할 수 있지만, 후학들에게는 교육사회학이 여전히 정체성의 혼란을 겪고 있는 것으로 보일 우려도 있다. 따라서 교육사회학이 어떤 연구를 하는지를 그 주제나 영역에 초점을 맞추어 분류·제시해 볼 필요가 있다(서울대학교 교육연구소, 1998).

- 공교육(또는 국가교육체제)의 형성 과정과 의의
- 교육과 국가의 관계, 발전교육론, 정치적 이념과 교육, 고등교육론 등
- 학교 또는 교육 팽창 현상의 전개 과정과 그 의미
- 교육의 사회적 기능(문화유산 전달, 사회화, 시민교육론 등)
- 학교에서 직업으로의 전환, 교육과 직업 간의 관계, 직업세계가 중시하는 품성
- 교육과 사회이동의 관계, 지위획득모형, 능력주의와 사회적 지위 격차
- 교육과 계급 형성
- 교육과 평등: 교육 기회, 대중교육과 엘리트 교육, 여성교육, 교육복지, 지역교육 등
- 학력의 결정 요인과 그 격차, 사교육(비) 등
- 가정과 가족의 변화와 가정교육의 문제
- 학교지식과 교육 내용, 교육과정 사회학, 교과(敎科)의 사회사, 이데올로기와 지식, 문화정치학, 주체의 정치학 등
- 학교와 학급, 학생의 일상적 삶과 문화, 학생문화, 학교 폭력과 비행
- 교사론, 교사의 기대와 낙인이론(labelling theory), 교직 문화, 교직 사회화, 교직의 재편, 교사 업무의 탈기술화, 국가와 교직
- 최근 외국의 학제와 교육개혁의 사회철학적 배경
- 사회과학 이론과 연구방법론, 포스트모더니즘과 교육, 질적 연구법 등
- 북한의 교육과 통일교육

• 평생교육 또는 평생학습
• 다문화 가정과 다문화 사회를 위한 교육

4) 교육사회학의 여러 이론을 어떤 틀로 분류할 것인가

지금까지 교육사회학은 주로 기능론, 갈등론, 해석적 접근, 비판이론 등과 같은 사회학 이론의 분류 모형에 따라 분류되어 왔다. 그렇지만 이러한 분류 방식은 다음과 같은 점에서 한계가 있다. 우선, 교육사회학의 연구 주제와 연구 영역 그리고 연구방법론 등이 정치적 신조에서뿐만 아니라, 동일한 범주(예: 비판론자들과 포스트모더니스트 및 후기구조주의자) 안에서도 차이가 많기(Apple, 1996: 125-126) 때문이다. 다음으로는, 교육 내용이나 교육정책과 같은 구체적인 교육 현상과 활동을 타당하게 진단, 분석, 설명, 해석, 논의하기 위해서는 이러한 분류 모형이 적합하지 않기 때문이다.

따라서 교육사회학을 분류해 온 기존의 분류 방식을 보완할 필요가 있는데, 베넷과 르콩트(Bennett & LeCompte, 1990)의 분류 방식을 원용하여 새 틀을 마련할 수 있다. 교육사회학의 다양한 흐름을 나름대로 유형화한 이들의 새로운 분류 방식은 다른 사람들의 것들[3]보다 더 설득력이 있다. 베넷이란 이름을 드매리스(deMarrais)로 바꾸어 새로 내놓은 책(deMarrais & LeCompte, 1999: 39-41)에서, 이들은 교육사회학 이론들을 크게 사회전승모형과 사회변혁모형으로 나눴다.

사회전승모형은 학교교육(schooling)의 거시적이고 구조적인 측면을 강조하면서 학교교육이 해내는 사회적 · 문화적 전승 기능, 곧 한 사회의 생활방식이나

---

3) 교육사회학의 최근 흐름을 기능론, 마르크시즘, 베버주의, 문화 재생산론, 신교육제도론(Dougherty & Hammack, 1990), 실증주의 모형, 해석적 모형, 비판론적 모형, 정치 · 정책적 모형, 포스트모던 모형(Pink & Noblit, 1995), 교육과정의 사회학 모형, 비판적 담론 분석 모형, 존재 양식과 주체의 정치학 모형, 정치경제학과 노동과정 모형, 인종 차이 모형(Apple, 1995), 사회 · 문화 모형, 국제화 및 노동시장 모형, 국가와 교직 모형, 정치와 효율성 모형, 교육과정과 문화정치학 모형, 능력주의와 사회지위 격차 모형(Halsey et al., 1997)으로 나누고 있다(김병욱, 1998).

가치, 신념, 규범, 적절한 행동 기준 등을 다음 세대에게 전달하는 과정을 중시하는 관점들을 뜻한다. 이들은 교육사회학의 주된 연구 주제를 사회전승 또는 사회화로 보았는데, 기존의 갈등론이 사회전승과 사회화를 기능론과는 다른 측면에서 해석할 뿐, 역시 사회전승과 사회화에 초점을 맞췄다고 보아 갈등론이라는 개념을 재생산론이라는 말로 대체하였다(Bennett & LeCompte, 1990: 4, 20-21). 기능론, 갈등론의 마르크시즘과 재생산론, 지위경쟁이론을 문화전승이라는 측면에 공통적으로 초점을 맞췄다고 보아, 이들을 사회전승이론에 포함시킨 것이다. 한편, **사회변혁모형**은 사회변혁을 위한 교육적 노력에 관련된 거시적 관점들을 일컫는다. 교육에 대한 비판적 관점들이 갖는 한계점, 곧 비판만 했지 구체적 대안을 제시하지 못한 측면을 대체할 수 있는 관점들을 모아 놓은 것이 사회변형모형이라 할 수 있다.

이 책에서는, 드매리스와 르콩트의 분류 방식을 수정하여, 교육사회학의 이론모형을 **사회전승이론, 사회변혁이론** 그리고 **해석적 관점**으로 분류했다. '제8장 사회전승이론'에는 기능론과 갈등론에 관한 내용을 넣었는데, 드매리스와 르콩트가 갈등론이라는 개념 대신 재생산론 개념을 사용했지만 갈등론 개념이 재생산 개념보다 더 포괄적이고 일반화되어 있기 때문에, 이 책에서는 재생산론이라는 말 대신 갈등론이라는 개념을 사용한다. '제9장 사회변혁이론'에는 과거에 갈등론으로 분류되던 비판적 교육관과 저항이론과 더불어 포스트모더니즘의 교육관을 다룬 내용을 추가했다. 일부 여성학과 포스트모더니즘도 사회변혁을 위한 구체직 노력을 제시하고 있기 때문이다.[4] 해석석 관점은, 사회전승이론과 사회변혁이론이 사회라는 거시적 구조에 관심을 갖는 데 비해, '개인'이나 미시적 차원의 문제에 초점을 맞추는 관점이다. 해석적 관점을 설명한 제10장에는 상호작용론, 민생방법론, 해석학 및 현상학 등의 관련 내용이 포함되어 있다.

---

4) 포스트모더니즘은 그 정의와 쟁점이 다양하지만, 교육이 객관성, 합리성, 진보성과 같은 근대적 개념으로만 설명될 수 없으며, 그에 따른 교육정책 변혁의 시각을 품고 있어 여기에 포함시켰다.

표 7-2	교육사회학 관련 이론의 분류				

구분	거시적 차원				미시적 차원
	사회전승			사회변혁	
	긍정적 측면	부정적 측면			
	기능론	갈등론			
사회 및 국가 차원		• 마르크시즘 • 경제적 재생산론 • 문화 재생산론 • 지위경쟁이론 • 이해집단이론		• 비판적 교육관 • 저항이론적 교육관 • 포스트모더니즘의 교육관	
개인 차원					해석적 관점 • 상호작용론 • 민생방법론 • 해석학 • 현상학

제8장
사회전승이론

교육은 한 사회를 유지하기 위해 다음 세대에게 특정의 가치와 규범을 전승한다.

이 장은 지금까지의 교육사회학 책들이 흔히 '기능론'과 '갈등론'으로 불렸던 관점들을 사회전승이론이라는 이름으로 다룬다. 기능론은 사회적 안정과 질서 유지를 강조하는 관점이고, 갈등론은 사회 안에 존재하는 갈등과 억압 그리고 재생산(대물림)과 같은 현상을 주로 들여다본다. 이 둘은 주로 거시적인 측면에 주목한다는 점과 교육이 무언가를 다음 세대에 전한다고 본다는 측면에서 공통적이다. 다음 세대에게 특정의 가치와 문화 또는 이데올로기를 전승시킨다는 점을 강조하기 위해, 사회전승이론(deMarrais & LeCompte, 1999)이라는 이름으로 묶었다. 기존의 교육이 전승을 위주로 하는(transmissive) 교육이라는 프레이리(Freire, 1970)의 지적에서도 이 개념을 찾을 수 있다.

두 관점에서 중요한 개념들과 사상가들을 살핀 다음, 이들이 교육에 관하여 어떤 시각을 지니고 있으며, 이들의 장단점이 무엇인지를 각각 알아보기로 한다.

❓ 미리 생각해 보기 ➡

• 한국에서 학교교육은 사회 안정에 공헌하는가, 불평등을 대물림시키는가?

✏ 주요 용어 및 개념 ➡

• 기능론
  - 기능, 사회화, 규범학습, 화성기위(化性起僞)
  - 기능론적 교육관
• 갈등론
  - 갈등, 억압, 계급, 토대(하부 구조), 효용가치와 교환가치, 착취, 재생산(대물림), 물화, 소외, 이데올로기, 계급의식, 허위의식, 프락시스, 국가기구, 경제적 재생산론
  - 문화자본, 취향, 티 내기, 아비투스, 상징적 폭력
  - 지위경쟁이론
  - 갈등론적 교육관

1. 기능론적 교육관

기능론은 한 사회를 부분들의 총체 또는 유기체로 간주하는 관점이다. 사회는 유기체와 유사한 '구조'를 지니고 있으며, 개인이나 집단은 이 구조를 이루는 구성 요소다. 모든 생명체가 생존하기 위해서는, 이를 이루는 각 부분들이 서로 유기적인 관계를 유지하면서 각자 맡은 기능을 잘 수행해야 한다. 사회도 이를 구성하는 개인이나 집단이 각각의 '기능'을 잘 수행해야 안정된 상태로 존재한다고 본다. 이리하여 기능론을 구조기능론이라고도 한다.

1) 기능론의 주요 개념

- **기능**: 전체를 구성하는 부분들이 각자 맡은 역할을 제대로 수행해 내는 일을 가리킨다. 사회도 생물 유기체처럼 건강한 상태를 유지하기 위해 구성원들이 효과적으로 기능해야 한다.
- **유지·존속**: 지금까지의 사회체제를 보존하는 일을 뜻한다. 사회라는 유기체는 각 부분들의 합이고, 이 부분들은 유기체를 유지·존속시키기 위해 다른 부분들과 유기적 관계 속에서 필요한 일을 수행한다.
- **통합과 결속**: 한 체제를 이루고 있는 각 부분들이 집합적으로 기능하거나 구성원들이 연대하고 단결하는 일을 뜻한다. 한 체제가 안정 상태를 유지·존속하기 위해서는 통합과 결속이 필요하다.
- **균형**: 서로 대립되는 세력이나 성향들이 어느 하나에 치우쳐 있지 않고 중화된 상태다.
- **안정**: 한 사회의 구성원들이 제 기능을 수행하고 단결함으로써 지속성을 지니는 상태다.
- **항상성**(homeostasis): 한 사회의 요소나 부분들이 균형 상태를 지님으로써

그 사회가 일관성을 유지하는 상태다.

- **합의**: 구성원 간의 일치된 가치, 견해, 동의를 뜻한다.
- **질서**: 한 사회의 구성원들이 각자의 기능을 제대로 수행함으로써 그 사회가 체계적으로 기능하고 있는 상태다.
- **사회화**: 규범을 학습하여 내면화함으로써 그 사회에서 승인된 행동을 취하게 되는 과정 또는 한 구성원을 그 사회에 필요한 사회적 존재로 만드는 과정을 뜻한다.

2) 관련 사상 및 사상가

(1) 뒤르켐

뒤르켐(É. Durkheim, 1858~1917)은 교육사회학의 창시자다. 젊은 뒤르켐은 어떻게 하면 교육을 통해 혼란스러운 프랑스를 안정된 국가로 만들 것인가를 고민했고, 이를 위해 사회통합[1]과 사회화가 중요하다고 생각했다. 교육에 관한 그의 사상은 『교육과 사회학』『프랑스 중등교육의 발전』『도덕교육론』으로 전개되었다.

『**교육과 사회학**』(1956[1924])에서 그는 교육의 본질을 사회화라고 규정한다. 그가 말하는 사회화란 개인을 사회적 존재로 만드는 일인데, 교육은 사회의 존속·유지를 위해 개인을 사회화시키는 일이다. 사회화에는 보편사회화와 특수사회화가 있다. 보편사회화란 사회 구성원이라면 누구나 갖춰야 할 공통적 품성을 지니게 하는 과정이고, 특수사회화란 특정 직업적 기능이나 관련 소양을 갖추게 하는 과정이다. 그는 이 책에서 교육을 사회적 사실로 보면서 교육 실천을 중시해야 한다고 했다.

---

1) 뒤르켐은 『자살론』(1897)을 통해 사회통합과 자살의 관계를 설명하고자 했다. 사회적 결속이 약한 집단(미혼자, 이혼자, 자녀 없는 자, 군인 등)의 자살 가능성이 높다는 것인데, 이는 자살이 개인의 단순한 정신적 현상이 아니라 사회적 산물이라는 것이다(김진균 외, 1996: 67-69).

 뒤르켐이 1904년 파리 대학교에서 강의하였던 내용을 바탕으로 집필한 『프랑스 중등교육의 발전』(1977[1938])은 교육 사상, 내용 및 제도의 변화 과정을 탐구한 저작이다. 각 시대의 교육이념은 그 사회의 구조적 변화와 관련된 지적·도덕적 변화에 따라 달라진다는 것이 이 책의 핵심이다. 다시 말하면, 교육이념은 사회이념을 반영하는데, 세속적인 것과 종교적인(신성한) 것 사이에서 갈등을 겪다가 세속화 또는 실용화되던 시대적 상황이 각 시기의 교육 내용에 반영되어 왔다는 것이다.[2]

 『도덕교육론』(1973[1925])은 뒤르켐이 살았던 시기의 프랑스 정황과 관련이 깊다. 프랑스 대혁명이 끝난 지 100여 년이 흘렀지만 프랑스는 그때까지도 혼란 속에 있었다.[3] 뒤르켐은 이러한 상황에서 교육을 통해 개인을 사회에 필요한 존재로 만들면 안정되고 질서 있는 프랑스가 건설될 것으로 보았고, 이를 위해 도덕교육이 필요하다고 보았다. 뒤르켐이 말한 도덕성은 윤리적인 것이 아니라 사회적 결속이나 유대를 촉진시키는 일을 뜻하는데, 도덕교육은 아동에게 사회적 동질성과 질서를 부여하고, 무규범 상태를 제거하며, 다른 사람의 중요성을 인식하면서 각자의 행동을 규제하도록 하는 일이다(Durkheim, 1973).[4]

(2) 파슨스

 파슨스(T. Parsons, 1902~1979)는 기능론을 체계화한 대표적인 사회학자다. 그는 어떻게 하면 개인의 생각과 행동, 가치관, 규범 등을 사회 전체를 위한 가

---

2) 르네상스기에는 절제, 희생, 금욕 등을 중시했던 기독교적 가치 대신 우아하고 화려한 귀족 생활방식과 자유로움이 확산되었다. 교육 내용도 이에 관련된 것이 자리 잡았다. 이때가 17세기인데, 그가 17세기를 교육에서의 커다란 전환기로 본 이유는, 이 시기가 순수정신의 고양만을 추구하던 기존의 교육에서 벗어나 실용성을 중시한 때였기 때문이다. 사회가 분화되고 자연과학이 발달하면서, 세속적·실용적 목적을 지닌 과학교육이나 사회적 기능을 훌륭히 수행할 수 있는 시민 육성을 중시하게 되었다는 것이다(Durkheim, 1977: 284).
3) 프랑스 대혁명의 후유증으로 불안정한 제3공화정의 출발, 군주론자와 새로 등장한 부르주아의 결탁에 대한 사회주의자들의 파리점령(Paris Commune)과 그들에 대한 제3공화정 군대의 대량 살상, 1870년대 공화제와 군주제의 대립 등으로 프랑스는 도덕적 혼란 상태가 지속되었다.
4) 『도덕교육론』의 제1부 '도덕성의 요소'는 제1요소를 규율, 제2요소를 집단에 대한 애착, 제3요소를 자율성(자기결정)이라 했고, 제2부는 어린이의 도덕성을 어떻게 기를 것인가를 서술했다.

치나 규범이 되도록 만들 것인가에 관심을 두었다. 그는 사회를 하위체제들로 이루어진 하나의 큰 체제로 보았는데, 이 하위체제들은 다시 요소들로 구성된다. 파슨스는 이 요소들이 서로 유기적 조화 속에 있다고 생각했다. 사회체제는 한마디로 구성 요소와 하위체제의 합이다. 그런데 각 체제가 존속되려면 각각에 맞는 기능적 요건을 갖추고 있어야 한다. 이 하위 요소 및 체제들은 일정한 질서를 유지하면서 상호 의존적으로 전체 체제의 존속과 안정을 위해 공헌한다.

교육과 관련된 그의 생각은 「사회체제로서 학급(The School Class as a Social System)」(1959)이라는 논문에 잘 나타나 있다. 여기에서 그는 학급 또는 학교라는 사회구조가 개인으로 하여금 성인이 된 뒤의 역할을 성공적으로 수행하도록 하기 위해 어떤 일을 하고 있는가에 관심을 두었다. 그는 교육이 사회화를 통해 사회적 분리와 갈등 그리고 불평등을 중화시키는 데 큰 공헌을 한다고 보았다. 이 논문에서 그가 주장한 특징적인 점 세 가지는 다음과 같다. 첫째, 또래집단은 어른이 된 뒤의 성공적 역할 수행을 위해 중요할 뿐만 아니라 학교와 학급 사회의 질서를 유지하는 데에도 공헌한다. 둘째, 학력 격차로 생기는 사회적 지위나 수입의 격차는 어쩔 수 없다. 학교는 기회 균등과 성취에 따라 보상이 이루어진다는 능력주의적 신념, 곧 성취에 따른 차등적 보상이 주어진다는 가치를 가르치는 곳이다(Parsons, 1959; Blackledge & Hunt, 1985: 67-68). 셋째, 학교는 성적과 품행을 중시한다. 여기서 성적은 인지적인 것을, 품행(deportment)은 책임감, 교사 존경, 사려 깊음, 협동, 좋은 공부 습관 등을 말한다(Blackledge & Hunt, 1985: 73-74; Parsons, 1959).

또한 그가 현대사회의 전체 구조를 변형시키는 데 현대의 교육이 중요한 일을 했다고 지적한 점도 중요하다. 그는 현대의 교육이 19~20세기의 민주화 혁명이나 산업혁명 못지않게 중요한 혁명적인 일을 해냈다고 보았다(Blackledge & Hunt, 1985: 67). 뿐만 아니라, 그는 현대의 교육이 교육 기회를 평등하게 하고 자수성가한 사람을 배출함으로써 시장경제 체제나 관료주의보다 사회 발전에

더 크게 공헌했으며, 직업에 필요한 지식과 기술을 습득시키고 사회 질서와 안
정을 위한 규범이나 도덕을 습득하도록 체계적으로 사회화시키는 중요한 곳이
학교라고 본 것도 상기하여야 한다(Parsons, 1959).

(3) 드리번

파슨스의 제자였던 드리번(R. Dreeben, 1930~   )은 미국의 학교교육을 파슨
스적 관점에서 분석했다. 드리번은 학교가 가정과는 확연히 다른 구조를 지니
고 있고, 그에 따라 두 제도가 그 구성원을 사회화하는 내용도 다르다고 보았다.
학교와 가정이 확연히 구분되는 근거의 하나로 시험을 들 수 있다. 학교에는 시
험이 있지만, 가정에는 시험이 없다. 따라서 사회화되는 방식도 다르다. 학교는
학생에게 지식이나 기술만이 아니라 어른이 된 뒤에 요청되는 사회규범을 습득
시킨다. 학교는 가정과는 달리 체계적이고 공식적인 장치와 절차를 통해 학생
들을 다룬다. 그뿐 아니라 잠재적 교육과정과 같이 학교 안에서 이루어지는 비
공식적인 것도 개인을 사회화하는 데 중요한 역할을 한다는 것이다(Dreeben,
1968: 84).

또한 그는 가정에서 이루어지는 사회화와는 달리, 학교는 학교 나름의 구조
와 교사에 의해 독특한 **규범**을 전수한다고 보았다. 학생은 학교에서 책임의식,
동등한 권리, 자유 등의 규범을 학습하는데, 특히 미국의 학교는 독립성, 성취,
보편성 및 특수성이라는 네 가지를 중요한 규범으로 간주하고 전수한다. 여기
서 독립성(independence)이란 자신의 행위에 대해 책임을 지는 일을 뜻하는 규
범인데, 만약 공동과제 수행에서 어떤 학생이 다른 학생의 몫을 대신 해 준다면
그는 독립성의 규범에 어긋난 행동을 한 셈이다. 성취(achievement)란 어떤 행위
에 대한 평가가 공개적이고 공정하게 이루어져 그 성취 결과에 따른 평가나 보
상이 달라진다는 것을 알게 되는 규범으로, 성적이 좋은 학생이 다른 학생을 누
르고 대학에 입학할 수 있다는 인식이 그 예다. 보편성(universalism)이란 누구나
동등한 절차에 따라 취급받거나 대우받는 일을 뜻하는 규범인데, 교사가 누구에

게나 똑같은 양의 숙제를 내주는 일이나 동일한 문제로 시험을 치르는 일 등이 그 예다. 그렇지만 누구에게나 동일하게 적용되는 보편성이라는 규범에 예외가 있다. 특수성(specificity)이란 특정 개인을 합법적·합리적 근거 위에서 예외로 대우하는 일을 뜻하는 규범인데, 장애자 전용 주차 구역이 그 예다.

🐞 토의·토론 주제

- 드리번의 '규범' 학습과 관련하여, 한국 학생에게 중요하게 가르쳐야 할 규범 또는 파기해야 할 규범이 있다면 어떤 것들인가? 그 이유는 무엇인가?
- 일본의 시츠케는 기본 습관 교육이자 남에게 피해를 주지 않으려는 예절 교육이다. 공공장소에서 남에게 피해를 주는 한국의 아동이나 성인들에게 어떻게 응용될 수 있을까?

(4) 메이어

메이어(J. W. Meyer, 1935~   )[5]는 학교를 고도로 발달된 하나의 제도로 보았다. 교육이 국가 건립 및 발달 과정에 중요한 제도로 기능해 왔다는 것이다. 이런 점에서 그의 이론을 **제도이론**(institutional theory) 또는 신제도론(neo-institutionalism)이라고도 한다.[6]

그는 학교가 학생 개인의 교육적 요구에 부응하기 위해 존재하는 것이 아니라, 사회를 구축하고 조직하는 방법을 제공하는 중요한 제도로서 존재한다고 보았다. 이는 학교가 종속적 제도가 아니라는 뜻이다. 학교는 사회제도나 직업세계의 요구에 맞는 국민적 특성이나 엘리트를 배출해 내고, 이를 위한 관련 지식,

---

5) 현재는 세계 문화와 세계적인 제도가 어떻게 전파·확산되어 왔는지를 연구하는 '스탠퍼드 학파'의 지도자다. 세계 문화의 전파와 수용 메커니즘을 교육, 정치, 과학 등의 사례와 관련지어 실증적으로 보여 준 공적을 인정받아, 세계사회화론을 이끌고 있는 독일의 빌레펠트 대학교(Universität Bielefeld)에서 2006년 명예박사 학위를 받았다(정광진, 2006).

6) 藤村正司(1995: 327-346), 片岡德雄(1994: 14-29), Arum & Beattie (2000: 5).

기술, 교과목 등을 구안해 내고 정당화(legitimate)하는 기능을 능동적으로 수행해 왔다는 것이 그의 주장의 핵심이다. 따라서 메이어는 교육의 효과를 단순히 교실, 또래, 학교 등의 조직 차원에서 측정할 것이 아니라 제도 차원에서 측정해야 한다고 주장한다(Dougherty & Hammack, 1990: 21-22; Meyer, 1977: 55-56).

(5) 순자

교육이 사회를 위해 좋은 기능을 수행한다고 본 동양의 사상가로는 순자(荀子, B.C. 298?~238?)를 들 수 있다. 그는, 인간이라면 누구나 기본적인 생리적 욕구를 지니고 있으며, 이런 욕구 충족을 위해 서로 다툴 수밖에 없다는 **성오설**(性惡說)을 취했다.[7] 그렇지만 그는 교육을 통해 이러한 본성을 성인(聖人)의 본성이 되도록 변화시킬 수 있다고 보았다.

순자는 인간의 마음작용과 순서를 성(性), 정(情), 여(慮), 위(僞)라는 네 단계로 보았는데, 마지막의 네 번째 단계인 위(僞)가 교육의 성과가 나타날 수 있는 단계다. 첫 번째 단계인 성(性)은 사람이 태어날 때부터 갖는 본성, 쉽게 말해 생리적 본성이고, 두 번째 단계인 정(情)은 사물에 접하면서 갖게 되는 좋다거나 슬프다와 같은 느낌이며, 세 번째 단계인 여(慮)는 이미 생긴 느낌을 어떻게 처리·선택할 것인가를 생각하는 일이다. 마지막 단계인 위(僞)는 앞에서 처리·선택한 바를 의지로 노력하여 선하게 실천하는 행동으로 옮기는 일이다. 여기에서 위(僞)는 가짜라는 뜻이 아니라, 인(人)과 위(爲)의 합성어, 곧 노력하여 선한 행동을 일으키는 일을 뜻한다. 이를 **화성기위**(化性起僞)라고 하는데, 이기적이고 욕구 지향적인 본성을 바꾸어 선을 일으킨다는 뜻이다.

그런데 화성기위에는 절제와 예가 필요하다. 순자사상의 핵심은 노력하여 선한 행동을 실천하는 일에 있다. 본성에 따라서만 행동하는 사람은 소인이고, 절제할 수 있는 사람이 군자다. 절제는 예(禮)를 통해 생기는데, 본성만을 따라 행

---

7) 김용옥(2011: 136-137)은 선(善)의 반대는 악(惡)이 아니라 불선(不善)이나 추함이기 때문에, '性惡說'을 '성악설'이 아니라 '성오설'로 읽어야 한다고 본다(EBS 〈기획특강〉 제14강 참조).

동하는 것이 아니라 그것을 분간할 수 있는 의지적인 노력을 기르기 위해 예가 필요한 것이다. 이기적 욕구 때문에 생기는 다툼과 혼란을 제도화된 예를 통해 바로잡거나 통치해야 한다는 것이 순자의 생각이었다. 순자가 말한 **예**는 사회과학에서 말하는 규범에 가깝다. 규범은 사회를 유지하기 위해 사람들이 배워서 지켜야 할 규칙, 도덕, 법 등을 뜻하기 때문이다. 이런 점에서 그의 사상에서 핵심적인 것은 예치(禮治)라고 본다(김경식, 1992; 蔡仁厚, 2000).

그는 사회제도이자 법이라 할 수 있는 예를 통해 교육하는 일을 중시했다. 「권학편(勸學篇)」의 첫 대목 "그러므로 나무는 먹줄을 받으면 곧게 되고, 쇠는 숫돌에 갈면 날카로워진다."[8]에서 학습과 교화를 강조한 그의 교육철학의 선언을 찾을 수 있다. 즉, 나무를 곧게 만드는 것도, 쇠를 날카롭게 벼리는 것도 교육의 역할이라고 본 것이다(신영복, 2006: 422).

3) 기능론적 교육관

기능론적 교육관에서 볼 때, 교육제도는 안정된 사회를 유지하는 데 필요한 태도, 가치, 기술, 규범 등을 다음 세대에게 전승한다. 이러한 관점에서 교육이 하는 일을 구체적으로 서술하면 다음과 같다(Bennett & LeCompte, 1990).

- 교육은 지적 목적을 추구한다. 사회를 유지·존속·발전시키는 데 필요한 언어나 수학 등과 같은 인지적 지식은 물론, 종합하거나 평가하는 탐구 능력을 습득시킨다.
- 교육은 사회통합을 위한 정치적 목적을 추구한다. 국민이 기존의 정치적 질서에 적절히 참여하고 사회통합에 이바지할 수 있도록 질서, 공중도덕 및 법의 준수를 강조하고, 이민자나 산업 근로자 등을 동질화시켜 통합을 추구한다.

---

8) 故木受繩則直金就礪則利

- 교육은 경제적 목적을 추구한다. 교육은 개인의 직업 준비를 위해서뿐만 아니라 산업구조나 경제에 필요한 노동 인력을 양성하기 위해서도 구성원을 훈련시킨다.
- 교육은 사회적 목적을 추구한다. 구성원의 사회적 · 도덕적 책임감을 고취시키고, 사회 문제의 해결 · 개선 · 개혁을 위한 정신을 전수한다.
- 교육은 인재를 선발, 훈련, 배치 · 충원하는 기능을 한다. 학교는 재능 있는 사람을 선발하여 훈련시킨 뒤, 적재적소에 배치 · 충원하는 합리적 기구라고 할 수 있다.
- 교육은 사회이동을 촉진하는 기능을 한다. 개인이 쌓은 실력, 능력, 업적, 실적 등에 의한 사회이동을 전제할 때, 교육은 사회적 지위를 획득하는 공정한 게임이 된다.

4) 기능론적 교육관의 한계점

- 기능론적 교육관은 **목적론적 오류**를 범하고 있다. 사회제도가 어떤 목적을 지닌다고 전제하는 일을 목적론이라 하는데,[9] 어떤 사회제도가 지닌 목적이 좋은 것이라면 어떤 활동이든 좋다고 보는 논리가 지니는 오류를 목적론적 오류라 한다. 종교가 존재하는 이유가 사회의 도덕적 견고성을 위한 것이라는 주장이 오류를 지니듯이, 교육이 존재하는 이유는 안정이나 결속 그리고 질서 유지만을 위한 것이라는 주장은 목적론적 오류를 범하는 일이 된다. 조직폭력배의 결속의 경우처럼 결속이 다 좋은 것은 아니기 때문이다.
- 기능론적 교육관은 학교교육을 종속변수로 취급한다. 학교를 사회의 안정과 질서 유지 및 결속을 위해 사회에 종속된 제도라고 보지만, 학교는 학교

---

9) "X는 Y를 창출해 낸다. Y가 바람직한 것이라면 X는 정당하다."는 논리를 취하는 것이 목적론(teleology)이다(Blackledge & Hunt, 1985: 103).

나름대로 능동적 역할을 수행하고 교사와 학생도 자율성을 지닌다(김신일, 2005).

• 기능론적 교육관은 사회화가 학교교육 기간에 집중적으로 이루어진다는 것을 강조하면서 학교의 사회화 기능을 지나치게 중시한다. 사회화는 학교교육 기간에만 이루어지는 것이 아니라 학교교육을 마친 성인기에도 지속된다.

• 기능론적 교육관은 학생들을 사회화의 수동적 대상으로 다룰 우려가 있다. 사회적·문화적 규범을 내면화하는 사회화를 강조함으로써, 학생을 다양성과 개성을 추구하기보다는 규범을 묵묵히 수용해야만 하는 수동적·획일적 존재로 볼 우려가 있다.

• 기능론적 교육관은 **능력주의**(meritocracy)와 경쟁적 사회이동 등을 중시하다 보니 교육에서의 불평등한 출발, 과정, 결과에 무관심하며, 학교교육 출발 선상의 사회계급적 차이를 과소평가한다(Blackledge & Hunt, 1985: 74).

2. 갈등론적 교육관

인간 사회는 통합, 질서 유지, 합의 등에 기초한 안정 상태로만 존재하는 것은 아니며, 갈등, 경쟁, 구속, 대립, 재생산(대물림) 등이 있기 마련이다. 갈등론적 교육관은 사회, 문화, 경제 등에서의 갈등에 초점을 맞추고, 교육이 민주주의, 사회이동, 평등과 정의 등을 실현시킨다는 전제를 의심하면서, 학교가 지배집단의 가치나 이데올로기, 그리고 서열화된 기존의 계급구조를 재생산(대물림)한다고 본다. 가장 공정한 장치라고 여기는 능력주의라는 이상도 실은 구조적 모순을 은폐하는 허울에 불과하며, 결국 재산이나 자원을 불평등하게 분배하는 배경 이념이 될 뿐이라고 본다.

1) 갈등론의 주요 개념

- **갈등**: 구성원 사이에 내재된 불일치나 대립을 뜻한다.
- **경쟁**: 구성원들이 제한된 재화나 권력 그리고 이익을 더 많이 차지하기 위해 힘을 겨루는 역학이다.
- **억압**: 한 개인이나 집단을 억누르며 피동적 · 예속적 존재로 취급하는 일이다.
- **통제**: 특정의 의도를 갖고 한 개인이나 집단을 그러한 방향으로 나아가도록 강요하거나 이용하는 상태다.
- **대립**: 경쟁자 간, 지배자와 피지배자 간, 사회계급 간 상충 또는 투쟁 상태를 뜻한다.
- **계급**(class): 유산자 계급과 무산자 계급처럼 생산수단의 소유 여부나 경제적 지위에 따라 차등화된 집단이다.
- **착취**: 노동자가 자신이 생산한 양에 비해 더 적은 임금을 받음으로써 잉여가치를 뺏기는 현상을 뜻한다.
- **재생산**(reproduction): 기존의 사회적 · 문화적 · 경제적 지배-종속의 관계가 세대에 걸쳐 반복(대물림)되는 현상이다(deMarrais & LeCompte, 1999: 337). 마르크스는 불합리한 경제적 착취 관계가 은폐되어 지속적으로 재생산된다고 보았다.
- **물화**(reification)[10]: 사회적 관계가 상품과 같은 사물로 바뀌는 현상

---

10) 물화는 마르크스의 '상품의 물신화(物神化, fetishism of commodity)'라는 개념을 루카치(Lukács, 1885~1971)가 확장시킨 것이다. 루카치는 『역사와 계급의식』에서 노동력이 상품 형태로 매매된다고 보았다(中山元, 2009: 340-344). 상품 자체에만 가치가 있는 것처럼 착각하는 현상이 '상품의 물신화'인데 루카치의 물화는 국가, 법, 경제 등에도 적용된다(Ritzer, 2000: 137).
한편, 중립적인 의미의 물화의 예는 사물숭배 현상(토테미즘)에서 볼 수 있다. 라틴아메리카에서 '독수리'는 본디 특정 부족의 결속을 위한 기호 · 상징이었다. 그러다 독수리를 숭배하게 되면서 하나의 기호 · 상징이었던 '독수리'가 부족민들의 인간관계와 사회조직을 통제하게 되었다. 부족민의 인간관계와 사회조직이 '독수리'라는 사물로 물화된 것이다.

(thingification of social relations) 또는 물질적 산물이 인간을 통제하게 되면서 인간의 자아가 사물화 되는 현상이다(中山元, 2009: 342). 따라서 물화는 인간을 소외시키는 주 원인이 된다.

- **소외**: 마르크스의 초기 저작에 나오는 소외는 노동에서 인간이 생산의 주체가 아닌 객체, 곧 노동 과정에서 노동자가 생산의 도구로 전락하면서 생산의 과정에서 배제된 상태다. 노동이 상품이나 가격으로 환산되면서 인간은 마침내 물화되고, 그에 따라 생기는 현상이 소외이므로, 소외와 물화는 서로 밀접하다.[11]

- **이데올로기**: 갈등론에서의 이데올로기는 지배계급의 의도를 반영하는 이념체계를 뜻한다. 이때의 이데올로기는 지배–종속 관계나 계급 간 모순과 대립을 은폐하거나 그 관계를 교묘하게 정당화하면서 기존의 계급 지배체제를 지속시킨다.

- **계급의식**: 루카치는 비슷한 이해관계나 경제적 특성을 지닌 사람들이 다른 계급에 대해 부정적 의식을 갖는 과정에서 생기는 연대의식을 계급의식이라고 보았다. 계급의식에는 유산자의 계급의식과 무산자의 계급의식이 있는데, 특히 무산자나 피지배계급이 지배계급에게 이용당하거나 희생되는지를 모르는 상태에서 갖는 왜곡된 의식을 계급의식이라고 보기도 한다(Johnson, 2000).

- **허위의식**: 한 계급의 구성원이 다른 계급을 위해 헌신하도록 만드는 은폐된 가치나 신념이다. 루카치는 허위의식의 앞 단계에 계급의식이 있다고 보았다(Lucács, 1968). 한 사람의 관념과 의식, 곧 계급의식은 그를 둘러싼 물질적·경제적 상황의 영향을 받는데, 이 과정에는 특정한 이데올로기나 허위의식이 작용한다.

---

11) 노동자의 삶이나 인간관계의 가치가 그들이 생산해 내는 상품의 가격에 의해 평가되면서 그들의 삶을 실제로 지배하는 실체는 바로 '상품의 물신화' 현상이다. 그럼에도 이것이 은폐된 채 작동되기 때문에, 어떤 노동의 진정한 실상을 파악하기는 힘들다(김왕배, 2001: 71-72).

- **프락시스**(praxis): 이론이 아닌 의도적 실천(action)과 실행(implementation)을 뜻한다. 창조적이고 의도적으로 일하고 생산하며 세상과 상호작용하는 중요한 실천이나 행동을 말한다(Johnson, 2000).

2) 관련 사상 및 사상가

(1) 마르크시즘

① 마르크스

마르크스(K. Marx, 1818~1883)는 생산수단의 소유 여부와 생산관계에 기초하여 **유산자 계급**(bourgeoisie)과 **무산자 계급**(proletariat)이라는 개념을 사용했다. 기계설비나 토지와 같은 생산수단을 소유하고 있는 자본가 계급 등의 지배계급을 유산자 계급, 이들에게 고용된 노동자나 생산수단을 소유하지는 못한 사람들을 무산자 계급이라 한다.

마르크스는 사회구조를 **토대**(하부구조)와 **상부구조**로 나누었다. 토대에 해당하는 것은 경제이고, 상부구조에 해당하는 것은 이데올로기, 정치, 교육, 문화, 종교 등이라고 보면서, 토대가 상부구조에 중대한 영향을 준다고 보았다. 경제적 관계나 경제적 존재 상황이 그에 맞는 의식이나 의지까지도 형성한다고 볼 수 있다.

마르크스의 『자본론(Capital)』(1867)은 '**상품의 물신화**' 현상과 소외 현상을 해부한 저작이다(김수행, 1991; 大嶋浩 外, 2000: 165-168). 자본주의하의 공적·사적 영역은 자본주의의 논리에 의해 상품처럼 취급된다. 사회적 관계가 상품이라는 사물이나 가격이라는 숫자로 물화되면서 단순히 교환의 척도였던 화폐가 귀중한 재산으로 숭배되는 현상, 곧 상품이 신이 되는 현상을 상품의 물신화라 한다. 노동은 물론 우정, 사랑, 모성 등이 선물이나 가격으로 환산되어 마치 상품처럼 취급되는 현상을 그 예로 들 수 있다.

자본주의 체제가 작동하는 방식을 이해하기 위해 효용가치와 **교환가치**라는 개념도 알아 두어야 한다. 자본주의 사회에서는 실제적인 쓰임보다는 교환될 가능성이 더 큰 것이 더 높은 가치를 지닌다. 자본주의에서 특정 상품의 가치는 그 상품의 실제적 효용성보다는 교환가치의 크기인 화폐(가격)에 의존하기 때문이다. 이보다도 더 중요한 것은 자본주의 경제에서는 꼭 필요해서 생산하기보다는 팔기 위해 생산한다는 점이다. 전근대적 경제체제에서는 어떤 물건(상품)이 필요해서 생산하고 그것을 사고팔았다. 효용가치가 교환가치를 만들어 낸 것이다. 그렇지만 자본주의 경제에서는 팔기 위해 생산한다. 상품을 먼저 만들어 낸 뒤 판매를 위해 그 상품의 효용성을 그럴싸하게 선전하는 것이다. 곧, 교환가치가 효용가치를 만들어 낸다.

그러면 마르크스의 사상 속에 교육과 관련된 내용은 무엇이며 그 내용은 얼마나 될까? 『자본론』에서 교육과 직결된 단어나 주장은 거의 없으며, 『고타교육령 비판』과 『공산당 선언』에서 교육과 관련지을 수 있는 단어가 나오는 곳은 몇 군데에 지나지 않는다.[12] 그럼에도 그를 교육과 관련지어 언급하는 이유는 무엇일까? 그 이유는 앞의 갈등론의 주요 개념에 소개된 것들 중 사회계급, 물신화, 소외, 허위의식, 이데올로기 등이 교육과 관련된 것이고, 이들이 교육 현상을 분석·해석하는 데 유용하기 때문이다.

② 알튀세르

알튀세르(L. Althusser, 1918~1990)는 자본주의적 생산관계를 존속시키기 위한 이데올로기를 국민이 보다 체계적으로 습득하도록 하는 데 두 가지의 '국가

---

12) 『자본론』 1권 제13장 '기계장치와 대공업'에서 어린이의 놀이가 자본가를 위한 강제노동으로 바뀌었다고 한 것, 제14장 '매뉴팩처의 자본주의적 성격'에서 대중 또는 국민의 교육을 언급한 것, 제15장 '공장법'에서 어린이 노동자들이 받을 교육이 공장주들의 노동력 착취와 음모로 헛된 것이 되었다고 지적하면서 교육의 의무화를 언급한 것이 거의 전부다. 『고타교육령 비판』에서는 초등교육 기회의 평등에 관한 언급이 한 번 나오고, 『공산당 선언』에서는 아동에 대한 공공 무상교육, 아동의 공장노동 철폐, 교육과 물적 생산의 결합과 같은 짧은 문구가 세 번 나오는 정도다(김수행, 1991; 梅根悟, 1990: 352-360; Marx, 2003; Marx & Engels, 1955: 20-32).

기구'가 활용된다고 보았다. 자본주의에서 경제적 관계가 가장 중요하기는 하지만, 이러한 경제적 관계를 국민에게 형성시키기 위해서는 다른 역학이 필요하고, 그 대표적인 것이 국가라는 것이다. 국가는 사회구성체(social formation)[13]의 중심에 서서 자본주의적 생산관계를 존속시킨다. 이때 국가는 다음의 두 가지 국가기구를 활용한다.

- **이데올로기적 국가기구**(Ideological State Apparatus: ISA): 국가가 계급 갈등이나 지배 이데올로기를 은폐하기 위해 일정한 지식, 기술, 태도, 가치 등을 전수하는 국가기구다. 학교, 교회, 가정, 정치단체, 언론, 문학, 예술, 미디어, 노동조합 등이 이에 해당되는데, 알튀세르는 학교가 계급 갈등을 중화시키고 특정 이데올로기를 전수하여 국민을 다스리려 할 때 활용되는 국가기구라고 보았다.
- **억압적 국가기구**(Repressive State Apparatus: RSA): 계급 갈등을 강압적으로 누르기 위해 국가가 활용하는 군대, 경찰, 교도소와 같은 기구들이다. 이들은 국민을 통제하고 구속하는 데 학교나 교회보다 훨씬 강압적이고 강제력을 지닌다.

③ 풀란차스

풀란차스(N. Poulantzas, 1936~1979)는 알튀세르와 함께 정통 마르크시즘의 대표자이지만,[14] 국가가 경제의 부속물이라는 경제 결정론적 관점 대신 계급 결정론적 관점을 가졌다. 그는 사회계급이 경제구조에 의해 결정된다기보다는 정치적·이데올로기적 구조에 의해 결정된다고 보면서 관료, 지식인, 군인 등에 주목한다. 그래서 그는 파시즘과 같은 것에 주목했는데, 특히 파시즘에서는 이

---

13) 이데올로기 층위가 일상의 실천 속에서 물질적인 실체로 존재한다는 것을 지적하기 위해 알튀세르가 쓴 개념이다. 그가 일컫는 사회구성체란 정치체제, 이데올로기, 노동조합 등의 경제, 정치, 이데올로기 등이 만들어 낸 복합적 사회체제다. 역사에서 중요한 것은 인간이 아니라 이 사회구성체다(Marshall, 1994: 190, 487).
14) 그리스 출신인 그는 프랑스에서 알튀세르와 함께 구조주의적 마르크시즘의 대표자로 꼽힌다.

들이 누구보다도 더 막강한 결정권자라는 것이다(Craib, 1984: 124; Poulantzas, 2001).

풀란차스는 알튀세르의 견해를 이어받아, 직업적 역할이 사람의 열망이나 선택에 따라 결정되는 것이 아니고, 그 구성원이 속하는 사회계급에 따라 결정된다고 보았다. 그는 학교교육을 받아 사회계급적 이동이 가능하더라도 기존의 사회계급 구조의 변동은 어렵다고 보았다. 자본주의가 존속하는 한 사회계급은 없어지지 않으며, 학교는 사회계급의 재생산(대물림) 과정에 중요할 뿐, 사회계급 형성의 원천이 되지는 못한다. 학교교육이 어떤 사람을 특정 사회적 지위에 앉힐 수는 있지만, 학교교육을 통한 계급적 변화는 불가능하다는 것이다.

그렇다면 학교는 어떻게 이런 일을 하는가? 그는 학교가 정신노동과 육체노동의 분화를 지속적으로 유도함으로써, 자본주의 계급구조를 재생산한다고 보았다. 학교는 육체노동을 정신노동에 복종시키는 일을 강조하면서 육체노동에 대한 교육은 소홀히 한다는 것이다. 육체노동에 적합하다고 분류된 학생에게는 직업 수행상 필요한 기술을 가르치기보다는 규율과 권위 그리고 정신노동을 존중하는 일을 가르친다. 예컨대, 인문계와 실업계의 분화는 정신노동과 육체노동의 분화에 따른 것이고, 대학 졸업장은 졸업자를 정신노동에 배치하는 선별 기준으로 작용하게 된다. 풀란차스의 주장이 중요한 이유는 학교교육과 계급 재생산(대물림) 과정의 분석에 교육과정과 교육 분화의 문제를 중요하게 다루었기 때문이다(한준상 외, 1996: 69-70).

(2) 경제적 재생산론

자본가는 생산을 극대화할 품성을 지닌 노동자를 필요로 한다. 자본가는 근검, 절약, 성실, 시간 엄수 등과 품성을 중시하는데, 노동자는 이를 수용하고 서로 협동하며 작업하도록 교화된다. 노동자에게 중시되는 것은 세련된 지식이나 기술과 같은 인지적 특성보다는 자본주의적 경제체제를 유지하는 데 유용한 품성이나 성격과 같은 비인지적 특성이다.

경제적 재생산론의 대표자들인 보울스(S. Bowles)와 긴티스(H. Gintis)는 학교가 자본가들의 이익을 위해 봉사한다고 보았다. 학교는 자본가가 중시하는 가치와 성격 특성을 강조하고, 이러한 품성을 지닌 노동자를 양산해 낸다. 학교는 미래의 하위 노동직 종사자들이 순종하고 복종할 것을 강조하면서 자본주의적 가치와 품성을 재생산해 낸다는 것이다.

자본주의적 직장 체제에서 개인 간에 이루어져야 할 사회적 관계와 학교에서 이루어지는 사회적 관계가 서로 밀접하게 상응(相應)한다는 보울스와 긴티스의 주장을 **상응이론**(correspondence theory)이라 한다(Bowles & Gintis, 1976: 12).[15] 상응이란 한 사회의 경제구조가 학교에 반영되어 있는 상태를 뜻하는데, 만약 학교가 공장과 같은 산업사회적 경제조직의 모습을 반영하고 있다면, 학교와 공장이 상응 상태에 있다고 말한다(Bennett & LeCompte, 1990: 334). 상응이론에 따르면, 학교는 노동구조적 사회관계와 상응하는 사회적 관계를 가르치고, 자본주의에 맞는 의식, 성격, 태도, 개인 간의 행동기술 등을 가르침으로써 자본주의적 노동자를 육성한다(Bowles & Gintis, 1976: 9). 요약하면, 보울스와 긴티스는 미국의 학교가 인지적 요소보다는 자본주의 체제에 적합한 가치, 태도, 규범, 성격 특성 등 비인지적 요소를 중요하게 가르쳤다고 주장했다.

이렇게 볼 때 학교는 결국 사회계급적 불평등을 낳는다. 보울스와 긴티스는 학교교육을 통해 사회적 불평등이 지속될 수밖에 없으며, 학교에서 능력을 인정받으면 출세할 수 있다는 믿음은 헛된 것이라고 보았다. 그들은 자본주의가 해체되지 않는 한 교육정책을 아무리 바꿔도 학년이 올라갈수록 성적이나 지능에서 사회계층 간 차이가 커지는 현상만 남는다고 보았다.

(3) 문화 재생산론

문화 재생산론은 문화도 자본의 성격을 지니고 있으며, 학교가 상류 계층의

---

15) 교신이론, 대응이론이라고도 번역하는데, 경제관계와 학교가 서로 기능하는 측면이 강조되기 때문에 상응이라는 번역이 더 낫다.

문화자본을 계속 재생산(대물림)한다는 관점이다(Bourdieu & Passeron, 2000). 따라서 하류 계층 자녀는 학교 학습에서 불리할 수밖에 없고, 이는 사회적 지위를 획득하는 데 불리하게 작용하여 마침내 사회적 불평등의 재생산(대물림)으로 이어진다.

부르디외(P. Bourdieu)는 사회계층에 따라 소유하는 문화자본이 다르고, 그에 따라 사회적 지위 획득 정도도 달라진다고 보았다. 부르디외는 대화하는 방식, 가치관, 행동방식, 의상, 역사의 공유, 소유하는 지식, 취향 등을 소유하는 상태나 방식에 **문화자본**이라는 개념을 적용한다. 계급마다 문화자본을 습득하는 방식과 수준이 다른데, 지배 계층은 자신들이 만든 준거에 따라 문화적 가치에 서열을 매기며 위계화시킨다.[16] 결국 가장 가치 있는 문화자본은 소수 특권층의 문화, 곧 특정 사회를 주도하는 문화다(Bourdieu, 1977).

부르디외의 이런 주장을 이해하려면 그의 중요한 저술인 『티 내기(Distinction)』와 그의 핵심 개념인 문화자본, 아비투스, 상징적 폭력을 알아야 한다.

① 『티 내기』

이 책은 사람들의 **취향**(taste)을 다룬 것이다.[17] '티 내기'란 나를 다른 사람과 구별하여 두드러지게 하는 일이다. 티 내기는 예술 향유활동 등 일상의 갖가지 행동에 배어 있는 관습적 행동인데, 계급적 차원에서 일어나는 구별 행위의 전형이다. 자기만이 특정 예술품을 소유하려는 현상은 자기만이 그 작품에 대해 제대로 된 취향을 지니고 있다는 배타적 생각에서 나온 것이다(Bourdieu, 1994, 1996).

---

16) 위계화의 과정은 사진기나 사진예술에 관해 그가 든 예를 보면 잘 알 수 있다. 처음에는 상류 계층만 사진기를 소유할 수 있었기에 사진예술은 상류 계층의 전유물이었다. 그러다 사진기가 서민들에게로 보편화되자, 상류 계층은 서민의 사진기와 구분되는 더 좋은 사진기를 구입한다. 사진기 보유마저 보편화되자, 상류 계층은 인화 방식(칼라, 흑백 등)을 차등화하면서 그들이 향유하는 예술적 가치를 위계화하고 차별화하려고 했다.

17) 『구별짓기』(1994, 1996)로 번역되었으나, '티 내기'로 번역하면 그 의미를 더 잘 살릴 수 있다.

부르디외는 학력과 사회계급에 따라 향유하는 취향이 다르다고 보았다.[18] 그는 이런 취향의 차이를 사진기 소유나 구체적인 문화 향유 활동과 같은 것을 예로 들어 설명했다. 오페라 극장이나 고급 미술품 전람회는 상류 계층만의 향유 공간이자 향유물이다. 돈만 있다고 상류층이 되는 것은 아니다. 고급문화에 대한 취향으로서의 상징 자본을 지니고 있어야 한다. 이들은 세련된 사교모임을 통해, 그리고 승마나 골프와 같은 고급 스포츠 등의 각각 다른 취향을 통해 다른 부류의 사람들과 자신을 구별하려 한다(김왕배, 2001: 94).

② 문화자본

문화자본(cultural capital)은 개인이 소유하고 있는 문화적 지식과 언어적 취향, 그리고 예절이나 여가활동 등과 관련된 지식(deMarrais & LeCompte, 1999: 334) 또는 특정 문화양식을 감상할 수 있는 지식이나 교양 등의 내면화된 취향을 뜻한다(김왕배, 2001: 93). 한마디로, 지배계급이 중시하는 문화적 표준이나 능력이 문화자본인데, 그 보기로 말솜씨, 행동거지, 옷맵시, 취향 등을 들 수 있다. 특히 문화자본의 핵심인 취향은 계급을 구별짓는 역할을 하기 때문에 경제자본과 비슷한 기능을 수행하며, 계급을 재생산하는 데 관여한다(조은, 2002). 문화자본은 그 소유 정도와 수준에 따라 사람들을 차이 나게 한다. 특히, 지배계급은 자기들을 다른 사람과 구별짓거나 자기들의 상징적 지위를 티 내는 중요한 수단으로 이 문화자본을 활용한다.[19]

부르디외는 이념, 지식, 예절 등의 문화자본이 경제자본에 이어 하류 계층을 다시 한 번 더 불리하게 한다는 것을 주장하기 위해 이 개념을 사용했다(Johnson,

---

18) 프랑스인들은 학력(學歷)이 높을수록 통속 영화보다는 극영화에, 극영화보다는 전시회나 음악회에, 전시회나 음악회보다는 박물관에 문화비를 더 지출한다(Bourdieu, 1973).

19) 연주회에서 언제 박수를 칠 것인가? 베를린 필하모니의 지휘자 푸르트벵글러(Furtwängler, 1886~1954)는 협주곡이나 교향곡에서는 음악의 유기적 맥락을 끊지 않기 위해 악장 사이에 박수를 치지 않아야 한다고 보았지만, 영국의 호그우드(C. Hogwood, 1941~)는 연주나 박수는 작곡가의 생존 시기에 했던 방식을 따르면 된다고 보았다. 어찌됐건, 1830년대에 절정을 이룬 오페라의 박수부대(claque)에 관한 음악사학자 사빈(Sabin)의 말(Cialdini, 2002: 226-228)처럼, 음악감상 양식도 특정한 방식으로 위계화되었다.

2000). 문화자본은 대개 비가시적이지만, 그 소유 여부에 따라 문화적 취향의 차이는 물론 사회적 지위의 차이도 낳는다(최샛별, 2002, 2003). 과거에는 경제적 자본이 지배력, 권력, 명예 등을 설명하는 데 중요한 개념이었지만, 이제는 간접적·비가시적 문화자본이 그 설명을 하는 데 중요하다는 것이 부르디외의 주장이다.

③ 아비투스

아비투스(habitus)는 사람들의 마음속 깊이 자리 잡은 행동방식이나 무의식적으로 습득된 문화 및 가치에 관한 성향을 가리킨다. 아비투스는 경제, 사회, 교육, 가족과 같은 공간(場) 속에서 형성되는 특정한 성향인데(김왕배, 2001: 92; Bourdieu, 1981: 94), '보슬비에 옷 젖듯' 어렸을 때부터 자연스럽게 체득된 지속적 성향이다(이종각, 1996: 140). 인간은 태어날 때부터 문화자본을 지니지는 않는다. 일차적 사회화 과정을 거치는 가정 안에서 아비투스를 형성하게 되고, 그에 따라 문화자본을 습득하게 된다. 이러한 일차적 사회화의 결과는 학교나 교회 같은 이차적 사회화 기관을 거치면서 더 강화된다. 취향은 그 개인이 속한 계급적 지위에 따라 내재화된 아비투스가 형상화된 것이다.

아비투스는 사람들이 세상을 다룰 때 갖는 내면화된 정신적·인지적 구조이기도 하고, 세상의 구조를 내면화한 결과이기도 하다(Ritzer, 2000: 81, 399-400). 아비투스가 계급구조, 나이, 성 등에 따라, 사회 안에서 어떤 위치를 지녀 왔느냐에 따라 서로 다르게 내면화되거나 습득된다는 점에서, 아비투스는 역사적 산물이기도 하다.

④ 상징적 폭력

상징적 폭력(symbolic violence)이란 문화적 지배구조를 재생산하거나 변형시키는 위력을 뜻한다. 상징적 폭력은 특정 가치를 승인·강화하거나 거부하면서 주체의 정신구조나 인식을 지배하는 위력을 지니기도 하고(Bourdieu &

Wacquant, 1992: 15, 145, 171-172), 지배관계의 억압적 성격이 은폐된 온화하면서 보이지 않는 형태의 폭력이기도 하다(김왕배, 2001: 92). 지배계급은 문화양식 자체가 질서를 지닌다고 전제하면서 언어, 신분, 지위, 관습, 특정 가치 등을 통해 의식과 의지를 지배한다. 이러한 지배현상을 상징적 폭력이라 한다.

⑤ 문화자본의 측정

부르디외가 문화자본을 명확히 정의하지 않았기 때문에, 문화자본을 구체적으로 측정하기는 쉽지 않다(장미혜, 2002b). 우리가 할 수 있는 최선의 방법은 부르디외의 문화자본을 구체적으로 정의한 다음, 그에 따라 하위 변수들을 설정하고(조돈문, 2005), 이들을 측정하는 일이다.[20] 예를 들면, 미술 창작과 활동에 참여한 수준, 독서 수준, 문학이나 고전음악 감상 횟수, 도서관 방문 횟수, 독서 시간(Lareau & Weininger, 2003: 570-573), 극장·연극·박물관·역사 유적 방문 등 부모의 문화활동 수준(Katsillis & Rubinson 1990), 자녀의 독서 빈도, 음악회에 간 횟수(송현저, 2006) 등이 그 구체적 변수들이다.

⑥ 문화자본과 학교교육 및 성적의 관계

부르디외는 경제자본이 문화자본으로, 그리고 문화자본이 다시 경제자본으로 전환된다고 보았는데, 이러한 과정을 '자본의 전환'이라 한다. 교육은 이 자본의 전환 과정에 중요하게 관여한다. 문화자본은 학교교육에서 중요한 자본이 되는데, 학교교육은 문화자본을 소유하는 데 더 큰 차이를 만들어 낸다(박명진, 1998; 송현저, 2006; Dumais, 2002: 46; Lareau & Weininger, 2003). 문화자본이 습득되는 곳은 우선은 가정이지만, 문화자본을 통해 지배계급의 문화를 재생산(대물림)하는 곳은 학교다. 이러한 과정에 가장 중요한 역할을 하는 존재가 교사다.

---

20) 따라서 그가 문화자본을 세 가지로 구분한 것(Bourdieu, 1995)에 기초하여 구체화할 수밖에 없다. 이 셋은 체득된 문화자본(문화재를 감상하고 이해하는 성향), 객체화된 문화자본(예술작품, 문화적 상품 등), 제도화된 문화자본(졸업장, 학력)이다(송현저, 2006; Dumais, 2002).

상류 계층의 문화자본을 강조하는 존재가 바로 교사이기 때문이다.

학교에서 다루는 지식의 상당 부분이 문화자본과 관련되는 것이기에, 이 문화자본을 소유한 학생은 그 코드를 쉽게 이해할 수 있다. 상류 계층 학생은 하류 계층 학생보다 학교에서 전수하는 문화자본을 더 많이 갖고 있어, 학교에서 성공할 가능성이 더 높다. 따라서 학교 성적도 좋을 수밖에 없다. 뿐만 아니라, 이 문화자본 '상속자'는 학교를 편안하게 여기고 교사와의 상호작용도 원만한 반면, 그렇지 못한 하류 계층 학생은 가정환경과 학교환경이 달라 갈등을 겪으며 교사의 후원도 덜 받는다.

그렇다면 한국에서 문화자본과 학교 성적의 관계(Palmer, 2001)는 어떠할까? 장미혜(2002a, 2002c)는 한국에서도 교육을 통해 사회적 위계관계가 문화적으로 재생산(대물림)된다고 보고했다. 외국어 능력이 좋고 독서를 즐겨 하는 전문직이나 관리직 등 중간계급의 자녀일수록, 부모와 영화나 연극 관람과 같은 문화활동을 함께 한 자녀일수록, 그리고 책에 대한 조언을 많이 받은 자녀일수록 대학수학능력시험 성적이 높았다는 것이다. 송현저(2006)는 문화자본에 따라 고등학생의 글쓰기 능력이 다르게 나타나는데, 특히 어머니의 학력이 영향을 준다고 보았다. 김경근과 변수용(2007)은 부모의 사회경제적 특성이 문화자본과 밀접히 관련되어 있고 자녀의 학업성취에 영향을 준다고 보고했다. 다만, 자녀의 독서 정도가 성적에 긍정적 영향을 주는 데 반해, 문화활동에 대한 참여는 부정적인 영향을 주었다는 것이다.

(4) 지위경쟁이론

베버(M. Weber, 1864~1920)는 비슷한 사회적 존중감과 독점적 지위를 지닌 사람들의 공동체를 **지위집단**(status group)이라고 했다(Weber, 1968a: 305-307). 지위집단은 자원, 특권, 더 나은 사회적 지위 등을 선점하기 위해 서로 경쟁한다. 지위경쟁이론이란 개인이 좀 더 유리한 사회적 지위를 획득하고 이를 지속시키기 위해 교육을 통해 경쟁한다는 이론이다. 교육이 상대적으로 높은 존경과 특권을 지닌 지위나 직업을 얻기 위한 수단이기 때문이다(이종각, 1996: 151). 사회적 지위는 교육 수준, 전문적 훈련 수준, 직업적 명예, 특권의 독점 수준, 결혼, 사교(commensality), 생활양식 등에 따라 결정된다.

현대의 지위집단은 더 좋은 학력(學歷)을 위해 경쟁한다. 과거에는 사회적 신분이나 족보가 사회적 지위를 결정했지만, 이제는 학력이 그 자리를 대신한다. 이미 특권을 소지한 사람은 그 지위를 독점하기 위해, 신입자를 막는 문지기(gatekeeping) 역할을 하거나, 해당 지위집단을 '클럽재(財)'로 이용하면서, 그 지위에 들어오려는 후보자의 공급을 제한한다. 이를 위해 대개는 시험[21]이라는 장치를 활용한다(Collins, 1979: i-vii). 거의 모든 나라에서 사람들이 교육에 열을 올리고 있는데, 이는 학력 경쟁에서 이기기 위해서다. 영화 〈죽은 시인의 사회〉나 〈스쿨 타이〉에 나오는 미국 명문 사립고등학교(preparatory boarding school)나 일본의 명문 사립 중·고등학교(brand-name schools)는 학력 경쟁을 위한 교육열의 좋은 예인데, 지위경쟁이론은 이러한 교육열을 설명하는 최적의 이론이다.

(5) 이해집단이론

이해집단이론은 주로 정치학에서 즐겨 사용하는 개념으로, 서로 이해관계를 지닌 직업별 노동조합이나 전문가협회와 같은 조직이나 집단끼리 정책을 주도하려고 경쟁한다는 이론이다. 한 이익집단의 위력은 회원 수, 재정, 조직 밀도, 지도력, 정책 결정자에 대한 영향력, 내부 응집력 등에 따라 다르다. 자기 이익에 반하는 정책이 나오면 힘을 모아 저항하고 이를 위해 캠페인 등 각종 수단을 동원한다. 따라서 주로 정부가 그들 간의 이해관계를 판단하는 주체가 되지만, 그들 간의 갈등을 조정할 규칙을 가지고 있어야 한다.

---

21) 기존의 인턴십 대신 졸업장과 자격고시를 도입한 1870년 이후 미국 의학계와 법률업계(Bledstein, 1976: 33-39) 및 의과대학 인가권을 쥔 미국의사협회(Haskell, 1984: xvi)를 예로 들 수 있다.

3) 갈등론적 교육관

- 학교교육은 지배계급의 이익을 보존·재생산(대물림)하기 위한 제도다.
- 학교에서 전수하는 내용이나 교사가 사용하는 공식어와 학생의 행동에 대한 기대는 지배문화에 뿌리를 둔 것들이다.[22]
- 학교는, 직장이나 사회 집단에서 알아야 할 언어 규칙, 규율, 인간관계 등을 가르쳐 위계화된 역할을 준비·수용시킨다(Bennett & LeCompte, 1990: 13-14).
- 학교는 객관적·중립적 기관이 아니라 지배집단의 이익과 이데올로기를 재생산하거나, 거짓 교육을 시키는 사상주입(indoctrination)의 장소다.[23]
- 학교는 불평등을 심화시키는 곳이다. 학교는 이미 차등화된 계급구조를 존속 또는 재생산(대물림)한다. 학교는 학생의 능력이나 성적보다는 어떤 사회계급 출신이냐에 따라 학생들을 다양한 직업적 위치로 분류함으로써 사회계급의 차이를 증폭시킨다.

4) 갈등론적 교육관의 한계점

- 교육을 종속변수로 취급한다(김신일, 2005; Karabel & Halsey, 1977).
- 학교가 경제구조에 완전히 종속된 경제적 불평등의 재생산(대물림) 도구만은 아니고, 경제구조의 요구로부터 상당한 자율성도 지니고 있다는 점을 간과한다. 레이놀즈(Reynolds)는 경제적 요구와 교육 간에는 완전 밀착관계가 아닌 제한적 관계만 있다고 보았다.
- 학교가 자본주의적 가치만을 주입함으로써 자본가의 이익을 재생산하는

---

22) 학교가 전수하는 지배계급 문화에 관한 부르디외와 파스롱(Bourdieu & Passeron, 2000)의 연구와 사회계층에 따라 어법(語法)이 다르다는 번스타인(Bernstein, 1961)의 초기 연구를 참조하라.

23) 사상주입은 히틀러처럼 옳지 않은 의도나 사상을 구성원에게 집어넣는 일을 뜻한다. 거짓 교육이란 뜻의 위교(僞敎)나 교화(敎化)라고 번역되기도 한다.

장소인 것만은 아니고, 다양한 요구를 끊임없이 반영하며 후세를 사회화시키기도 한다.

- 학교의 역할을 경제구조에만 국한시킴으로써, 구체적인 인간 접촉, 의미 창출 과정, 자생적 문화의 생성 과정 등을 간과하거나 과소평가한다. 특히, 학교 외부의 경제구조의 영향만을 강조하다 보니 교수-학습 장면에서 일어나는 복잡한 관계를 단순화한다.

- 학교 구성원들도 능동적 · 비판적으로 사고하는 존재여서 비판의식이 내부에서 나올 수 있는데, 갈등론은 이 측면을 소홀히 다룬다(이종각, 1996: 140-147).

- 사회변혁이 경제적 차원 외에도 이데올로기, 정치권력의 변화, 정보의 유통 수준 등에 의해서도 생길 수 있다는 점을 과소평가한다. 경제구조만이 아니라 정치, 종교, 이데올로기, 문화 등도 사회변혁을 가져올 수 있다(Blackledge & Hunt, 1985: 200-202).[24]

- 노력을 하지 않은 사람이나 무능력자의 실패를 불합리한 경제구조나 사회구조의 탓으로 돌림으로써 단순한 합리화의 오류를 범하기도 한다(이종각, 1996: 144; Karabel & Halsey, 1977). 능력, 실적, 업적을 통한 선발이 가장 공정한 장치라는 통념이 하나의 허울에 불과하다고 봄으로써 갈등론적 교육관은 어느 개인의 실패의 원인을 그의 노력이나 능력 부족으로 보기보다는 잘못된 사회구조 탓으로 돌리는 경향이 있다.

- 교육이 위계화된 불평등한 분업구조를 정당화하고 자본가들이 중시하는 가치나 태도 등 비인지적 성격을 지니도록 하여 계급구조를 재생산한다는 보울스와 긴티스의 주장은 그 증거가 빈약하다(Hickox, 1982). 문화재생산론도 마찬가지다.

---

24) 1917년 옛 소련의 볼셰비키 혁명이 경제구조의 혁명에 의한 것이라기보다는 권력을 노린 특정 이데올로기 집단에 의해 추동되었다(Blackledge & Hunt, 1985: 198-199)는 점이 그 좋은 보기다.

제9장
사회변혁이론

지금까지 살핀 사회전승이론(기능론적 교육관과 갈등론적 교육관)은 사회의 구조적 문제를 해결하는 데 필요한 구체적인 대안을 제시하지 못하는 취약점을 지니고 있다.

이 장의 사회변혁이론은 사회의 불합리한 구조적 문제점들이나 현상들을 제거하거나 변혁하기 위한 적극적 전략을 담고 있는 관점들이다(deMarrais & LeCompte, 1999). 이러한 관점들은 불리한 처지에 있는 사람들이 그러한 문제점들을 주체적으로 그리고 적극적으로 해결하기 위해서 어떻게 행동해야 할지에 관한 지침을 밝히고 있다. 사회변혁을 위한 교육이론은 교사와 학생이 협동해서 비판적·개혁적 역량을 지니도록 하는 교육을 지향한다(Cummins, 2000).

사회변혁이론으로 비판적 교육관, 저항이론적 교육관, 포스트모더니즘의 교육관 세 가지를 들고, 이들을 각각 살펴보기로 한다. 비판적 교육관은 지배와 종속의 실상을 알리고 이를 극복할 비판의식을 교육으로 고취시키려는 관점이고, 저항이론적 교육관은 주류에서 벗어나고자 저항하는 인간의 모습을 다루는 관점이, 포스트모더니즘의 교육관은 이 세상을 지배하고 있는 지배적·주도적 사상이나 흐름에서 국지적이고 주변화된 존재에 대한 관심을 갖는 관점이다.

❓ 미리 생각해 보기

- 각 학생들의 일상적 삶에서 그들을 구속하거나 억압하는 사회제도로는 어떤 것들이 있는가?
- 왜 그렇게 생각하며, 이들 사회제도를 개선하기 위해서는 어떻게 해야 하는가?

✏ 주요 용어 및 개념

- 비판적 교육관
  - 구조적 억압, 주체적 행위, 비판의식, 의식화, 변혁, 역량 강화, 해방
- 저항이론적 교육관
  - 헤게모니, 저항, 간파와 제한
- 포스트모더니즘의 교육관
  - 국지성, 탈중심화, 주체, 주체성, 타자, 주변화, 차이, 해체, 주체의 정치학

1. 비판적 교육관

비판적 교육관[1]은 경제적·정치적 권력구조 속의 착취와 억압, 그리고 일상생활이나 학교 안의 비민주적이고 불평등한 이념, 제도, 현실 등을 제거하기 위한 교육적 실천을 마련하는 일에 주력하는 관점이다. 비판적 교육관으로 1960년대부터 교육의 역기능을 지적한 홀트(Holt)나 일리치(Illich) 등의 주장부터 문화식민주의에 역점을 둔 카노이(Carnoy)의 주장 등을 들 수 있으나(Apple et al., 2011), 여기에서는 프레이리(P. Freire)만을 소개하기로 한다.

1) 주요 개념

- **구조적 억압**: 특정 개인이나 집단이 제도적으로 불리하게 된 상태다.
- **주체적 행위**(agency): 이 장에서 말하는 주체적 행위는, 삶을 억압하고 있는 문화적·사회계급적·정치적 차원의 구조적 요인들의 실체를 감지하고 이를 변혁시킬 수 있는 변혁의 주체인 개인의 능력(deMarrais & LeCompte, 1999: 333)을 말한다.[2] 삶을 변혁시키기 위한 주체적 행위를 하려면 먼저 자신을 억압하고 있는 현상의 원천을 파악하고 그 현상을 제거하기 위한 노력이 따라야 한다(deMarrais & LeCompte, 1999: 333; Gall, Gall, & Borg, 1999: 525).
- **비판 의식**(critical consciousness): 억압받고 있는 사람이 억압받는 자신의 처지나 현실의 본모습을 파악하고, 이를 해방과 변혁의 길로 이끌 수 있는 마음 상태다. 비판 의식은 비판적 대화를 통해 얻게 되는데, 비판적 대화는

---

1) 프랑크푸르트 학파(또는 네오 마르크시즘), critical pedagogy(Castells et al., 1999; Giroux, 1997), radical pedagogy(Gore, 1993; McWilliam, 1997; Parkes, 2000a, 2000b) 등을 지칭하기도 한다.
2) 이와는 달리, 제10장(해석적 관점)에서의 '주체적 행위'는 개인 행위자를 뜻한다(Ritzer, 2000: 388). 이는 의미 창출의 주체인 인간의 능동적 행동을 할 수 있는 능력(Barker, 2005: 448)을 뜻하기 위해서다.

특정 이데올로기나 은폐된 이념이 만들어 낸 지배-종속 관계와 지배-피
착취 관계, 곧 개인을 억압하거나 착취하는 구속의 본모습을 알 수 있게 해
준다(Freire, 1973).

- **의식화**(consciousness-awaking): 자신을 구속·지배하고 있는 현실의 본모
  습을 파악하게 됨으로써, 자신을 구속·지배하고 있는지조차 모르던 순진
  함에서 벗어나 비판적으로 사고하는 일이다. 의식화는 자신을 구속·지배
  하는 이데올로기와 사회계급적 구조가 지니는 허위성의 실체를 깨닫게 되
  는 비판적 과정이다.

- **변혁**(transformation): 개인과 사회구조 및 제도가 안고 있는 문제를 개혁하
  려는 적극적 노력과 구체적 실천(deMarrais & LeCompte, 1999)이다. 변혁을
  위한 노력은 어떤 사회가 안고 있는 사회계급적·경제적·국제적·지역
  적·문화적 문제에만 국한되지 않고, 개인의 내면과 무의식에 자리 잡은
  모순에도 적용된다.

- **역량 강화**(empowerment): 각자가 당면한 문제를 해결할 수 있는 능력을
  기르는 일 또는 관련자들이 협동하여 스스로의 저력을 키우는 일이다
  (Cummins, 1996, 2000)

- **해방**(emancipation): 착취당하는 상태의 무산자 계급이나 피지배 계급의 사
  람들이 그들의 계급의식에 영향을 준 허위의식에서 벗어나거나 착취당하
  던 구속의 족쇄에서 벗어난 상태.

2) 프레이리

프레이리(1921~1997)는 억압받는 사람이 자신의 현실을 자각할 수 있도록
만드는 일에 최우선의 관심을 가졌던 브라질의 교육운동가다. 그는 학교지식,
교육과정, 학생의 참여와 실천적 행동에 초점을 맞추어 핍박받는 민중의 사회
변혁적 역량을 기르는 일에 열중했다. 프레이리(1970)는 기존의 교육을 전승

을 위주로 하는(transmissive) '은행적금식 교육'이라고 비판했는데, '**은행적금식**(banking)' **교육**이란 억압을 정당화하거나 억압 상태를 깨닫지 못하게 하는 기존의 주입식 교육을 뜻한다. 이는 교육이라는 이름으로 민중을 억압하고 모순된 가치를 주입하여, 민중이 '**침묵의 문화**(culture of silence)'를 지니도록 하는 교육이다. 프레이리는 민중이 여기에서 벗어나기 위한 방법으로 '**비판적 대화**(dialogics)'를 통한 '**문제제기식**(problem-posing)' **교육**을 강조했다. 비판적 대화는 주입이 아니라 억압받는 민중과 친교하면서 대화를 통해 그들을 억압하는 현실을 들춰내기 위한 실천 방법이다. 이를 통해 민중의 무지와 침묵의 문화를 깨뜨리고, 억압받는 현실을 변혁하려는 것이다.

이러한 실천을 위해서 민중은 먼저 의식화되어야 한다. 프레이리는 변혁을 실천하는 능동적 행위자가 되기 위해서는 많이 배워 잘 아는 사람이 되어야 한다고 주장한다. 프레이리는 문맹상태에서 벗어나 비판 의식을 지닌 사람만이 해방될 수 있고, 그런 사람만이 모순에 가득 찬 사회를 변혁할 수 있다고 했다. 프레이리의 저작물에 일관되게 나타나는 사상은 민중을 문화적으로 해방시키기 위해 비판 의식을 고취시킨다는 것이다. 이를 위한 교육이 자유의 실천을 위한 교육이고, 그 핵심이 **의식화 교육**이다(Freire, 1973).

여기에서 그의 책 『억압받는 이들의 교육(Pedagogy of The Oppressed)』이 '억압받는 사람을 위한(for) 교육'이 아닌 '억압받는 사람의(of) 교육'이라는 점에 유의할 필요가 있다. 억압받는 사람을 위해 무인가를 베풀어 주는 교육이 아니라 억압받는 사람이 자신을 억압하는 존재 조건과 상황을 스스로 깨닫고 극복하는 주체적 행위를 하는 존재가 되도록 하는 교육이 필요하다는 의도를 담고 있는 것이다(Freire, 1970).

이처럼 의식화를 통해 억압받는 사람이 그들을 지배하고 구속하는 올가미에서 벗어나 자유롭게 되는 변혁

> • 가난과 억압이 계속되고 있는 라틴아메리카의 상황을 일아보고, 여기에서 벗어나기 위해 각 나라에서는 어떤 노력을 하고 있는지 알아보자.
> • 안데스의 민족음악에 기초를 두고 가난하고 소외된 민중을 위해 노래 불렀던 칠레의 빅토르 하라(Victor L. Jara Martinez, 1932~1973)의 〈농부를 위한 기도〉 〈루친〉 등을 들어 보고 라틴아메리카인들의 애환을 느껴 보자.

의 과정을 해방이라 한다. 해방은 의식화를 통해 자기 존재가 구속당하는 실상을 바로 보고 깨달아 구속의 족쇄에서 벗어나는 일이다. [3]

3) 비판적 교육관

- 의식화를 통해 학생의 비판적 역량을 강화하여 교육개혁의 주체가 되도록 한다.
- 학생이 경제적 · 정치적 권력구조 속의 착취와 억압 그리고 일상생활이나 학교 안의 비민주적이고 불평등한 이념, 제도, 현실 등을 비판적으로 의식할 수 있는 안목을 기르고, 이를 제거하기 위한 실천(프락시스) 방안을 마련한다. [4]

4) 비판적 교육관의 한계점

- 비판적 교육관은 지배계급과 피지배계급의 이원적 대립과 그에 따른 지배와 종속 그리고 피지배 집단의 의식화를 지나치게 강조한 나머지, 공존을 위한 화합과 공동체적 노력에 소홀하다. [5]
- 현재의 다원화되어 가는 한국 사회와 가족 해체 등에 따른 교육 문제를 '지

---

3) 라틴아메리카의 해방신학은 죽은 뒤의 구원만을 강조하는 기존의 기독교 사상을 수정한 신학사상이다. 착취 속의 민중의 삶에 집중하면서, '개똥밭에 굴러도 이승이 저승보다 더 낫다.'는 한국 속담처럼, 죽은 뒤의 구원보다는 현세에서의 천국을 더 중시한다.

4) 삶의 경험을 교실로 가져오게 하여 이를 적극적으로 재조명하게 하는 체험학습을 강조한 콜브(Kolb, 1984)의 주장을 참조하라.

5) 이 문제를 해결하기 위해서는, 사회구조보다는 행위자와 도덕에 초점을 맞추어 비판이론의 새 길을 열고자 한 하버마스(Habermas)의 합리적 의사소통해위론을 원용할 필요가 있다. 올바로 살려면 올바로 행동해야 하고, 올바로 행동하려면 일상생활에서 주고받는 말을 서로 이해할 수 있어야 하는데, 이 말들은 참된 것이어야 하고, 서로 지키겠다는 신뢰가 깔려 있어야 한다는 것이 그의 생각이다. 영(Young, 2003: 25-33)은 하버마스의 이론을 교실 속에서 상호이해 지향적 의사소통 능력과 자율성을 기르고, 교육공동체의 당면 문제를 해결하는 데 활용할 수 있다고 본다.

배-피지배'나 '억압-구속'과 같은 틀로만 들여다보는 일은 지나치게 단순하다.

2. 저항이론적 교육관

'사회전승이론'의 갈등론은 학교교육이 갖는 부정적 측면을 들춰내면서 기능론의 한계를 지적하는 데 공헌했다. 그럼에도, 학교의 거시적·구조적 측면에 초점을 맞추다 보니, 사회 모순과 불평등 현상을 지적하고 저항·도전하는 학생들의 능동적 측면을 간과했다. 저항이론적 교육관은 지배계급 헤게모니의 영향을 받는 피지배계급 자녀가 지배계급의 헤게모니에 능동적으로 저항하는 모습에 초점을 맞춘다.

1) 주요 개념

- 헤게모니(hegemony): 그람시(A. Gramsci, 1891~1937)가 말한 개념으로, 이데올로기, 문화, 사회조직 등 모든 영역에서 지배계급이 행사하는 정치적·사회적·문화적 지배력과 영향력[6]을 뜻한다.
- 저항(resistance): 사회계급적·이데올로기적·문화적 차원에서의 지배나 구속 상대에 대한 능동적 대항 성향이다.

---

6) 이탈리아의 마르크시스트인 그람시는 헤게모니를 지배계급이 행사하는 문화적 지도력이라고 정의한다. 지배계급의 문화적 영향력인 헤게모니의 본질을 깨우쳐 줄 지식인이 중요한 역할을 한다는 것이 그의 생각이다(Ritzer, 2000: 139-140).

2) 윌리스

윌리스(P. Willis)는 노동자 계급의 아들들이 자신들을 지배계급의 헤게모니에 능동적으로 대항하는 '**사나이**(lads)'로 인식하면서 부모의 노동직을 기꺼이 계승하려는 문화적 저항 현상을 보인다고 주장한다. 이들이 자신들을 '사나이'로 인식한다는 것은 정신노동을 허약한 여성이나 하는 일로 여기는 반면, 육체노동은 '사나이'가 하는 일로 본다는 말이다. 즉, 이들의 내면에 형성된 남성 우위의 마초(macho)[7]적 남성 정체감이 그들로 하여금 남자라면 부모가 가졌던 노동직을 당당히 계승해야 한다는 신념을 갖게 만든다는 것이다(Willis, 2004).

이 과정에서 그들은 '간파'와 '제한'을 통해 사회 재생산(대물림) 메커니즘을 파악하고 자기 나름의 정체성을 구축한다는 것이 윌리스의 주장이다. 그는 영국의 노동자 계급의 아들들이 이 간파와 제한을 통해 비행까지도 저항으로 승화시킨다고 보았다. '**간파**(penetration)'는 노동자 계급의 자녀들이 자기네들의 대항적 행동이 학교에서는 비난받게 되고 결국은 좋지 않은 직업을 갖게 한다는 것을 알면서도, 지배계급의 문화나 공부 지향적인 학교 현실은 자신들의 상황과는 맞지 않다는 것을 꿰뚫어 보고 있는 현상을 뜻한다. 예컨대, 노동자 계급의 자녀는 부모, 친척, 아르바이트를 통해 직업세계가 학교의 진로지도나 교육 내용과 다르다는 것을 터득한다. 그들은 이러한 간파를 통해 결국은 육체노동이 '남성들의 괜찮은 일'이라고 생각하게 된다(한준상 외, 1996: 85). '**제한**(limitation)'은 간파를 방해하고 혼란시키는 여러 장애 요소와 이데올로기적 영향을 뜻한다. 마치 노동자 계급의 자녀가 아무리 노력해도 그들의 사회경제적 성공에는 한계가 있고, 학교교육을 통한 사회이동에도 한계가 있는 것과 비슷하다(한준상 외, 1996: 85).

---

7) 스페인어 'machismo'는 신체적 강함이나 대범함 등을 일부러 내보이려는 남성적 경향을 뜻한다.

3) 저항이론적 교육관

- 학생은 주체적·능동적 존재이며, 저항하기도 하는 존재다. 학생은 사회화나 사상주입의 수동적 대상이 아니고, 스스로 판단하는 능동적이며 때로는 저항하는 존재다.
- 반학교문화를 지니는 노동자 계급의 자녀의 정체성에는 계급 본능(class instinct)적 반문화가 내재되어 있다. 한마디로 반학교문화는 노동자 계급의 문화다(McRobbie, 1978; Blackledge & Hunt, 1985: 210, 재인용).
- 학생은 자신의 정체와 삶의 방향을 스스로 결정하기도 한다. 한국 공업계 고등학생의 경우, 학교 실습장을 '공장의 일터'로 생각하며 '공돌이'로서 정체성을 형성하며, 그에 맞는 노동문화를 학습한다(한숭희, 1989).

4) 저항이론적 교육관의 한계점

- 피지배계급의 저항과 투쟁에 관한 객관적·실증적 증거가 부족하다. 윌리스의 주장 외에 피지배계급 자녀들의 저항을 설득력 있게 제시하는 연구가 거의 없다.
- 학생의 저항을 피지배계급의 표면적 저항에만 주로 관심을 두다 보니 드러나지 않은 이면적 저항이나(이종각, 1996: 150), 일반 학생의 저항에는 무관심하다. 상류층 학생의 '위장적 순응'을 그 보기로 들 수 있다.
- 노동자 계급의 자녀가 보여 주는 반학교문화가 그들 부모의 것과 같은 것은 아니라는 점을 간과하고 있다. 맥로비(McRobbie, 1978)는 노동자 계급이 그들의 딸에게 공부를 열심히 하여 출세할 것을 강조한다는 점도 들었다(Blackledge & Hunt, 1985: 210).

3. 포스트모더니즘의 교육관

포스트모더니즘(postmodernism)은 근대적 이성이 추구해 온 합리성과 과학 그리고 객관성을 부정하면서 비판적으로 접근하는 흐름이다(Marshall & Peters, 1994). 근대[8] 이후 강조된 진보, 발전, 이성[9] 등에 대한 신념이나 인습과 전통 등이 지니는 편협성을 비판하고, 주체, 타자성, 다양성과 차이, 작은 이야기(narrative), 일상적 이야기, 개별 담론 등을 강조한다(신경림 외, 2010: 54).

1970년 무렵부터 주로 건축, 예술, 문학 등의 영역에서 전개된 포스트모더니즘은[10] 최근에는 교육학에도 원용되고 있다. 포스트모더니즘과 교육을 관련짓는 일에 긍정적인 사람이 있는가 하면, 포스트모더니즘을 학문적 유행의 하나로 보고 교육에 도입하는 것 자체를 백안시하는 사람도 있다. 그것보다도 더 큰 문제는 포스트모더니즘에 관한 일관된 정의가 없고 관련된 중요 개념들이 아직도 혼란스럽게 쓰이고 있다는 점이다.

그럼에도 포스트모더니즘을 교육에 끌어들이는 이유(Schrag, 1999)는 그것이 단순한 하나의 사상적 흐름이라기보다는 교육에서 논의되는 문제들을 새로운 각도에서 해석하거나 대안을 제시해 주는 운동의 하나로 볼 수 있기 때문이다. 얼핏 보기에, 포스트모더니즘이 단순히 하나의 '이즘(ism)'이나 현학적인 이론으로 보이지만, 교육에 관한 기존의 전제들을 비판적으로 보면서, 그 문제를 변혁

---

8) modernity와 modernism을 구별하기가 쉽지 않다. 둘 다 서구사회에 초점을 맞춘 것으로, '모더니티(근대성)'는 봉건주의나 중세적 특성으로부터 벗어나 세속화, 산업화, 합리화되어 간 16세기 이후의 사회적 · 정치적 · 정신적 특성을 주로 뜻한다. 한편, '모더니즘'은 르네상스 이후의 근대가 중시한 합리성, 보편적 이성주의, 실증주의, 절대론적 진리관, 발전 등을 향한 운동을 주로 뜻한다(高坂史朗, 2007; Turner, 2000).

9) 이성이란 말에는 '계산하다'는 수학적 의미의 이성과 '들어서 이해하다'는 계몽적 의미가 있다(中山元, 2009: 506-510).

10) 포스트모더니즘을 '탈근대' '후기 근대' '근대 이후' 등으로 번역하기도 한다. '탈근대'가 근대와의 단절을 강조하는 사람들의 번역어라면, '후기 근대'나 '근대 이후'는 근대와의 연속성을 고려한 번역어라 할 수 있다. 포스트모더니즘을 후기구조주의와 혼용하기도 하지만, 포스트모더니즘이란 말이 더 포괄적으로 쓰이고 있다(Turner, 2000).

시키기 위한 운동으로서의 저력을 지니고 있다. 포스트모더니즘은 참과 거짓만이 지식의 유일한 기준은 아니라고 보며, 정의·행복 등을 적용할 줄 아는 능력을 중시한다. 특히 다양한 대상이나 담론을 제대로 인식하고 결정하며, 그것을 평가하고 변화시키는 일을 중시한다(신경림 외, 2010: 55-56). 따라서 기존의 절대적 전제, 닫힘, 고정성 등을 강조하기보다는 상대성, 열림, 유연성 등을 강조하는 포스트모더니즘이 교육 연구에 주는 시사점은 꽤 유용하다.

포스트모더니즘에는 애매하거나 난해한 개념들이 많기 때문에 이들을 먼저 쉽게 풀어 보고, 이어 교육에 주는 시사점을 살펴보고자 한다.

1) 주요 개념

- **국지성**(locality): 개인 또는 소수자의 이야기나 그들의 의미체계가 지니는 부분성, 개별성, 특수성을 뜻한다. 포스트모더니즘은 전체성, 보편성, 통일성을 전제로 하면서 사상의 중심에 자리 잡은 보편적 전제나 거대 담론으로부터 떨어져 있는, 부분적이고 주변적이며 개체로 존재하는 특수성이나 지역성을 중시한다.[11]

- **탈중심화**(decentering): 모든 사유를 통제하는 단 하나의 중심적 체계에서 벗어나 개별성, 국지성, 특수성을 중시하려는 경향이다. 중심에서 벗어나려는 원심력처럼, 우리의 사유를 통제하는 기존의 중심적 가치 체제나 존재 상황으로부터 벗어나는 일을 탈중심화라 한다. 포스트모더니즘은 특정한 이데올로기에 의해 형성된 주체와 거대 이론을 해체하거나, 다른 시각으로 세상을 보는 일과도 관련된다.

---

11) 리오타르(J. Lyotard)가 말한 '작은 이야기(little narrative)'를 보기로 들 수 있다. 그는 기독교, 계몽, 마르크시즘, 자본주의 등의 저변에 전제된 이성을 비판했다. 또 푸코(Foucault)가 계몽과 합리성을 비판하고 권력과 지식 간의 역학을 강조한 점, 가다머(Gadamer)가 이성주의가 경시한 역사성과 시간성을 중시한 점, 레비나스(Levinas)가 기독교적 이성 대신 헤브라이적 이성을 예로 들며 국지성과 타자성을 강조한 점(中山元, 2009: 506-510)도 비슷한 예다.

- **주체**(subject): 포스트모더니즘에서 말하는 주체는 주로 중심적인 것으로부터 멀어진 주체나 자아(decentered subject or self)를 뜻한다. 포스트모더니즘은 기존의 '행위자' 또는 '인간 개체'라는 개념 대신 주체라는 개념을 즐겨 사용하지만, 인간을 주체적 존재로 보기보다는 언어 등에 의해 객체화된 존재라고 본다.[12]

- **주체성**(subjectivity): 따라서 포스트모더니즘에서 말하는 주체성도 이데올로기화한 개인의 정체성을 뜻한다. 포스트모더니즘에서의 주체성은 주로 다원적 현실(multiple realities) 속에서 특정한 사상에 의해 형성된 정체성(Drislane & Parkinson, 2002)을 뜻한다. 그런데 이 주체성은 사회적·언어적 구성작용을 통해 형성된 특성이다.[13] 곧, 포스트모더니즘에서 말하는 주체성은 인간이 남과의 관계 속에서 자신에 대해 갖는 사회적·언어적 구성물로서의 느낌이나 생각이다(Best & Kellner, 1991: 19, 24). 이를 도식화하면,[14] '주체성(subjectivity)=정체성(identity)+이데올로기(ideology)'가 되는데, 이는 정체성에 특정 이데올로기가 개입되어 형성된 존재가 바로 주체성이란 뜻이다.[15]

- **타자/타아**(other/Other): 소문자로 시작하는 other(타자)는 '배제되거나 차별받는 사람'이나 '소외자' 또는 '소수자', 곧 권력관계에서 배제된 존재나 그

---

12) 주체성이란 개념은 인간의 능동적이고 자율적인 생각이나 특성을 가리킬 때 주로 사용되지만, 포스트모더니즘에서 말하는 주체는 이와는 다른 뜻을 지닌다. 따라서 'subject'를 '주체'로 번역하기보다는 '객체화된 주체'로 번역하는 것이 더 좋다.

13) 인간은 관계에 의존하는 존재이기 때문에 인간은 언제든지 객체화되거나 타자가 될 가능성이 있다. 즉, 인간은 존재의 중심부에 위치하여 사물의 의미를 알아내는 주체적 자아(I)를 지니지는 못하며(Johnson, 2000: 77), 상황이 바뀌면 성격(character)도 바뀌기 때문에, 인간의 주체성을 알려면 인간이 지니는 관계를 먼저 파악하여야 한다.

14) 도식화의 근거는 래시(Lash, 1990), 베스트와 켈너(Best & Kellner, 1991: 19, 24), 어셔와 에드워즈(Usher & Edwards, 1994: 16, 25)를 참조하라.

15) '어머니'라는 주체성='여성'이라는 정체성+'모성'이라는 이데올로기. 이는 곧 한 여성을 여성 자체로서보다는 모성이라는 이데올로기로 여성 본래의 정체성(여성성)을 들여다보려는 경향을 뜻한다. 보부아르가 『제2의 성』에서 "여성은 여성으로 태어나는 것이 아니라 여성으로 길러진다."고 말한 것은 여성의 주체성이 이데올로기에 의해 형성된 것임을 뜻한다.

에 따라 특별한 방식으로 형성된 주체의 모습을 뜻한다. 이에 비해, 대문자로 시작하는 Other(타아)는 '본래의 나(주체)'와는 달리 형성된 나'의 주체성, 곧 '나 안의 또 다른 나'를 뜻한다.[16] '나'라는 주체는 '본래의 나'가 아니므로 이러한 '나의 타자성'의 실체를 탐구하려 할 때 Other라는 개념을 사용한다. 나의 관점 안에 내재된 다른 사람의 관점을 들여다보는 일을 뜻하기에, Other를 '타아(他我)'로 번역하면(中山元, 2009: 353) 더 좋다.[17]

- **주변화**(marginalization): 중심에서 이탈되어 주변에 위치하는 존재 상황, 곧 배제, 차별, 소외받거나 비주류가 된 소수자들의 존재 상황이다. 포스트모더니즘은 소홀히 취급되면서 주변화되고(marginalized) 침묵당한(silenced) 사람들(McLaughlin & Tierney, 1993; Shawver, 1996: 371-394)의 목소리를 수집하고 그 실상을 밝혀 그들을 중심에 위치시키고자 노력한다.

- **차이**(difference): 사람들 사이의 서로 다름을 뜻한다. 다원적 현실 속에서 각자는 여러 모습으로 존재한다. '너'와 다른 '나'가 존재하고, '나'에도 '오늘의 나'와 '내일의 나'가 있다. 주체 간의 이러한 차이나 '동일성 속의 차이'와 '차이 속의 동일성'을 탐구하는 일을 중시하는 포스트모더니즘을 '차이의 미학'이라고 부르기도 한다.

- **해체**(deconstruction)[18]: 우리 안에 이미 형성된 어떤 개념 또는 세상에서 통

---

16) 때로 Other를 '이자(異者)'로 번역하는 사람(今村仁司, 1999: 177)도 있다.

17) 포스트모더니즘은 '나'와 '남'그리고 주체와 객체라는 이분법에 초점을 맞추면서, 인간이 이성을 가진 주체로서 세계를 진보로 이끈다는 환상을 버리고 인간의 타자성을 탐색해 보라고 권한다. '나'가 타자에게서 분리되어 자율적으로 존재하지 않고 타자의 욕망이나 담론에 의해 무의식적으로 형성된 존재라는 것이다. 내가 나를 평가할 때 듣게 되는 것은 '내 안의 남의 목소리'인데도 나는 '내 안의 다른 나'와 말하기도 하고 이것과 다투기도 한다(Shawver, 1996: 371-394). 헤겔(Hegel)이 "인간의 욕망은 '타자의 욕망에 대한 욕망'이다."(中山元, 2009: 267, 재인용)라고 말했듯이, 인간은 타자가 욕망하는 것을 욕망하고, 타자의 욕망의 대상임을 인정받고자 함으로써(이진경, 1997: 267-270), 타자의 욕망이 내 무의식 속에 언어적으로 구조화되는 것이다.

18) 진태원(2011)은 '데콩스트뤽시옹(déconstruction)'의 번역어는 '해체'보다는 '탈구축'이 더 좋다고 본다. 데리다가 말한 '데콩스트뤽시옹'이 단순히 서양 형이상학에 내재된 위계화된 이원적 지배질서[예: 현존 대 부재, 기록(ecriture) 대 말, 지성 대 감성 등]를 무너뜨리는 일만이 아니라, 새로운 위계적 관계를 구축하지 않으려는 노력이나 운동, 곧 탈구축 운동까지를 뜻했기 때문이라는 것이다(교수신문, 2011. 5. 2.).

용되는 것들을 그대로 받아들이거나 해석하지 않고 비판적으로 분해하는 일이다. 다시 말해, 어떤 사회적 장치나 제도 또는 이념의 저변에 깔린 전제나 가치들을 엄밀히 분해하여 그 내막을 드러내거나 질서를 깨뜨리는 일(Shawver, 1996: 371-394)을 말한다. 데리다(J. Derrida)는 전통적 서구 철학의 근본과 그 사유법의 문제점을 들춰내기 위해 이 방법을 사용했다. 그는 기존의 어떤 말이나 **텍스트**[19]가 고정된 의미를 지니지는 것이 아니라, 다만 무언가에 의해 그 의미가 고정되었다고 보고, 해체에 의해 이들을 여러 가지로 해석할 수 있다고 보았다.

- **주체의 정치학**(identity politics): 특정 이데올로기에 의해 잘못 형성된 개인의 정체성의 허위성을 벗겨 그 본모습을 파악하고 그 허위성에 대항하거나 개선하려는 집단적 노력이다. '정체성의 정치학'이라고 번역되기도 하는데, 이데올로기화한 여성의 정체성에 숨겨진 허위성을 드러내어 그에 집단적으로 대항하려는 노력이나, 랩(rap music)이나 특정의 록 음악(rock music)을 통해 자신의 주체를 드러내려고 하는 흑인의 음악적 노력을 그 보기로 들 수 있다.

2) 관련 사상가

(1) 리오타르

리오타르(J. Lyotard, 1924~1998)는 포스트모던의 개념을 어떤 시기와 관련된 것으로 보지 않고 특정한 견해를 지칭하는 것으로 본다. 그는 보편화된 거대 담론을 의심하고, 대신 국지적인 지식이나 관점을 중시하는 사상이 포스트모더니즘이라고 보았다. 리오타르는 근대 서구의 사회이론이 사회적·지성적 발전에

---

19) 데리다가 말하는 텍스트란 단순히 책, 담론, 개념, 의미체 등만을 뜻하는 것이 아니다. 그는 어떤 사상체계뿐만 아니라 이를 움직이는 사회·정치 제도까지도 텍스트로 보면서, 그들의 모순이나 다의성을 드러내는 일을 중시했다. 그가 "텍스트 바깥은 없다."라고 한 말은 "텍스트 너머에 존재하는 것은 아무것도 없다.", 곧 존재하는 것은 텍스트뿐이라는 뜻이다(大嶋浩 外, 2000: 281-283).

공헌한 것이 아니라, 오히려 특정의 가치를 합리화하거나 특정의 역사적 사건에 그럴싸한 의미를 부여하는 일에 몰두해 왔다고 본다(Lyotard, 1979). 리오타르는 또한 보편적 과학 원리나 진리를 수립할 수 있는 유일한 실재란 없으며, 보편성을 띤 진리나 역사도 없다고 본다(Drislane & Parkinson, 2002).

(2) 푸코

푸코(M. Foucault, 1929~1984)는 근대사회가 사회 전체의 이익을 최대화하기 위해 합리적으로 노력한 것이 아니라 특정 지식이나 가치를 통해 권력을 제도화한 사회라고 주장한다. 푸코 사상의 핵심은 '지식'과 '권력'이 늘 서로 밀접하게 얽혀 있다고 본 점이다. 언뜻 보면 **지식**은 옳고 진짜인 것처럼 보이지만, 실은 모종의 권력을 드러나지 않게 위장한 것이다. 푸코는 세상 어디에나 **권력**이 내재되어 있고, 그 권력은 그 자체와 관련된 지식을 생산해 낸다고 본다. 푸코는 객관적이고 합리적인 것처럼 보이는 지식이 사실은 특정 권력을 뒷받침하는 도구로 이용된다고 여긴다. 이처럼 지식과 권력은 서로 밀접하게 얽혀 있다는 것이다(Foucault, 1988).

그는 지식이 어떤 담론에 의해 생산된다고 본다. 푸코가 말하는 지식이란 역사적으로 생산, 축적, 확산된 특정 담론의 총체인데, 사회사상이나 과학을 그 보기로 들 수 있다. **담론**(discourse)은 문자뿐만 아니라 비문자로 된 텍스트와 그 속에 깔려 있는 의미들을 총칭하는 개념이다. 지식은 담론이 전달하는 메시지다. 지식은 인간에게 이로운 것이라기보다는 오히려 인간을 굴종시키거나 그것을 정당화하는 일을 한다. 예컨대, '**광기**(狂氣)'에 관한 지식은 언뜻 보면 비정상적인 인간을 연구하는 정신의학적 지식인 것 같지만, 실은 '정신질환자'를 억압하고 배제하는 권력의 도구로 작용한다.[20] 이렇듯 인간은 권력 장치와 그것이 만

---

20) '광기'를 '정신병'이라는 의학적 지식으로 설명함으로써, '광기'는 곧 '정신병'이라는 생각과 정신병동에의 격리 수용이 합리적 · 합법적인 것으로 되었는데, 결국 정상/비정상과 같은 담론이 하나의 권력 도구가 되었다. 동성애자에 관한 지식도 마찬가지다.

들어 낸 지식에 의해 통제되고 억압당한다. 과학이라는 이름으로 불리는 대부분의 지식도 실은 그 안에 훈육이나 통제를 위한 특정 이데올로기나 규범을 담고 있다고 할 수 있다.

(3) 데리다

데리다(1930~2004)는 서구의 형이상학과 이성주의를 비판하고, 이들이 가정한 내용들을 다른 시각으로 들여다보아야 한다고 주장한 사람이다. 예컨대, 후설(E. Husserl)의 현상학과 같은 서양철학은 인간의 자아나 자의식이 나타나는 모습을 분석하는 일에 주의를 기울였지만, 이는 형이상학적이었을 뿐 '지금-여기'에서 경험할 수 있는 것은 아니기 때문에 설득력이 없다고 비판했다(Itkonen, 1988: 311). 그는 우리가 쓰는 일상 언어도 전통이나 특정한 문화적 전제를 담고 있어 결코 중립적이지 않다고 보면서, 서양의 형이상학과 문화 그리고 일상을 상대화해야 한다고 보았다. 따라서 어떤 저작, 작품, 사상체계와 같은 텍스트가 모두 진리라고 볼 수는 없으며, 이들 텍스트에 의미를 부여해 주는 숨겨진 텍스트나 하위 텍스트(subtext)들을 다른 시각으로 탐색해야 한다고 보았다(Drislane & Parkinson, 2002).

그러기 위해 데리다가 제시한 전략은 해체다. **해체**는 어떤 형이상학적 전제에 의문을 제기하고 평가절하하여 그 본모습을 들춰내기 위한 전략이다. 여기에서 데리다는 언어에 초점을 맞춘다. 언어는 개인 생각의 표현물일 뿐만 아니라 사회제도를 대변하는 기호체계이며, 지식은 언어에 의존할 수밖에 없는 것이기 때문이다. 우리가 사용하는 말이나 언어를 그대로 사용할 것이 아니라, 그것들을 다른 말들과 연계 짓거나 구체적 현실이나 다른 가치에 견주어 따져 봐야 한다. 어떤 텍스트든지 독자와 시간에 따라 다양하게 해석될 수도 있다.

그렇지만 해체의 대상은 언어나 텍스트에서 어떤 사건, 담론, 제도 그리고 법(法)까지 확장될 수 있다. 예를 들어, 이슬람교도가 기독교도를 살해했을 때, 이 사건을 기독교도라는 타자의 경험에 비추어 그 사건의 새로운 의미를 생성해 내

는 일을 해체라 할 수 있다. 그러면 이 사건이 이슬람 세계에서는 선이 될 수 있
지만 기독교 세계에서는 살인이 된다는 것을 알 수 있다(大嶋浩 外, 2000: 283-
284). 누구에게나 공정하게 적용되는 자명한 담론이자 제도라 할 수 있는 법까
지도 해체의 대상이 될 수 있다. 법을 타자의 경험으로 향하게 해서 심판 과정에
영향을 준 것들을 일일이 따지는 일이 해체다.

　서구의 형이상학도 마찬가지다. 데리다는 서구의 형이상학 또는 존재론을 만
들어 낸 로고스, 곧 진리 중심적인 구조를 헐어 버리기 위해 해체를 주장한 것이
다. 그는 진리중심주의가 만들어 낸 내부/외부, 주관/객관, 지성/감성, 소리/문
자 등과 같은 이항대립 구조를 헐고 그 경계를 애매하게 하면서 진실에 접근하
고자 했다.

3) 포스트모더니즘의 교육 연구

- 포스트모더니즘은 교육에 대한 기존의 절대적 전제를 버리고 상대화, 열
  림 그리고 유연성을 추구할 수 있는 관점을 제공한다. 교육에서 기존의 보
  수적이고 고정적이며 닫힌 상태의 권위 등을 새로운 눈으로 볼 수 있게 해
  준다.
- 소홀히 취급되고 주변화된 사람들이 지니는 부정적 주체성과 그 형성 과정
  의 문제점과 그 해결을 위한 관점을 제공한다(McLaughlin & Tierney, 1993).
  다양성과 차이 그리고 개별성이나 국지성 또는 주변화를 고려함으로써 여
  성, 다문화 가정, 종교적 소수자나 다원적 현실 속에 존재하는 사람들을 배
  려할 수 있게 해 준다.[21]
- 학생과 교사 그리고 학부모가 각자의 교육적 소신에 따라 교육의 실질적

---

21) 애플(Apple, 1995: 179-180)은 '다원적으로 위치지어진 개개인의 존재 양태(multiple positions)'에 관한 포
스트모더니즘과 후기구조주의적 연구야말로 비판적 교육사회학의 핵심이라고 보았다. 이러한 연구를 통해
사회계급과 인종 문제 등 거시구조뿐 아니라 권력과 지식 간의 관계, 탈중심화된 주체, 소비, 성(gender)과
성애(sexuality), 나이 등 미시구조에 복합적으로 작용하는 정치적 영향력을 파악할 수 있기 때문이다.

인 주체로 설 수 있는 인식 틀을 제공한다. 객체화되거나 탈중심화된 주체는 교육의 본래적 목적과는 대치된다. 포스트모더니즘은 이를 극복할 시각 (Usher & Edwards, 1994)을 제공하며, 교육의 주체로서가 아니라 타자의 욕망이 각자의 무의식 속에 내재화된 객체로 구축된 것은 아닌지를 되돌아볼 수 있다.

• 시험이나 심리검사 등 교육에서의 어떤 활동이나 조치를 정당화시키는 관련 지식이 정작 학교 구성원들을 감시하고 통제하는 메커니즘으로 작용하지는 않는지를 들여다볼 수 있는 반성적 사고 틀을 제공한다. 그리하여 학교나 학급이 지식을 전수받는다는 이름 아래 통제가 자행되는 공간은 아닌지를 들여다볼 수 있다.

• 능력, 인종, 종교, 학년 등에서의 차이(Blake et al., 1998)가 어떻게 학생의 주체성을 이데올로기적으로 규정하는 근거로 작용되는지 그 과정과 문제점을 드러낼 수 있다.

• 학교지식이 상황과 역사에 따라 어떻게 다양하게 구축되는가를 들여다볼 수 있다. 신교육사회학자들이 이미 이론화했듯이, 학교지식은 그 자체가 하나의 권력이다. 포스트모더니즘 교육관은 고정된 기준을 강조하는 절대주의적 지식관을 버리고 다양한 차이를 고려한다(정석환, 2003).

• 포스트모더니즘은 열린 학습, 자기주도적 학습, 장(場) 독립적 학습, 자아통정적(自我統整的) 학습, 상황학습, 축전과 놀이 그리고 문화 중심의 학습 (신태진, 고요한, 2007)에 도움을 준다.

• 세련된 전자매체나 광고가 지니는 위력에 **흡수되어 버린 자아**(saturated self)를 지닌(Gergen, 1992) 현대 학생의 타자성을 이해하고 **참 자아**(authentic self)와 자기 본연의 주체성을 형성할 수 있는 틀을 제공한다.

• 포스트모던 시대에 사는 학생과 모더니즘적 특성을 지닌 교사와 학부모의 문화 및 그들 문화 간의 갈등현상이 구체적으로 어떠한지를 연구할 수 있다. 교사에도 모던한 교사와 포스트모던한 교사가 있을 것이고, 학부모에

도 모던한 학부모와 포스트모던한 학부모가 있을 것이다. 그리므로 구체적 교육 내용이나 활동을 정할 때 이들 각자의 견해는 어떠하며, 각각이 상충될 때 그 합일점은 어떻게 찾을 것인가를 심도 있게 탐구할 필요가 있다.

4) 포스트모더니즘 교육 연구의 한계점

• 절대성과 보편성을 거부하고 대신 개별성, 다양성 및 국지성을 중시하기 위한 해체에만 주의집중하다 보면, 다수가 선호하는 가치마저 무조건 부정함으로써 자칫 무정부주의로 흐를 우려가 있다. 사회나 국가, 종교와 같은 실체를 모두 무시하면 자기를 보호하는 제도를 상실하게 되기 때문이다.

• 포스트모더니즘이 이성과 합리성 추구 노력의 허위성을 강조하나 우리에게 중요한 것은 이성의 파기보다는 진정한 이성의 추구 또는 이성의 회복이라는 점을 놓칠 우려가 있다. 이성과 합리성이 문제만 지닌 것이 아니라, 다양성을 포용하고 타자를 끌어안아 상호 교류할 수 있게 하는 힘이기도 하다.

• 포스트모더니즘에서 사용하는 개념과 언어들이 아직도 난해하고 추상적인(Ritzer, 2000: 484) 상황에서, 이러한 연구가 그저 지적 유희에 머물지나 않을지, 포스트모더니즘의 현란한 개념들이 교육 연구라는 이름으로 교사나 후학들의 주체에 또 다른 권력으로 작용하지나 않을지 우려된다.

제10장
해석적 관점

지금까지 살펴본 사회전승이론이나 사회변혁이론은 개인, 교육, 사회, 국가 간의 관계를 거시적인 시각에서 들여다본 관점이었다.

이 장은 개인들이 의미를 구축하고 교환하는 과정과 의식의 측면을 들여다보는 미시적 관점들을 묶은 것이다. 여기에는 상호작용론, 민생방법론, 해석학, 현상학이 포함되는데, 여기에서 유의할 점은 이 장의 제목이 '해석적' 관점이지 '해석학'적 관점이 아니라는 점이다. '해석학'은 상호작용론, 민생방법론, 현상학과 함께 '해석적 관점'의 한 하위 이론이므로, 이들을 포함하는 전체의 틀은 '해석적 관점'이지 '해석학적 관점'이 아니기 때문이다.

❓ 미리 생각해 보기 ➡

- 학생과 교사는, 시간과 장소에 따라, 자기 자신과 상대방을 구체적으로 어떻게 인식하고 어떤 의미를 만들어 내며, 구체적으로 어떻게 상호작용하는가?
- 교사가 특정 학생을 아무 선입견 없이 이해하기 위해서는 어떻게 해야 하는가?

✏ 주요 용어 및 개념 ➡

- 개별 기술, 주체, 주체적 행위, 주관성, 이해, 의미 창출
- 상호작용론
  - 상호작용, 영상적 자아, 일반화된 타자, 상황의 정의
- 민생방법론
  - 전면공간과 후면공간, 자기표현, 대화분석, 배경지식, 권력과 공간 배치, 사회적 공간, 권력과 시선 접촉
- 해석학
  - 텍스트, 해석, 체험, 추체험, 해석학적 이해, 텍스트 분석, 담론 분석
- 현상학
  - 현상, 의식, 사태, 경험, 체험, 대상, 구성, 생활세계, 상호주관성, 지향성, 태도, 현상학적 태도, 성찰, 해석, 본질, 본질직관, 환원, 현상학적 환원, 판단중지, 생활세계적 환원, 선험적 환원, 선험적 자아, 형상적 환원

1. 해석적 관점의 개관과 주요 개념

1) 해석적 관점의 개관

해석적 관점은 개인 간의 관계 및 개인이 의미를 만들어 내고 그 의미를 해석하는 상황과 과정을 중시하는 관점이다. 일상에서 상호작용하는 상황을 어떻게 보고 어떻게 행동하느냐에 따라 개인 간 관계와 그 의미는 달라진다고 본다. 사람들은 자기와 다른 목적과 의도를 지닌 남들과 상호작용하면서 살아가지만, 상호작용하는 다른 사람의 행위를 자기 나름대로 또는 주관적으로 해석한다는 점에도 주의를 기울인다.

해석적 관점은 개인의 일상적 행위가 사회구조적·외적 요인의 영향을 받아 이루어진다기보다는 개개인이 지닌 자율성, 자유 의지, 의미 부여 작용에 따라 이루어진다는 점을 중시한다. 그래서 해석적 관점은 사회구조나 경제구조보다는 개인의 행위와 자유의지를, 또 객관적 측면보다는 주관적 측면을 더 중시한다.

이를 좀 더 구체적으로 정리해 보면 다음과 같다.

첫째, 해석적 관점에 따르면 인간은 사회의 요구를 그대로 받아들이기만 하는 수동적 존재가 아니라 자유로우면서도 사회적 상황을 개선할 잠재력을 지닌 자율적·능동적 존재다.

둘째, 해석적 관점은 사회적 행위나 상호작용의 역동적인 의미 창출 과정을 중시하면서, 인간을 의미 창출의 주체적 존재로 본다.[1]

셋째, 해석적 관점은 객관주의가 인간을 탈자아적 존재로 보는 방식과는 다

---

[1] 사회적 행위는 규칙에 의해 단순히 일어나는 것이 아니라 남의 행동을 의미 있는 것으로 받아들이거나 그것을 해석·정의하는 가운데 이루어진다는 것이다. 자기가 처한 사회적 맥락에 비추어 행동하면서 거기에 관련되는 행위의 의미를 해석하고, 이 과정에서 행동의 규칙을 발견하거나 행동 규칙을 만들어 내는 인간의 주체적 의미 창출 과정을 중시한다.

르게(Johnson, 2000: 77), 인간의 주관적 자아를 강조한다.

넷째, 해석적 관점은 개별기술적 연구방법과 질적 연구방법 그리고 귀납법적 연구방법을 선호한다. 개별기술적(ideographic) 연구방법은 보편법칙 발견을 위한(nomothetic) 대표본 중심의 연구방법과는 달리, 정신분석학이나 현상학처럼 개인의 행동이나 개별 사건에 초점을 맞추어 그것을 있는 그대로 기술(記述)하는 연구방법이다. 질적 연구방법은 연구자의 관점이나 가설(假說)보다는 연구 대상이 어떤 생각을 하고 있는지를 더 중시하면서 면담과 참여관찰을 중시하는 연구방법이다. 그에 따라 '연구 대상'의 생각, 의도, 경험 등을 '그들 자신의 목소리로(in their own words/voices)' 그리고 '있는 그대로' 기술하거나 관찰한 뒤, 이를 연구자가 해석하는 연구방법을 중시한다. 귀납적 연구방법은 개별 사실들을 먼저 수집한 뒤 이들을 통해 결론을 이끌어 내는 방법이다.

다섯째, 이 과정을 탐구하기 위해 해석적 관점은 사람들이 일상에서 사용하는 언어를 중시한다.

2) 해석적 관점의 주요 개념

해석적 관점에서 중요한 개념으로는 여러 가지가 있으나, 여기서는 주체, 주체적 행위, 주관성, 이해 그리고 의미 창출에 대해 살펴본다.

- **주체**(subject): 인간이 앎과 삶 그리고 사물의 중심에 있는 주체임을 강조하기 위한 개념이다. '나'는 사물의 중심에 있으면서 나름대로 세상을 관찰하고 사물의 본질을 알아내는 존재다. 해석적 관점에서 말하는 주체는 제9장의 '포스트모더니즘의 교육관'에서 말하는 주체와는 그 의미가 다르다. 포스트모더니즘에서 말하는 주체는 실은 객체와 거의 비슷한 의미를 지니기 때문이다.
- **주체적 행위**(agency): 개인이 자유로운 선택과 독립적 행동을 할 수 있는 능

력을 뜻한다(Barker, 2005: 448; Ritzer, 2000: 388). 이는 인간이 의도적·유목적적으로 행동하고, 자신의 삶의 여건을 구축해 내거나 변형시킬 수 있는 능력이 있음을 나타내기 위한 개념이다(Gall, Gall, & Borg, 1999: 525; deMarrais & Lecompte, 1999: 333; Drislane & Parkinson, 2002).

- **주관성**(subjectivity): 인간, 사물, 사상(事象) 등에 대한 자의식이나 개인적 인식, 곧 인간이 공통적으로 인식할 수 있는 보편적 속성인 객관성과 대비되는 개념이다. '나는 내 방식대로' '너는 네 방식대로' 앎이나 삶을 구축해 가는 특성이다.

- **이해**(understanding): 연구 대상의 주관적인 행동의 의미를 범주화하여 파악하는 일이다(Weber, 1968a: 4, 1968b: 13). 베버는 실증주의적 사회과학을 비판하는 데 이 개념을 활용했는데, 이해를 통해 개인들의 행위나 사회현상의 특성을 지칭할 수 있는 유형화된 모형[2]을 찾아내고자 했다.

- **의미 창출**(meaning generation): 인간이 어떤 대상을 의식화하는 활동. 인간은 어떤 대상이나 사물을 대상화하고, 인식 주체인 자신을 위해 특정 사물에 관한 체계적인 의미를 생성한다. 사람이 살아가면서 겪게 되는 일들은 자연현상을 파악하는 방법과는 다른데, 인간의 의미부여 및 창출 활동은 이와 관련된다.

---

2) 이 유형화된 모형을 베버는 이념형(ideal types)이라 했다. 이념형이란 인간 행동과 사회현상의 특성을 범주화하거나 유형화한 것(model concept), 또는 어떤 사회적 행동양식의 사회학적 모형을 구축하는 일(ideal typification; Douglas, 1973: 576)인데, 그는 이 방법을 활용하여 관료주의, 권위, 사회적 행위 등과 같은 유형화된 모형을 이론화했다. 따라서 '이상형'이라고 번역하지 않는 게 좋다.

2. 해석적 관점의 관련 이론

1) 상호작용론

(1) 상호작용론의 개관

상호작용론(social interactionism)은 인간이 상호작용을 통해 개인과 사회에 관한 의미를 어떻게 창출해 내는가에 관심을 두는 이론이다. 상호작용론은 사람들이 상호작용하는 사회적 맥락 안에서 의미 있는 구조나 사회체계가 만들어진다고 본다. 그래서 상호작용론은 사람들이 의사소통하면서 의미를 지니는 말, 몸짓, 상징, 개념 등을 중요하게 다루는데, 이것들은 고정된 의미를 지닌 것이 아니고 상황이나 문화에 따라 그 의미가 달라지는 다의성을 지닌 것이라고 본다 (Bennett & LeCompte, 1990: 22). 예컨대, 눈을 깜빡이는 '윙크'는 상황에 따라서 관심의 표현으로 해석될 수도 있고, 집단행동을 위한 암호로 해석될 수도 있다. 이처럼 한 사람이 지니는 역할, 의무감, 정체성 등은 고정된 것이라기보다는 누구와 상호작용하느냐와 어떤 사회적 상황 속에서 살아왔느냐에 따라 달라진다 (Bennett & LeCompte, 1990: 22-23; Lerner et al., 1980).

이때 자아를 들여다보는 일도 중요하다. **자아**는 '나'의 성격을 뜻한다. 곧, '나'의 성격도 태어나면서부터 고정되는 것이 아니라 살아가는 동안 남과 상호작용하면서 형성되고 변한다. 자신을 남의 처지에 놓아 보기도 하고 남이 자신을 어떻게 생각하는가를 감지하면서, 인간은 자아를 형성해 간다. 아이가 소꿉놀이 속에서 부모의 역할을 해 보기도 하고 부모의 관점에서 자신을 판단해 보기도 하는 일을 예로 들 수 있다. 남이 나에게 어떻게 행동하며 상호작용하는 사람이 누구냐에 따라 내가 나를 인식하는 방식도 달라진다. 우리는 사람을 만나면 주로 외모, 나이, 성, 인종, 피부색, 말투, 복장 등에 먼저 주의를 기울이면서 그 사람에 대해 어떤 판단을 한다. 어떤 때는 나이를 더 중요하게 고려하고, 어떤 때는 인종이나 말투를 더 중요하게 고려하기도 한다.

우리가 특정 행위를 어떻게 정의하느냐에 따라 그 행동에 대한 해석이 달라진다. 어떤 '일탈행위'는 객관적 위반 행위라기보다는 특정 행동에 붙는 하나의 낙인(烙印)일 수도 있다. 특정 행동을 어떻게 정의하느냐에 따라 그것이 위반 행위가 되기도 하고 그렇지 않은 행위가 되기도 한다. 특정 행동에 관한 정의는 시대나 상황에 따라 달라진다. 1890년대의 마리화나 소지는 자살 목적인 경우를 빼놓고는 위법이 아니었으나 현재는 범죄에 해당한다. 상황의 정의는 주관적 해석인 경우가 많으므로 남과 상호작용하면서 그 의미가 조정된다.

(2) 상호작용론의 주요 개념

- **영상적 자아**(looking-glass self): '남이라는 거울에 비친 나'를 뜻한다. 쿨리(C. Cooley, 1864~1929)가 자아의 사회적 본질을 설명하기 위해 사용한 개념으로, 우리는 다른 사람이 나를 보는 방식대로 나 자신을 보게 되며, 사람들의 기대와 규범으로 이루어진 사회도 개인 간 상호작용과 무관한 객관적 실재만은 아니다.

- **일반화된 타자**(generalized other): 개인의 행동이나 상호작용에 영향을 주는 다른 사람의 가치와 기대, 곧 사회규범을 뜻한다. 상호작용론의 창시자 미드(G. H. Mead, 1863~1931)가 사용한 개념으로, '타자'가 사람을 뜻하는 것이 아니라 규범을 뜻한다는 점에 유의해야 한다.

- **상황의 정의**(definition of the situation): 사람이 특정 상황에 중요한 의미를 부여하는 행위다(Douglas, 1973, 1980). 사람이 특정 사회적 상황 속에서 자신과 타인이 처한 상황에 대해서 판단을 내리고, 그렇게 내린 판단에 따라 행동을 달리한다는 점을 설명하기 위한 개념이다(Thomas, 1923). [3]

---

3) 상황에 따라 각자의 사회적 지위와 역할이 달라지고 그에 따라 행동도 달라진다. 어떤 남자가 '조폭' 두목일 때와 그냥 아빠일 때, 어떤 여성이 시댁에 있을 때와 친정에 있을 때, 그들은 각자의 지위와 역할을 달리 정의하고, 그에 따라 그들의 행동은 달라진다.

(3) 상호작용론적 교육 연구[4]

상호작용론은 행위가 일어나는 맥락과 그 속에서 행위자들이 내놓는 전략에 주의를 기울인다. 사람은 서로 다른 목적과 의도를 지니고 상호작용한다. 이 과정에서 자기가 처한 상황을 어떻게 정의하느냐에 따라 그 상황에서 어떻게 행동할 것인지의 전략을 모색한다. 교실에서 교사는 일반적으로 주도권을 쥐고 있다. 그러나 교사가 늘 교실을 완전히 지배하는 것은 아니다. 교사가 난처한 상황에 처하면 학생들에게 양해를 구하는 행동전략을 취하듯, 학생과 교사의 상호작용에서는 의미를 서로 교섭하는 과정이 존재한다. 교실이 의미 교섭의 장이 되는 것이다(Blackledge & Hunt, 1985: 237).

하그리브스(Hargreaves, 1975)는 상호작용론이 중시하는 '자아'와 **'상황의 정의'**란 개념을 통해 교사가 자신과 학생을 지각하는 방식과 학생과 교사가 상호작용하는 방식을 유형화했다. 그는 교사가 자신의 역할을 어떻게 규정하느냐에 따라 학생을 대하는 방식이 달라진다고 보았다. 하그리브스는 교사가 자신을 규정하는 방식으로 세 가지, 곧 '망나니 길들이기형(liontamer)' '엔터테이너형(entertainer)' '낭만형(romantics)'을 든다. 교사가 자신을 '망나니 길들이기형'으로 규정하면, 그는 말썽꾸러기 학생을 엄하게 다루어 교화시키는 존재가 되려고 한다. 교사가 자신을 '엔터테이너형'으로 정의하면 그는 재미있는 학습매체를 활용하여 학습을 즐겁게 하고, 학생과 시간을 많이 보내고 친절해야 하는 존재가 되려고 한다. 교사가 자신을 '낭만형'으로 규정하면 그는 신뢰와 애정을 바탕으로 학생의 개성, 자유, 인간적인 교육 등을 중시해야 한다고 생각한다(Blackledge & Hunt, 1985: 242-245).

학생들도 '상황의 정의'를 통해 교사를 자기들 방식대로 분류한다. 그들은 교사를 엄격하고 공정한 '훈육 중심의 교사', 명쾌하고 재미있게 설명을 잘하는 '실력 있는 교사' 그리고 쾌활하고 이해심이 있는 '너그러운 교사'로 나누기도 한다

---

4) 앞의 사회전승이론이나 사회변혁이론에서는 '교육관'이라고 했는데, 해석적 관점은 인식론이나 연구방법에 관한 것으로서 특별한 교육관을 제시하지는 않기 때문에 '교육 연구'라는 말을 쓰기로 한다.

(Blackledge & Hunt, 1985: 242-245).

이에 따라 학생과 교사는 상호작용하는 가운데 각자의 행동 전략을 내놓는다. 학생은 학생의 전략을 내놓고, 교사는 교사의 전략을 내놓는다. 예컨대, 학생은 교사의 마음에 들기 위한 행동을 하는데, 교사가 싫어하는 일은 되도록 숨기고, 교사가 바라는 대로 자신의 행동을 균형 있게 조절하려 한다(Blackledge & Hunt, 1985: 245; Hargreaves, 1975). 교사도 마찬가지다. 학생과 교사는 상호작용에서 그들의 전략을 내놓는다.

🐸 토의 · 토론 주제

• 학생과 교사는 시간과 장소에 따라, 자기 자신과 상대방을 구체적으로 어떻게 인식하고 어떤 의미를 만들어 내며, 구체적으로 어떻게 상호작용하는가?

2) 민생방법론

(1) 민생방법론의 개관

민생방법론(ethnomethodology)[5]은 사람들(ethno=people, 民)이 살아가면서(生) 세상을 파악하는 방법(method)을 연구하는 이론(-logy)이다. '민생방법'이란 사람 간의 상호작용에서 일관성 있게 사용하는 행동 규칙과 행동양식을 뜻한다. 별 의미 없는 듯한 일상적 사건이나 행동이라도 그것은 그냥 단순히 일어나는 것이 아니라, 사람이 모종의 질서를 부여한 결과로 일어난 행동이다. 사람은 일상생활 속에서 자기가 취하는 행동이 상대방에게 의미 있는 것이 되게 하기 위해 특정한 방법을 구사한다.

---

5) 민족방법론이나 민속방법론으로 번역되기도 하나, 여기에서는 민생방법론이라는 양종회(1988)의 번역이 본 뜻을 가장 잘 전달하고 있다.

민생방법론은 사람의 일상적 추리 과정에서 행동법칙이 구체적으로 어떻게 창출되는지를 더 집요하게 탐구한다. 구체적이고 사실적인 사회 세계는 그 구성원들이 만들어 낸 것이라고 보기 때문에 그 구성원이 실제로 행동하는 방법 자체가 연구의 주된 관심사다. 궁극적으로 민생방법론은 일상생활 속에서 사회구조가 어떻게 창출되는지에 관심을 둔다. 이를 위해 민생방법론은 일상에서의 대화를 중요하게 다룬다(Ritzer, 2000: 74).[6]

민생방법론의 대표자인 가핑클(H. Garfinkel, 1917~2011)은 별 의미 없는 상황에서도 사람이 어떻게 의미를 구축해 가는지, 일상생활에서 사람이 사회적 실재를 어떻게 창출하고 유지하는지, 타인과 상호작용하면서 어떤 규칙을 따르고 만들어 내는지를 연구했다.

(2) 민생방법론의 주요 개념

- **전면공간**(front stage)과 **후면공간**(backstage): 고프만(E. Goffman)이 사용한 개념으로, 전면공간은 교실과 회의장처럼 기대되는 역할만 수행해야 하는 공식적인 상황이나 공간이고, 후면공간은 휴게실처럼 그런 제약을 받지 않거나 체면이나 예의를 지키지 않아도 되는 자유롭고 비공식적인 상황이나 공간이다. 공간의 특성에 따라 언어, 몸가짐, 대화 내용 등이 달라진다.

- **자기표현**(presentation of self): 고프만이 사용한 개념으로, 특정의 공식적 공간이나 상황에서 사람들이 자기 자신을 표현하거나 드러내기 위해 사용하는 의도적 또는 무의도적 방법을 뜻한다. 자기표현의 구체적 방법으로는 언어적 표현과 몸짓언어, 의상, 머리 모양 등의 비언어적 표현을 들 수 있다. 예컨대, 판사는 법복이라는 특별한 옷을 입고 법정이라는 공식적 공간에서 자신이 법의 집행자임을 표현한다. 이러한 자기표현의 구체적 방

---

6) 민생방법론은 사회적 실재가 인간이 지각한 실재(experienced reality)라는 현상학적 관점을 수용한다. 그렇지만 현상학이 사람이 실제로 어떻게 생각하는가 하는 인식의 과정에 관심을 둔 데 비해, 민생방법론은 사람이 실제로 어떻게 행동하느냐와 그 행동의 규칙을 어떻게 만들어 내는가에 주의를 집중한다.

법은 상대방을 인식하거나 상호작용하는 데 영향을 주게 된다(Drislane & Parkinson, 2002).

- **대화분석**(conversation analysis): 사람들의 말이나 대화가 이루어지는 순서나 특성을 분석하는 기법이다. 대화분석이 중요한 이유는 사람이 하는 말과 대화를 분석해 보면 그의 삶의 태도, 삶의 구조, 가치관의 차이 등을 알 수 있다고 보기 때문이다. 언어학적 대화분석이 언어구조나 언어의 기능에 관심을 둔 데 비해, 민생방법론적 대화분석은 사람 간의 행동 규칙을 알아내는 데 관심을 둔다.
- **배경지식**(background knowledge): 일상생활, 문화, 사회구조 등을 이해하는 지침으로서, 일상생활 속에서 사람으로 하여금 어떤 추리를 하게 만드는 원천이다(Drislane & Parkinson, 2002). 사람은 이 지침에 따라 일상의 규칙을 정하고 행동하게 된다.

(3) 민생방법론적 교육 연구

고프만의 '전면공간'과 '후면공간' 그리고 '자기표현'의 개념은 학교 상황에도 적용할 수 있다. 전면공간으로서 교실에서 교사와 학생은 공식적으로 기대되는 행동을 해야 한다. 교내 매점이나 교사 휴게실은 그런 제약을 받지 않는 자유롭고 비공식적인 후면공간이다. 후면공간에서의 학생과 교사의 대화 내용은 무엇이며, 그 대화 내용이 전면공간에서는 어떻게 달라지는가를 연구할 수 있다. 교장과 교감의 부재 시 교무실에서는 어떤 일이 일어나고 있는지, 쉬는 시간에 교실에서는 어떤 일이 일어나고 있는지도 연구해 볼 필요가 있다.

또 학생과 교사가 자기 자신을 특별한 방식으로 표현하기 위해 시간과 장소에 따라 어떤 복장을 착용하는지도 연구할 필요가 있다. 운동회나 소풍 때 입는 옷과 수업 중에 입는 옷이 어떻게, 왜 다르며, 교장과 교감이 평교사들과는 다른 복장을 한다면 왜 그런가도 탐구해 볼 필요가 있다. 과거의 교사들이 즐겨 입던 복장과 '새내기' 교사들이 즐겨 입는 복장에는 어떤 차이가 있으며, 그 차이에 어떤 법칙이 있는가 하는 것도 연구 주제가 될 수 있다.

홀(Hall, 2002)이 말한 '**친밀 공간**' '**개인적 공간**' '**사회적 공간**' '**공식적 공간**' 등의 개념을 학교생활에 적용할 수 있다.[7] 학생과 학생, 학생과 교사, 교사와 교사는 어느 정도의 개인 간 공간이나 거리를 유지하며, 이와 관련하여 어떤 법칙을 지니고 있는가를 탐구해 볼 필요가 있다. 예컨대, 친한 학생과 학생 간에는 친밀 거리가 용납되지만, 남자 교사와 여학생 사이에는 이러한 친밀 거리가 용납되지 않는다. 이러한 현상과 법칙은 민생방법의 한 예로, 이를 통해 학교 구성원이 학교에서 취하는 행동 법칙과 의미를 탐구할 수 있다.

또한 **시선 접촉**, **시간**, **공간** 등이 권력의 편재(偏在)에 따라 어떻게 서로 달리 해석되는지를 밝힌 헨리(Henley, 1984)의 관점을 학교 안에 적용하여 그 현상을 연구해 볼수도 있다. 교사에게 꾸중을 듣는 학생이 교사를 처다보면 이를 반항으로 해석하거나, 학생과 교사가 시간 약속을 하면 학생이 먼저 와서 기다리는 현상, 교직원 회식 때교감이나 교장은 가운데 자리에 앉게 되는 현상 등이 민생방법론적 연구의 보기라 할 수 있다.

헨리의 『Body Politics』

🎙️ 토의 · 토론 주제

- 교사와 학생의 접촉 거리는 어느 정도 떨어져야 하는가? 그 이유는 무엇인가?
- 교사가 학생을 꾸중할 때 학생이 교사를 똑바로 처다보면, 교사는 이를 어떻게 해석하는가?
- 교장실에서 교장은 부장 교사들과 회의할 경우와 교육청에서 고위 담당자가 방문할 때 어떤 자리에 앉는가? 그 이유는 무엇인가?

---

7) '친밀 공간'은 45cm 정도, '개인적 공간'은 120cm 정도, '사회적 공간'은 360cm 정도, '공식적 공간'은 760cm 정도를 말한다.

3) 해석학

(1) 해석학의 개관

해석학(hermeneutics)은 텍스트의 의미를 이해하고 해석하기 위한 학문이다. 해석학은 성서, 신화, 상징, 언어의 의미를 해석하는 일은 물론 살아 있는 인간 주체, 곧 역사와 사회 안에서 살아가는 삶의 주체에도 관심을 두기 때문에, 사상(事象)을 아는 데에 그치지 않고 현 존재를 근원적으로 이해하고자 한다.

해석학에서는 언어, 대화 및 해석이 중요하다. 대화와 언어가 중요한 까닭은 이들이 텍스트와 해석자 그리고 대화자들을 매개하기 때문이다. 어떤 텍스트에 대한 해석자의 지평과 이 텍스트가 지닌 역사적 지평이 만나고 이들 각각의 지평을 확대할 수 있을 때 그 텍스트는 생명력을 얻게 된다. **대화**는 문자로 된 고정된 텍스트에 생명력을 불어넣어 주고, 전통에 의해 전승되는 매개물인 언어는 경험을 구성하는 중요한 일을 한다. **경험**은 언어에 앞서는 것이 아니라, 언어 속에서 그리고 언어를 통해 형성된다. **언어**는 진리가 경험되는 '존재론적인 장소'다. 여기에서 특히 물음과 대답은 가장 중요하다. 이들이 텍스트와 해석자 그리고 대화자들의 경험이나 그 인식 지평을 확장시켜 텍스트의 해석을 풍성하게 해 주는 변증법적 역할을 하기 때문이다(신경림 외, 2010: 43-44).

(2) 해석학의 주요 개념

- **텍스트**(text): 고전, 성서, 원저자의 문장이나 표현(문학작품), 역사처럼 글로 고정되고 완료된 담론이다. 그렇지만 지금은 얼굴표정이나 상징, 그리고 인간의 문화 활동 전반에 나타나는 어떤 의도나 표현, 상징, 사회, 주체, 욕망, 문화, 종교, 윤리, 문학, 역사 등도 텍스트로 본다.[8]

---

8) 가다머(Gadamer)는 예술 경험과 역사 경험까지 포함하는 존재 자체를 텍스트로 보았고(최신일, 2001), 리쾨르(Ricoeur)는 텍스트의 개념을 담론(discourse)과 행위로까지 확장했다(Kvale, 1983: 183-185). 바르트(Barthes) 이후의 후기구조주의에서는 담론(기호가 의미를 만들어 내는 모든 체계)을 텍스트로 보는 경우도 있다.

- **해석**(interpretation): 텍스트의 의미를 이해하는 일 또는 그 의미를 찾는 일이다. 원저자나 말하는 사람의 정신적 과정을 다시 경험하며 그들이 탄생시킨 정신적 삶으로 되돌아가는 일, 곧 어떤 텍스트가 만들어진 과정을 소급하여 재구성하는 일이 해석이다.[9]

- **체험**(Erlebnis): 의식, 반성, 의지, 감정 등 인간이 지니는 자기만의 본래적이고 원초적이며 구체적인 경험(Turner, 2000: 273), 곧 한 개인의 주관적 지각이나 삶 속에 직접 살아 있는 경험이다.[10] 해석학은 단순한 텍스트뿐만 아니라 체험도 중시한다. 체험은 고정된 것이 아니라 시간성과 맥락성을 지니며(김왕배, 2001: 105), 한 사람의 감정, 인식, 의지 등과 어울려 그 사람에게 현존하는 역동적인 실재다. 해석학은 한 사람의 체험뿐만 아니라 개인들의 실존의 역사성에 대한 의식을 재발견하는 일도 중시한다(신경림 외, 2010: 40-41).

- **추체험**: 어떤 텍스트를 잘 이해하기 위해 그 텍스트가 탄생된 저자의 정신적 삶으로 거슬러 올라가거나 그 저자의 정신적 과정을 다시 체험하여 그 텍스트를 재구성하는 일이다(신경림 외, 2010: 37).

- **해석학적 이해**: 체험의 표현을 통해 한 사람의 정신이 다른 사람의 정신을 파악하는 일이다. 한 사람의 생동적인 체험 속으로 들어가 그의 삶 전체와 접촉하거나 그것을 추체험함으로써 그 사람을 가장 잘 알 수 있는 방식이 해석학적 이해다(신경림 외, 2010: 41).

- **텍스트 분석**: 문자 또는 비문자로 된 텍스트(사상, 신화, 이야기 등)를 분석하여 그 사회적 의미를 해석하거나 이해하려는 방법이다. 이 때문에 해석학은 주로 언어학과 기호학을 원용한다.

---

9) 해석은 언어를 통한 자아와 타자의 대화이자, 저자의 지평과 독자의 지평을 융합하는 대화인데, 실은 연구자와 연구 대상과의 대화이며, 주체인 인간과 해석 대상인 텍스트와의 대화다(최신일, 2001).

10) 체험은 딜타이(Dilthey)가 중시한 개념인데, 자아가 경험한 직관(Spiegelberg, 1982: 280)이라고도 한다. 체험이 정의적·인격적·직접적·구체적·반지성적·주관적이라는 점에서, 경험보다 덜 객관적이다(김왕배, 2001: 105). 해석학적 현상학(Benner, 2002)처럼 해석학과 현상학이 중첩되기도 한다.

- **담론 분석**(discourse analysis): 담론을 비판적이고 창의적으로 분석하는 방법 이다.[11] 담론은 언어학, 기호학, 포스트모더니즘 등에서 주로 이야기, 말, 언설 등을 뜻하지만, 한마디로 정의하기는 힘든 개념이다.[12] 그렇지만 문자 또는 비문자(몸짓, 기호)로 된 텍스트 속에 배어 있는 평가적이고 설득적인 내용(Scholes, 1982: 144)을 담론으로 보는 것이 가장 적합하다.

(3) 해석학적 교육 연구

해석학적 교육 연구의 영역으로는 학교지식이나 교육과정을 들 수 있다. 학교지식 또는 교육과정에는 문화, 역사, 전통, 선조의 삶의 이야기 등이 들어 있다. 학교지식 자체가 어떤 의미체계를 지니는지를 연구하거나, 학교지식이 여타의 지식체계와 관련되어 어떤 특성을 지니느냐를 연구하는 데 해석학적 관점을 활용할 수 있다. 또 학교지식을 전달하고 받아들이는 과정에서 교사와 학생들이 어떤 관점을 지니는지를 연구하는 데도 해석학적 방법을 활용할 수 있다. 이런 연구를 하는 데는 텍스트나 담론이라는 개념이 포괄적으로 적용된다. 예컨대, 어떤 '공식적인 말/글'이 학교지식이나 교육적 텍스트 또는 교육적 담론으로 사용되고 있다면, 이는 당연히 해석학적 분석의 대상이 된다.

해석학은 해석의 주체와 소재 그리고 대상을 핵심적으로 다룬다. 그런데 해석은 늘 다양한 관점과 주장에 따라 달라질 수 있는데, 시간과 공간의 제약을 받는 인간은 이런 한계 속에서 특별한 관점을 지닐 수밖에 없을 것이다. 이렇게 보면 인간의 진리 체험과 진리 인식도 유한할 수밖에 없다. 이런 유한성에 비추어 학생과 교사의 독특한 관점, 체험, 상호작용 방식을 탐구하는 일은 해석학적 연

---

11) 담론 분석 방법에는 언어학적 분석법과 후기구조주의적 분석법이 있다. 언어학적 분석이 주로 발화(發話) 등 담화의 언어학적 특성을 분석하는 데 비해, 후기구조주의적 분석은 담론의 특정 이데올로기적 작용을 드러내는 비판적인 특성을 지니는 경우가 더 많다.

12) 언어학자 방브니스트(E. Benveniste)로부터 시작된 담론이란 개념은 객관성을 띤 문장(문맥)만이 아닌 이 언어를 쓰는 주체의 주관성과 무의식을 파악하기 위한 개념이었다. 푸코는 모든 담론, 곧 모든 문장과 표현이 힘과 욕망의 대상이며, 여기에는 무의식적인 욕망의 정치학이 작용한다고 보면서 무의식적인 언어의 권력성으로까지 확장했다(中山元, 2009: 375-379).

구에 해당될 것이다.

또 학생과 교사의 존재방식도 존재론적 해석학의 연구 영역이 될 수 있다. 가다머의 해석학을 존재론적 해석학이라 하는데, 그는 해석학의 범위를 인간과 인간의 관계는 물론, 더 나아가 세계와의 관계, 그리고 예술 경험과 역사 경험으로까지 넓혔다. 가다머의 해석학이 인간의 생각과 관점을 결정하는 사회적·역사적·문화적 지평과 이해의 역사성으로서의 전통 등을 중시한 점(최신일, 2001)을 염두에 두면, 기존의 해석학적 교육 연구는 훨씬 풍성해질 것이다.

4) 현상학

(1) 현상학의 개관

현상학은 인간이 의식하는 사태의 본질을 파악하여 그 본질의 세계로 나아가고자 하는 학문이자(이남인, 2004: 92, 172-173), 객관적으로 파악하기는 어려운 개인의 의식, 일상적 경험, 생활세계 등을 있는 그대로 또는 직접적으로 또는 전체적으로 이해·기술·해석하려는 학문(최신일, 2001)이다. 현상학은 인간의 의식 안에 가공되지 않은 상태로 나타나는 원초적 자료야말로 올바른 지식의 원천이라고 보기 때문에, 연구 대상의 의식에 나타나는 이러한 원초적 자료나 주관적 체험을 꼼꼼하고 정확하게 있는 그대로 먼저 기술(記述)한 뒤에, 이를 직접적으로 (있는 그대로) 인식하고자 한다(Turner, 2000: 273-275).

이는 현상학이 자명한 것으로 여겨지는 어떤 전제, 논리, 설명, 가정, 주장, 마음, 선입견 등에 의문 부호를 던지고, 이들에 대한 어떠한 판단도 유보할 것을 중시하는 학문임을 뜻한다. 이리하여 현상학을 절대 영점에서 출발하는 '무전제(無前提)의 학문' 또는 '출발점의 학문'이라고도 하는 것이다(장상호, 1997; Turner, 2000: 275-276). 이러한 주장의 가장 중요한 인물은 후설(E. Husserl, 1859~1938)을 꼽을 수 있다.

한편, 메를로-퐁티(M. Merleau-Ponty, 1908~1961)의 **'몸과 지각의 현상학'**도 알

아 둘 필요가 있다. 메를로-퐁티는 기존의 현상학, 특히 후설의 중기 현상학이 모든 사태의 본질, 곧 선험적 대상을 탐구하려는 일에 몰두하며, 인간의 자연적 태도나 경험을 부정한 점을 비판했다. 대신 메를로-퐁티는 우리 앞에 직접 놓여 있는 선험적 반성 이전의 세계, 곧 스스로 드러내는 소박한 세계에 역점을 두었는데, 이것이 바로 몸이다. 메를로-퐁티는 인간의 몸을 지각의 가장 원초적인 대상으로 삼고, 몸이 체험한 근원적 지각에 초점을 맞추어, 있는 그대로의 몸의 의미를 찾아내고자 했다. 몸은 "객관적 삼인칭의 유기체가 아니라, 구체적인 환경을 담고 실존하는 주체"이며, 몸은 정신·의식과 분리된 것이 아니라 실존적 주체의 의식이 담겨 있는 곳이다. 나의 몸이 지니는 느낌은 내 삶에서의 지각의 역사와 문화를 반영하고 있다. 몸이 느끼는 소리나 촉감 등의 감각은 과학적 사고 이전의 세계에 속한다. 메를로-퐁티는 손가락을 절단했음에도 손가락 통증을 느끼는 피아니스트의 허체 현상을 예로 들면서, 몸-의식-세계가 교감한다고 설명하고 있다. "나의 몸은 육화된 의식이며, 체험된 의미들의 총체"다. 한 사람의 몸은 주체이며, 타자의 몸도 주체다. 그러면서도 "나의 몸은 타인의 의도를 반영하는 거울이며, 타인들의 몸도 나의 의도를 반영하는 거울과 같은 그러한 상호작용이 일어난다."(신경림 외, 2010: 31-35)

그런데 현상, 의식, 사태, 대상, 경험, 본질 등과 같은 현상학의 개념들이 서로 얽혀 사용되거나 애매하게 서술되고 있고, 학자들마다 연구의 초점이나 주제들이 서로 달라 현상학을 이해하기가 어려울 때가 많다. 따라서 먼저 현상학의 주요 개념들을 명확히 정의할 필요가 있는데, 여기에서는 이들을 기본 개념과 방법론적 개념으로 나누어 설명한다.

(2) 현상학의 주요 개념

현상학(phenomenology)은 의식이 경험한 '현상'이나 경험을 '있는 그대로' 생생하게 기술(記述)한 뒤 이에 기초하여 그들의 의미와 '본질'을 이해하려는 학문이다(Creswell, 2015; Kvale, 1983). 현상학은 우리의 모든 선입견, 편견, 예단(豫斷,

prejudgment) 등을 배제하여 우리가 '판단'하기 이전의(prereflective) 경험이나 현
상으로 돌아가 그 본질을 밝히려 하는 학문이다(Sokolowski, 2000: 2; Van Manen,
2014: 28, 34-5).

- **현상[13]**: 우리가 경험한 것들 그대로가 우리의 의식 안에 그대로 드러난 사
  태다(Giorgi & Giorgi, 2010; Van Manen, 2014). 현상은 우리의 의식이나 경험
  에 주어지는 본디 모습의(元來的)[14] '사태'(Turner, 2000)에 관한 우리의 직접
  적인 의식(김병욱, 2010), 곧 인간의 의식 안에 나타나거나 경험되는 원초적
  인 느낌이나 지식의 총체다(이진경, 2000).
- **의식**: 인간 경험 안에 나타나는 어떤 '사태'에 관한 인식이다. 어떤 대상(예:
  나무나 산)이 어떤 의미를 가지고 나타난 것이 의식이다(Gallagher & Zahavi,
  2013). 의식은 단순히 내적인 것이 아니라, 그 자체를 외적/공적으로 드
  러내거나 행하는 것이다(Sokolowski, 2000: 12). 현상학에서 말하는 의식
  (consciousness)은 스포트라이트가 환하게 비추는 부분과 그렇지 않은 부분
  에 비유할 수 있다. 어느 부분이든 우리가 의미 있게 감지하는 곳이 있다
  면, 그곳은 의식과 비슷하다. 어떤 심적 상태들은 환하게 조명되고, 어떤
  심적 상태들은 어둠 속에 속해 있다. 그렇지만 이 어둠 속에 있는 부분일지
  라도 우리는 그것을 감지할 수 있다.
- **사태**: 우리의 경험 속에 또는 우리의 경험을 통해서 우리에게 그 자체의 겉
  모습을 드러낸 원초적 · 근원적 · 직접적 · 지각적 사물/사건/사실/체험/마
  음이다. 이처럼 사태는 사물이기도 하고, 사건이기도 하며, 체험이기도 하

---

13) '현상'은 그리스어 phainesthai(자신을 드러내 보여 준다)에서 온 말(이종훈, 2017: 529)로, '나타남'을 뜻
한다. 한자 '現象'에서 現은 '나타남'을, 象은 '꼴, 모양, 외면에 나타난 조짐'을 뜻한다. 현상이란 "the way
things are" "(things) as they appear, show, present, or give themselves to us" "(something) that which
shows itself in itself" "appearance or what gives or shows itself in experience or consciousness" "thing-
in-itself-as-it-shows-itself in consciousness"다(Van Manen, 2014: 26-27, 60, 63).
14) 현상학의 환원(還元)이 근원으로 돌아간다기보다는 '본디의 상태(元)'로 되돌아가는 일임을 염두에 두고, 이
한자를 '原來的'이 아니라 '元來的'으로 표기하였다.

다(이남인, 2014; 조광제, 2008; Sokolowski, 2000).

- **경험**: 생활세계에서 일어나는 일들에 관한 직접적인 느낌이나 인식이다. 경험은 실존하는 것이든 상상에 따른 것이든 간에 우리에게 인식되는 것이다. 따라서 현상학에서 말하는 경험이란 개념을 우리가 일상에서 쓰는 '겪은 일'로서의 경험이라는 말과 같은 것으로 보면 안 된다.

- **체험**: 어떤 사람이 지니는 자기만의 원초적/직접적 경험, 곧 '지금' 우리가 겪는 사건이나 기억, 환상, 기대 등이다. 체험은 한 개인의 주관적 지각 속에 나타난 의식의 내용이다.

- **대상**: 나무, 별, 회화, 수, 사태, 사회관계 등(Gallagher & Zahavi, 2013) 어떤 의식을 지니게 하는 그 무엇 또는 의식에 나타나는 그 무엇이다. '나무 → 소나무 → 커다란 소나무'로의 연계 과정처럼 막연한 의미를 지닌 경험을 좀 더 구체적인 경험으로 넘어가게 하는 그 무엇이 대상이다(이남인, 2014: 211-212).

- **구성**: 경험, 체험, 대상이 드러나거나 존재하는 방식대로 이들에 접할 수 있게 된다는 것을 말하기 위한 개념이다(Thompson, 2016). 구성은 경험, 체험, 대상의 의미가 무엇인지를 명료하게 밝히는 일 또는 대상을 표상하게 만드는 일을 뜻한다(이종훈, 2017).

- **생활세계**: 우리가 직접 체험하는 세계(Kockelmans, 1967) 또는 근원적인 감각 세계(조광제, 2008)로서, 우리가 공통의 의미를 생성하기도 하고 공유하기도 하는 세계다.[15]

- **상호주관성**: 사람들이 서로를 또는 세계를 공유하게 해 주는 속성이다(김병욱, 2010). 상호주관성은 나와 남 그리고 세계가 서로를 공유하게 해 주는 복수(複數)의 주관성이자(Spiegelberg, 1982), 일인칭 관점들 사이의 만남/마주침에 나타나는(Gallagher & Zahavi, 2013) 속성이다.

---

15) 등산객에게 등산이라는 생활세계에서 경험하게 되는 '바위'는 피로를 풀고 점심을 먹는 자리라는 의미를 지니게 될 것이다. 그가 생활세계적 태도를 취하면 바위는 휴식처라는 의미를 지니게 된다(이남인, 2014: 91).

- **지향성:** 우리의 경험 또는 모든 의식(지각, 기억, 상당, 판단 등)이 반드시 '무언가를 향해 있음' 또는 '무엇에 관한 것임', 곧 의식의 보편성을 뜻하는 개념이다(Gallagher & Zahavi, 2013). 우리의 모든 의식과 체험은 지향성을 지닌다. 우리는 이 지향성을 통해 대상과 세계를 감지·인식하고 이들과 어떤 관계를 맺게 된다. 예컨대, 꽃의 아름다움에 감탄하는 체험은 우리의 의식이 그 아름다운 꽃을 향해 있기 때문이다.[16] 이처럼 지향성은 모든 체험을 체험이라 부를 수 있도록 해 주는 체험의 본질적 속성이다(이남인, 2014).

- **태도:** 우리가 어떤 사태나 체험에 대해 취하는 관점을 뜻한다.

- **현상학적 태도:** 성찰을 통해 생활세계 또는 그 속의 사태나 체험 자체에 눈을 돌려 그 본질을 제대로 파악하기 위해 새로운 태도로 전환하는 자세다. 현상학적 태도는 생활세계 또는 그 속의 사태나 체험에 관한 어떤 전제를 당연한 것으로 여기는 '자연적 태도'와는 대립되는 개념이다.

- **성찰**(reflection): 어떤 전제를 따르지 않는 자기관찰 또는 자신이나 자기의 체험에 관한 의식 행위다.[17]

- **해석**(interpretation): 내가 남이나 그의 세계에 관하여(이남인, 2014) 갖는 의식이다. 체험의 의미를 파악하는 방법에는 성찰과 해석이 있다. 인간 모두는 각자의 다양한 체험에 관해 알 수 있는 고유한 능력인 내적 지각 능력 또는 성찰 능력을 이미 지니고 있다(이남인, 2014). 이때 "내가 나를 또는 나의 체험을 성찰한다."는 말은 가능하지만 "내가 누구누구의 체험을 성찰한다."는 말은 적절치 않다. 우리는 남이 자신의 체험에 관하여 성찰한 바를

---

16) 인터넷에는 "내가 그의 이름을 불러 주기 전에는/그는 다만/하나의 몸짓에 지나지 않았다./내가 그의 이름을 불러 주었을 때/그는 나에게로 와서/꽃이 되었다."라는 김춘수의 시 〈꽃〉이 의식의 지향성과 이에 따라 의식 속에 나타나는 사물/대상/사태와 그 의미를 잘 대변해 준다는 글들이 올라와 있다.

17) 많은 학자가 reflection을 '반성'이라고 번역하여 사용하고 있지만, 저자는 '성찰'로 부르기로 한다. 그 이유는, 현상학이 어떤 선입견이나 전제를 따르지 않는 일을 중시하는데, '반성'이라고 번역하면 잘못을 뉘우친다는 의미와 혼동할 우려가 있기 때문이다.

그의 '해석'을 통해 그 실체를 파악할 수 있을 뿐이다.

• **본질(또는 형상)**: 사태나 대상의 공통적/보편적/본질적/불변적/일반적 속성, 곧 사태나 대상의 참의미다. 본질은 모든 주체 안에 내재된[18] 공통요소, 곧 개인(주체)뿐 아니라 존재 가능한 모든 주체에게서 확인될 수 있는 공통요소다.

• **본질직관**: 직관은 사태의 근원을 드러내 주는 인식방법이다. 본질직관은 사태나 대상의 공통적/보편적/본질적/불변적/일반적 속성, 곧 사태나 대상의 참의미를 알기 위한 방법이다. 본질직관은 본질에 관한 통찰(Sokolowski, 2000), 곧 직접적이고 구체적인 사태나 의식의 이면에 존재하는 본질을 선입견 없이 파악하는 일이다(이남인, 2014).

• **환원**(還元, reduction): 근원적인 성찰이나 직관적 통찰을 통해 불필요한 특성들을 제거하고 변하지 않는 특징만 얻어 내려는 노력, 또는 본디의 (옳은) 상태, 곧 현상 자체 또는 사태 자체로 되돌리는 노력이다(이남인, 2004). 어떤 사태를 파악하고자 할 때, 그 사태를 특정 전제에 의해 판단하지 않고 우리에게 나타나는 바 그대로의 모습으로 (다시) 향하는/되돌리는 일이 환원이다(Thompson, 2016). 환원은 현상을 잘못 해석할 우려가 있는 어떤 언어, 논리, 마음, 전제를 거부하고 본디의 상태로 돌아가는 일, 곧 당연시되는 문화나 선입견이나 편견에 따르지 않고(왜곡하지 않고) 주어진 그대로 파악하는 일이다(이남인, 2004).

• **현상학적 환원**: 근원직인 싱찰이나 직관적 동찰로 마음에 일어나는 실제적인 내적 경험을 그대로 드러내는 일, 곧 선입견 없는 순수 의식으로 현상을 파악하는 일이다.

---

18) 현상학에서 말하는 내재(immanence)는 의식 영역 안에 존재하는 것을 뜻하며, 의식 영역 밖에 존재하는 초재(transcendence)와 구별된다(이종훈, 2017: 515). 후설은 본질을 '의식 내재적인 것'(예: 의식)과 '의식에 내재하지 않는 초월자들'(주체 외부에 존재하는 객관적인 것, 예: 물건, 타자, 세계, 남의 체험 등)로 구분하였다. '내재적'이란 개념은 전성찰적(prereflective)이란 말과 비슷한 뜻을 담고 있고(Gallagher & Zahavi, 2013: 86), 그 반대 개념은 '선험적'이다.

- **판단중지:** 어떤 전제든 긍정하거나 부정하지도 그리고 그 타당성을 따지지도 않고 이 전제를 제쳐 두거나 유보하는(suspend) 일이다(Gallagher & Zahavi, 2013). 판단중지는 현상의 본질을 올바르게 파악하기 위해 취하는 초기의 현상학적 환원 방법이다. 후설은 세계에 관한 우리의 지각이나 세계에 관한 생각을 '자연적 태도'라고 하고, 이를 유보하는 일을 '괄호 치기'(Schwandt, 2015: 22), 곧 판단중지라 한다.
- **생활세계적 환원:** 문화적 세계에 관해 우리가 지니고 있는 전제, 곧 자연적 태도를 버리고 우리의 직접적인 경험의 세계로 되돌리는 생활세계적 태도다(Kockelman, 1967).
- **선험적 환원:** 현상 세계의 '나(I)'를 선험적 주체가 되도록 이끌어 가는 작업으로(Kockelman, 1967), 대상으로 향했던 시선을 나의 주관으로 되돌리는 태도 변경, 곧 선험적 자아를 드러내는 일이다(이종훈, 2017). 선험적 환원은 세계를 구성하는 선험적인 주관성이 어떠한지, 곧 순수한 자아가 세계를 어떻게 구성하고 있는지를 밝히는 일이다(中山元, 2009).
- **선험적 자아:** 진리 추구의 주체로 취급되는 우리 각자를 뜻한다(Sokolowski, 2000). 우리 인간은 생물적/심리적/주관적 존재이기도 하지만, 우리는 이를 넘어서서 이성과 합리성의 세계로 들어갈 수 있는 주체적 존재이기도 하다. 이처럼 생물적/심리적/주관적 세계에서 이성적/합리적 세계로 넘어가는 일을 선험적 자아로 행동한다고 말한다.
- **형상적 환원:** 형상적 환원은 보다 근원적인 형태를 드러내는 일, 곧 본질직관(이남인, 2014)이다.

(3) 현상학적 교육 연구

현상학은 교육 내용과 교육적 상황 그리고 교육구성원 간 상호 인식에 이미 자리 잡은 어떤 전제와 가정의 실체를 파악하는 데 도움을 준다. 특히 선입견을 배제하라는 현상학의 권고를 따르면, 학생과 교사의 경험과 체험 세계를 특정한

가설을 통해서가 아니라, 있는 그대로 파악하고 이해할 수 있다.[19]

현상학적 관점을 원용하여 학교 또는 교육 안에서 당연시되는 전제를 의심해 볼 수 있다. 교육 현장을 들여다보면 의식적이건 무의식적이건 당연한 것으로 받아들이는 전제나 가정들이 많은데, 이들은 가치중립적인 것이라기보다는 특정 가치를 반영하는 것이 대부분이다. 예컨대, '착한 학생' '좋은 선생님' '우등생' 등과 같은 말에는 이미 특정의 가치가 붙박여 있기 때문이다. 이렇게 학생이나 교사에 대한 특정의 명칭을 의심해 봄으로써 그 암묵적 의미를 찾아낼 수 있다 (Blackledge & Hunt, 1985: 237). 교사가 '우둔'이라는 범주로 어떤 학생을 인식하는 경우, 이는 학생의 성적을 보고 분류한 범주일 수도 있고, 그 학생의 불우한 가정환경에 따른 선입견에 의한 범주일 수도 있다. 현상학은 어떤 인식 과정에 사용된 범주의 묵시적 의미를 연구한다.[20]

특히 사회학적 현상학이 주는 시사점에 주목할 필요가 있다. 사회학적 현상학은 주로 일상 세계, 상호작용, 주관적 경험과 그것의 구성원 간 공유, 우리가 의심하지 않고 당연한 것으로 받아들이는 어떤 사건이나 전제를 연구하는데 (Johnson, 2000), 행위자가 어떤 현상을 어떻게 해석하느냐에 따라 그에 해당하는 하나의 현실이 만들어진다는 점을 우선 강조한다. 어떤 사회적 현실(reality)은 자연적 현실과 달리, **경험된 현실**(experienced reality)이다(Johnson, 2000).

그러면서도 사회학적 현상학은 개인의 의식과 그 해석에만 머무르지 않는다. 사회학적 현상학은 그 관심을 개인을 넘어서 개인 간의 관계로까지 확장한다.

---

19) 그렇지만 현재 현상학적 연구라는 이름으로 이루어지는 많은 연구가 정작 그 이론적 전제나 방법을 명확히 밝히지 않고 연구하고 있는 점은 문제다. 이러한 길을 걷는 질적 연구는 특정 전제를 배제하라는 현상학의 권고에 충실해야 할 것이다.

20) 케디(Keddie, 1971)는 교사가 학생을 어떻게 인식하고, 어떻게 평가하며, 어떤 지식을 토론할 가치가 있는 것으로 보는가를 탐구했다. 교사가 학생의 일상생활을 어떻게 분류하는가와 교육과정이 어떻게 조직되는 가를 연구한 것이다. 그 결과, 교사는 자신이 가진 의미에 따라 학생을 차별적으로 구분하고, 그에 따라 학생은 서로 다른 능력 집단이나 진로에 배치된다는 것이다. 특히 케디는 교실 안에서 교사가 학생을 어떻게 명명, 분류, 정의, 해석하며, 그에 따라 학생은 어떤 행위를 하게 되는가를 밝혔는데, 교사가 학생을 '우수아' '열등아' '보통아' 등으로 분류하는 데 학생이 속한 사회계급의 영향을 받는 것을 예로 들었다. 리스트(Rist, 1977)도 진로지도 교사가 학생을 어떻게 분류하느냐에 따라 학생의 진로가 달라진다고 했다.

사회학적 현상학의 대표자인 슈츠(Schutz, 1972)는 일상생활 속에서 겪는 의식적인 경험(conscious experience)과 사회생활이 어떤 관계에 있는가를 연구했다. 그는 사회적 현실이 다른 사람과의 공유하는 관계, 곧 상호주관적 관계 속에서 형성된 현상이라고 본다. 우리가 살고 있는 세계는 상호주관성에 의해 나 개인에게도, 동시에 타인에게도 역사적 공통성과 객관성을 지닌 세계라는 것이다. 이처럼 상호주관성은 사람의 주관성을 넘어 서로 소통하고 주관적인 것을 공유하게 해 준다. 이 상호주관성이라는 개념은 교육적 삶 안에서 학생과 학생, 학생과 교사 그리고 교사와 교사가 공유하는 삶의 특성을 해석해 내는 데 중요하다.

🐞 토의 · 토론 주제

• 교사가 특정 학생을 아무 선입견 없이 이해하기 위해서는 어떻게 해야 하는가?

3. 해석적 교육 연구

• 학교는 그 구성원이 상호작용하면서 여러 가지 의미를 생성하고 구축하는 장소다. 곧, 학교란 사회구조의 하나라기보다는 구성원의 구체적 삶과 상호작용이 이루어지는 곳이다. 학교는 교사, 학생, 학부모의 복잡하면서도 풍성한 경험이 만나는 곳이다.

• 교육이 학생을 사회화하는 것이 아니라 학생이 자기 나름대로 자기의 세상을 구축해 간다. 학생은 사회화의 수동적 대상이 아닌 자기 주체 확립의 주체다.

• 교육의 목적, 지식 전달 방법, 평가방법 등에 관한 공식적 기록이나 지식체계, 곧 여러 가지 의미의 복합체로서의 교육적 담론(Thapan, 1986: 430)에 주의를 기울일 필요가 있다. 교육은 교육적 담론에 의해 결정 · 운영되는

데, 교육적 담론은 교육에 관여하는 여러 사람의 다양한 관점에 의해 형성되기 때문이다.

4. 해석적 교육 연구의 한계점

거시적 차원을 주로 들여다보는 사회전승이론이나 사회변혁이론은 구체적인 교육의 현실을 간과함으로써 일상적 교육 안에서 무슨 일이 구체적으로 일어나는지를 설명하지 못하고 있다. 이에 반해, 해석적 관점에서 본 교육론은 학급과 같이 크게 눈에 띄지는 않지만 엄연히 존재하는 현실에 관심을 둠으로써 구체적이고 미시적인 교육 현실의 이야기들을 관심의 표면으로 끌어올렸다. 그럼에도 해석적 교육론에도 몇 가지 한계점이 있다.

- 학교에서 일어나고 있는 사건이나 현상의 의미를 새로운 각도에서 구명하거나 서술하고 있지만, 교육이 구체적으로 어떠해야 하는지를 제시하지는 않고 있다.
- 해석적 교육 연구에서 사용하는 개념들도 애매한 경우가 많다. 또 상호작용론, 민생방법론, 현상학 등에서 사용되는 개념들이 유사하거나 중복되는 경우가 많다.[21]
- 학생이나 교사의 개인적·주관적 의식을 강조하다 보니 사회, 경제, 정치 구조의 영향력을 과소평가할 우려가 있다.[22]
- 주관적이고 미시적인 측면을 중시하면서도 정작 학생과 교사의 내적 욕구,

---

21) 상호작용론이 중시하는 '의미가 어떻게 구축되느냐?'를 민생방법론의 '사람들이 실제로 만들어 내는 행동 규칙이 무엇인가?'나 현상학의 '현상과 의미를 편견 없이 들여다본다.' 등과 어떻게 구별해야 할지가 쉽지 않다는 것을 보기로 들 수 있다.

22) 상호작용론이 사회적 행위의 틀을 형성하고 그 행위에 방향과 의미를 부여하는 문화나 사회구조의 영향력을 소홀히 한다(Drislane & Parkinson, 2002)는 점을 보기로 들 수 있다.

감정, 동기, 포부, 욕망 등의 심리적 측면을 과소평가한다(Ritzer, 2000: 235).
특히 학생과 교사 모두 욕망의 주체이자 피조물임을 놓치고 있다.

• 학생이나 교사의 구체적이고 규칙적인 행동에 관심을 둔다고는 하지만,
이러한 관심이 자칫 사소한 일상 행동에 머무를 우려가 있다(Ritzer, 2000:
266).

⊙ 참고문헌 ⊙

강명희, 임병노(2002). 미래를 준비하는 학교. 서울: 학지사.

강상진(2005). 평준화 정책의 횡단적 분석. 한국교육학회 2005년 추계 발표대회 전체학
회 및 특별분과 자료집. 평등성과 수월성의 균형 신장(153-199).

강상진, 장원섭, 김주아, 장지현, 김양분, 윤종혁, 류한구, 남궁지영, 남명호(2005). 고교
평준화 정책 효과의 실증 분석 연구. 서울: 한국교육개발원.

강순희(2013). 국가직무능력표준(NCS)과 대학의 변화. 교육신문 제691호(2013. 7. 1.)
2면.

강영혜(1999). 체험학습의 이론적 기초. 열린교육연구, 7(2), 5-18.

강영혜(2005). 고교교육의 성격을 통해서 본 평준화정책 보완 방향. 한국교육학회 2005년
추계 발표대회 전체학회 및 특별분과 자료집. 평등성과 수월성의 균형 신장(203-
230).

강영혜, 윤종혁, 김미숙, 이혜숙, 김남걸(2005). 고교 평준화 정책의 적합성 연구(III): 학
교교육의 실태와 보완과제(RR 2005-09). 서울: 한국교육개발원.

강재태, 성충호(1997). 남자 상업계 고등학교 학생들의 학생문화에 대한 민속지적 연구.
직업교육연구, 16(2), 185-197.

강진호, 김신정, 김예니, 방금단, 오성철, 장영미, 정영진, 차혜영, 최윤정, 한영현, 허재영
(2007). 국어교과서와 국가 이데올로기. 서울: 글누림.

강창동(1994). 한국 학력주의의 형성과정과 성격. 교육사회학연구, 4(1), 1-19.

강창동(1996). 한국 교육열의 사회학 특성에 관한 연구. 교육문제연구, 8, 209-227.

강현정(2005). 초등학생의 하루: 초등학교 아동의 일과에 대한 현상학적 이해. 경인교육 대학교 대학원 석사학위논문.

강호원(2017). 영국 중등학교급에서의 지역 간 교육격차 현황 및 해소 방안. 한국교육개 발원 교육정책네트워크 정보센터 해외교육동향: 영국. 2017. 2. 22. 발행.

강희돈(1990). 한국사회에서 사회이동과 학교교육 역할탐색을 위한 변인 추출. 교육사회 학연구, 1(1), 115-124.

경제학연구원(2019). 경쟁과 다양성? 독일의 교육 연방주의. 한국교육개발원 교육정책네 트워크 정보센터 국가별 교육동향: 독일. 2019. 5. 22. 발행.

고경화(2005). 교육의 평등성과 수월성 논쟁의 비판적 대안. 한국교육학회 2005년 추계 발표대회 전체학회 및 특별분과 자료집. 평등성과 수월성의 균형 신장(271-296).

고전(2003). 일본 교육개혁 흑백서. 서울: 학지사.

교육과학기술부, 한국교육개발원(2009). 2009 평생교육통계자료집.

교육부(2017). 2017년도 새학기 정책. 한국교육개발원 교육정책네트워크 정보센터 국가 별교육동향: 프랑스. 2017. 6. 28. 발행.

교육부(2018). 2018학년도 바칼로레아. 한국교육개발원 교육정책네트워크 정보센터 국 가별교육동향: 프랑스. 2018. 6. 27. 발행.

교육인적자원부 국제교육협력담당관실(2000). 프랑스 교육 개혁의 최근 동향. 교육인적 자원부 홈페이지 자료실의 '해외주재관등수집자료'(2000. 7. 5. 등재).

교육청소년스포츠부(2020). 2021년 교육부 예산. 한국교육개발원 교육정책네트워크 정 보센터 국가별교육동향: 프랑스. 2020. 10. 14. 발행.

권두승(1996). 미국의 평생교육법에 관한 일 연구. 교육학연구, 34(5), 331-352.

권미연(2006). 독일의 학제개혁. 교육개발, 156, 56-62.

김경근(2005a). 한국사회 교육격차의 실태 및 결정요인. 교육사회학연구, 15(3), 1-27.

김경근(2005b). 중등교육의 수월성과 평등성. 한국교육학회 2005년 추계 발표대회 전체 학회 및 특별분과 자료집. 평등성과 수월성의 균형 신장(27-52).

김경근, 변수용(2007). 한국사회에서의 학업성취에 대한 문화자본의 영향. 교육사회학연 구, 17(1), 23-52.

김경식(1992). 순자예론의 특성과 그 현대적 해석: 순자의 '사회적 인간론'의 재조명. 계 명대학교 대학원 석사학위논문.

김경자(2011). 핀란드 종합학교 교육과정 편성과 운영의 특징 고찰. 교육과정연구, 29(1), 111-135.

김기석, 이종재, 강태중, 류한구, 최길찬, 김성식, 남명호(2005). 평준화 정책이 학업성취에 미치는 영향에 대한 종단적 분석. 한국교육개발원 연구보고(RR 2005-3).

김기헌(2006). 과잉교육과 전공불일치: 노동시장 결과에 미치는 영향. 제7회 한국노동패널 학술대회 발표 자료집(1-25).

김동진(2010). '잃어버린 10년' 비판만 남기고: 日 '유토리 교육' 없앤다. 내년부터 초등생 교과 학습량 43% 늘리기로. 세계일보(2010. 4. 10.).

김동춘(2001a). 서울대의 혁신적 재편이 필요하다. 참여사회, 3월호.

김동춘(2001b). 한국 사회 문화의 특수성과 학교교육의 위기. 한국교육개발원, 교육정책 포럼(2001. 6. 25.).

김동훈(2001a). 한국의 학벌. 또 하나의 카스트인가. 서울: 책세상.

김동훈(2001b). 학벌주의의 극복을 위한 교육 정책적 대안. 한국교육개발원, 교육정책 포럼(2001. 9.).

김동훈(2002). 서울대가 없어야 나라가 산다: 학벌주의의 뿌리를 찾아서. 서울: 더북.

김미애, 류경화(1999). 놀이지도. 서울: 동문사.

김병욱(1982). 학급 연구의 새로운 접근과 한계점. 교육연구, 8, 109-128.

김병욱(1993). 유치원 · 국민학생의 사교육비와 관련된 학교 외 생활의 문화기술적 연구. 교육사회학연구, 3(1), 179-215.

김병욱(1995). 교과내용 개정을 위한 시도들의 특성분석. 교육사회학연구, 5(1), 39-62.

김병욱(1998). 교육사회학 연구의 최근 동향. 정운 오병문 전 교육부장관 고희기념 논문집 간행위원회. 교육학 연구의 최근 동향(187-219). 광주: 금아문화사.

김병욱(2010). 현상학적 교육 연구를 위한 주요 개념의 명확화 및 보완점 탐색. 교육사회학연구, 20(1), 25-44.

김병욱, 유정수(1992). 상담 과정과 Foucault. 교육학의 새 지평. 매산 박기언 교수 회갑기념 논문집(273-314). 서울: 교육과학사.

김상봉(2004). 학벌사회: 사회적 주체성에 대한 철학적 탐구. 서울: 한길사.

김소희(1991). 인문계 고등학교 학생의 생활과 성적의 의미. 서울대학교 대학원 석사학위 논문.

김수경(2008). 학벌 · 사교육 · 입시지옥, 미국 교육 3가지 착각을 깨다! 신동아, 585,

508-516(http://blog.naver.com/bogjo22?Redirect=Log&logNo=150032423334).

김수행(1991). 〈자본론〉 연구. 서울: 한길사.

김순덕(2006). 프랑스 교육이 '백수' 키웠다. 조선일보(2006. 3. 24.).

김숭운(2009). 미국교사를 보면 미국 교육이 보인다. 서울: 상상나무.

김승보, 최소영, 위유진(2011). 교과영역의 통합 및 연계를 위한 창의적 체험활동 실천
    사례집. 미래교육공동체포럼현장보고서. 세종: 교육과학기술부ㆍ한국직업능력개
    발원.

김신일(2005). 교육사회학. 서울: 교육과학사.

김신일, 박부권(2005). 학습사회의 교육학. 서울: 학지사.

김신일, 한숭희 편(2001). 평생교육학. 서울: 교육과학사.

김영화(1992). 학부모의 교육열: 사회계층간 비교를 중심으로. 교육학연구, 34(4), 173-197.

김영화, 서정화, 황홍규(2001). 도시형 대안학교 설립방안 연구. 2000년도 교육인적자원
    부 학술연구비에 의한 연구. 교육인적자원부 홈페이지 자료실.

김영화, 이인효, 박현정(1993). 한국인의 교육열 연구. 서울: 한국교육개발원.

김왕배(2001). 산업사회의 노동과 계급의 재생산. 서울: 한울아카데미.

김왕준(2010). 홍콩, 싱가포르, 핀란드, 아일랜드의 교육개혁의 비전과 주요 정책. 한국초
    등교육학회, 23(3), 321-340.

김용만(2005). 일본 교육의 현안과 정보. 파견교원 귀국 보고서. 교육인적자원부 홈페이
    지 자료실의 '해외주재관등수집자료'(2005. 3. 29. 등재).

김용숙(1986). 학력병환자. 서울: 민족문화사.

김용숙(1990). 점수병 학교, 학력병 사회 이대로 좋은가. 서울: 성원사.

김용신(2000). 사회과 현장학습론: 경험과 구성. 서울: 문음사.

김용옥(2011). 중용, 인간의 맛. 서울: 통나무.

김운삼(2008). 유럽의 교육제도: 영국, 프랑스, 독일의 교육제도를 중심으로. 유라시아연
    구, 5(1), 67-86.

김윤정(2011). 일본의 평생교육 정책동향: 도쿄통신 ④: 3. 11 대지진 이후 일본의 평생학
    습의 역할. 평생교육진흥원 뉴스레터 제29호(2011. 7.).

김윤태, 정진환, 강무섭, 권균(1979). 고교 평준화 정책의 평가연구: 제2차년도 보고서. 충북:
    한국교육개발원.

김은산, 서정화, 노종희, 정영수(1998). 초ㆍ중등 교육 개혁방안 평가 연구. 교육행정학연

구, 16(2), 458-487.

김일환(2004). 프랑스 국민교육대토론회. 교육인적자원부 해외교육정보자료집: 2004년
　　도 상반기. 교육인적자원부홈페이지 자료실의 '해외주재관등수집자료'(2004. 7.
　　19. 등재).

김장호(1974). 학교연극. 새교육 4월호 별책부록. 서울: 대한교육연합회.

김정원(2004). 일반계 고등학교 학교규율("생활지도")의 의미. 교육사회학연구, 14(2),
　　53-80.

김정현(2014). 핀란드의 기초교육법과 교육제도. 공법연구, 42(4), 201-226.

김종서, 황종건, 김신일, 한숭희(2001). 평생교육개론. 서울: 교육과학사.

김지영(2014). 일본의 제2기 교육진흥기본계획: 협동, 창조적 생애학습사회. 한국교육개
　　발원 교육정책네트워크 정보센터 해외교육동향: 일본. 2014. 1. 10. 발행.

김지영(2017). 일본의 가정의 사회경제적 배경으로 인한 교육격차 현황 및 해소 방안. 한
　　국교육개발원 교육정책네트워크 정보센터 해외교육동향: 일본. 2017. 2. 22. 발행.

김진균, 정근식, 강이수(1996). 보통학교체제와 학교 규율. 김진균, 정근식 편. 근대 주체
　　와 식민지 규율권력(76-116). 서울: 나남.

김창남(2000). 새로운 세기 청년문화의 가능성: 신세대 문화에서 청년문화로. 한국언론
　　정보학회 · 문화개혁시민연대 공동학술발표회 '청소년 문화, 담론과 현실' 발표 자
　　료(2000. 1. 28.).

김천기(2003). 교육의 사회학적 이해. 서울: 학지사.

김철훈(2001). 한국학교문화와 입시드라마. 서울: 문음사.

김현준(2017). 미국 트럼프 시대의 학교선택권 확대정책과 교육민영화. 한국교육개발원
　　교육정책네트워크 정보센터 해외교육동향: 미국. 2017. 1. 25. 발행.

김희복(1992). 학부모 문화 연구. 서울대학교 대학원 박사학위논문.

남경태(2013). 시사에 훤해지는 역사. 서울: 메디치미디어.

남경희(2003). 일본의 교육개혁과 학력저하 논쟁: 사회과 교육의 학력 문제와 관련하여.
　　사회과교육, 7(1), 5-28.

남정걸(1999). 한국 교육 개혁의 전개 과정에 대한 평가적 연구. 교육행정학연구, 17(4),
　　41-70.

남현숙(2013). 프랑스의 사회계층에 따른 교육 불평등 연구. 프랑스학논집, 83, 331-357.

노종희, 강무섭, 신재철, 정진환, 최희선(1996). 교육제도론(교육행정학전문서 2). 서울: 하우.

대통령자문 교육인적자원정책위원회(2002). OECD 교육정책 분석: 평생학습 정책을 중심으로. 정책자료(2002-4).

동아일보(2006. 5. 16.). 佛 정계스캔들 엘리트주의 탓.

동아일보(2007. 1. 18.). 김 부총리, 교육과정 개편 '회피 핑계'만 댈 건가.

동아일보(2007. 2. 7.). 가구당 소득 5% 늘고, 세금은 14% 올라.

동아일보(2007. 2. 16.). 덩샤오핑 재평가 논란… 양극화 화살 鄧이 맞을 이유 없다?

동아일보(2007. 4. 16.). 日 '여유교육'의 힘? 1세대 학력테스트 정답률 향상.

동아일보(2007. 4. 23.). 日 전국학력시험 43년만에 부활.

류방란, 김성식(2006). 교육격차: 가정 배경과 학교교육의 영향력 분석. 한국교육개발원(RR 2006-7-2).

류춘매(2011). 중국의 교육과 직업지위 획득의 관계: 계획경제시기와 시장경제시기의 비교. 전남대학교 대학원 박사학위논문.

매일경제지식부, 한승희(2000). 학습혁명 보고서. 서울: 매일경제신문사.

맹영임(2003). 청소년 생활문화와 소비에 관한 연구 Ⅰ: 청소년 의복문화와 소비. 서울: 한국청소년개발원.

문부과학성(2013). 제2기 교육진흥기본계획.

문용린(2005). 한국교육, 어디로 가야 하는가?: 평등성과 수월성의 조화. 한국교육학회 2005년 추계 발표대회 전체학회 및 특별분과 자료집. 평등성과 수월성의 균형 신장(13-24).

박덕규, 오인탁, 권이종, 진동섭(2000). 독일의 주 교육부장관 회의에 관한 연구. 교육정책연구, 2000-일(특). 교육인적자원부 홈페이지 자료실(2005. 3. 29. 등재).

박명진(1998). 문화 향유 체제. http://www.riss4u.net/index.jsp(2005. 4. 9. 인출).

박부권, 김영인, 김홍주, 서정화, 송기창, 신광영, 조기숙(2002). 고등학교 평준화정책의 진단과 보완방안에 관한 연구. 2002년도 교육인적자원부 학술연구비에 의한 연구과제.

박상완(2016). 프랑스 대학입학제도의 주요 특징 및 시사점 분석. 비교교육연구, 26(4), 1-30.

박성숙(2010). 독일 교육 이야기. 경기: 21세기북스.

박성숙(2012). 독일도 개천에 용 나기 쉽지 않다? 무터킨더의 독일 이야기: 독일 교육 리포트(http://pssyyt.tistory.com/657).

박세일(2000). 교육 개혁의 기본과제와 방향. 이주호, 박세일, 우천식 편. 자율과 책무의 학
　　교개혁: 평준화논의를 넘어서(13-32). 서울: 한국개발연구원.

박소영(2006). 차터스쿨에 대한 엇갈린 평가와 전망. 한국교육개발원, 교육정책포럼,
　　2006년 7월호.

박아청(1998). 자기의 탐색. 서울: 교육과학사.

박아청(2000). 사춘기의 이해. 서울: 교육과학사.

박호성(1994). 평등론. 서울: 창작과 비평사.

방하남, 김기헌(2000). 변화와 세습: 한국사회의 세대 간 신분이동 및 성취구조. 한국사회
　　학, 35(3), 1-30.

방하남, 남춘호, 신광영, 장지연, 박경숙, 이성균(2004). 현대 한국 사회의 불평등. 서울: 한
　　울아카데미.

배수옥(2006). 프랑스의 교육제도. 교육개발, 156, 63-72.

배지혜(2019). 독일의 대학입시제도 현황. 한국교육개발원 교육정책네트워크 정보센터
　　해외교육동향: 독일. 2019. 11. 20. 발행.

백형찬(2006). 청소년 연극을 부활시켜야 한다. 동아일보(2006. 4. 5.).

변종임, 이희수, 최돈민, 구교정, 김동은, 김옥남, 박형충, 최종철, 최정하(2006). 각국의 평
　　생교육 정책. 서울: 교육과학사.

서울대학교 교육연구소 편(1998). 교육학 대백과사전 1, 2, 3권. 서울: 하우동설.

서울대학교 대학생활문화원(2002). 2002학년도 서울대학교 신입생의 일반특성과 심리특
　　성 보고서.

서울대학교 대학생활문화원(2004). 2004학년도 서울대학교 신입생의 일반특성과 심리특
　　성 보고서.

서울대학교 인문학연구소(1995). 프랑스의 고등교육과 그랑제꼴. 서울: 서울대학교 인문학
　　연구소.

서울대학교 학생생활연구소(1998). 1998학년도 서울대학교 신입생의 일반특성과 심리특
　　성 보고서.

석현호 편(2002). 교육, 불평등 및 공정성 지각 연구. 서울: 교육인적자원부.

손관승(2003). 디지털시대의 엘리트 노마드. 서울: 북앤북스.

손유미(1991). 상업계고등학교 학생의 사무직 노동학습. 서울대학교 대학원 석사학위
　　논문.

손준종(2003). 교육사회학. 서울: 문음사.

손칠호(2004). 일본의 교육 개혁. 해외파견교육공무원 귀국보고서. 교육인적자원부 홈페이지 자료실의 '해외주재관등수집자료'(2004. 6. 28. 등재).

송행희(2011). 특성화 중학교 학생들의 일상생활 연구. 전남대학교 대학원 석사학위논문.

송현저(2006). 문화자본과 쓰기수행의 관계 및 성차. 전남대학교 대학원 박사학위논문.

송호열(2007). 공(空)론화된 교육과정 개정. 중앙일보(2007. 1. 22.).

신경림, 조명옥, 양진향 외(2010). 질적 연구 방법론. 서울: 이화여자대학교 출판부.

신문승(2011). 핀란드 종합학교 교육의 성공요인과 시사점. 통합교육과정연구, 5(2), 127-149.

신영복(2006). 강의: 나의 동양고전 독법. 경기: 돌베개.

신인영(2002). 한국의 신자유주의 교육개혁의 비판과 공공성 논리의 정당성 탐구. 한국교원대학교 대학원 박사학위논문.

신태진, 고요한(2007). 포스트모던 문화교양과 여가교육. 서울: 학지사.

아사히 신문(2010. 6. 18.). 문부과학백서 특집 "일본은 가계의 교육비 부담이 크다." 한국교육개발원 교육정책네트워크 정보센터 국가별교육동향: 일본. 2010. 7. 5. 발행.

양미경(2001). 체험학습의 의미 및 조건의 탐색과 예시자료 개발: 초·중학생용 모의재판 시나리오 개발을 중심으로. 교육학연구, 39(1), 167-196.

양운덕(2004). 미셸 푸코. 서울: 살림.

양정호(2004). 한국의 사교육비 격차에 관한 연구: 한국노동패널조사의 다극화 지수와 지니 계수를 이용한 분석. 한국노동연구원 제7회 한국노동패널 학술대회 발표 자료(1-20).

양종회(1988). 사회학에 있어서 실증주의적 조망의 대안으로서 현상학적 조망: 민생방법론을 중심으로. 철학과 현상학 연구, 3, 399-444.

양해림(2000). 메를로-퐁티의 몸의 문화현상학. 한국현상학회 편. 몸의 현상학. 서울: 철학과 현실사.

어수봉(1994). 우리나라의 일궁합 실태와 노동이동(I): 교육수준 측면의 일궁합 분석을 중심으로. 한국노동경제학회 미발간 발표논문.

염철현(2009a). 미국 교육개혁의 이해. 서울: 강현출판사.

염철현(2009b). 해외 고등교육: 미국 오바마 정부의 고등교육정책 비전과 동향. 대학교육,

162, 59-65.

오성철(2001). 세속 종교로서의 학교: 학교규율의 이데올로기. 당대비평, 16, 116-130.

오욱환(1990). 학교교육과 불평등. 서울: 교육과학사.

오욱환(2000). 한국 사회의 교육열: 기원과 심화. 서울: 교육과학사.

오욱환(2004). 현대 자본주의사회의 업무 탈기술화와 과잉교육의 역설적 관계에 대한 탐구. 교육사회학 연구, 14(3), 157-182.

옥준필(2002). 프랑스 직업바깔로레아의 최근 운영 동향과 시사점. 직업능력개발연구, 5(1), 143-174.

왕샤오링(2006). 한국인과 중국인의 사회연줄망에 대한 비교 연구. 경희대학교 대학원 박사학위논문.

원윤수(2002). 프랑스의 고등교육. 서울: 서울대학교출판부.

유균상(1992). 한국사회의 위기와 학교 도덕교육. 한국 사회의 도덕적 위기 급복을 위한 학교 도덕교육의 역할 세미나(5-16). 서울: 한국교육개발원.

유기섭(1974). 학생들의 학습활동에 미치는 학급풍토의 영향. 중앙대학교 논문집 인문편, 19, 45-76.

유재정(1992). 농업계고등학교 교육현실에 관한 문화기술적 연구. 전남대학교 대학원 박사학위논문.

유혜령(2009). 교육현상학적 질적 연구에서의 성찰과 연구 기법의 문제. 아동교육, 18(1), 37-46.

유효순, 조정숙(1999). 놀이이론과 실제. 서울: 한국방송대학교출판부.

윤종혁(2006). 일본의 학제 및 최근 개편 동향. 교육개발, 156, 51-55.

윤종혁, 김미숙, 이혜숙, 김남걸(2003). 고교 평준화 정책의 적합성 연구(Ⅰ). 서울: 한국교육개발원.

윤철경(1999). 교과외 활동과 체험학습. 열린교육연구, 7(2), 23-24.

윤철경(2003). 청소년 생활문화와 소비에 관한 연구 Ⅲ: 청소년 소비생활 문제와 대책. 서울: 한국청소년개발원.

이규민(1992). 학력주의 사회의 형성조건에 관한 연구. 연세대학교 대학원 석사학위논문.

이규태(1994). 職種 無常. 조선일보(1994. 2. 22.).

이기용(2003). 인터넷미래한국연구회. 미래한국(2003. 6. 15.).

이남인(2004). 현상학과 해석학. 서울: 서울대학교출판부.

이남인(2014). 현상학과 질적 연구: 응용현상학의 한 지평. 경기: 한길사.

이덕난, 한지호(2011). 독일 의무교육제도의 현황 및 시사점. 교육법학연구, 23(1), 179-202.

이돈희(2004). 교육정의론. 서울: 교육과학사.

이동연(2000). 헤드뱅잉과 스노우보드까지: 서태지와 하위문화 스타일. 고길섶 외 23명. 문화읽기: 삐라에서 사이버문화까지(297-310). 서울: 현실문화연구.

이동원, 조성남, 박선웅(2003). 청소년의 하위문화와 정체성. 서울: 집문당.

이두휴(1989). 학력인플레이션에 대한 정치경제학적 분석. 한국교육문제연구회 한국교육문제연구(324-356). 서울: 푸른나무.

이범, 이남수, 이수광, 신을진, 조기숙, 허아람, 송인수(2010). 굿바이 사교육. 서울: 시사IN북.

이보영(2014). 선행교육이 없는 나라 핀란드. 한국교육개발원 교육정책네트워크 정보센터 해외교육동향: 핀란드. 2014. 3. 24. 발행.

이부영(1999). 그림자. 서울: 한길사.

이상영(2003). 영국 교육개혁: 1997년부터 현재까지. 주영한국교육원, 해외파견교육공무원 귀국보고서(2003. 8.). 교육인적자원부 홈페이지 자료실의 '해외주재관등수집자료'(2003. 12. 5. 등재).

이석재(1990). 현대교육사회학. 서울: 교육출판사.

이성무(1994). 한국의 과거제도. 서울: 집문당.

이성무(1997). 한국 과거제도사. 서울: 민음사.

이양락 외 21명(2009). 미국 SAT와 ACT 문항 분석. 한국교육과정평가원 연구자료 ORM 2009-7.

이영탁, 정기오, 정봉근(1999). 지식경제를 위한 교육혁명. 서울: 삼성경제연구소.

이영호(1998). 한국인의 교육열과 학력사회 상관성에 대한 분석. 교육사회학연구, 8(1), 75-95.

이이야마 다케시(2000). 21세기를 준비하는 일본의 교육개혁: 중앙교육심의회의 제2차 답신을 중심으로. 한국일본교육학연구, 4(1), 149-167.

이인효(1995). 모범생 만들기: 인문계 고등학교의 생활 규율. 교육이론, 9(1), 31-55.

이재송, 이홍신, 오봉수, 김항윤, 이영숙, 김숙, 황선희(2001). 긍정적 가치관 형성을 위한 체험활동 중심 인성교육 프로그램. 전북: 공익사 · 도서출판 전북교과서.

이정규(2003). 한국사회의 학력 · 학벌주의: 근원과 발달. 서울: 집문당.

이정우, 박덕제(1998). 소득분배론. 서울: 한국방송대학교출판부.

이종각(1990). 교육사회학총론. 서울: 동문사.

이종각(1996). 새로운 교육사회학총론. 서울: 동문사.

이종각(2003). 교육열 올바로 보기. 서울: 원미사.

이종각(2004). 교육경쟁 양식과 교육경쟁 구조. 교육사회학연구, 1(1), 115-124.

이종각(2011). 교육열을 알아야 한국 교육이 보인다. 경기: 이담.

이종원, 박창남(2004). 전국 청소년 생활실태 조사: 제2회 조사결과 보고서. 서울: 한국청소년
　　　개발원.

이종태(2005). 고교교육의 성격을 통해서 본 평준화정책 보완 방향. 한국교육학회 2005년
　　　추계 발표대회 전체학회 및 특별분과 자료집. 평등성과 수월성의 균형 신장.

이종훈(2017). 후설현상학으로 돌아가기: 어둠을 밝힌 여명의 철학. 경기: 한길사.

이주호, 김선웅(2000). 학교개혁의 전략. 이주호, 박세일, 우천식 편. 자율과 책무의 학교개
　　　혁: 평준화 논의를 넘어서(33-60). 서울: 한국개발연구원.

이지헌(2001). 교육의 철학적 차원. 서울: 교육과학사.

이진경(1997). 철학과 굴뚝청소부. 서울: 새길.

이진경(2000). 철학의 모험. 서울: 푸른숲.

이진석(2005). 일본. 교육인적자원부 홈페이지. 2004년도 하반기 교육정보 자료집
　　　(2005. 1.).

이찬훈(1999). 현대 사회 구조와 주체성. 대동철학, 5, 253-278.

이창걸(1993a). 조선 중기 지배엘리트의 충원에 관한 실증적 연구. 고려대학교 대학원 박
　　　사학위논문.

이창걸(1993b). 조선중기 지배집단의 사회적 배경에 관한 연구: 문과급제자를 중심으로.
　　　한국사회학회 1993년 후기 사회학대회 발표논문(64-71).

이치석(1995). 국민학교의 실체와 그 논리. 씨알교육연구회 편역. 일제 황민화교육과 초등
　　　학교. 서울: 한울.

이한(2000). 탈학교의 상상력: 학력 폐지, 그 오래된 그러나 새로운 기획. 서울: 삼인.

이혜영(1995). 학력주의와 청소년의 삶. 한국청소년연구, 20, 30-45.

이혜영, 류방란, 윤여각(2001). 중등학교 교사의 생활과 문화. 한국교육개발원 연구보고
　　　서(RR 2001-04).

이희수(2005). 평생학습의 새 패러다임과 학교교육. 한국직업능력개발원 연구보고서.

장미혜(2002a). 사회계급의 문화적 재생산: 대학간 위계서열에 따른 부모의 계급구성의 차이. 한국사회학, 36(4), 223-251.

장미혜(2002b). 예술적 취향의 차이와 문화자본. 양은경, 이상길, 장미혜, 조은, 주형일, 홍성민 편. 문화와 계급: 부르디외와 한국사회(87-120). 서울: 동문선.

장미혜(2002c). 한국 사회에서의 사회계급별 소비양식의 차이. 양은경, 이상길, 장미혜, 조은, 주형일, 홍성민 편. 문화와 계급: 부르디외와 한국사회(121-147). 서울: 동문선.

장상수(2000). 교육 기회의 불평등. 한국사회학, 34(3), 671-708.

장상수(2001). 한국의 사회이동. 서울: 서울대학교출판부.

장상호(1997). 학문과 교육(상): 학문이란 무엇인가. 서울: 서울대학교출판부.

전봉관(2005). 살인적 입학난과 총독부 입시 정책. 토요 연재: 30년대 조선을 거닐다. 조선일보(2005. 10. 8.).

전지민, 황준성(2012). 2012년 프랑스 대통령선거 교육정책 공약분석 및 한국교육에 주는 시사점. 교육정책네트워크 세계 교육정책 인포메이션 제6호.

전현중, 이용순(2014). 프랑스 중등직업교육의 일 · 학습 연계 체제와 시사점. 직업교육연구, 33(1), 179-199.

전효경(2006). 중학생의 학교생활경험: 미로 출구 찾기. 이화여자대학교 대학원 박사학위논문.

전효선(1998). 프랑스의 교육개혁. 선진국 교육 개혁의 최근 동향: 미국 · 영국 · 프랑스 · 독일 · 일본을 중심으로. 한국교육개발원 연구자료(RM 98-2).

정광진(2006). 빌레펠트대에서 명예박사 받은 존 마이어 교수와 스탠퍼드 학파. 교수신문(2006. 10. 2.).

정광희(1998a). 일본의 교육개혁. 선진국 교육 개혁의 최근 동향: 미국 · 영국 · 프랑스 · 독일 · 일본을 중심으로. 한국교육개발원 연구자료(RM 98-2).

정광희(1998b). 일본의 교육혁명. 구자억, 정광희, 전효선, 정영순 편. 세계의 교육혁명 (263-387). 서울: 문음사.

정광희, 조석희, 소경희, 권순한(2006). 일반계 고교 운영체제 다양화 연구. 한국교육개발원 연구자료(RR 2006-4).

정기수(2005). 어떻게 교육을 하는가, 프랑스는? 그런데 한국은. 서울: 배영사.

정석환(2003). Lyotard의 지식관과 수행적 지식관 비판. 교육철학, 24, 133-155.

정성희(1997). 영국 사상 최연소 총리 토니 블레어: 노쇠한 영국 일으킬 대안. 신동아, 5월호.

정수정(2012). 독일 청소년의 진로양상과 직업교육. 한국교육개발원 교육정책네트워크 정보센터(2012. 1. 10. 등재).

정수정(2014). 선행교육이 없는 나라 독일. 한국교육개발원 교육정책네트워크 정보센터 해외교육동향: 독일. 2014. 3. 24. 발행.

정순우(1985). 18세기 서당 연구. 한국정신문화연구원 박사학위논문.

정영순(1998). 독일의 교육개혁. 선진국 교육개혁의 최근 동향: 미국·영국·프랑스·독일·일본을 중심으로. 한국교육개발원 연구자료(RM 98-2).

정영순(1999). 독일의 교육혁명. 구자억, 정광희, 전효선, 정영순 편. 세계의 교육혁명(13-119). 서울: 문음사.

정일용(2013). 미국, 프랑스, 영국 교육제도. 서울: 서울대학교 출판문화원.

정일용, 김든(2012. 11. 19.). 핀란드 교육의 특징과 교육혁신의 시사점. http://eknews.net/xe/?mid=euro_eduinfo&page=1&document_srl=406029(2020. 11. 20. 인출).

정재걸(1991). 학생들의 삶과 유예문화. 한국교육개발원, '한국교육현장의 변화와 전망' 세미나 자료.

정종화(2000). 영국 교육구조의 특징과 과외교육. 교육광장, 3(2), 39-44.

정태화(1994). 과잉교육 연구의 동향과 시사점. 한국교육, 21, 265-286.

정태화(1995). 한국의 과잉교육 현상에 관한 실증적 연구. 교육학연구, 33(1), 199-218.

조광제(2008). 의식의 85가지 얼굴: 후설 현상학의 주요 개념들. 서울: 글항아리.

조돈문(2005). 한국사회의 계급과 문화: 문화자본론 가설들의 경험적 검증을 중심으로. 한국사회학, 39(2), 1-33.

조발그니(2005). 프랑스 'ZEP'이 한국의 '교육복지투자우선지역' 정책 보완에 주는 시사점. 교육사회학연구, 15(3), 239-262.

조선일보(2006. 5. 16.). 한국 교육이 떠받드는 프랑스 교육의 참상.

조영달 편(1999). 한국 교실수업의 이해. 서울: 집문당.

조우현(2004). 아버지 학력과 노동 시장 불평등. 노동경제논집, 27(2), 67-89.

조은(2002). 문화자본과 계급재생산: 계급별 일상생활 경험을 중심으로. 양은경, 이상길, 장미혜, 조은, 주형일, 홍성민 편. 문화와 계급: 부르디외와 한국사회(49-86). 서울: 동문선.

주 독일대사관(2004). 독일: 2004년도 중점 추진정책, 혁신정책 및 지침. 교육인적자원부

　　　　홈페이지 자료실의 '해외주재관등수집자료'(2004. 2. 12. 등재).

주동률(2005). 롤즈와 평등주의: 경제적 혜택의 분배에 관한 철학적 논의의 한 사례. 인문
　　　　논총, 53, 103-145.

주영한국교육원(2018). 영국의 학제. http://www.koreaneducentreinuk.org/(2020. 11.
　　　　20. 인출).

주주평, 홍문구, 어효선(1971). 학교극의 지도법(교사용지도총서 7). 서울: 교학사.

진원중(1969). 교육사회학원론. 서울: 법문사.

차갑부(2004). 평생교육의 이해. 서울: 학지사.

차종천(2001). 최근 한국사회의 사회이동 추세: 1990~2000. 한국사회학회 발표논문.

채창균 외(2004). 한국교육고용패널 분석 결과. 한국직업능력개발원(2004. 11. 11.).

천보선, 김학산(1998). 신자유주의와 한국교육의 진로. 서울: 한울.

최봉섭(2004). 영국의 학제 개혁 동향(www.brcu.com).

최봉섭(2006). 영국의 학제 수정 동향. 교육개발, 156, 36-43.

최봉영(2000). 교육열의 역사적 전개와 성격: 교육열의 사회문화적 구조. 서울: 한국정신문화
　　　　연구원.

최상덕(2006). 빈민지역 아이들에게 희망을 심어 준 '아카데미학교'. 한국교육개발원 교
　　　　육정책포럼(2006. 7. 13.)

최샛별(2002). 상류계층 공고화에 있어서의 상류계층 여성과 문화자본: 한국의 서양고전
　　　　음악 전공여성 사례. 한국사회학, 30(1), 113-144.

최샛별(2003). 한국 사회에서의 영어실력에 대한 문화자본론적 고찰: 대학생들의 영어학
　　　　습실태와 영어능력자에 대한 인식을 중심으로. 사회과학연구논총, 11, 5-21.

최신일(2001). 질적 연구의 철학적 배경. 초등교육연구논총, 17(2), 263-275.

척연구(1995). 프랑스의 '학벌 키스트'. 한겨레21, 71, 64-65.

최지선(2013). 올랑드 정부의 고등교육 개혁 동향 및 시사점. 교육정책포럼, 242, 29-32.

최지선(2014a). 선행교육이 없는 나라 프랑스. 한국교육개발원 교육정책네트워크 정보
　　　　센터 해외교육동향: 프랑스. 2014. 3. 24. 발행.

최지선(2014b). 프랑스의 대학 등록금 현황. 한국교육개발원 교육정책네트워크 정보센
　　　　터 해외교육동향: 프랑스. 2014. 8. 26. 발행.

최헌진(2003). 사이코드라마 이론과 실제. 서울: 학지사.

최희선(2006). 교육정책의 탐구논리. 서울: 교육과학사.

통계청(2007). 2006 한국의 사회지표.

통계청(2010). 2009 한국의 사회지표.

평생교육진흥원(2008a). 국제기구 평생교육 정책동향: 유럽연합(EU), 유네스코 (UNESCO)를 중심으로. 해외 평생교육 정책동향 시리즈 5.

평생교육진흥원(2008b). 일본 평생교육 정책동향: 일본 평생교육 추진체제의 동향과 그 과제. 해외 평생교육 정책동향 시리즈 4.

평생교육진흥원(2008c). 북미 평생교육 정책동향: 미국과 캐나다의 평생교육 동향을 중심으로. 해외 평생교육 정책동향 시리즈 1.

한국교육개발원(2011a). 일본: 교육진흥 기본계획 심의. Mailzine 해외교육동향(2011. 4. 11.).

한국교육개발원(2011b). 프랑스: 바깔로레아 2010: 85.6% 학생들 합격, 65.5% 학생들 졸업. Mailzine 해외교육동향(2011. 4. 11.).

한국교육개발원(2011c). 독일: 함부르크 주 직업교육 개혁 긍정적. 교육정책네트워크 제174호 해외교육동향(2011. 12. 27.).

한국교육개발원(2012). 프랑스: 프랑스 학부모들 사이에서 사교육 열기가 높아짐. 교육정책네트워크 정보센터 국가별 교육동향(2012. 1. 9.).

한국교육개발원, 교육인적자원부(2004). 교육통계연보, 한국교육개발원 제24차 교육정책포럼 자료집. 교육정책포럼 제86호(2004. 9. 2.).

한국교육개발원 교육정책네트워크 정보센터(2011). 국가별 교육동향. 프랑스: 2011년도 전국 학교 정보(2011. 7. 4.).

한국교육연구네트워크 총서기획팀(2010). 핀란드 교육혁명. 서울: 도서출판 살림터.

한만길, 김정래, 윤여각, 윤종혁(2000). 21세기 교육복지 발전 방안 연구(RR 2000-3). 충북: 한국교육개발원.

한명희(2000). 변화하는 교육패러다임과 인간상의 문제. 교육사회학연구, 10(3), 79-102.

한숭희(1989). 공업계 고등학교 학생들의 삶에 대한 문화기술적 연구. 한국교육문제연구 편. 한국교육문제연구 제2집(280-323). 서울: 푸른나무.

한숭희(2005). 평생교육론: 평생학습 사회의 교육학. 서울: 학지사.

한주미(2001). 노래하는 나무: 발도르프 학교에서 나의 체험 이야기. 서울: 민들레.

한준상(2001). 학습학. 서울: 학지사.

한준상 외 12명(1996). 신교육사회학. 서울: 학지사.

현상석(1995). 교육현장의 일제 잔재들. 씨알교육연구회 편역. 일제 황민화교육과 국민학
　교. 서울: 한울.

홍영란(2003). 국가 인적자원개발 정책, 왜 사회통합을 지향해야 하는가? 교육정책포럼,
　52, 22-28.

홍윤선(2002). 딜레마에 빠진 인터넷. 서울: 굿인포메이션.

홍정기(2006). 초등학교 교육본위 수업활동 탐색. 전남대학교 대학원 박사학위논문.

홍훈(2002). 외국의 학벌문화: 명문은 있되, 패거리는 없다. 신동아, 3월호, 290-297.

教育新聞(2017. 7. 10.). 교육진흥기본계획. 한국교육개발원 교육정책네트워크 정보센터
　(2017). 국가별교육동향: 일본. 2017. 7. 26. 발행.

教育新聞(2019. 5. 9.). 부등교 학생, 인터넷으로 자택학습. 한국교육개발원 교육정책네
　트워크 정보센터 국가별교육동향: 일본. 2019. 5. 22. 발행.

教育新聞(2019. 7. 11.). 부등교 · 은둔형 외톨이 학생 대응 연계조직. 한국교육개발원 교
　육정책네트워크 정보센터 국가별교육동향: 일본. 2019. 8. 7. 발행.

見田宗介(미다 무네스케), 栗原彬(쿠리하라 아키라), 田中義久(다나카 요시히사)
　(1988). 社會學事典. 東京: 弘文堂.

高坂史朗(고사카 시로) (2007). 근대라는 아포리아. 야규 마코토, 최재목, 이광래 역. 서울:
　이학사.

苅谷剛彦(가리야 다케히코), 濱名陽子(하마나 요코), 木村涼子(기무라 료코), 酒井郎(사
　카이 아키라) (2000). 教育の社會學. 東京: 有斐閣.

橘木俊詔(다치바나키 토시아키) (2010). 일본의 교육양극화. 오무철, 김병욱 역. 서울: 학
　지사.

今村仁司(이마무라 히토시) (1999). 근대성의 구조. 이수정 역. 서울: 민음사.

吉見俊哉(요시미 순야), 白幡洋三(시라하타 요자부로), 平田宗史(히라타 무네후미), 木
　村吉次(기무라 기치지), 入江克己(이리에 가즈미), 紙透雅子(가미스키 마사코)
　(2007). 운동회: 근대의 신체. 이태문 역. 서울: 논형.

大嶋浩(오오시마 히로시), 坂本正彦(사카모토 마사히코), 染谷昌義(소메야 마사요시)
　(2000). 현대사상. 남도현 역. 서울: 개마고원.

藤田英典(후지타 히데노리) (1997). 教育改革:共生時代の學校づくり. 東京: 岩波書店.

藤村正司(후지무라 마사시) (1995). マイヤ-教育社會學の研究. 東京: 風間書房.

梅根悟(우메네 사토루) (1990). 세계교육사. 김정환, 심성보 역. 서울: 풀빛.

福田誠治(후쿠다 세이지) (2009). 핀란드 교실혁명. 박재원, 윤지은 역. 서울: 비아북.

福田誠治(후쿠다 세이지) (2010). 영국 교육의 실패와 핀란드의 성공. 박찬영 역. 서울: 북스힐.

山中恒(야마나카 히사시) (2004). 내 아이에게 공부하라고 말해야 할 15가지 이유. 안중식 역. 서울: 지식여행.

石角完爾(이시즈미 칸지) (2002). 보딩 스쿨: 미국을 세계 최고의 국가로 만든 슈퍼 엘리트 교육. 양경미 역. 서울: 청림출판.

小林文人(고바야시 분진), 伊藤長和(이토오 오사카즈), 양병찬 편(2010). 일본의 사회교육·평생학습: 풀뿌리 주민 자치와 문화 창조를 향하여. 서울: 학지사.

柴野昌山(시바노 쇼잔) (1992). 교육사회학. 조용환, 황순희 역. 서울: 형설출판사.

柴野昌山(시바노 쇼잔), 菊池城司(기쿠치 조지), 竹內洋(다케우치 요) (1996). 教育社會學. 東京: 有斐閣.

市川昭午(이치가와 쇼고), 潮木守一(우시오기 모리카즈) 編(1980). 학습사회건설. 전남지역사회학교협의회 역. 광주: 광주일보사.

岩崎泰男(이와사키 야스오), 小川信夫一(오가와 노부오), 新倉剛(니이구라 다케시) (1990). 特別活動の研究. 東京: 玉川大學.

佐藤學(사토 마나부) (2001). 교육 개혁을 디자인한다. 손우정 역. 서울: 공감.

佐藤學(사토 마나부) (2006). 교육의 공공성과 자율성의 재구축으로: 세계화시대 일본의 학교개혁. 한국교육학회 2006년 춘계학술대회자료집.

竹內洋(다케우치 요) (1992). 기업과 학력: 학력의 사회학. 柴野昌山 편. 교육사회학. 조용환, 황순희 역. 서울: 형설출판사.

中山元(나카야마 겐) (2009). 사고의 용어사전. 박양순 역. 서울: 북바이북.

蔡仁厚(2000). 순자의 철학. 천병돈 역. 서울: 예문서원.

天野郁夫(아마노 이구오) (1992). 교육과 선발. 석태종, 차갑부 역. 서울: 양서원.

片岡德雄(가타오카 도쿠오) 編(1994). 現代學校敎育の社會學. 東京: 福村出版.

河上亮一(가와카미 료이치) (2000). 학교혁명: 그래도 학교만이 희망이다. 김영주 역. 서울: 동아일보사.

Althusser, L. (1971). *Lenin and philosophy and other essays*. Translated by B. Brewster. London, UK: New Left Books.

Appadurai, A. (1986). *The social life of things: Commodities in cultural perspective.* New York, NY: Cambridge University Press.

Apple, M. W. (1979). *Ideology and curriculum.* London, UK: Routledge & Kegan Paul.

Apple, M. W. (1995). Part III introduction: Power, politics, and knowledge in education. In W. T. Pink & G. W. Noblit (Eds.), *Continuity and contradiction: The futures of the sociology of education* (pp. 177-184). Cresskill, NJ: Hampton Press, Inc.

Apple, M. W. (1996). Power, meaning and identity: Critical sociology of education in the United States. *British Journal of Sociology of Education, 17*(2), 125-144.

Apple, M. W. (2003). 미국교육 개혁 옳은 길로 가고 있나. 성열관 역. 옮긴이 후기(407-420). 서울: 우리교육.

Apple, M. W., Whitty, G., & 長尾彰夫(나가오 아키오) 편(2011). 비판적 교육학과 공교육의 미래. 정영애, 이명실, 고경임, 김미란 역. 서울: 원미사.

Arum, R., & Beattie, I. R. (2000). *The structure of schooling: Readings in the sociology of education.* London, UK: Mayfield Publishing Co.

Aspin, D., & Chapman, J. (2001). Towards a philosophy of lifelong learning. In D. Aspin, J. Chapman, M. Hatton, & Y. Sawano (Eds.), *International handbook of lifelong learning* (Part One, pp. 3-33). London, UK: Kluwer Academic Publishers.

Aspin, D., Chapman, J., Hatton, M., & Sawano, Y. (Eds.). (2001). *International handbook of lifelong learning (Part One and Part Two).* London, UK: Kluwer Academic Publishers.

Attali, J. (2005). 호모 노마드: 유목하는 인간. 이효숙 역. 서울: 웅진닷컴.

Ballantine, J. H. (2005). 교육사회학. 김경식, 이병환 역. 서울: 교육과학사.

Barker, C. (2005). *Cultural studies: Theory and practice.* London, UK: Sage.

BBC (2016. 3. 23.). 정부의 아카데미 정책에 반대하는 교사들의 시위. 한국교육개발원 교육정책네트워크 정보센터(2016). 국가별교육동향: 영국. 2016. 4. 27. 발행.

BBC (2017. 10. 20.). 우리가 생각하는 것보다 훨씬 더 엘리트적인 옥스퍼드와 케임브리지. 한국교육개발원 교육정책네트워크 정보센터 국가별교육동향: 영국. 2017. 11. 8. 발행.

BBC (2018. 8. 1.). 한국교육개발원 교육정책네트워크 정보센터(2018). 국가별교육동향. 영국: 문법학교: 수 천 명의 정원 확대. 2018. 8. 29. 발행.

BBC (2018. 12. 13.). 초등학교 순위표: 빈곤층 학습자는 50년 동안 따라잡지 못할 것. 한국교육개발원 교육정책네트워크 정보센터 국가별교육동향: 영국. 2019. 1. 16. 발행.

BBC (2019. 5. 21.). 옥스퍼드대, 입학생의 25%를 소외계층에서 선발할 것을 약속. 한국교육개발원 교육정책네트워크 정보센터 국가별교육동향: 영국. 2019. 6. 12. 발행.

Beck, U., Giddens, A., & Lash, S. (1994). *Reflexive modernization: Politics, tradition and aesthetics in the modern social order.* Cambridge, UK: Polity.

Begley, S. (1995). Gray matters, science: New technologies that catch the mind in the very act of thinking show how men and women use their brains differently. *Newsweek* (1995. 3. 27.), 42-48. (뉴스위크 한국판. 남녀의 생각 '왜' 다른가. 1995. 3. 29. 54-60)

Bell, D. (1977). On meritocracy and equality. In J. Karabel & A. H. Halsey (Eds.), *Power and ideology in education* (pp. 607-635). New York, NY: Oxford Univ Press.

Bellan, J. M., & Scheuman, G. (1998). Actual and virtual reality. *Social Education, 62*(1), 35-40.

Benke, G. (2003). 독일교육은 요즘. 한국교육개발원 교육정책포럼 세계교육동향(2003. 10. 23.).

Benner, P. E. (2002). 해석학적 현상학과 간호연구. 지성애, 권성복, 최경숙, 박경숙, 신경림, 은영, 전명희, 이정섭 역. 서울: 청담미디어.

Bennett., K. P., & LeCompte, M. D. (1990). *The way schools work: A sociological analysis of education.* New York, NY: Longman.

Berg, I. (1970). *Education and jobs: The great training robbery.* New York, NY: Praeger Publishers.

Berger, P. L., & Luckman, T. (1967). *The social construction of reality: A treatise in the sociology of knowledge.* New York, NY: Anchor Books.

Bernstein, B. (1961). Social class and linguistic development: A theory of social learning. In A. H. Halsey, J. Floud, & C. A. Anderson (Eds.), *Education, economy, and society* (pp. 288-314). Glencoe, IL: Free Press.

Best, S., & Kellner, D. (1991). *Postmodern theory: Critical interrogations*. London, UK: McMillan Education, Ltd.

Blackledge, D., & Hunt, B. (1985). *Sociological interpretations of education*. London, UK: Croom Helm.

Blake, N., Smeyers, P., Smith, R., & Standish, P. (1998). *Thinking again: Education after postmodernism*. London, UK: Bergin & Garvey.

Bledstein, B. J. (1976). *The culture of professionalism: The middle class and the development of higher education in America*. New York, NY: W. W. Norton & Company.

Bourdieu, P. (1973). Cultural reproduction and social reproduction. In R. Brown (Ed.), *Knowledge, education, and cultural change* (pp. 71-112). London, UK: Tavistock.

Bourdieu, P. (1977). *Outline of a theory of practice*. Translated by R. Nice. Cambridge, UK: Cambridge University Press.

Bourdieu, P. (1981). Structures, strategies, and the habitus. In C. C. Lemert (Ed.), *French sociology: Rupture and renewal since 1968* (pp. 86-96). New York, NY: Columbia University Press.

Bourdieu, P. (1994). 구별짓기: 문화와 취향의 사회학 上. 최종철 역. 서울: 새물결.

Bourdieu, P. (1995). 상징폭력과 문화재생산. 정일준 역. 서울: 새물결.

Bourdieu, P. (1996). 구별짓기: 문화와 취향의 사회학 下. 최종철 역. 서울: 새물결.

Bourdieu, P., & Passeron, J-C. (2000). 재생산: 교육체계 이론을 위한 요소들. 이상호 역. 서울: 동문선.

Bourdieu, P., & Wacquant, L. J. D. (1992). *An introduction to reflexive sociology*. Chicago, IL: The University of Chicago Press.

Bowles, S., & Gintis, H. (1976). *Schooling in capitalist America: Educational reform and the contradictions of economic life*. New York, NY: Basic Books, Inc.

Boyd, N. M., & Kyle, K. (2004). Expanding the view of performance appraisal by introducing social justice concerns. *Administrative Theory & Praxis, 26*(3), 249-278.

Braverman, H. (1974). *Labor and monopoly capital*. New York, NY: Monthly Review

Press.

Bray, M. (2010). 세계 여러 나라의 사교육: 주요 국가의 사교육 대책, 구조와 논리. 서울: 한국 교육개발원.

Breland, H. M., Maxey, J., Gernand, R., Cumming, T., & Trapani, C. (2002). *Trends in college admission 2000*. Act, AIR, College Board, ETS, NACAC.

Brim, O. G. (1960). Family structure and sex-role learning by children. In N. W. Bell & E. F. Vogel (Eds.), *A modern introduction to the family*. Glencoe, IL: Free Press.

Castells, M., Flecha, R., Freire, P., Giroux, H., Macedo, D., Willis, P., & McLaren, P. (1999). *Critical education in the new information age*. Boston, MA: Rowman & Littlefield.

Cialdini, R. B. (2002). 설득의 심리학. 이현우 역. 서울: 21세기북스.

Clark, B. (1962). *Educating the expert society*. New York, NY: Chandler.

Collins, R. (1979). *The credential society: A historical sociology of education and stratification*. New York, NY: Academic Press, Inc.

Cookson, P. W., Jr. & Persell, C. H. (1985). *Preparing for power: America's elite boarding schools*. New York, NY: Basic Books.

Craib, I. (1984). *Modern social theory: From Parsons to Habermas*. Brighton, UK: Wheatsheaf Books Ltd.

Creswell, J. W. (2015). 질적 연구방법론: 다섯 가지 접근. 조흥식, 정선욱, 김진숙, 권지성 역. 서울: 학지사.

Csikszentmihalyi, M., & Rochberg-Halton, E. (1981). *The meaning of things: Domestic symbols and the self*. London, UK: Cambridge University Press.

Cuban, L. (1984). *How teachers taught: Contancy and change in American classrooms, 1890-1980*. New York, NY: Longman.

Cummins, J. (1996). *Negotiating identities: Education for empowerment in a diverse society*. Los Angeles, CA: California Association for Bilingual Education.

Cummins, J. (2000). Biliteracy, empowerment, and transformative pedagogy (pp. 1-10). http://www.utpa.edu/dept/curr_ins/faculty_folders/gomez_l/docs/reading_1.pdf(2011. 1. 8. 인출).

Dave, R. H. (1973). *Lifelong education and school curriculum*. Hamburg, Germany: Unesco.

Dave, R. H. (Ed.). (1976). *Foundations of lifelong education*. Oxford, UK: Pergamon.

Deardon, R. F. (2003). 초등교육의 철학. 박연호 역. 서울: 교육과학사.

Delamont, S. (1976). *Interaction in the classroom*. London, UK: Methuen.

Delors, J. (Ed.). (1996). *Learning: The treasure within*. Paris, France: UNESCO.

deMarrais, K. B., & LeCompte, M. D. (1999). *The way schools work: A sociological analysis of education*. New York, NY: Longman.

Derber, C. (1982). The Proletarianization of the professional: A review essay. In C. Derber, (Ed.), *Professionals as workers: Mental labor in advanced capitalism*. Boston, MA: G. K. Hall and Co.

Derber, C. (1983). Managing professionals: Ideological proletarianization and post-industrial labor. *Theory and Society, 12*(3), 309-341.

Deutsch, M. (1975). Equity, equality, and need: What determines which value will be used as the basis of distributive justice? *Journal of Social Issues, 31,* 137-149.

Doeringer, P. B., & Piore, M. J. (1971). *Internal labor markets and manpower analysis*. Lexington, MA: D.C. Heath.

Dore, R. (1992). 졸업장 열병. 이건만, 김성학 역. 서울: 양서원.

Dougherty, K. J., & Hammack, F. M. (1990). *Education and society: A reader.* New York, NY: Harcourt Brace Jovanovich, Publishers.

Douglas, J. D. (Ed.). (1973). *Introduction to sociology: Situations and structures*. New York, NY: The Free Press.

Dreeben, R. (1968). *On what is learned in school*. Boston, MA: Addison-Wesley.

Drislane, R., & Parkinson, G. (2002). Online dictionary of the social sciences. Athabasca University AAP. http://datadump.icaap.org/cgi-bin/glossary/SocialDict?term= IDEAL%20TYPE(2002. 4. 1. 인출).

Drucker, P. (1998). From capitalism to knowledge society. In D. Neef (Ed.), *The knowledge economy*. Boston MA: Butterworth-Heinemann.

Dumais, S. A. (2002). Cultural capital, gender, and school success: The role of habitus.

Sociology of Education, 75(1), 44-68.

Durkheim, É. (1956[1924]). *Education and sociology.* Glencoe, IL: Free Press.

Durkheim, É. (1973[1925]). *Moral education: A study in the theory and application of the sociology of education.* Translated by K. E. Wilson & H. Schnurer. New York, NY: The Free Press.

Durkheim, É. (1977[1938]). *The evolution of educational thought: Lectures on the formation and development of secondary education in France.* Translated by P. Collins. London, UK: Routledge & Kegan Paul.

Dworkin, R. (2005). 자유주의적 평등. 염수균 역. 경기: 한길사.

Education Week (2019. 5. 15.). 사립학교 진학을 위한 바우처 지원 정책의 효과. 한국교육개발원 교육정책네트워크 정보센터 국가별교육동향: 미국. 2019. 5. 22. 발행.

Education Week (2019. 5. 19.). 주 정부별 저성과 학교 비율 발표. 한국교육개발원 교육정책네트워크 정보센터 국가별교육동향: 미국. 2019. 5. 22. 발행.

Education Week (2020. 1. 9.). '위기에 처한' 학생이 아니라 '가능성이 있는' 학생으로 불러주세요. 한국교육개발원 교육정책네트워크 정보센터 국가별교육동향: 미국. 2020. 2. 12. 발행.

Education Week (2020. 2. 4.). 미래 직업 세계에 대비한 교육, 미국의 기업에 묻는다. 한국교육개발원 교육정책네트워크 정보센터 국가별교육동향: 미국. 2020. 2. 26. 발행.

Education Week (2020. 9. 1.). 공교육 평가 보고서, '코로나19 사태로 교육 성과 정체 상태'. 한국교육개발원 교육정책네트워크 정보센터 국가별교육동향: 미국. 2020. 9. 16. 발행.

Englisch, G. (2002). 잡노마드 사회: 직업의 유랑자들. 이미옥 역. 서울: 문예출판사.

Fauré, E., Herrera, F., Kadoura, A-R., Lopes, H., Petrovski, A. V., Rahenma, M., & Ward, F. C. (1972). *Learning to be: The world of education today and tomorrow.* Paris, France: UNESCO/Harrap.

Featherstone, M. (1999). 포스트모더니즘과 소비문화. 정숙경 역. 서울: 현대미학사.

Ford, P. (1992). Outdoor education. In M. C. Alkin (Ed.), *Encyclopedia of educational research* (6th ed., Vol. 3, pp. 963-967). New York, NY: Macmillan Publishing Co.

Foucault, M. (1988) *Politics, philosophy, culture: Interviews and other writings 1977~1984*. Translated by A. Sheridan et al. New York, NY: Routledge.

Foucault, M. (1994). 감시와 처벌. 오생근 역. 서울: 나남출판.

Freire, P. (1970). *Pedagogy of the oppressed*. New York, NY: Continuum.

Freire, P. (1973). *Education for critical consciousness*. New York, NY: Continuum.

Freire, P. (1983). Banking education. In H. Giroux & D. Purpel (Eds.), *The hidden curriculum and moral education: Deception or discovery?* Berkeley, CA: McCutcheon Publishing Corporation.

Gall, J. P., Gall, M. D., & Borg, W. R. (1999). *Applying educational research: A practical guide* (4th ed.). New York, NY: Longman.

Gallagher, S., & Zahavi, D. (2013). 현상학적 마음: 심리철학과 인지과학 입문. 박인성 역. 서울: 도서출판b.

Gardner, J. (1961). *Excellence: Can we be equal and excellent too?* New York, NY: Harper & Row, Publishers.

Garfinkel, H. (Ed.). (1967). *Studies in ethnomethodology*. Englewood Cliffs, NJ: Prentice-Hall.

Gelphi, E. (1984). Lifelong education: Opportunities and obstacles. *International Journal of Lifelong Education. 3*(2), 79-87.

Gergen, K. J. (1992). *The Saturated self: Dilemmas of identity in contemporary life*. New York, NY: Basic Books.

Gergen, K. J. (1997). *Realities and relationship*. Cambridge, MA: Harvard University Press.

Gergen, K. J. (1999). *An invitation to social construction*. London, UK: Sage.

Gergen, K. J. (2001). *Social construction in context*. London, UK: Sage.

Giddens, A. (1991). *Modernity and self identity*. Cambridge, MA: Polity.

Giddens, A. (2003). 현대사회학. 김미숙, 김용학, 박길성, 송호근, 신광영, 유홍준, 정성호, 역. 서울: 을유문화사.

Giddens, A. (2004). 노동의 미래. 신광영 역. 서울: 을유문화사.

Giorgi, A. P., & Giorgi, B. (2010). Phenomenological psychology. In C. Willig & W. S. Rogers (Eds.), *The SAGE handbook of qualitative research in psychology* (3rd ed., pp. 165-78). London, UK: Sage.

Giroux, H. (1997). *Pedagogy and the politics of hope: Theory, culture, and schooling*. New York, NY: Harper Collins.

Goffman, E. (1959). *The presentation of self in everyday life*. New York, NY: Doubleday.

Goffman, E. (1961). *Asylums: Essays on the social situation of mental patients and other inmates*. New York, NY: Doubleday Books.

Good, T. L., & Brophy, J. E. (1978). *Looking in classrooms*. New York, NY: Harper & Row, Publishers.

Goodnewsfromfinland (2019. 3. 11.). 핀란드, 미래를 위한 세계 교육 지수 1위 등극. 한국교육개발원 교육정책네트워크 정보센터 국가별교육동향: 핀란드. 2019. 4. 10. 발행.

Gorbutt, D. (1972). The new sociology of education. *Education for Teaching, 89,* 3-11.

Gore, J. M.. (1993). *The struggle for pedagogies: Critical and feminist discourses as regimes of truth*. New York, NY: Routledge.

Habermas, J. (2006). 의사소통행위론 1, 2. 장춘익 역. 서울: 나남.

Hall, E. (2002). 숨겨진 차원: 공간의 인류학. 최효선 역. 서울: 한길사.

Hallinan, M. T. (1994). Foundations of school choice. In T. Husen & T. N. Postlethwaith (Eds.), *The internatiopnal encyclopedia of education* (2nd ed., Vol. 9, pp. 5197-5201). Oxford, UK: Elsevier Science Ltd.

Halsey, A. H., Lauder, H., Brown, P., & Wells, A. S. (Eds.). (1997). *Education: Culture, economy, and society*. Oxford, UK: Oxford University Press.

Hargreaves, D. (1967). *Social relations in a secondary school*. London, UK: Routledge Kegan Paul.

Hargreaves, D. (1975). *Interpersonal relations and education*. London, UK: Routledge and Kegan Paul.

Haskell, T. L. (Ed.). (1984). *The authority of experts: Studies in history and theory*. Bloomington, IN: Indiana University Press.

Hebdige, D. (1979). *Subculture: The meaning of style*. London, UK: Methuen.

Heck, R. H. (2004). *Studying educational and social policy: Theoretical concepts and research methods*. Mahwah, NJ: Lawrence Erlbaum Associates, Publishers.

Helsingin Sanomat (2016. 5. 11.). 일반계 고등학생연합이 대학수학능력시험을 구시대적이라고 평가해. 한국교육개발원 교육정책네트워크 정보센터 국가별교육동향: 핀란드. 2016. 6. 15. 발행.

Henley, N. M. (1984). 몸의 사회심리학. 김쾌상 역. 서울: 일월서각.

Henley, N. M. (1990). 육체의 언어학. 김쾌상 역. 서울: 일월서각.

Hickox, M. S. H. (1982). The Marxist sociology of education: A critique. *British Journal of Sociology, 33*(4), 563-578.

Hirst, P. H. (1999). The nature of educational aims. In R. Marples (Ed.), *The aims of education* (pp. 124-132). New York, NY: Routledge.

Hochschild, A. R. (1979). Emotion work, feeling rules, and social structure. *American Journal of Sociology, 85*, 551-575.

Hurn, C. (1993). *The limits and possibilities of schooling: An introduction to the sociology of education*. Boston, MA: Allyn and Bacon, Inc.

Illich, I. (1970). *Deschooling society*. New York, NY: Harper & Row.

Ishida, H. (1993). *Social mobility in contemporary Japan: Educational credentials, class and the labour market in a cross-national perspective*. London, UK: Macmillan.

Itin, C. M. (1999). Reasserting the philosophy of experiential education as a vehicle for change in the 21st century. *The Journal of Experiential Education, 22*(2), 91-98.

Itkonen, E. (1988). A critique of the post-structuralist conception of language. *Semiotica, 71*(3/4), 305-320.

Jarvis, P. (1995). *Adult and continuing education: Theory and practice* (2nd ed.). New York, NY: Routledge.

Jarvis, P. (2006). *Towards a comprehensive theory of human learning*. New York, NY: Routledge.

Jarvis, P. (2007). *Globalisation, lifelong learning and the learning society: Sociological perspectives*. New York, NY: Routledge.

Jencks, C., Smith, M., Acland, H., Bane, M. J., Cohen, D., Gintis, H., Heyns, B., &

Michelson, S. (1972). *Inequality: A reassessment of the effect of family and schooling in America.* New York, NY: Harper & Row, Publishers.

Johnson, A. G. (2000). *The Blackwell dictionary of sociology: A user's guide to sociological language* (2nd ed.). Malden, Massachusetts: Blackwell Publishers, Inc.

Kahne, J. (1996). *Reframing educational policy: Democracy, community, and the individual.* New York, NY: Teachers College Press.

Karabel, J., & Halsey, A. H. (Eds.). (1977). *Power and ideology in education.* New York, NY: Oxford University Press.

Katsillis, J., & Rubinson, R. (1990). Cultural capital, student achievement, and educational reproduction: The case of Greece. *American Sociological Review, 55,* 270–279.

Keats, J. (1963). *The sheepskin psychosis.* New York, NY: J. B. Lippincott Co.

Keddie, N. (1971). Classroom knowledge. In M. F. D. Young (Ed.), *Knowledge and control: New directions for the new sociology of education* (pp. 133–160.). London: Collier Macmillan Ltd.

Kiersch, J. (1999). 루르 루돌프 슈타이너 학교 I . 김용한 역. 서울: 밝은누리.

Kitamura, K. (1986). The decline and reform of education in Japan: A comparative perspective. In W. W. Cummings (Ed.), *Educational policies in crisis.* New York, NY: Praeger.

Knowles, M. (1980). *The modern practice of adult education: From pedagogy to andragogy.* New York, NY: Cambridge.

Köcher, R. (2009). Der Statusfatalismus der Unterschicht. In F. A. Z. Frankfurter Allgemeine Zeitung GmbH, 16. Dezember 2009.

Kockelman, J. J. (Ed.). (1967). *Phenomenology: The philosophy of Edmund Husserl and its interpretation.* New York, NY: Doubleday & Co., Inc.

Kolb, D. A. (1984). *Experiential learning: Experience as the source of learning and development.* New York, NY: Prentice Hall.

Kraft, D., & Sakofs, M. (Eds.). (1988). *The theory of experiential education.* Boulder, CO: Association for Experiential Education.

Kvale, S. (1983). The qualitative research interview: A phenomenological and a hermeneutic mode of understanding. *Journal of Phenomenological Psychology, 37,* 171-196.

Lareau, A., & Weininger, E. B. (2003). Cultural capital in educational research: A critical assessment. *Theory & Society, 32*(5/6), 567-606.

Lasch, C. (1979). *Culture of narcissism: American life in an age of diminishing expectations.* New York, NY: W. W. Norton & Company.

Lasch, C. (1984). *The minimal self: Psychic survival in troubled times.* New York, NY: W. W. Norton & Company.

Lash, S. (1990). *Sociology of postmodernism.* London, UK: Routledge.

Lave, J. (1988). *Cognition in practice: Mind, mathematics and culture in everyday life.* Cambridge, UK: Cambridge University Press.

Lave, J., & Wenger, E. (2010). 상황 학습: 합법적 주변 참여. 손민호 역. 서울: 강현출판사.

Le Figaro (2017. 4. 24.). 대선 후보자들의 교육 공약. 한국교육개발원 교육정책네트워크 정보센터 국가별교육동향: 프랑스. 2017. 5. 17. 발행.

Le Monde (2017. 1. 31.). 사회적 계층에 따른 바깔로레아 합격 차이. 한국교육개발원 교육정책네트워크 정보센터 국가별교육동향: 프랑스. 2017. 2. 22. 발행.

Le Monde (2017. 7. 4.). 한국교육개발원 교육정책네트워크 정보센터 국가별교육동향: 프랑스. 총리, 2021년 바칼로레아 개혁 발표. 2017. 7. 26. 발행.

Le Monde (2017. 12. 13.). 교육부 장관, '교육이 불평등을 양산' 입장 밝혀. 한국교육개발원 교육정책네트워크 정보센터 국가별교육동향: 프랑스. 2018. 1. 17. 발행.

Lengrand, P. (1975). *An introduction to lifelong education.* London, UK: Croom Helm.

Lerner, R. M., Skinner, E. A., & Sorell, G. T. (1980). Methodological implications of contextual/dialectic theories of development. *Human Development, 23*(4), 225-235.

Levinson, D. L., & Sadovnik, A. R. (2002). Education and sociology: An introduction. In D. L. Levinson, P. W. Cookson, Jr., & A. R. Sadovnik (Eds.), *Education and sociology: An encyclopedia* (pp. 1-15). New York, NY: RoutledgeFalmer.

Littwin, J. (1987). *The postponed generation: Why America's grown-up kids are growing up later.* New York, NY: Morrow.

Lukács, G. (1968). *History and class consciousness.* Cambridge, MA: MIT Press.

Lyotard, J. F. (1979). *The postmodern condition: A report on knowledge.* Translated by G. Bennington & B. Massumi. Manchester, UK: Manchester University Press.

Maccoby, E. E. (Ed.). (1966). *The development of sex differences.* Palo Alto, CA: Stanford University Press.

Maccoby, E. E., & Jacklin, C. M. (Eds.). (1974). *The psychology of sex differences.* Palo Alto, CA: Stanford University Press.

Macpherson, C. B. (1991). 소유적 개인주의의 정치이론: 홉스에서 로크까지. 이유동 역. 서울: 인간사랑.

Marshall, G. (1994). *The concise Oxford dictionary of sociology.* Oxford, UK: Oxford University Press.

Marshall, J., & Peters, M. (1994). Postmodernism and education. In T. Husen & T. N. Postlethwaite (Eds.), *The International Encyclopedia of Education* (Vol. 8, pp. 4639-4642). New York, NY: Macmillan Publishing Co.

Marx, K. (2003). 자본론: 정치경제학 비판 I(하). 김수행 역. 서울: 비봉출판사.

Marx, K., & Engels, F. (1955). *The communist manifesto.* Translated by S. Moore. New York, NY: Appleton-Century-Crofts, Inc.

Marx, K., & Engels, F. (1970). 칼 맑스/프리드리히 엥겔스 저작 선집 제1권. 김세균 감수. 서울: 박종철출판사.

McDill, E. L. (1992). Compensatory education. In M. C. Alkin (Ed.), *Encyclopedia of educational research* (6th ed., Vol. 1, pp. 208-221). New York, NY: Macmillan Publishing Co.

McFadden, M. G. (1996). 'Second chance' education: Accessing opportunity or recycling disadvantage? *International Studies in Sociology of Education, 6*(1), 87-111.

McGivney, V., & Murray, F. (1991). *Adult education in development: Methods and approaches from changing societies.* Leicester, UK: NIACE.

McLaughlin, D., & Tierney, W. G. (Eds.). (1993). *Naming silenced lives: Personal narratives and process of educational change.* New York, NY: Routledge.

McNamee, S. J., & Miller, R. K., Jr. (2015). 능력주의는 허구다. 김현정 역. 서울: 사이.

McNeil, J. D. (1992). *Kids as consumers*. New York, NY: Lexington Books.

McRobbie, A. (1978). Working class girls and the culture of femininity. In CCCS (Ed.), *Women take issue*. Hutchinson, London, UK: University of Birmingham.

McWilliam, E. (1997). Beyond the missionary position: Teacher desire and radical pedagogy. In S. Todd (Ed.), *Learning desire: Perspectives on pedagogy, culture, and the unsaid* (pp. 217-235). New York, NY: Routledge.

Meiller, D. (2000). 프랑스 학교. 김경랑 역. 서울: 창해.

Merriam, S. B. (Ed.). (2008). *Third update on adult learning theory*. San Francisco, CA: Wiley Periodicals, Inc.

Merriam, S. B., Caffarella, R. S., & Baumgartner, L. M. (2007). *Learning in adulthood: A comprehensive guide* (3rd ed.). San Francisco, CA: John Wiley & Sons, Inc.

Merton, R. K. (1949). *Social theory and social structure*. New York, NY: The Free Press.

Meyer, J. W. (1977). The effects of education as an institution. *American Journal of Sociology, 83*(1), 55-77.

Miyahara, K. (1988). Inter-college stratification: The case of male college graduates in Japan. *The Eastern Sociology Society. Sociological Forum, 3*(1), 25-44.

Moore, R. (1996). Back to the future: The problem of change and the possibilities of advance in the sociology of education. *Sociology of Education, 17*(2), 145-161.

Moran, D. (2000). *Introduction to phenomenology*. New York, NY: Routledge.

Mulkay, L. (1993). *Sociology of education: Theoretical and empirical investigations*. New York, NY: Harcourt, Brace Jovanovich.

Murdock, G., & Phelps, G. (1972). Youth culture and the school revisited. *British Journal of Sociology, 23*(4), 478-482.

Nagda, B. A., Gurin P., & Lopez, G. E. (2003). Transformative pedagogy for democracy and social justice. *Race Ethnicity and Education, 6*(2), 165-191.

Noll, J. W. (1996). 현대 교육의 주제와 쟁점. 유현옥 편역. 서울: 내일을 여는 책.

Nouvelobs (2017. 6. 14.). 바칼로레아 2017: 부정행위 방지 규정. 한국교육개발원 교육 정책네트워크 정보센터 국가별교육동향: 프랑스. 2017. 6. 28. 발행.

Nozick, R. (1974). *Anarchy, state and utopia.* New York, NY: Basic Books.

NPR (2017. 5. 19.). 가장 오래된 바우처 정책으로 부터의 교훈. 한국교육개발원 교육정 책네트워크 정보센터 국가별교육동향. 미국: 2017. 6. 14. 발행.

OECD (1973). *Recurrent education: A strategy for lifelong learning.* Paris, France: OECD.

OPH (2017. 7. 26.). 교육 수출을 장려하기 위한 핀란드 국가교육 성장 프로그램 개시. 한국교육개발원 교육정책네트워크 정보센터 국가별교육동향: 핀란드. 2017. 8. 9. 발행.

Oppenheim, F. E. (1979). Equality. In D. L. Sills (Ed.), *International encyclopedia of the social sciences* (Vol. 5, pp. 102-107). New York, NY: The Free Press.

Packer, M. (2001). *Changing classes: School reform and the new economy.* Cambridge, UK: Cambridge University Press.

Pahkala, R. (2013). 핀란드 교육 현장 보고서. 고향옥 역. 경기: 담푸스.

Palmer, E. A. (2001). Cultural capital and school success: Implications for student achievement. Doctoral dissertation, University of Minnesota(UMI No. 9999978).

Parelius, A. P., & Parelius, R. J. (1987). *The sociology of education.* Englewood Cliffs, NJ: Prentice-Hall, Inc.

Parkes, R. J. (2000a). On the subject of pedagogies: Contributions of Vygotskian theory to radical pedagogy as a postmodern practice. Proceedings of Annual Conference of the Australian Association for Research in Education (AARE), Sydney University, December 4-7.

Parkes, R. J. (2000b). The crisis in pedagogy. In M. O'Loughlin (Ed.), *Philosophy of education in the new millenium: Conference proceedings* (Vol. 2, pp. 73-87). Sydney, Australia: University of Sydney.

Parsons, T. (1959). The school class as a social system: Some of its functions in American society. *Harvard Educational Review, 29,* 297-313.

Partridge, J. (1966). *Life in a secondary modern school.* London, UK: Pelican Books.

Pink, W. T., & Noblit, G. W. (Eds.). (1995). *Continuity and contradiction: The futures of the sociology of education.* Cresskill, NJ: Hampton Press, Inc.

Pitcher, E. G. (1963). Male and female. *Atlantic, 211,* 87-91.

Polayni, M. (2001). 개인적 지식: 후기비판적 철학을 향하여. 표재명, 김봉미 역. 서울: 아카넷.

Poulantzas, N. (2001). 정치권력과 사회계급. 홍순권 역. 서울: 풀빛.

Rae, R., Yates, D., Hochschild, J., Morone, J., & Fessler, C. (1989). *Equalities.* Cambridge, MA: Harvard University Press.

Rawls, J. (1971). *A theory of justice.* Oxford, UK: Oxford University Press.

Reeves, B., & Nass, C. (1996). *The media equation. How people treat computers, television, and new media like real people and places.* London, UK: Cambridge University Press.

Rifkin, J. (2001). 소유의 종말. 이희재 역. 서울: 민음사.

Riggle, W. H. (1965). The white, the black and the gray: A study of student subcultures in a suburban California high school. Doctoral Dissertation, University of California.

Riordan, C. (1997). *Equality and achievement: An introduction to the sociology of education.* New York, NY: Longman.

Rist, R. C. (1977). On understanding the process of schooling: The contributions of labelling theory. In J. Karabel & A. H. Halsey (Eds.), *Power and ideology in education* (pp. 292–305). New York, NY: Oxford University Press.

Ritzer, G. (2000). *Modern sociological theory.* New York, NY: McGraw Hill.

Robertson, S. L. (2000a). Teachers' labour, class and the politics of exchange. *International Studies in Sociology of Education, 10*(3), 285–302.

Robertson, S. L. (2000b). *A Class Act: Changing teachers' work, globalisation and the state.* New York, NY: Falmer/Garland.

Rogoff, B., & Lave, J. (Eds.). (1984). *Everyday cognition: Its development in social context.* Cambridge, MA: Harvard University Press.

Rosenbaum, J. E. (1996). Policy issues of research on the high school-to-work transition. *Sociology of Education (Extra Issue),* 102–122.

Rosenthal, R., & Jacobson, L. (2004). 피그말리온 효과. 심재관 역. 서울: 이끌리오.

Rothstein, J. (2019). Inequality of educational opportunity? Schools as mediators of the intergenerational transmission of income. *Journal of Labor Economics, 37*(S1), S85–S123.

Rudolph, J. L. (2002). From world war to Woods Hole: The use of wartime research models for curriculum reform. *Teachers College Record, 104*(2), 212-241.

Rumberger, R. W. (1981). *Overeducation in the U. S. labor market.* New York, NY: Praeger Publisher.

Sandel, M. J. (2010). 정의란 무엇인가. 이창신 역. 경기: 김영사.

Schachter, E. P. (2005). Context and identity formation: A theoretical analysis and a case study. *Journal of Adolescent Research, 20*(3), 375-395.

Scholes, R. E. (1982). *Semiotics and interpretation* (2nd ed.). New York, NY: The Vail-Ballou Press.

Schrag, F. (1999). Why Foucault now? Journal of Curriculum Studies. http://web.archive.org/web/20050315042850/http://faculty.ed.uiuc.edu/westbury/JCS/Vol31/Schrag.html(2006. 3. 3. 인출).

Schultz, D. (1995). 인간성격의 이해: 건강한 성격에 관한 제접근. 이상우, 정종진 역. 서울: 중앙적성출판사.

Schutz, A. (1972). *The phenomenology of the social world.* New York, NY: Columbia University Press.

Schwandt, T. A. (2015). *The SAGE dictionary of qualitative inquiry* (4th ed.) London, UK: Sage Publications, Inc.

Schwartz, B. (1974). *Permanent education: Educating man for the 21st century.* Leiden, Nederland: Martinus Nijhoff Publishers.

Scimecca, J. A. (1980). *Education and society.* New York, NY: Holt, Rinehart and Winston.

Shapiro, L. (1990). Guns and dolls. *Newsweek, May 25,* 57-65.

Shawver, L. (1996). What postmodernism can do for psychoanalysis: A guide to the postmodern vision. *The American Journal of Psychoanalysis, 56*(4), 371-394.

Shelton-Colangelo, S. (2006). Teaching with joy: Educational practices for the twenty-first century (ED 492 944, 2006. 10. 28.).

Sheridan, J. (2007). Lifelong learning in a postmodern age: Looking back to the future through the lens of adult education. *The LLI Review,* 4-16.

Shields, R. (Ed.). (1992). *Lifestyle shopping: The subject of consumption.* London,

UK: Routledge.

Shimbori, M. (1981). The Japanese academic profession. *Higher Education, 10,* 75-87.

Simkins, T. (1977). *Non-formal education and development: Some critical issues.* Manchester, UK: Department of Adult and Higher Education, University of Manchester.

Sittenfeld, C. (2017). 사립학교 아이들. 이진 역. 서울: 김영사.

Sokolowski, R. (2000). *Introduction to phenomenology.* New York, NY: Cambridge University Press.

Spiegelberg, H. (1982). *The phenomenological movement: A historical introduction* (3rd ed.). Leiden, Nederland: Martinus Nijhoff Publishers.

Spring, J. H. (1985). *American education* (3rd ed.). New York, NY: Longman.

Spring, J. H. (1986). *The American school 1942~1985.* New York, NY: Longman.

Steffe, L. P., & Gale, J. (1998). 구성주의와 교육. 조연주, 조미헌, 권형규 역. 서울: 학지사.

Steiner, R. (2003). 오이리트미 예술: 혼을 그리는 동작. 김성숙 역. 서울: 물병자리.

Stevenson, H. W., & Stigler, J. W. (1992). *The learning gap: Why our schools are failing and what we can learn from Japanese and Chinese education.* New York, NY: A Touchstone Book.

Strike, K. A. (1985). Is there a conflict between equity and excellence? *Educational Evaluation and Policy Analysis, 7*(4), 409-416.

Sugarman, B. (1967). Involvement in youth culture, academic achievement and conformity in school. *British Journal of Sociology, 18*(2), 151-164.

Thapan, M. (1986). Forms of discourse: A typology of teachers and committment. *British Journal of the Sociology of Education, 7*(4), 415-431.

The Atlantic (2019. 3. 8.). 대학 입학 비리 스캔들과 고등교육 불평등 문제. 한국교육개발원 교육정책네트워크 정보센터 국가별교육동향: 미국. 2019. 4. 10. 발행.

The Atlantic (2019. 5. 18.). 새로운 SAT 시험, 학생의 사회경제적 환경에 대한 평가 추가. 한국교육개발원 교육정책네트워크 정보센터 국가별교육동향: 미국. 2019. 5. 22. 발행.

The Atlantic (2019. 11. 19.). 대학 '가격표', 5년 내 10만 달러 돌파할 것으로 보여. 한국교육개발원 교육정책네트워크 정보센터 국가별교육동향: 미국. 2019. 11. 20. 발행.

The Guardian (2019. 10. 11.). 학생 중 10%가 학교 실적을 높이기 위하여 재학생 명단에서 삭제돼. 한국교육개발원 교육정책네트워크 정보센터 국가별교육동향: 영국. 2019. 11. 6. 발행.

The Guardian (2020. 1. 21.). 교육기준청장, 실적평가를 조작하는 학교들을 크게 비난. 한국교육개발원 교육정책네트워크 정보센터 국가별교육동향: 영국. 2020. 2. 26. 발행.

The Independent (2016. 8. 17.). 설문조사 결과, 영국교육체계는 학생의 진로가 아닌 시험에 대한 준비만 하게 해. 한국교육개발원 교육정책네트워크 정보센터 국가별교육동향: 영국. 2016. 9. 21. 발행.

The New York Times (2019. 12. 3.). 미국 학생의 학업성취도 수준 및 격차에 대한 우려. 한국교육개발원 교육정책네트워크 정보센터 국가별교육동향: 미국. 2019. 12. 18. 발행.

The New York Times (2019. 12. 27.). 2019년 미국 교육 이슈 5. 한국교육개발원 교육정책네트워크 정보센터 국가별교육동향: 미국. 20209. 1. 5. 발행.

Thomas, S. G. (2007). *Buy, buy baby: How consumer culture manipulates parents and harms young minds*. New York, NY: Houghton Mifflin.

Thomas, W. I. (1923). *The unadjusted girl*. Boston, MA: Ginn.

Thompson, E. (2016). 생명 속의 마음: 생물학, 현상학, 심리과학. 박인성 역. 서울: 도서출판b.

Times Education Supplement (2019. 3. 1.). 빈부격차에 따른 우수 학교 입학률 격차 심화. 한국교육개발원 교육정책네트워크 정보센터 국가별교육동향: 영국. 2019. 3. 27. 발행.

Tokayer, M. (1980). 교육을 잃은 사회. 이원호 역. 서울: 배영사.

Trent, W. T., & Braddock, J. H. (1992). Extracurricular activities in secondary schools. In M. C. Alkin (Ed.), *Encyclopedia of educational research* (6th ed., Vol. 2, pp. 476-481). New York, NY. Macmillan Publishing Co.

Trow, M. (1961). The second transformation of American secondary education. *International Journal of Comparative Sociology, 2*, 144-166.

Tsang, M. C. (1987). The impact of underutilization of education on productivity: The case study of the U. S. Bell Companies. *Economics of Education Review, 6*(3), 239-254.

Tsang, M. C., & Levin, H. C. (1985). The economics of overeducation. *Economics of Education Review, 4*(2), 93-104.

Turner, B. S. (1986). *Equality.* London, UK: Ellis Horwood Ltd.

Turner, B. S. (Ed.). (2000). *The Blackwell companion to social theory* (2nd ed.). Oxford, UK: Blackwell Publishers Inc(netLibrary eBook).

Turner, B. S. (Ed.). (2009). *The new Blackwell companion to social theory* (3rd ed.). New York, NY: Wiley-Blackwell Publishing.

Turner, B. S. (Ed.). (2010). 현대 사회이론의 흐름. 박형신, 정헌주, 최원기, 박선권, 고호상, 김민규, 이택면, 고형면, 권오헌, 홍성태 역. 경기: 한울.

Tymieniecka, A. (Ed.). (2002). *Phenomenology world-wide: Foundations, expanding dynamics, life-engagement: A guide for research and study.* Norwell, MA: Kluwer Academic Publishers.

UNESCO (1972). *Learning to be.* Prepared by E. Fauré et al. Paris, France: UNESCO.

Usher, R. (2001). Lifelong learning in the postmodern. In D. Aspin, J. Chapman, M. Hatton, & Y. Sawano (Eds.), *International Handbook of Lifelong Learning* (Part One, pp. 165-182). London: Kluwer Academic Publishers.

Usher, R., & Edwards, R. (1994). *Postmodernism and education: Different voices, different worlds.* London, UK: Routledge.

Valli, L. (1986). *Becoming clerical workers.* London, UK: Routledge & Kegan Paul.

Van Manen, M. (2014). *Phenomenology of practice: Meaning-giving methods in phenomenological research and writing.* London, UK: Routledge.

Vygotsky, L. S. (1978). *Mind and society: The development of higher mental processes.* Cambridge, MA: Harvard University Press.

Walster, E. G., Walster, W., & Berscheid, E. (1978). *Equity: Theory and research.* Boston, MA: Allyn & Bacon.

Wang, Y. (1999). Reflections inspired by Japan's breaking away from the "academic record society". *Chinese Education and Society, 32*(4), 9-12.

Weber, M. (1968a). *Economy and society.* Edited by G. Roth & C. Wittich. New York, NY: Bedminster Press.

Weber, M. (1968b). Basic concepts of sociology. In G. Roth & C. Wittich (Eds.),

Economy and society. New York, NY: Bedminster Press.

Wexler, P. (1976). *The sociology of education: Beyond equality.* Indianapolis, IN: Bobbs-Merrill Educational Publishing.

Whitty, G. (1997). Education policy and the sociology of education. *International Studies in Sociology of Education, 7*(2), 121-135.

Whitty, G. (2002). Quasi-markets in education. In D. L. Levinson, P. W. Cookson, Jr., & A. R. Sadovnik (Eds.), *Education and sociology: An encyclopedia* (pp. 473-484). New York, NY: RoutledgeFalmer.

Whitty, G., Power, S., & Halpin, D. (2000). 학교, 국가 그리고 시장: 신자유주의 교육개혁의 예정된 실패. 이병곤 외 역. 서울: 내일을 여는 책.

Williamson, J. (1998). 광고의 기호학: 광고 읽기, 그 의미와 이데올로기. 박정순 역. 서울: 나남출판.

Willis, P. (2004). 학교와 계급재생산: 반학교문화, 일상, 저항. 김찬호 역. 서울: 이매진.

Wood, S. (1982). *The degradation of work?* London, UK: Hutchinson.

Woods, P. (1979). *The divided school.* London, UK: Routledge and Kegan Paul.

Woods, P. (1983). *Sociology and the school: An interactionist viewpoint.* London, UK: Routledge and Kegan Paul.

Yamada, H. (1997. 4. 8.). The Life Course in Japan. Unpublished Paper in the University of Rochester.

Yeaxlee, B. A. (1929). *Lifelong education: A sketch of the range and significance of the adult education movement.* London, UK: Cassell. http://en.wikipedia.org/wiki/Lifelong_learning#cite_ref-yeaxlee_4-0(2011. 1. 7. 인출).

Yle (2016. 12. 7.). PISA 결과에 걱정하는 핀란드 교원노조. 한국교육개발원 교육정책네트워크 정보센터 국가별교육동향: 핀란드. 2017. 1. 11. 발행.

Yle (2017. 11. 14.). 핀란드 학교 교육 성공에 대한 염려. 한국교육개발원 교육정책네트워크 정보센터 국가별교육동향: 핀란드. 2017. 12. 20. 발행.

Yle (2018. 9. 16.). 한국교육개발원 교육정책네트워크 정보센터 국가별교육동향: 핀란드. 지필시험의 종말: 마지막 지필 졸업시험이 실시되는 핀란드 고등학교. 2018. 10. 24. 발행.

Yle (2019. 8. 12.). 전직 교사가 말하는 교사의 번 아웃 원인. 한국교육개발원 교육정책

네트워크 정보센터 국가별교육동향: 핀란드. 2019. 9. 11. 발행.

Yle (2019. 12. 3.). 핀란드, PISA 읽기 능력에서 학생 성별에 따른 격차 가장 심해. 한국교육개발원 교육정책네트워크 정보센터 국가별교육동향: 핀란드. 2020. 1. 15. 발행.

Yle (2020. 2. 18.). 교사 10명 중 1명이 교실에서 폭력 경험. 한국교육개발원 교육정책네트워크 정보센터 국가별교육동향: 핀란드. 2020. 3. 11. 발행.

Young, M. F. D. (Ed.). (1971). *Knowledge and control: New directions for the new sociology of education.* London, UK: Collier Macmillan, Ltd.

Young, M. F. D. (1998). *The curriculum of the future: From the 'new sociology of education' to a critical theory of learning.* London, UK: Falmer Press.

Young, R. (2003). 하버마스의 비판이론과 담론교실. 이정화, 이지헌 역. 서울: 우리교육.

Zeidner, M. (1986). Sex differences in scholastic ability of Jewish and Arab college students in Israel. *The Journal of Social Psychology, 126*(6), 801-803.

찾아보기

인명

내용

저자 소개

김병욱(Byoung-uk Kim)
전남대학교 사범대학 교육학과 및 동 대학원 졸업
미국 뉴욕주 University of Rochester 대학원 박사학위(Ph. D.) 취득
전 전남대학교 사범대학 교육학과 교수
현 전남대학교 명예교수

〈저서〉

『질적 연구의 실제』(학지사, 2018)

〈역서〉

『일본의 교육양극화: 한국 교육의 자화상』(공역, 학지사, 2013)

교육사회학 (3판)
Sociology of Education (3rd ed.)

2007년 9월 10일 1판 1쇄 발행
2010년 4월 20일 1판 5쇄 발행
2012년 3월 20일 2판 1쇄 발행
2019년 7월 10일 2판 10쇄 발행
2021년 6월 20일 3판 1쇄 발행
2022년 2월 10일 3판 2쇄 발행

지은이 • 김병욱
펴낸이 • 김진환
펴낸곳 • (주) **학지사**

04031 서울특별시 마포구 양화로 15길 20 마인드월드빌딩 5층

대표전화 • 02) 330-5114   팩스 • 02) 324-2345

등록번호 • 제313-2006-000265호

홈페이지 • http://www.hakjisa.co.kr
페이스북 • https://www.facebook.com/hakjisabook

ISBN 978-89-997-2428-2 93370

정가 20,000원

출판 · 교육 · 미디어기업 **학지사**

간호보건의학출판 **학지사메디컬** www.hakjisamd.co.kr
심리검사연구소 **인싸이트** www.inpsyt.co.kr
학술논문서비스 **뉴논문** www.newnonmun.com
원격교육연수원 **카운피아** www.counpia.com